LES FRÈRES DIVORCÉS

Couverture
- Photos de la page couverture:
PONO PRESSE

Maquette intérieure
- Montage et photocomposition:
COMPOTECH INC.

Équipe de révision
Anne Benoit, Jean Bernier, Patricia Juste,
Marie-Hélène Leblanc, Jean-Pierre Leroux, Linda Nantel,
Paule Noyart, Robert Pellerin, Jacqueline Vandycke

DISTRIBUTEURS EXCLUSIFS:

- Pour le Canada:
AGENCE DE DISTRIBUTION POPULAIRE INC.*
955, rue Amherst, Montréal H2L 3K4 (tél.: 514-523-1182)
* Filiale de Sogides Ltée

- Pour la France et l'Afrique:
INTER-FORUM
13, rue de la Glacière, 75013 Paris (tél.: (1) 43-37-11-80)

- Pour la Belgique et autres pays:
S. A. VANDER
Avenue des Volontaires, 321, 1150 Bruxelles
(tél.: (32-2) 762.98.04)

LES FRÈRES DIVORCÉS

PIERRE GODIN

LES ÉDITIONS DE L'HOMME *

CANADA: 955, rue Amherst, Montréal H2L 3K4

*Division de Sogides Ltée

Données de catalogage avant publication (Canada)

Godin, Pierre,

  Bourassa/Lévesque : les frères divorcés

  Comprend un index

  2-7619-0646-2

  1. Bourassa, Robert, 1933-   . 2. Lévesque, René,
1922-   . 3. Québec (Province) - Politique et gouvernement - 1960-   . 4. Premiers ministres - Québec (Province) - Biographies. I. Titre.

FC2925.1.B68G62 1986   971.4'04'0924   C86-096469-8
F1053.2.G62 1986

©1986 LES ÉDITIONS DE L'HOMME
DIVISION DE SOGIDES LTÉE
Tous droits réservés

Bibliothèque nationale du Québec
Dépôt légal — 4ᵉ trimestre 1986

ISBN 2-7619-0646-2

Du même auteur

L'Information-Opium, Parti Pris, 1972.
Les Révoltés d'Acadie, Éditions Québécoises, 1972.
Daniel Johnson — la passion du pouvoir, tome 1, Les Éditions de l'Homme, 1980.
Daniel Johnson — la difficile recherche de l'égalité, tome 2, Les Éditions de l'Homme, 1980.
La Lutte pour l'information, Le Jour éditeur, 1981.

*   *   *

Table des matières

Remerciements

L'auteur tient à exprimer ses profonds remerciements aux personnes qui ont accepté de le rencontrer durant la rédaction de ce livre. En voici la liste: Gabrielle Bertrand, Yves Michaud, Jean-Roch Boivin, Robert Bourassa, René Lévesque, Henri Dutil, René Gagnon, Marcel Bélanger, Claude Morin, François Aquin, Jérôme Choquette, Paul Gérin-Lajoie, Arthur Tremblay, Pierre O'Neill, Pothier Ferland, Maurice Jobin, Marc Brière, Maurice Leroux, Charles Denis, Réginald Savoie, Paul Bouchard, Doris Lussier, Raymond Barbeau, Jean-Marc Léger, Marcel Chaput, André d'Allemagne, Maurice Lamontagne, Jean Marchand, Rosaire Morin, Gérard Turcotte, Jean-François Bertrand, Gérard Pelletier, André Larocque, Jérôme Proulx, Antonio Flamand, Denis Bousquet, Jean-Claude Rivest, Pierre Renaud.

Si tu as un très long voyage à faire, la moitié du voyage, c'est la décision de l'entreprendre...

Proverbe chinois

1

Ne t'en va pas, René

Au moment où René Lévesque pénètre dans la grande salle de bal du Château Frontenac, où va se jouer trois heures plus tard son sort, des délégués à la langue aussi dure que la dent scandent à son passage:

— Lévesque, dehors! Lévesque, dehors!

Est-ce Dieu possible? L'enfant terrible du parti de Jean Lesage, la diva de la Révolution tranquille huée copieusement et ouvertement par les siens. Geste de révolte ou de profanation impensable hier encore mais qui traduit aujourd'hui, ce samedi 14 octobre 1967, le drame politique qui perturbe le congrès annuel de la Fédération libérale du Québec.

Il est dix-huit heures. L'assemblée semble tout à coup saisie de trac. Les bavards ne crient plus, réduits au silence par le sentiment indicible qu'une page d'histoire sera bientôt tournée devant eux.

En effet, dans un instant, René Lévesque s'immolera lui-même, pour sauver ce qui reste de son aura, devant les quinze cents militants libéraux accourus des quatre coins de la province pour assister à l'exécution politique.

Tout a été dit sur son inacceptable manifeste de la souveraineté du Québec, publié un mois plus tôt. Personne n'en veut. Ni Lesage, le malgré-tout-très-respecté-chef. Ni Eric Kierans, son vieil allié social-démocrate de l'«équipe du tonnerre», avec qui il dictait hier encore à Lesage sa politique à coups d'ultimatums, prêt à tout, même à jeter sa démission sur la table pour emporter la décision.

Plus d'illusion possible: ces braqués de rouge mourront tous fédéralistes et Canadiens d'abord. Des irrécupérables. Des abonnés à perpète de la feuille d'érable. Des adeptes obstinés de la formule amphigourique du comique Yvon Deschamps: «Un Québec libre dans un Canada uni»... La quadrature du cercle. La sublimation de la dépendance, de la minorisation consentie. Ne rien perdre, ne rien gagner. Principe canadien-français par excellence. La peur d'avoir peur mariée à celle de faire peur. Le petit pain...

Ils tremblent tous, d'ailleurs, ces *fédés*, pour leurs fichues montagnes Rocheuses. Même Yves Michaud, député du comté de Gouin, lui a objecté:

— Ce qui me fatigue et me tanne dans ton idée d'indépendance, c'est qu'il y a une perte, une dépossession d'un patrimoine, d'un territoire, celui des grands découvreurs canadiens-français... Nous étions là les premiers, après tout!

Michaud, c'est le bon pote de Lévesque, avec qui il partage beaucoup de choses dont une taille de nabot. Il a trente-sept ans, est féru de belles-lettres et possède du chanoine des années 50 la panse généreuse, en plus d'avoir la langue aussi bien pendue que le maniéré ministre des Affaires culturelles du gouvernement unioniste, Jean-Noël Tremblay.

Mais être l'ami de ce diable d'homme qui s'appelle René Lévesque peut se révéler un piège tant son emprise sur les autres est grande. Aussi, Yves Michaud s'oblige-t-il à juger chaque question à son mérite, se refusant par-dessus tout à se laisser entraîner par le charisme conquérant de ce personnage controversé, aux défauts et tics aussi gigantesques que ses qualités.

Un petit je-ne-sais-quoi l'empêche encore d'adhérer à la thèse souverainiste. Le Canada conserve toujours pour lui un côté attachant, sentimental. La raison n'a pas toujours raison de la tripe patriotique. L'amour d'un pays, fût-il le plus plat, est souvent aveugle. Le nationalisme, c'est une foule de petites émotions pas toujours catholiques... Le député de Gouin ne peut s'empêcher de penser, par exemple, que les fameuses Rocheuses sont bien à lui. L'indépendance l'en déposséderait.

— Tu les veux, tes Rocheuses, eh bien garde-les! avait fini par mâchonner le futur leader souverainiste piqué par l'argument un peu bête de l'ancien directeur du *Clairon* de Saint-Hyacinthe, porté alors à juger des hommes et des choses selon un angle beaucoup plus culturel, beaucoup plus littéraire que politique[1].

Alors que Lévesque s'apprête à grimper sur l'estrade pour mettre le point final à sa carrière «libérale», un député de trente-cinq ans vient s'asseoir près de lui. Il est long et porte des lunettes à monture noire qui rendent son aspect sévère. Son costume d'une sobriété extrême, mais de bonne coupe, n'est pas pour arranger les choses. Des épaules légèrement voûtées — surprenant pour son jeune âge — accentuent une allure de maigre qui fait écran à l'homme réel: sportif, bien nourri, en bonne santé et riche. Son nom: Robert Bourassa.

C'est une star, lui aussi, même s'il ne s'adonne à la politique active que depuis un an à peine, une star qui a peu à voir avec le profil hollywoodien classique. Au cinéma, il jouerait les garçons d'ascenseur, les monsieur Tout-le-Monde ou, mieux encore, les élèves studieux et ennuyeux. Bourassa, c'est le fort en thème viré politicien, le bardé de diplômes des grandes écoles internationales, le technocrate sans passion, qui connaît cependant son sujet à fond. L'économie, il peut en effet vous en parler avec autorité. Ce style austère, qui tranche avec le débraillé et la démagogie des politiciens du temps, l'a imposé contre toute attente à l'attention des médias.

Ce qui ne gâte rien, ce futur leader politique sait s'y prendre comme pas un avec ces vaniteux messieurs de la presse, dont l'amour-propre ne saurait se passer trop longtemps d'un peu d'encens. Un petit cognac à l'un, un judicieux coup de téléphone au petit scribe qui est à écrire des choses sur vous, juste avant l'heure de la tombée, le ton copain-copain partout, toujours, malgré les rituelles jambettes journalistiques. S'il a le quatrième pouvoir dans sa manche en dépit d'un nationalisme ambigu et d'une image pas très sexy, c'est parce qu'il ne lui a pas ménagé ses cajoleries.

17

Aujourd'hui, il paraît plutôt défrisé. D'origine modeste, même s'il a épousé la fille d'un millionnaire, cet homme raisonnable, qui a le portefeuille à droite mais le coeur à gauche, voue une admiration sans borne à celui qui incarne mieux que tout autre à ses yeux la Révolution tranquille: René Lévesque. Proche de ce dernier comme de Lesage, dont il sait également cultiver avec un art consommé le moi orgueilleux, Bourassa s'affaire depuis un bon bout de temps entre les deux hommes pour éviter une scission selon lui irréparable.

Car Lévesque constitue à ses yeux la meilleure police d'assurance contre l'embourgeoisement des libéraux. S'il s'en va, les droitistes et les revenchards de toutes filiations, qui se sont emparés de l'oreille de Lesage depuis l'humiliante et imprévue déconfiture électorale du 5 juin 1966, feront la pluie et le beau temps dans ce parti qu'il compte bien diriger un jour pas trop lointain.

— René, vous ne pouvez démissionner pour ça, supplie Bourassa à voix feutrée en rappelant le cas du chef de la faction gauchiste du parti travailliste britannique, Aneurin Bevan, mis en minorité sur la question cruciale des armes nucléaires.

— Ouais... fait Lévesque, dont les traits burinés par la fatigue trahissent aussi une forte émotion. Mais ils rejettent mon affaire!

— Ce n'est pas pire que Bevan, oppose le député de Mercier. Bevan est resté...

— De toute façon, c'est trop tard... peste l'ancien ministre de l'électricité en fonçant sur le micro comme un taureau buté sur l'épée du matador [2].

Et comment qu'il est trop tard! Cette salle surchauffée tient plus du cirque romain que de l'agora grecque ou du forum politique. Les lions sont lâchés. L'ambiance? Un mélange explosif de haine et de férocité. La veille, à l'ouverture des délibérations, une poignée de délégués du Nord-Ouest québécois donnait le ton:

— Nous ne venons pas discuter de la thèse de René Lévesque, nous venons discuter de la tête de René Lévesque.

Ce soir-là, dans le hall du Château Frontenac, on dressait l'échafaud avant même le début du procès. Un autre militant exprima à sa façon l'antipathie déclarée et généralisée envers l'idole déchue qui allait être de mise tout au cours de ce long week-end:

— Notre peur habituelle qu'il quitte le parti s'est changée en peur qu'il ne parte pas.

Le Château tout entier paraissait aux mains des anti-Lévesque. Un macaron porté à la boutonnière par la majorité des délégués exigeait «Lesage au pouvoir». Devant ce déploiement non équivoque, les fidèles du pestiféré s'étaient retranchés dans deux petites chambres du troisième étage, où ils distribuaient aux délégués qui osaient s'approcher une brochure de vingt-trois pages intitulée «Le Québec souverain dans une nouvelle union canadienne». Document complémentaire du manifeste et destiné à confondre ceux qui avaient commencé d'insinuer, dans un style d'apocalypse, que la catastrophe économique attendait sûrement un Québec séparé[3].

L'avocat Jean-Roch Boivin, proche de Lévesque depuis les élections de la nationalisation, en novembre 1962, marchait à ses côtés quand celui-ci s'est fait jeter à la face du «Lévesque, dehors!» Boivin n'a rien d'une fillette. Ce fils d'un laitier du Lac Saint-Jean à la tête blanchie d'albinos a même l'écorce plutôt rude d'un bûcheron. Pourtant, il a eu froid dans le dos en défilant au milieu de la meute des militants qui réclamait déjà la mise à mort.

— Je suis nerveux, avoua-t-il à son compagnon d'armes. C'est la première fois de ma vie que je sens physiquement la haine...

— Vous auriez dû être nerveux avant la décision, rétorqua Lévesque avec un flegme tout britannique. Une fois qu'elle est prise, c'est correct[4].

Dans ce Québec agité de l'automne 1967 — tous les automnes de la fin de la décennie 60 compteront — les libéraux ne détiennent pas le monopole du *niet* face à une option aussi radicale que celle de l'indépendance. La révision des allégeances politiques est si déchirante et si profonde qu'elle marquera l'évolution du Québec pour les vingt prochaines années.

Une bonne moitié du Québec a levé les bras au ciel dès le jour — c'était le 18 septembre précédent — où René Lévesque a fini par hisser la bannière de l'indépendantisme québécois, après une longue réflexion commencée avec le grand craquement élec-

19

toral qui avait jeté à terre l'orgueilleux régime des révolutionnaires tranquilles.

Réflexion dans laquelle a trempé, du début jusqu'à la fin ou presque, le député nouvellement élu de Mercier, Robert Bourassa. Au moment de franchir le Rubicon, il rompait sans crier gare l'alliance avec Lévesque. Ça s'est passé rue Britanny, à Ville Mont-Royal, entre la lecture du manifeste de la souveraineté-association et l'ingestion des spaghetti préparés par sa femme Andrée un certain soir de l'été équivoque de 1967...

Notes — Chapitre 1

1. Desbarats, Peter: *René Lévesque ou le Projet inachevé*, Montréal, Fides, 1977, p. 158; et Yves Michaud.
2. *Le Devoir*, le 17 octobre 1967; et Robert Bourassa.
3. *Le Devoir*, les 14 et 16 octobre 1967; et Murray, Vera et Don: *De Bourassa à Lévesque*, Montréal, Les Quinze, 1978, p. 42.
4. Jean-Roch Boivin.

2

Bourassa doit gagner

— S'il doit y en avoir un seul qui gagne, il faut que ce soit Bourassa, glisse Jean Lesage à Georges Tremblay, candidat libéral dans le comté de Bourassa, avec qui il déambule dans la rue au cours d'une tournée dans l'île de Montréal.

Tremblay reste interdit, blessé par la remarque plutôt désobligeante de son chef. Il louche misérablement vers lui avec l'air de dire: «Pourquoi pas moi[1]...?» Corinne Lesage, qui accompagne comme toujours son mari, ne dit rien elle non plus, contrairement à son habitude d'ajouter son grain de sel quand la conversation prend un tour qui lui déplaît. Les Lesage ont perdu leur belle assurance préélectorale. À quinze jours du scrutin du 5 juin 1966, l'inimaginable — une défaite — apparaît en effet plausible. On aurait la mine allongée à moins.

Le 18 avril précédent, pour justifier son appel au peuple, que certains de ses conseillers appréhendaient, Lesage annonçait à la presse, d'un ton qui ne souffrait pas de réplique:

— J'ai besoin d'un mandat précis pour négocier un nouveau partage des impôts avec Ottawa[2]!

Le premier ministre ne doutait pas de l'issue heureuse de cette nouvelle joute électorale, sa troisième depuis 1960. Le 5 juin au soir, ce ne serait pas une simple victoire mais l'apothéose. Depuis six ans, les révolutionnaires tranquilles avaient tant fait pour arracher les Québécois au moyen âge duplessiste qu'ils se croyaient immortels. Au moment de faire leur croix sur le bulletin de vote, les électeurs se souviendraient. Du reste, quel esprit sensé pourrait imaginer un seul instant le retour au pouvoir des fossiles unionistes de Daniel Johnson? La grande noirceur de retour parmi nous? Non, merci! La réélection des libéraux leur était due.

Les choses ont cependant tourné rapidement au vinaigre. Le bon peuple semble vouloir en décider autrement. La campagne sournoise, comté par comté, de salle paroissiale en salle paroissiale, de cuisine en cuisine, du rusé chef de l'Union nationale y est pour quelque chose, même si elle n'explique pas tout. Et dire que l'avocat Claude Ducharme, confident et ami de Lesage qui règne en maître à la direction du quotidien *La Presse*, lui a promis une victoire toute cuite. Ducharme a commandé un sondage à la Société de mathématiques appliquées. Prédiction: plus de quatre-vingt-cinq sièges sur cent huit. Un écart de voix de 6 à 7 p. 100 en faveur des libéraux. C'était dans la poche[3].

Robert Bourassa n'a pas attendu qu'Arthur Dupré, organisateur rouge de Beloeil qui a la confiance de Lesage, l'appelle après le déclenchement des élections pour lui offrir un comté au nom du chef. Ayant décidé depuis des lustres qu'il sauterait dans l'arène politique à la première occasion, il a déjà tâté le terrain auprès de Lévesque et de Paul Gérin-Lajoie, ancien ministre de l'Éducation, pour savoir dans quel comté croiser le fer.

Deux possibilités: Saint-Laurent, dominé par les anglophones, et Mercier, bourg ouvrier majoritairement francophone de l'Est de Montréal où il a habité étant jeune. Gérin-Lajoie lui conseille fortement Saint-Laurent, qui élit depuis toujours des libéraux les yeux fermés. Même coiffé d'un bonnet d'âne, Bourassa y remporterait le siège sans difficulté. Mais Lévesque lui dit plutôt:

— Tu n'auras pas les mains attachées dans le dos par les Anglais si tu vas dans Mercier[4].

Bourassa écoute René avec qui il est lié depuis 1963 et dont il est devenu l'un des habitués de sa maison de la rue Woodsbury, à Outremont. Son opinion a du poids mais la raison de Bourassa lui dicte aussi qu'il ne pourra jamais réaliser son grand rêve — devenir un jour premier ministre du Québec — si les francophones, dévoyés par la propagande séparatiste, se mettent dans la tête qu'il est l'avoué des Anglais, voire même l'un de ces «rois nègres» ridiculisés par André Laurendeau. En tout cas, ce serait drôlement plus difficile — l'histoire est là pour le prouver. Lesage, lui, se fiche un peu du nom du comté ou de sa composition linguistique. Celui qu'il considère comme son fils spirituel doit être élu. Qu'on fasse le nécessaire! Même s'il n'a jamais mis les pieds dans la Maison du Peuple, on chuchote déjà que Bourassa est le chouchou du premier ministre, peut-être même son dauphin.

Lesage veut tellement bien faire qu'il donne le mot d'ordre aux organisateurs: Robert veut être mon candidat dans Mercier; qu'il le soit et sans opposition! L'assemblée de désignation a bel et bien lieu, comme la règle l'exige, mais c'est pour la forme. Pas un seul loustic n'ose se mesurer à Bourassa. Le chef libéral nourrit également une autre visée: quand le nouveau député aura fait ses classes — une affaire de quelques mois, une année tout au plus, car cet homme apprend vite —, il lui confiera les Finances, portefeuille qu'il conserve avec celui des Affaires fédérales-provinciales mais dont il aimerait bien se délester.

Expert en fiscalité et économiste, Bourassa est le candidat en or pour occuper le fauteuil mais, chef avisé, Lesage s'est bien gardé de lui dévoiler ses plans. Le fouineux de Bourassa — qui sait tout — en a entendu parler... entre les branches, évidemment. Donc, s'il est élu — et il le sera —, il ne moisira pas longtemps dans les rôles de soutien. De toute manière, cet homme énigmatique, maigre comme un carême-prenant, n'est fait ni pour l'ombre ni pour la deuxième place.

Le fiscaliste travailliste

En 1957, en choisissant de faire de l'économie son dada, Robert Bourassa ordonnait sa carrière vers un domaine de compétence qui, durant les années 60 totalement sous le joug ou le charme des sciences sociales, l'assurait de devenir un acteur vedette. Quatre années plus tôt, à sa sortie de Brébeuf, réputé collège de jésuites de la Côte Sainte-Catherine, Bourassa fait son droit, comme tout le monde à l'époque... Toutefois, son intérêt pour la pratique du droit étant inversement proportionnel à l'attrait irrésistible qu'il éprouve pour l'univers du *Prince*, il change d'orientation.

Il étudiera l'économie politique, avec accent sur les finances publiques. Où? Mais à l'université d'Oxford, voyons. Quand on a pour ambition secrète de devenir premier ministre, et qu'on est un premier de classe — à la faculté de droit, il déclassait tous ses confrères —, il faut aller à la meilleure des écoles. À l'époque, il n'a pas un sou vaillant; les portes de la prestigieuse maison de haut savoir s'ouvrent devant lui grâce à une bourse d'études de 5 000 $ obtenue de la Société royale.

Bourassa a vingt-six ans. En Angleterre, il flirte avec les idées de gauche; avec la social-démocratie, qui signifie alors non seulement justice sociale mais aussi croissance économique. Le jeune gringalet s'inscrit à la section universitaire du parti travailliste; il aime plus que tout aller aux Communes de Londres écouter le grand leader socialiste Aneurin Bevan défendre ses principes pacifistes lors du fameux débat sur les armements nucléaires qui coupe l'Angleterre en deux.

1957-1959, c'est aussi l'époque du retour du général de Gaulle au pouvoir et de la guerre d'Algérie qui plonge les Français dans une querelle inexpiable. De son appartement de la rue Victoria, chauffé au charbon et au gaz, Bourassa capte tous les soirs la radio française. Il se passionne si fort que la politique de l'Hexagone n'a bientôt plus aucun secret pour lui[5].

Bourassa quitte l'Europe en 1959 avec une maîtrise en poche. Mais ce n'est pas encore assez. Il lui en faut une deuxième — en droit financier — qu'il obtiendra de l'université Harvard, de Boston, grâce à une seconde bourse de 5 000 $, que lui accorde l'institution elle-même. Ce jeune homme du Québec a beaucoup de talent. La taxation des biens de capital, voilà quel sera le sujet de thèse de l'étudiant social-démocrate qu'il se veut toujours.

Plus tard, pour souligner ses antécédents de gauche, Bourassa se plaira à rappeler aux sceptiques ou aux flagorneurs: «Ce n'était pas populaire à l'époque de parler de taxer les biens de capital.» En 1960, quand il rentre enfin au pays, il détient deux diplômes en économie et est l'heureux père d'un fils, François, que sa femme, Andrée Simard, épousée en 1958, a mis au monde à Boston. C'est un homme comblé. En plus, il sait maintenant avec certitude qu'il fera de la politique la véritable et unique maîtresse de sa vie d'adulte. La conquête du pouvoir avec un grand «P» représente à ses yeux le défi intellectuel suprême, le lieu où le talent subit le test le plus exigeant[6].

Après, les choses vont vite. Première assignation: conseiller fiscal au ministère du Revenu, à Ottawa. Ennuyeux comme la pluie, surtout pour quelqu'un qui brûle de se jeter dans la mêlée et qui ne cesse de répéter à tout le monde: «Moi, je veux faire de la politique...» Et puis, c'est à Québec qu'il veut régner, non dans cette capitale insipide. Il n'y restera pas longtemps d'ailleurs: deux ans et demi à peine. C'est encore trop — cet homme est pressé. En 1963, l'occasion de déménager ses pénates à Québec va se présenter. Bourassa ne la ratera pas.

La social-démocratie des années 60 redresse les inégalités sociales mais elle est une insatiable dévoreuse de fonds publics. À telle enseigne qu'après trois années seulement de Révolution tranquille, la caisse de Jean Lesage est à sec. Il faut trouver de l'argent quelque part, et rapidement, sinon la justice sociale et la modernisation de la société québécoise marqueront le pas.

Le Québec n'est pas la seule province à tirer la langue. Mais, ici, la situation a sa spécificité — comme tout ce qui est québécois, n'est-ce pas? La population du Québec représente 28 p. 100 de l'ensemble canadien mais la richesse collective (le produit intérieur brut des statisticiens) n'atteint que 23 p. 100. Pis: les besoins sociaux frisent les 40 p. 100. Certes, l'écart entre revenus et besoins a commencé de se réduire grâce aux points d'impôt arrachés de haute lutte à Ottawa par Duplessis et Lesage, grâce aussi aux emprunts publics. Mais on est encore loin du compte[7].

En 1963, pour y voir un peu plus clair, Lesage demande à Marcel Bélanger, formé à Harvard lui aussi, de présider une commission royale d'enquête sur la fiscalité. Ce n'est pas une première. Ottawa a déjà sa commission Carter et l'Ontario sa commission Smith. Bélanger hésite, mais comme il ne sait pas dire non au premier ministre, qui l'a promu au rang de premier aviseur financier après la victoire de juin 1960, il finit par accepter.

Mandat: passer au peigne fin la fiscalité des individus, des compagnies, des municipalités et des commissions scolaires, histoire de vérifier s'il n'y aurait pas encore un petit peu de place dans les champs d'impôt pour étendre la part du trésor public.

Deux ans plus tard, au terme de ses travaux, qui se dérouleront à l'enseigne de la social-démocratie la plus pure, le président Bélanger conclura que oui. Conclusion qui ferait aujourd'hui blêmir de frustration Milton Friedman et ses disciples[8].

Mais revenons à Marcel Bélanger qui, comme nombre de technocrates des années 60, ne reconnaîtra plus vingt ans plus tard ses enfants sociaux-démocrates. Au moment de la création de la commission, le premier ministre lui demande:

— As-tu des noms à me suggérer comme commissaires?

On les trouve rapidement, les commissaires, à commencer par le constitutionnaliste de fort bonne renommée Carl Goldenberg. Seul hic: on n'arrive pas à dénicher un secrétaire général. Le hasard, qui fait toujours bien les choses, met Bourassa sur la route de Bélanger. Aux prises avec le fisc fédéral, qui s'acharne contre l'un de ses clients — un entrepreneur qui, pour réduire son impôt, a vendu ses affaires à ses fils à un prix tellement ridicule que le ministre du Revenu a sursauté —, le fiscaliste cherche à négocier un compromis avec les experts fédéraux.

L'un d'entre eux, un jeune fluet dans la trentaine débutante, lui semble vouloir couper la poire en deux alors que ses gourmands collègues la veulent tout entière. Le midi, au lunch, Bélanger le tire par la manche:

— On n'est pas bien raisonnables, nous deux, si on ne peut pas régler ça à l'amiable...

— C'est aussi ce que je pense...

— Je vais voir mes gens, voyez les vôtres et, cet après-midi, on va trancher dans le milieu!

— D'accord, je m'en charge[9]...

Robert Bourassa le médiateur — car c'était lui — était à l'oeuvre. Évidemment, l'histoire ne dit pas si le calcul n'expliquait pas, du moins en partie, la grande souplesse du jeune fiscaliste fédéral. Car aussitôt l'affaire réglée, Bourassa demande à l'improviste à Bélanger:

— Est-ce que c'est vous qui présidez la commission Bélanger?

— Oui, c'est moi...

— Ça m'intéresse beaucoup... J'ai étudié la fiscalité à Harvard et en Angleterre. Si je peux vous être utile[10]...

Marcel Bélanger lui offre illico le secrétariat mais l'avertit:

— Le salaire est plutôt maigre.

— Pas de problème, répond Bourassa en esquissant un sourire un peu gêné.

L'argent? Il s'en fiche éperdument depuis qu'il a épousé la fille d'Édouard Simard. Il a connu Andrée à l'Université de Montréal alors qu'il étudiait le droit et elle, la pédagogie familiale. Une élection étudiante où Bourassa mordit la poussière les mit en présence. «J'ai perdu mon élection, ironise-t-il depuis, mais j'ai gagné une épouse.» Et quelle épouse! Elle lui apportait en dot un bon morceau de l'empire financier des fameux frères Simard, tous riches comme Crésus.

Étonné de voir Bourassa accepter dare-dare une proposition salariale aussi peu reluisante, Bélanger, qui ignore tout de son statut matrimonial, s'entend répondre d'un ton légèrement justificatif:

— Je suis marié à une Simard de Sorel... De plus, je veux faire de la politique. Vous m'offrez la chance de m'initier au monde politique québécois et de me faire de précieuses relations dans l'administration.

On ne peut être moins équivoque. À Québec, le jeune ambitieux s'établit en plein dans le sanctuaire des révolutionnaires tranquilles. Son idée fixe: s'approcher de Jean Lesage le plus rapidement possible. Mais encore faut-il qu'un bon Samaritain lui permette de le rencontrer... Son nouveau patron le met en garde:

— Ne fais pas de politique avec moi!

— Non, non, n'ayez pas peur, jure Bourassa, qui le presse toutefois à la moindre occasion de le présenter au premier ministre, avec qui, le chanceux, il est à tu et à toi depuis des années.

— Fais-moi une bonne job, ruse Bélanger pour le tenir en main, et je te le ferai rencontrer[11].

Ça ne lui fait pas une très belle jambe! Le supplice dure quelques mois, jusqu'à la préparation du budget, à laquelle est assigné Bélanger. Dès la première poignée de main, ça clique entre Lesage et Bourassa. Les deux hommes se découvrent vite des atomes crochus. À titre de ministre des Finances, Lesage porte comme lui un intérêt marqué aux questions fiscales et à une gestion saine des deniers publics. Cette affinité particulière constitue le premier mortier de leur amitié. Quand il est question d'augmenter la rémunération des membres de la commission Bélanger, Lesage remarque que le nom de son préféré ne figure pas sur la liste. Il écrit lui-même au greffier du Conseil exécutif: «À quand une augmentation de salaire à monsieur Bourassa, qui est un as?»

C'est également à cette époque que le futur chef du parti libéral du Québec prend sa carte de membre — ralliement qui le met en contact direct avec René Lévesque, par le biais notamment de la commission politique du parti, dont il devient l'un des participants les plus zélés. Il succombe vite, comme tant d'autres, au charme dévastateur du mouton noir de la bergerie libérale, même si l'amitié admirative qu'il va lui porter de plus en plus risque de compliquer joliment son ascension politique. Lévesque symbolise alors à ses yeux la sincérité politique, le dynamisme et le progressisme. Triptyque plutôt rare en politique québécoise.

Bourassa est totalement subjugué par le personnage dont le verbe brouillon, radical et brutal lui vaut une réputation de Castro auprès de ses adversaires. Et ils sont nombreux. Mais, entre 1963 et 1965, le tremplin politique principal du jeune fiscaliste demeure avant tout la commission Bélanger, qui le met en lumière dans l'opinion publique tout en lui permettant d'établir des lignes de communication avec les acteurs sociaux et politiques qui compteront bientôt.

Les putschistes du lac Memphrémagog

Comme plusieurs observateurs, généralement plus futés, et comme son chef Jean Lesage lui-même, le candidat libéral du comté de Mercier croyait que la joute électorale se ferait sans coups de feu nourris. Tout au plus une sorte de rituel exigé par la démocratie. Mais, le 5 juin 1966, il se retrouve simple député de l'opposition — adieu les Finances! Une première saucette électorale plutôt difficile, d'ailleurs. Sa majorité est loin d'être himalayenne: 640 voix à peine. Quant à son parti, il s'en tire avec 47 p. 100 des suffrages contre 40 aux unionistes de Daniel Johnson, qui récoltent cependant la pluralité des sièges: 56 contre 50. Adieu le pouvoir!

Une carte électorale drôlement biscornue, qui surévalue le vote rural, acquis depuis toujours aux bleus, au détriment du vote urbain, explique qu'un parti favorisé par la majorité des citoyens puisse, en ce bizarre pays québécois, se retrouver dans l'opposition pour quatre ans. Mais à ce sujet, Lesage peut se mordre les pouces, et tout le reste. Il n'avait qu'à suivre l'avis des experts, qui le pressaient de démocratiser au plus vite la carte électorale afin de donner plus de poids aux électeurs urbains, moins effarouchés (ou plus choyés) que les ruraux par sa Révolution tranquille.

Le soir du scrutin, quand tout a été dépouillé, compté et recompté, et que le gouvernement libéral a bel et bien été culbuté par le renard de Bagot, un Bourassa nullement démoralisé, ni atterré comme son chef qui a l'impression vague d'avoir été roulé par Johnson, promet à ses supporters de Mercier:

— Ils ont gagné avec un tas de promesses en l'air. Je vais les leur rappeler!

Bourassa n'est pas uniquement fier comme Artaban d'avoir vaincu son adversaire au premier engagement, il brûle aussi de s'attaquer au nouveau gouvernement, comme s'il formait à lui tout seul l'armée de l'opposition. Ses bonnes dispositions tranchent de façon saisissante avec la hargne et la bile des collègues. Il arrive tout pimpant dans une formation politique à l'heure des règlements de comptes et des explications finales entre conservateurs et progressistes, les deux clans qui se disputent l'attention du chef vaincu. Le post-mortem s'annonce tumultueux. Tout le contraire d'un pique-nique de la solidarité libérale.

Au premier caucus qui suit la débâcle, députés élus ou battus se vident le coeur. Une symphonie de critiques et de blâmes qui a peu de rapport avec les partitions harmonieuses de Beethoven. Ça fausse, ça grince et les archets volent plutôt bas, note un autre néophyte, Yves Michaud, élu dans le comté de Gouin, à Montréal. Il écoute, ne trouvant rien à dire, lui de nature si voluble. Un caucus, il le découvre, ça n'a rien à voir avec la littérature, ni tellement plus avec la défense du bien commun. Plutôt un capharnaüm où s'expriment les intérêts, les ambitions personnelles déçues, les vanités de stars, les calculs de toutes sortes.

Le malheureux chef fait pitié à voir. Il n'en mène pas large: la perte du pouvoir semble avoir rompu d'un seul coup sa superbe habituelle. Il paraît brisé, atteint psychologiquement, note de son côté Bourassa. Quelques jours plus tard, après la remise des rênes de l'État à Johnson, son coeur flanchera. Le député de Mercier semble aussi aphone que Michaud. Et pour cause. Tous les bonzes du parti, tous les grands noms, les Kierans, Lévesque, Gérin-Lajoie, Wagner, Laporte, tous les pères, grands-pères et petits pères de la Révolution tranquille sont là. Plutôt inhibant pour un débutant comme lui.

— Je veux entendre le point de vue de Robert Bourassa, demande soudain Lesage, qui a remarqué son silence; requête qui place le «dauphin» en évidence...

La défaite du parti de la réforme? C'était mathématique, et surtout joué d'avance, plaide le nouveau député. Il y a des vagues, des courants de fond, des renversements subits des solidarités partisanes contre lesquels on ne peut rien. En 1960, l'argument du changement a joué pour les libéraux; aujourd'hui, il procure à Johnson le divin pouvoir. Les gaffes de Lesage, ses colères, ses pas de clerc ponctués de paroles ou de gestes agressifs — comme lorsqu'il a enguirlandé un gréviste de la fonction publique devant les caméras ou invité un contradicteur de l'Abitibi à monter sur l'estrade pour lui administrer une couple de taloches — n'ont pas pesé lourd dans l'urne. Les poches de résistance vis-à-vis de certaines réformes, en éducation notamment, s'étaient constituées et durcies bien avant la campagne du 5 juin.

De plus, l'action corrosive du parti de Pierre Bourgault, le Rassemblement pour l'indépendance nationale, sur le vote libéral a profité largement à l'Union nationale. Bourassa reste enfin convaincu que si l'élection avait eu lieu le lundi, au lieu d'un superbe dimanche ensoleillé, les libéraux auraient capturé cinq sièges de plus à Montréal, leur château fort naturel, où quantité d'électeurs séduits par les plaisirs estivaux ont oublié leur devoir de citoyen[12].

L'analyse bourassiste se situe à mi-chemin entre celle des réformistes du parti et celle des éléments conservateurs. Ces derniers, il faut le dire, ne s'embarrassent guère de nuances. Voulez-vous savoir pourquoi Lesage a mordu la poussière, lui qui n'était pas allé au tapis de toute sa fulgurante carrière? Simple comme bonjour: trop de réformes, trop de taxes, trop vite en affaires. En 1960, la dette par habitant était deux fois moins élevée au Québec qu'en Ontario, soit 215 $ contre 514 $. Pour une fois, le Québec avait le dessus sur son puissant rival. En 1966, la dette dépassera celle des Ontariens: 749 $ contre 677 $[13].

La «virée» de l'équipe du tonnerre a coûté cher. Les idées, le progrès, la révolution, c'est bien beau, soutient par exemple Bona Arsenault, ex-ministre des Pêcheries, et l'une des figures les plus délicieusement provocantes de la faction traditionaliste, mais pour les mettre en pratique, ça coûte des sous et ça prend des taxes[14]. Or, le gros bon sens le dit, un gouvernement ne peut pas sans risquer sa peau réclamer du cochon de payant des taxes, encore des taxes, encore plus de taxes pour couvrir des dépenses publiques qui montent en neige.

Tôt ou tard, le taxé se venge du taxeur, par un sale coup comme celui du 5 juin. Surtaxée et bousculée, la province s'en allait chez le diable, clament les «modérés» du parti. La campagne et les petites villes râlaient, demandaient grâce, voulaient respirer un peu. Mais les gauchistes du gouvernement, qui avaient fait de Lesage leur marionnette, n'ont pas voulu entendre le sourd grondement de ventre du Québec non urbanisé, pourtant exploité par la presse.

Les Bernard Pinard, Jean Bienvenue, Émilien Lafrance, Alcide Courcy, Claude Wagner et Jérôme Choquette, tous apologistes du changement social en douceur, sans frénésie, sans apocalypse — l'idéal serait que les gens ne s'en aperçoivent pas —, mettent l'ex-ministre de l'Éducation au banc des accusés. C'est ce monsieur infatué de sa personne qui a coulé le bateau libéral, non Lesage. Trop pressé, Paul Gérin-Lajoie. Trop gourmand, cet intellectuel aux mains blanches.

À lui seul, son ministère dévorait plus du quart du budget de la province. Avec son sous-ministre Arthur Tremblay, un pareil, il a ligué l'électorat non urbain contre le gouvernement. Sa fichue démocratisation accélérée de l'éducation a coûté les yeux de la tête en plus de laïciser et de socialiser un système d'éducation qui avait fait ses preuves et ne requérait que des accommodements. Point n'était besoin de tout jeter à terre comme s'il s'était agi d'un taudis. Personne ne demandait au gouvernement de centraliser *ad nauseam*, ni d'imposer à toute une génération de jeunes des horaires compliqués, un nouveau mode de transport scolaire — le «péril jaune», disaient les unionistes —, un nouvel habillement, la boîte à lunch des ouvriers et surtout de nouvelles valeurs.

Le ministre de l'Éducation a fini par faire enrager tout le monde. Il a fallu le cacher durant la campagne électorale. Il n'était plus «montrable» en province. Plus une seule assemblée sans qu'un porte-parole de ces milliers de retraités qui, ayant élevé leurs enfants, n'aspiraient plus qu'à une petite vie peinarde au village, ne se levât pour implorer, en exhibant un compte de taxes scolaires multipliées par deux, trois et cinq:

— Mais quand est-ce que ça va s'arrêter[15]?

Comme tête de Turc, on ne pouvait donc trouver mieux que Paul Gérin-Lajoie ou son sous-ministre Tremblay. Pierre Laporte, le ci-devant ministre des Affaires municipales, l'a compris dès le 5 juin au soir en regardant la catastrophe prendre forme peu à peu au petit écran.

— Le drame de cette défaite, a-t-il observé devant son chef de cabinet, René Gagnon, c'est que tout va passer sur le dos de Paul[16].

Si Gérin-Lajoie et Arthur Tremblay font office de boucs émissaires pour les éléments conservateurs du parti libéral, Lesage porte le même bonnet, mais pour les deux premiers. Pour Gérin-Lajoie, le gouvernement a subi la défaite parce que son chef n'a pas été à la hauteur. En fait, la question scolaire fut un élément mineur dans la déconfiture libérale car la majorité de la population appuyait la réforme. Il fallait voir, par exemple, l'engouement contagieux de toute une nouvelle génération de commissaires d'écoles qui s'emballaient pour le renouveau, qui avaient le goût de bâtir les fameuses régionales, les fameuses polyvalentes.

C'est plutôt l'image globale de Jean Lesage qui a nui. Dès le départ, il a déraillé, comme lorsqu'il s'est engagé dans une polémique infantile avec le policier Vachon, animateur du syndicat des agents de la paix, traité sans discernement de «communiste» et de danger pour la sécurité de l'État. Quelle gaffe! On a bien rigolé dans les colonnes des journaux. Au Conseil des ministres, tous étaient mécontents de leur chef, qui avait plutôt le caquet bas.

Lesage n'avait plus la situation en main, c'était flagrant. Il a fini par faire appel à la seule arme qui lui restait: l'argument d'autorité.

— Messieurs, fiez-vous à moi, je n'ai jamais perdu une seule élection! avait-il lancé à l'intention des ministres, que sa médiocre performance avait jetés dans la perplexité[17].

Durant les jours qui suivent la défaite, le technocrate Tremblay en a gros sur le coeur lui aussi. Et pour cause. Si Johnson a pu capitaliser sur la résistance des zones rurales aux réformes scolaires et ramasser tant de dividendes électoraux, c'est parce que Lesage ne les a pas défendues, ni avant ni durant la campagne. Il a eu peur. Il a parlé d'autres choses, péroré sur tout et sur rien, reléguant dans son comté le père du bill 60, au lieu de lui demander de s'expliquer devant l'électorat.

Les bleus ont eu beau jeu de taper dur sur la tête du premier responsable de l'escalade des impôts scolaires mais aussi sur celle, lisse comme un oeuf, du sous-ministre Tremblay. Le «technocrate sans âme» se vit consacré sur-le-champ grand prêtre de l'athéisme, Lucifer incarné, la rentabilité électorale justifiant les pires balivernes. Six mois avant les élections, un député de l'Union nationale proche de Johnson annonçait cyniquement au sous-ministre:

— Monsieur Tremblay, la prochaine campagne va se faire sur votre dos...

— Pourquoi?

— C'est évident que vous êtes athée...

— C'est faux!

— Je le sais mais électoralement, c'est ça qui va nous faire gagner.

— Monsieur! explosa Tremblay, blessé au vif dans sa foi profonde, si jamais les choses tournent comme vous le dites, ça va me prendre un gros effort de charité chrétienne pour vous adresser encore la parole[18]!

Le sous-ministre avait pris la confidence du député avec un grain de sel mais, une fois la bataille électorale amorcée, il a compris rapidement que l'unioniste ne badinait pas. Johnson et ses émeutiers de la démagogie soulevaient les campagnes contre lui et Gérin-Lajoie. Et Lesage discourait sur les beautés de la langue de Molière devant les agriculteurs de la Beauce. Deux semaines avant le vote, l'organisateur de Lesage, Paul Desrochers, une vieille connaissance, lui passa un coup de fil:

— Arthur, il faut que tu fasses une déclaration pour nier que tu es athée...

Le lendemain, appel de Gérard Dion, l'un des deux abbés de Québec qui avaient soulevé l'ire des duplessistes en fustigeant leurs moeurs électorales corrompues après les élections de 1956:

— Arthur, fais quelque chose! Un curé dans Frontenac t'a dénoncé en chaire. Parle au cardinal Léger, fais-le remettre à sa place[19]...

Tremblay ne bougea pas. L'attaquer dans ses convictions religieuses, quelle bassesse! Le respect de la croyance d'autrui, c'est fondamental en société. À quoi bon se justifier? C'eût été reconnaître que Johnson avait raison de l'attaquer et alimenter par le fait même sa chasse aux sorcières.

Après le vote, on lui tombe encore dessus. Paul Desrochers lui reproche son silence, qui a coûté la victoire aux libéraux, et l'abbé Dion son manque de jugement politique. Le technocrate Tremblay reste sanglé dans son mutisme de paysan du Lac Saint-Jean. Il a l'âme en paix. L'artisan qu'il se veut a fait ce qu'il avait à faire: construire sa maison, le nouveau ministère de l'Éducation, afin d'accélérer la scolarisation des francophones du Québec, qui en ont rudement besoin pour prendre leur place dans cette Amérique du Nord surscolarisée[20].

Paul Gérin-Lajoie n'est pas seul à soutenir que le premier responsable du malheur du 5 juin s'appelle Jean Lesage. La grogne contre le chef vaincu éclate quelques jours à peine après le scrutin. Répondant à l'appel de René Lévesque, une douzaine d'insatisfaits se retrouvent durant deux jours sur les bords du lac

Memphrémagog, dans la maison de campagne de Philippe Brais, gros bonnet de l'establishment libéral de Montréal, qui n'est toutefois pas dans le coup. Motif officiel du meeting secret: faire le point sur la défaite en vue du congrès de l'automne. Motif officieux et plus ou moins avoué chez certains participants: se débarrasser de Lesage, qui n'est plus l'homme de la situation.

Il a bien changé, en effet, le beau Jean, depuis 1960. Son progressisme s'est considérablement dilué, son nationalisme s'est ramolli et, encore, il étouffe son parti sous un leadership qui s'est fait graduellement autoritaire et ombrageux. Hier, on l'adulait. Aujourd'hui, on est «tanné» de ce chef qui refuse le dialogue[21]. Dans la maison de Philippe Brais, les analyses entortillées et longues comme un sermon de la mi-carême se succèdent les unes aux autres. Climat? Aigreur et amertume d'un lendemain de la veille. Toutefois, il serait exagéré d'affirmer que les militants qui participent à ce premier exercice de défoulement sont tous des putschistes occupés à dresser un plan pour guillotiner le parti.

Assistent au post-mortem, outre René Lévesque: François Aquin, nouveau député de Dorion, Pierre O'Neill, directeur du journal du parti, *La Réforme*, sans doute le plus pressé du groupe à régler son compte à Lesage, et une poignée d'avocats accrochés aux basques du député de Laurier depuis 1960. Exemple: Marc Brière. Un pur. Assurément le plus impopulaire de tous les militants libéraux aux assemblées du parti, à cause de sa manie incorrigible de multiplier les points d'ordre et les questions gênantes par respect pour les principes ou les règlements du parti. Il y a encore Rosaire Beaulé, Pothier Ferland, doyen des comploteurs, dont le commerce avec Lesage s'est toujours révélé ardu — il faut signaler qu'en 1958, au congrès où Lesage a été préféré à Paul Gérin-Lajoie, il a appuyé ce dernier —, et enfin Jean-Roch Boivin. Nous avons là les premiers fidèles de la future chapelle souverainiste[22].

Bientôt, la presse taxera tout ce beau monde de «réformistes» pour les distinguer du moins beau monde du parti libéral: les conservateurs et les droitistes. François Aquin, qui personnifie ce qu'il y a de plus à gauche et de plus nationaliste au sein du groupe, prend le contre-pied de la thèse des traditionalistes: si Lesage s'est fait culbuter par Johnson, ce n'est pas parce qu'il courait trop vite mais plutôt parce qu'il traînait la patte. Il a considérablement freiné le rythme de la réforme alors qu'il aurait fallu l'accélérer:

— Depuis six ans, on gagnait parce qu'on allait de l'avant. Pour conserver la confiance de l'électorat, il aurait fallu continuer dans cette ligne-là[23].

Voilà pour le diagnostic général. Mais il faut évoquer aussi des facteurs plus circonstanciels. Comme l'espèce de campagne gaulliste menée par Lesage. Le «gang de Québec», d'Alcide Courcy à Henri Dutil en passant par Raymond Garneau et Jean Bienvenue, a eu la main haute sur l'organisation de la campagne. La consigne était simple: pleins feux sur le chef et silence pour les gros canons habituels, les Lévesque, Kierans, Gérin-Lajoie, Wagner. De se voir ainsi reléguées dans l'ombre a cassé l'allant et le moral des vedettes du parti. Mais n'est pas de Gaulle qui veut. Laissé à lui-même, Lesage a tout bousillé.

Pour les réformistes, c'est à l'avocat Claude Ducharme, l'âme damnée du premier ministre, qu'il faudrait donner la première fessée. Ducharme, c'est le grand avocat, une lumière comme on dit, qui épate Lesage par son intelligence et sa réussite personnelle. Ayant souffert d'insécurité financière durant sa jeunesse par suite de la Crise et de la faillite financière de son père, Xavéri Lesage, le premier ministre éprouve une admiration sans borne pour les hommes d'argent. Du temps où il était ministre fédéral du Grand Nord et des Ressources nationales, il fallait le voir s'adresser au légendaire C.D. Howe, incarnation réussie du grand capitaliste passé à la politique. Encore un peu et il lui aurait frotté les chaussures!

Homme de l'establishment, homme de la haute finance comme les aime Lesage, Claude Ducharme est cependant plus familier avec les rapports de compagnies qu'avec les programmes électoraux, accusent ceux de l'aile réformiste jaloux de son emprise sur le chef. Ainsi, l'avocat Pothier Ferland, tout en reconnaissant de bonne grâce la compétence juridique ou financière de son collègue Ducharme, n'arrive toutefois pas à le voir en conseiller politique. De plus, il conteste son flair même s'il peut vous impressionner en sortant tout à coup de sa poche de veston un petit carnet à la Claude Ryan et vous dire avec assurance, après y avoir griffonné quelques chiffres: «On en a tant de perdus, tant de gagnés, c'est dans la poche!»

En tout cas, c'est Ducharme qui a entraîné Lesage dans le cul-de-sac magistral du 5 juin. René Lévesque en sait aussi quelque chose. Durant les vacances de Pâques précédant les élections, le chef le convoque d'urgence à Miami. Il quitte précipitamment sa femme et ses enfants, qui se trouvent avec lui aux Bermudes — ils l'auraient tué! —, et attrape un avion qui, avant de finir par atterrir à Miami, fait du taxi dans les Bahamas. Il est vingt heures quand il aboutit enfin au Seaway Motel, où un Lesage tout bronzé discute de la date du scrutin avec son état-major.

Quelle soirée lugubre! Il fait noir comme chez le loup et il pleut à boire debout — on se croirait au Québec plutôt qu'en Floride. Presque une agression nocturne pour Lévesque, que Ducharme accroche par le bras en lui soufflant à l'oreille:

— Il faut que je vous voie cinq minutes.

L'avocat le traîne dans sa chambre et lui fourre sous le nez une brique de papier: un sondage qui favorise les libéraux à deux contre un. Sauf que l'énormité du pourcentage d'indécis sidère Lévesque.

— Vous voyez, c'est gagné d'avance, fait pourtant l'avocat. Ce qu'il nous faut maintenant, c'est une campagne à la de Gaulle...

— Qu'est-ce que ça veut dire... à la de Gaulle? demande Lévesque.

Le conseiller du premier ministre reste vague, se perd en digressions, passe à autre chose. Une fois le match électoral bien entamé, l'étincelle jaillit dans le cerveau du ministre du Bien-Être social: il n'y en a que pour Jean Lesage! Un véritable solo. C'est Lesage hissé sur un camion, Lesage minaudant avec les enfants, Lesage gloussant avec les dames patronnesses, Lesage en bras de chemise à l'usine... Il y a de l'abus, vraiment.

Lévesque décode: «Avec un bon sondage, a dû se dire Lesage, c'est moi qui vais gagner l'élection et ils sauront une fois pour toutes qui est le *boss* dans ce parti!» La publicité électorale? Tout aussi abracadabrante que celle d'Antonio Barrette, en 1960. «Vers les Sommets avec les trois Grands», clamait alors un slogan ridicule représentant Barrette avec ses deux prédécesseurs Sauvé et Duplessis. Un autre placard montrait Barrette avec sa boîte à lunch d'ancien ouvrier... Voulant sans doute pasticher l'Union nationale, les publicistes de Lesage ont songé un instant à afficher dans les comtés ruraux d'énormes placards montrant le premier ministre coiffé d'un *homburg* et causant paternellement avec un cultivateur [24].

Un autre réformiste du parti, Maurice Jobin, médecin personnel de Lesage — qu'il suit à la trace depuis la campagne électorale de 1962, où on lui avait demandé de surveiller discrètement son penchant connu pour l'alcool —, s'est étonné de ne jamais voir sur l'estrade, avec le chef, les francs-tireurs de la trempe de Lévesque ou Wagner. Le docteur ne déteste pas du tout Lesage, un leader exceptionnel qui a de grandes qualités dont celle de garder ensemble les petits génies qui l'entourent. Mais son homme, c'est Lévesque, pour sa vision claire de l'avenir du Québec, qui fait défaut à Lesage. Il s'accorde à ce sujet avec Claude Morin, sous-ministre des Affaires fédérales-provinciales, avec qui il est devenu copain-copain durant la campagne de 1962, au cours de laquelle le technocrate rédigeait les discours du premier ministre.

Du reste, comparée à la tournée électorale de la nationalisation de l'électricité, la dernière campagne tenait du long pensum. Pas d'idées nouvelles, pas de grands desseins. Des foules attentives, certes, mais nullement délirantes comme en 1960 ou 1962. L'élan n'y était pas. On bâillait aux assemblées de Jean Lesage. Ce n'était plus un chef d'État mais un marguillier de paroisse, ou un trésorier de compagnie, qui livrait son bilan. Des discours misérables, inutilement violents, bêtement mesquins vis-à-vis des adversaires. Le pauvre Pierre Bourgault se voyait par moments ravalé au rang d'un pervers sexuel qui voulait séquestrer sa victime, le Québec, pour mieux la violer.

Un jour, le toubib Jobin en eut ras le bol de cette potée indigeste et supplia le publiciste de la campagne, Henri Dutil, de mettre la pédale douce. Bref, il ne manquait rien pour que le dernier tour de piste électoral de Jean Lesage se terminât par une chute de débutant. Il ne reste plus maintenant qu'à ramasser les pots cassés avant le congrès annuel du parti, prévu pour le mois de novembre[25].

Notes — Chapitre 2

1. Robert Bourassa.
2. *Le Devoir*, le 19 avril 1966.
3. Henri Dutil, René Gagnon; et Desbarats, Peter: *René Lévesque ou le Projet inachevé*, *op. cit.*, p. 138.
4. Robert Bourassa.
5. *Ibid.*
6. *Ibid.*; et *La Presse Plus*, le 22 octobre 1983.
7. Marcel Bélanger, à l'époque fiscaliste du gouvernement Lesage.
8. *Ibid.*
9. *Ibid.*
10. *Ibid.*
11. *Ibid.*
12. Robert Bourassa.
13. Brunelle, Dorval: *La Désillusion tranquille,* Montréal, Hurtubise HMH, 1978, p. 162.
14. Bona Arsenault, in *La Révolution tranquille*, série de treize documentaires diffusés à Radio-Canada, été 1971.
15. François Aquin et Jérôme Choquette.
16. René Gagnon.
17. Paul Gérin-Lajoie.
18. Arthur Tremblay.
19. *Ibid.*
20. *Ibid.*
21. Pierre O'Neill et Pothier Ferland.
22. *Ibid.*
23. François Aquin.
24. Pothier Ferland, René Lévesque; et Desbarats, Peter: *op. cit.*, p. 140.
25. Maurice Jobin.

3

Les chevaliers de la *strap*

Le conciliabule du lac Memphrémagog est le point d'affleurement de la contestation réformiste qui va se généraliser durant tout l'été 1966. Une réunion suit l'autre, tantôt chez Gérin-Lajoie, tantôt chez Marie-Claire Casgrain, première femme ministre de l'histoire du Québec, et jolie dame en plus, tantôt au Club de Réforme. Des post-mortem, on en fait à devenir malades. Un leitmotiv revient, comme le sifflet d'alarme d'un phare dans le brouillard: reprendre le parti en main, arracher Lesage à l'influence des adeptes de l'immobilisme de la région de Québec, qui ont signé le chef-d'oeuvre du 5 juin, se resituer enfin dans le droit fil plus ou moins coupé de la Révolution tranquille.

Le noyau du début grossit. On voit maintenant aux meetings Robert Bourassa, Yves Michaud, Eric Kierans, Jean-Paul Lefebvre, nouveau député d'Ahuntsic et ancien syndicaliste ami de Jean Marchand. Du côté des militants, le cercle s'élargit également avec l'arrivée de Philippe Casgrain, mari de madame, Roch Banville, André Brossard, Roland Chauvin, Maurice Jobin, Claude Desrosiers, Monique Marchand, femme de l'architecte du même nom, et Yvon Turcot, journaliste proche du député Michaud[1].

À souligner en grosses lettres: plusieurs membres de la cohorte du changement en voie de se faire ont en commun d'avoir été actifs à la commission politique du parti, contrôlée depuis toujours par les Montréalais — ce qui suffit à la faire classer comme un ramassis de radicaux par le groupe de Québec. La commission politique, c'est le laboratoire à idées de la Fédération libérale du Québec, son cerveau. L'aile marchante du parti — par opposition à l'aile marchande: les organisateurs et les patroneux de tout acabit. L'animateur principal en est Lévesque, qui y a placé ses hommes. C'est lui qui y a fait entrer, il n'y a pas si longtemps, un jeune économiste maigrichon du nom de Robert Bourassa qu'il s'est appliqué mine de rien à mettre sur un piédestal[2].

Prière de ne jamais, au grand jamais, confondre la *F.L.Q.* libérale avec l'organisme révolutionnaire au sigle identique qui se spécialise, lui, dans les attentats à la bombe. Depuis 1960, la fédération se veut le chien de garde de la Révolution tranquille. Elle évite la dynamite, mais malheur au politicien ou militant conservateur qui voudrait lui résister! Il lui en cuirait. Jusqu'à la fin de 1964, le président de la fédération, celui qui, à cette époque, était en quelque sorte le premier moutardier du pape Lévesque, s'appelait François Aquin: politicien intransigeant au style oratoire flamboyant malgré une voix nasillarde.

Saint-Just contre ses bourgeois

Le nouveau député de Dorion est une étoile montante et même filante. Trente-sept ans, nez fortement aquilin des dominateurs, avocat comme tout le monde, ou peu s'en faut, qui s'adonne à la chose publique, c'est un verbo-moteur qui penche toujours du même côté: la gauche. Étudiant le droit à McGill, il s'est illustré dans les débats oratoires — indice certain du futur politicien. À vrai dire, tout en apprenant par coeur son code civil, il militait déjà au parti libéral depuis 1953.

Rien de renversant, donc, si on le retrouve en 1957 à la tête des Jeunes libéraux de Montréal. Puis à la tête des Jeunes libéraux du Québec, de 1959 à 1963, année où il s'empare de la direction de l'influente Fédération libérale du Québec. Le voilà alors en bonne position pour orienter les esprits vers la sainte table du progressisme et pour faire de la petite et de la grande misère aux éléments réactionnaires du parti et à ses organisateurs qui, a-t-il déjà noté non sans lever l'index, semblent gagner de plus en plus de terrain auprès de Lesage.

Pour celui-ci, l'élection d'Aquin, au congrès spécial de mars 1963, marque le début d'une rude épreuve qui le fera vieillir de dix ans! En effet, quand les libéraux se réunissent de nouveau en octobre de la même année, Aquin sonne déjà le ralliement des spartiates de la réforme. Bientôt, certains conservateurs, échauffés par ses constants appels aux vertus jacobines, se gausseront de lui et de ses acolytes en leur collant le sobriquet de «chevaliers de la *strap*[3]» — la *strap* étant en bon français la courroie de cuir avec laquelle les préfets de discipline des collèges des années 50 punissaient les mauvais élèves...

Fustigeant «l'esprit d'embourgeoisement» qui s'est emparé du gouvernement — un signe indubitable de la fatigue révolutionnaire du chef —, notre Saint-Just libéral fait la morale à ses troupes:

— On vient au congrès moins pour définir des politiques et voter des résolutions que pour parler de patronage, courtiser les ministres ou se remémorer les temps héroïques où la fédération n'était qu'une réunion d'organisateurs[4]...

Trois ans avant l'heure, c'est le premier tir de mousquet de l'engagement final entre conservateurs et réformistes qui se dessine pour le congrès de novembre 1966. Du reste, à ce même congrès de 1963, le groupe d'Aquin, parmi lequel figure au premier rang Marc Brière, réussit à faire adopter trois résolutions réformistes en dépit de l'opposition manifeste du premier ministre Lesage.

La première veut soumettre le contrôle de la caisse électorale au congrès annuel et non plus au seul chef assisté de ses fondés de pouvoir — mesure qui ennoblirait la démocratisation du parti. Victoire cruciale mais chargée d'ambiguïté comme la suite le démontrera. La deuxième résolution favorise la syndicalisation des serviteurs de l'État. Le débat est épique et Lesage s'oppose mais en vain. Invoquant quelques mois auparavant les principes du parlementarisme britannique, pour bien marquer son hostilité envers pareille réforme, le chef libéral avait pondu l'une de ces

45

perles dont il garde le secret et que son goût pour les formules pédantes lui fait commettre parfois. Il s'était exclamé, devant une presse ravie qui allait par la suite le lui rappeler à satiété: «La reine ne négocie pas avec ses sujets[5]...»

La troisième résolution, mijotée par René Lévesque et Marc Brière, vise à mettre la hache dans le bon vieux système du «député patroneux», roi et maître dans son comté pour la distribution discrétionnaire des jobs, contrats et subventions. Comment y arriver? En nommant des administrateurs régionaux qui agiraient comme intermédiaires entre l'État et les citoyens. Là encore, Lesage émet un *niet* catégorique sous prétexte qu'à la longue, ces fonctionnaires pourraient se métamorphoser en «adversaires du député». Drôle de syllogisme de la part de celui qui a juré, en 1960, de tordre le cou aux «soviets des petits et grands patroneux[6]».

Les réformistes se cassent toutefois le nez quand ils demandent au congrès d'entériner une quatrième résolution, qui érigerait un mur entre le parti libéral provincial et sa contrepartie fédérale. «Rouge à Ottawa, rouge à Québec» ne serait plus nécessairement vrai. Lévesque approuve mais Lesage répugne à diviser la grande famille libérale canadienne. On est tous des frères, mon frère... Le premier ministre l'emporte par 332 voix contre 155[7].

Mais ce n'est que partie remise. En février 1964, en effet, un «frère» fédéral, le ministre de la Justice Guy Favreau, relance étourdiment le projet de désaffiliation en s'attaquant publiquement au «frère» provincial René Lévesque, abaissé au rang de crypto-séparatiste — insulte suprême! Sur le canal Rideau, comme sur le Saint-Laurent, on ne veut voir que du séparatisme masqué sous la désaffiliation des provinciaux de la fédération libérale canadienne.

Henri Dutil, proche de Lesage, voit rouge, c'est le cas de le dire, quand, pour marquer l'hégémonie des fédéraux sur les provinciaux, un audacieux lance devant lui, comme vérité d'évangile, la formule consacrée «rouge à Ottawa, rouge à Québec». C'est plutôt le contraire: ce sont les rouges de Québec qui sont les grands frères! Ils sont plus forts, mieux organisés, plus riches. Le leadership et la caisse se trouvent à Québec, non à Ottawa. En temps d'élections, ce sont les libéraux fédéraux qui viennent quémander bureaux et machinerie électorale auprès des provinciaux. Alors? Pourquoi se séparer des fédéraux si on les domine? De la poudre aux yeux, rien de plus.

Dutil, c'est le fils du journaliste Henri Dutil, le «vieux rouge» du *Soleil* que Duplessis aimait taquiner lors de ses fameuses conférences de presse hebdomadaires. Directeur du parti pour la région de Québec, cet as du tennis bâti comme un hercule va encore plus loin. Il soupçonne la bande d'Aquin d'avoir un plan pour conduire le parti tout droit à l'indépendance. Après avoir fait main basse sur la «grosse voiture» qu'est la F.L.Q. pour en orienter l'idéologie, Aquin s'acharne maintenant à semer la zizanie au sein de la grande famille libérale. Ériger en frères ennemis les rouges de Québec et d'Ottawa, quel symbole politique édifiant à offrir à l'opinion! Si les libéraux ne peuvent s'entendre entre eux, qui le pourra dans ce fichu pays? Nanti de sa vérité, Dutil s'est donné pour mission d'ouvrir les yeux de Lesage avant qu'il ne soit trop tard.

Soutenu par Corinne Lesage, il s'est opposé farouchement à la projection devant les militants d'un film sur les jeunes tourné par Maurice Leroux, conseiller du premier ministre. Pourtant, ce Leroux a la confiance de Lesage, à qui il a appris la grammaire de la télévision. Aux élections de novembre 1962, il l'a préparé à défoncer Johnson lors du premier débat télévisé entre chefs politiques de l'histoire du Québec. De là sa notoriété. Aux yeux de Dutil, il a cependant le tort de trafiquer avec les Aquin et Lévesque. Intitulée *Jeunesse, année zéro*, cette soi-disant enquête sociologique sur la jeunesse québécoise n'est qu'un *fake*, une salade ingénieusement préparée cherchant à prouver que les jeunes ont déserté le parti libéral pour le socialisme et le séparatisme et n'ont plus qu'une seule aspiration dans la vie: «Avoir une bonne job et un beau char»[8].

Quand la femme du premier ministre a vu le film, elle a explosé en présence de son auteur, Maurice Leroux:

— Jean, tu ne passeras pas ça!

Jean n'a pas relevé la remarque de Corinne mais il a téléphoné plus tard à Leroux:

— Ton film, on ne peut pas le projeter, Maurice...

47

L'infortuné cinéaste a couru en pleurant chez ses amis Aquin et Brière, qui ont entonné d'une même voix, après avoir visionné l'oeuvre:

— Il n'y a rien là qui justifie la censure de ton film. Au contraire, ça réveillera le monde.

En fait, le scénario partait d'une constatation de plus en plus manifeste pour qui observait un tant soit peu le milieu: les jeunes n'accrochaient plus ni à la Révolution tranquille ni à ses animateurs principaux. Et ce n'était pas parce qu'on allait trop vite — argument favori des conservateurs du parti — mais plutôt parce qu'ils la devançaient par cent coudées. «Duplessis? Eurke...» vomissaient certains jeunes loustics interviewés par l'équipe de Leroux. «Lesage? Lévesque? Du pareil au même!» accusaient d'autres, d'un ton qui trahissait leur désenchantement.

Si Leroux tenait tant à montrer son film aux militants libéraux, ce n'était pas tant pour les scandaliser que pour les fouetter. Il voulait tout simplement leur dire:

— Ajustez-vous, Messieurs! Cessez de faire du pétage de bretelles avec la Révolution tranquille! Vous êtes en dehors de la coche[9].

C'était une sorte de médecine de cheval qu'il aurait aimé leur administrer tandis qu'il en était encore temps.

Mais aujourd'hui, grâce au maladroit Guy Favreau, le camp réformiste possède de nouveau l'initiative du jeu. François Aquin prend l'accusé Lévesque sous son aile de président de la fédération. Le geste a de quoi en faire sourire plus d'un: ces deux-là ont beau militer dans le même régiment, c'est rarement l'accord idéologique parfait entre eux. Leurs personnalités très différentes les font aussi se heurter, parfois. Comme on est tous des frères politiques, n'est-ce pas, qu'on appartient tous au même parti et qu'il est intolérable que les fédéraux se mêlent de dénigrer publiquement les provinciaux, Aquin tait ses réticences. Il se permet une mise au point fracassante dont le ministre Favreau fait les frais[10].

Jean Lesage en personne se surprend à considérer toute l'affaire d'un autre oeil. Favreau l'a fait évoluer. Assez, en tout cas, pour qu'il accepte de convoquer, pour juillet 1964, un congrès extraordinaire du parti qui tirera la question au clair une fois pour toutes. En passant: c'est cette élasticité idéologique de Lesage, sa faculté de changer d'idée rapidement, d'adorer aujourd'hui ce qu'il brûlait hier, qui lui valent de conserver encore la confiance des réformistes malgré ses sautes d'humeur répétées et ses réflexes profonds de conservateur.

Pour bloquer l'armada de fédéraux accourus au congrès spécial de juillet avec le mandat unique d'empêcher la scission, les réformistes manipulent l'assemblée. Ce sont des maîtres en la matière, tout imbus qu'ils soient d'esprit démocratique. Être idéaliste, ce n'est pas être niais. Faire le bien sans se salir les mains: impossible parfois. Ils se feront écraser s'ils hésitent à donner au bon moment le petit coup de pouce pas très catholique mais décisif.

Les meilleurs procéduriers du clan de la réforme mettent donc le paquet — cela veut dire «écoeurer» le peuple des militants en compliquant et étirant tellement le débat qu'au moment du vote, la plupart d'entre eux seront déjà en train de roupiller tranquillement dans leur lit. C'est la stratégie du *filibuster*, qui manque de tourner court car, à l'heure du dîner, la bataille paraît déjà terminée. Marc Brière, l'impopulaire mais efficace spécialiste des jambettes d'assemblée délibérante, propose alors la tactique ultime aux réformistes plutôt débinés.

— Vers neuf heures, je vais proposer l'ajournement, commence-t-il, la bouche arquée par l'ironie. Comme c'est moi qui propose, ils seront tous contre. Ils vont penser que c'est ce que nous voulons alors que nous voulons le contraire... Le débat va donc se poursuivre *ad nauseam* et vers onze heures, quand l'omelette sera cuite, on proposera le vote.

Il est aux alentours de minuit quand arrive enfin le moment de voter. La salle est à moitié vide. La délégation fédérale, Guy Favreau en tête, a déjà regagné les bords de l'Outaouais. Les réformistes arrachent la décision faute de combattants. Dorénavant, François Aquin et René Lévesque pourront être rouges à Québec sans risquer de se faire étiqueter comme fédéralistes par les nationalistes[11].

Autant le signaler tout de suite, c'est le dernier coup d'éclat des réformistes. Au congrès d'octobre 1964, trois mois à peine après l'assemblée spéciale de l'été, Lesage s'assure de l'élection d'un président plus malléable, le docteur Irénée Lapierre, qui prend la relève d'Aquin en se jurant d'«endormir» la fédération. Mission qu'il n'aura aucun mal à accomplir, ironise-t-il devant la presse, étant anesthésiste de profession. La commission politique aussi a donné de violents maux de tête au premier ministre. Terminé. Son nouveau président, Ronald Therrien, est un illustre inconnu. On ne lui connaît à vrai dire qu'un seul vice: il se ferait couper le bras pour Jean Lesage, son chef.

Comme dégommage en règle, difficile de faire mieux. Les éléments traditionalistes feront dorénavant la loi. Quant aux réformistes, qu'ils aillent se rhabiller! Jusqu'aux élections de juin 1966, la déprime et le vague à l'âme s'installent au milieu de ceux qui avaient juré de porter haut la bannière du changement. Privés du leadership intellectuel qu'ils avaient pu exercer grâce à leur mainmise sur les organismes directeurs du parti, ils se ratatinent dans leur coin[12].

Dépossédé de sa chaire, ni député ni ministre, François Aquin se réfugie dans la pratique du droit. La politique? Ouach... On ne le revoit au parti qu'à l'approche des élections, quand des amis réformistes bien intentionnés lui suggèrent de se porter candidat dans Outremont, fief de Jérôme Choquette, qui jongle lui aussi avec l'idée de se lancer en politique active.

— As-tu l'intention de te présenter? demande Aquin à l'imprévisible Choquette.

— Non, pas du tout, réplique celui-ci, qui changera quelque temps après son fusil d'épaule.

Voilà comment François Aquin se retrouve plutôt candidat dans le comté de Dorion où il délogera l'ami de René Lévesque, le lutteur Johnny Rougeau, déjà sur les rangs mais dont Lesage veut se défaire pour tout l'or du monde[13].

Au salon de la belle épave nue

Le choc du 5 juin arrache enfin à leur prostration les éléments progressistes du parti. Peut-être le salut viendra-t-il de la défaite? En août, quelques semaines après le conciliabule du lac Memphrémagog, meeting ultra-secret et ultra-important au sélect

Club Saint-Denis, rue Sherbrooke à Montréal. L'invitation a été faite par Paul Gérin-Lajoie, qui est membre de ce cénacle réservé à la crème de l'élite francophone de la métropole.

Il n'y a pas là âme qui vienne de la vieille capitale, ni une seule tête conservatrice — on a expressément oublié d'inviter les Alcide Courcy, Bona Arsenault, Claude Wagner. Le «gang de Montréal» est au grand complet: une vingtaine de personnes qu'encadrent des vedettes comme René Lévesque, Eric Kierans, Pierre Laporte, Robert Bourassa. Georges-Émile Lapalme, qui a précédé Lesage à la barre du parti jusqu'en 1958, s'est fait tirer l'oreille mais il est venu.

Les contestataires auront sûrement besoin de la sagesse politique de ce patriarche à qui revient le mérite d'avoir établi la fédération libérale sur des bases plus démocratiques durant les années 50, au pire temps du duplessisme. Si on parle en mal du chef actuel, Lapalme baissera pudiquement les yeux et ne se mêlera pas de la conversation. Mais il ne se bouchera pas les oreilles non plus. De toute façon, nulle crainte de ce côté; le but premier de l'exercice n'est pas de couper le cou de Lesage, mais si possible celui des modérés de Québec qui lui soufflent ses réponses depuis deux ans.

La parlotte — il y en aura bien d'autres, allez! — se déroule dans une salle judicieusement choisie, compte tenu de l'état du parti de Jean Lesage. Au mur, un tableau intitulé *L'Épave* montre une jeune beauté à demi nue que la vague rageuse a jetée sur la grève. Bientôt, pour évoquer ces réunions plutôt clandestines, les conspirateurs parleront avec un sourire entendu du «salon de l'épave».

Pour Yves Michaud, le journaliste de la loge, la symbolique est plus riche. Il s'amuse de voir dans la même pièce, autour de la même table, Lapalme et Aquin — véritables César et Brutus des abords de la Révolution tranquille. En 1957, au congrès des jeunes libéraux du Québec à Sherbrooke, Aquin a porté le coup de grâce à Lapalme, qui n'arrivait pas à vider son fauteuil de chef en faveur d'un leader plus panaché. En effet, pour lui forcer la main, le cuistre avait concocté une résolution qui réclamait un congrès au leadership. D'après les malins de l'époque, Lapalme en perdit l'unique cheveu qui habillait encore son crâne. Et, aujourd'hui, dix ans plus tard, les deux protagonistes font ensemble le procès indirect de Jean Lesage[14]...

Les coassements de la grenouillère réformiste ont fini par ulcérer le chef, dont l'entourage rugit à l'intention de ceux qui s'efforcent de ramener l'affaire à de simples rencontres d'amis:

— Vous voulez discuter? Il y a le caucus et la fédération pour cela[15]!

Au début, Pierre Laporte vient faire son tour. C'est l'oreille de Lesage, disent les soupçonneux. Mais le député de Chambly disparaît rapidement, au grand soulagement de certains, dont Jean-Roch Boivin, qui trouvent un peu gênant d'aller au fond des choses en sa présence. Et Robert Bourassa, dans tout ce processus de contestation? Il est fidèle à son style feutré; il évite de faire des personnalités, de lancer de gros mots, de faire des vagues.

S'il intervient, c'est pour parler du programme, ou pour analyser la défaite le plus froidement possible, en se gardant bien de mettre le blâme sur l'un ou l'autre — surtout pas sur Lesage, qu'il aime autant que Lévesque. Sa double loyauté est bien connue du groupe et lui mérite cette blague rituelle:

— Robert, il est onze heures. C'est le temps d'aller faire ton rapport à Lesage!

À vrai dire, les réformistes l'accueillent sans méfiance car sa réputation est excellente. La compétence du critique financier de l'opposition et plus jeune député du caucus (à trente-trois ans) leur sert un peu de caution autant intellectuelle que politique.

Une question se pose: pourquoi cet ambitieux, qui fait de la prudence la mère de toutes les vertus politiques, s'est-il aventuré dans la galère réformiste? Le risque n'est pas mince, car qui sait comment tout cela tournera? Si Bourassa ne peut rester à l'écart, s'il se mouille, c'est tout bonnement parce qu'il souscrit sans réserve à ce qui devient rapidement l'enjeu principal de la remise en question post-électorale: la démocratisation du financement du parti libéral. Il faut en finir avec les caisses électorales occultes qui minent la moralité démocratique. Là-dessus, l'unanimité est faite chez les réformistes.

Ce n'est pas comme au sujet de cette véritable poire

d'angoisse qu'est en train de devenir au sein du parti la question nationale. D'un commun accord, on évite d'y toucher. D'abord, la réforme interne du parti au sujet de laquelle des hommes aussi différents que Lévesque et Kierans peuvent faire bon ménage. Quant à l'avenir de la patrie, on y verra plus tard[16].

Toutefois, pour arracher le parti à sa torpeur et l'ouvrir aux débats internes devenus des simulacres sous le règne de l'«endormeur» Lapierre, les réformistes n'ont pas d'autre choix que de pratiquer la cabale électorale. Il leur faut reprendre la direction de la fédération, dont Lesage les a évincés. Cela veut dire en clair: noyauter ses instances supérieures. Il faut se salir les mains...

Les progressistes libéraux ont deux objectifs minimaux: intégrer davantage l'aile parlementaire à la vie du parti et absorber le réseau des organisateurs, qui ne se gênent plus pour envoyer paître la fédération, n'ayant plus maintenant de comptes à rendre qu'au chef seul[17].

Mais le cœur de la réforme, c'est la suppression du secret opaque qui entoure depuis toujours le financement des partis politiques québécois. Abolir les caisses électorales, les radier à tout jamais du tissu démocratique, c'est la toile de Pénélope de René Lévesque. Depuis qu'il est libéral, il assiste avec une exaspération grandissante au tripotage des fonds électoraux par une minorité intouchable de requins de la finance.

Pour le député de Laurier, la caisse électorale clandestine, c'est «le poison le plus destructif et le plus corrosif qui puisse s'attaquer aux institutions parlementaires[18]». On ne peut tolérer plus longtemps que, dans un parti soi-disant démocratique, seuls Jean Lesage et son trésorier, trié sur le volet cela va sans dire, sachent combien il y a dans la cagnotte et qui y dépose. Le temps est venu d'ouvrir les livres conformément à la résolution adoptée en 1963 et restée lettre morte.

Mais revenons à «la belle épave» du Club Saint-Denis, obligée, pauvre ingénue, d'écouter religieusement les longues dissertations moralisatrices de nos sentinelles avancées de la démocratie. Fin août, on passe enfin aux actes en dressant une *slate* de candidats à la direction du parti en vue du congrès de novembre.

— Manipulation! Paquetage! crie aussitôt la droite libérale.

À gauche, on ne se fait pas de mouron pour si peu. L'angélisme, en politique, ça ne mène nulle part — Machiavel l'a dit. Et encore: la guerre, ça ne se gagne pas sans faire de morts. Bien, bien... mais qui ira donc s'associer publiquement à la *slate* et essuyer du même coup le feu des traditionalistes groupés autour de Lesage?

Trois postes stratégiques sont à conquérir: la présidence, le secrétariat et la trésorerie. On parlotte un peu autour des candidats «ministrables». L'un propose Kierans à la présidence, mais le saudit Irlandais se défile. L'autre jette son dévolu sur Marc Brière, qui s'esquive à son tour mais non sans faire remarquer au conseil électoral improvisé qu'il faudrait un candidat plus prestigieux que lui. Un ancien ministre, comme Kierans par exemple, ferait plus que l'affaire pour mettre K.-O. les deux candidats que la droite a pressentis pour la présidence: Bernard Pinard, ex-ministre des Transports, et Claude Wagner, juge anticasseur puis ministre de la Justice qui faisait trembler la pègre.

Kierans fait encore des manières puis finit par relever le défi grâce à la force de persuasion de son ami René, qui balaie ses objections. Brière se satisfera du poste de secrétaire et Philippe Casgrain tentera de se faire élire à celui de trésorier[19]. En enfilant le maillot des réformistes, Kierans place tout son poids politique et tout son prestige personnel au service des anti-Lesage plus ou moins avoués. Il devra donc, tout en y mettant des gants blancs, s'opposer à l'homme à qui il doit une carrière politique spectaculaire commencée il y a trois ans à peine, alors qu'il avait atteint la cinquantaine.

En 1963, quand le premier ministre lui offre d'entrer dans son cabinet, cet homme volontariste issu du plus respectable establishment financier anglophone de Montréal dirige la Bourse de Montréal. Ce n'est pas la première fois que Lesage tend la perche à ce bâtisseur de cathédrales qui choque la rue Saint-Jacques par ses propos souvent iconoclastes mais réussit tout ce qu'il entreprend. Même l'étude des langues. À cinquante ans, il s'est imposé le défi d'apprendre le français, qu'il parle tous les matins pendant une heure et demie sans que personne autour de lui se formalise de son accent délicieusement chevrotant. Élu à la tête de la Bourse en 1960, Kierans a accru les ventes d'actions par plus de 200 millions en une seule année et métamorphosé une institution déclinante en un centre financier dont le dynamisme et le prestige s'incarnent dans sa nouvelle tour de verre de Place Victoria[20].

Si Lesage porte tant d'intérêt à ce financier au regard mélancolique d'épagneul, c'est pour une autre raison encore. Kierans s'est tout de suite étonné de l'absence quasi totale d'entreprises francophones à la Bourse et a passé le plus clair de son temps à les persuader de s'y inscrire. Sa Révolution tranquille à lui consistait à montrer aux francophones comment financer leurs entreprises dans une société de type capitaliste, répétant à tous le même message:

— Venez à la Bourse. C'est là que vous trouverez l'argent dont vous avez besoin pour grossir. Vous n'irez nulle part avec le bas de laine[21]...

En d'autres mots, Kierans a fait l'école à l'élite financière francophone, qui en était encore à puiser dans ses profits ou dans les fortunes familiales l'argent qu'il lui fallait investir pour développer ses affaires. Le pédagogue paraissait pressé d'initier cette bourgeoisie traditionnelle au *big business*, de l'intégrer au système québécois et canadien de la libre entreprise, dominée d'une façon abusive à ses yeux par les anglophones. Son analyse des rapports d'inégalité entre la majorité francophone et la minorité possédante de Montréal — les irréductibles de Westmount — lui a montré de façon prémonitoire et angoissante que si rien ne changeait, on se dirigerait à pleine vitesse vers une collision frontale.

En cours de route, Kierans en est également venu à penser qu'il pourrait peut-être faire avancer plus rapidement encore ses dossiers si lui, le financier anglophone, allait épauler l'équipe des révolutionnaires tranquilles. Un jour qu'il survolait la vallée à demi développée du Saint-Laurent, entre Montréal et Québec, il s'est tourné vers Charles Denis, directeur des relations publiques à la Bourse et futur propagandiste de Bourassa, en tempêtant, avec une impatience largement étalée:

— *Gosh! There are so many things to do in that province*[22].

Il était déjà politicien. En 1963, Lesage a demandé au député de Laurier:

— Que diriez-vous, René, si Eric Kierans se joignait à nous?

Les deux hommes ne s'étaient rencontrés qu'une seule et mémorable fois, à l'occasion d'un dîner en tête-à-tête dans un club privé de l'Ouest de la ville, repaire attitré des richards du milieu financier anglophone. Inutile de dire qu'entre la poire et le fromage, d'aucuns s'étaient étiré le cou vers le satané Irlandais qui trônait à la Bourse et le ministre socialiste canadien-français qui ne se gênait pas pour les traiter de Rhodésiens.

L'interrogation de Lesage a suscité chez son ministre une réaction proche de l'engouement: enfin, il allait pouvoir travailler main dans la main avec un Québécois anglophone qui avait à coeur les intérêts du Québec. Ce n'était pas monnaie courante à l'époque. Plébiscité, comme s'il avait été Louis-Napoléon Bonaparte lui-même, dans le comté rouge comme une crête de coq de Notre-Dame-de-Grâce, Eric Kierans s'est retrouvé du jour au lendemain ministre du Revenu dans le cabinet de la Révolution tranquille. Il a formé équipe avec René Lévesque, tout naturellement. Même si leurs antécédents, et ce qu'ils incarnaient, étaient aux antipodes.

Paradoxale, en effet, cette complicité voisine de l'amitié qui s'est rapidement tissée entre eux. Kierans, c'est l'anglophone sorti de la cuisse de Jupiter, millionnaire à quarante-six ans après avoir été un universitaire brillant; c'est le bourgeois bien rangé de Hampstead qui se lève à six heures et demie tous les matins. Lévesque, c'est le petit Canadien français tout désordonné, qui se met au lit quand le coq chante, fume et jure comme un charretier. Originaire de New Carlisle, enclave anglophone de la côte sud de la Gaspésie, Lévesque dissimule un nationalisme buté et bouillant qui a pris forme dès sa jeunesse en une sorte de réaction de survie agressive.

Il fallait les observer sur les courts de tennis du Quebec Winter Club, tout près du Parlement, après une rude journée de travail au ministère. Ils faisaient équipe contre Pierre Laporte et Gérin-Lajoie. Lévesque jouait au filet, où il mettait à cogner la balle autant de dynamite que lorsqu'il prend position publiquement, pendant que Kierans frappait de l'arrière un long coup droit qui défonçait immanquablement la ligne ennemie. Ils gagnaient presque toujours. Comme au Conseil des ministres, quand ils s'acharnaient contre Lesage, semblables à des fox-terriers forçant leur proie à ne pas s'arrêter, à foncer sans prendre le temps de souffler, à avancer toujours plus loin.

Au printemps 1965, quand Lesage commença à freiner dans le dossier chaud de la future sidérurgie d'État Sidbec, se mettant soudain à prêcher en faveur d'un contrôle privé majoritaire, le capitaliste rouge Kierans se rebella. Il s'autorisa un long discours, à Sherbrooke, pour soutenir le contraire. Colère du roi-soleil Lesage. Avant la réunion du cabinet, l'ami René lui glissa à l'oreille, en lui tendant les deux tasses de café noir qu'il tenait dans ses mains:

— Avale-les toutes les deux parce que tu vas en avoir besoin[23]...

Leur amitié est devenue un symbole pour le pays tout entier: si deux hommes aussi différents que Lévesque et Kierans arrivent à travailler et à s'amuser ensemble, il est permis de penser qu'un jour, les Canadiens des deux «solitudes» pourront en faire tout autant.

À l'automne 1966, Kierans tient donc du poids lourd lorsqu'il s'avance dans l'arène libérale en mâchonnant son français rigolo. Ses colistiers Brière et Casgrain font plutôt poids plume. De Brière, Lévesque a déjà dit:

— C'est un gars qui travaille au parti depuis onze ans et qui n'a jamais rien demandé. C'est rare[24].

Aujourd'hui, Marc Brière ne demande qu'une chose: être élu secrétaire pour permettre au don Quichotte de l'absolutisme qu'il est de sortir le parti de la parenthèse d'inertie dans laquelle Lesage et cie le font croupir depuis deux bonnes années. Qui est ce monsieur si désintéressé? Il a trente-huit ans et, comme Bourassa, masque ses yeux derrière des verres cerclés d'une lourde monture noire. Plutôt grand et carré, il a l'ironie facile, et plus grand poils sur le crâne. Il fait de la politique depuis 1955. À l'époque, avant de plonger, il a hésité entre le parti libéral et la C.C.F., ancêtre du Nouveau Parti démocratique.

Un quidam nommé Pierre Trudeau, alors journaliste du dimanche à *Vrai*, feuille de combat de l'ami Jacques Hébert, l'accuse dans un article controversé d'opportunisme et de carriérisme: Brière n'est qu'un bas politicard parce qu'il choisit d'épouser la cause d'un «vieux parti» au lieu du socialisme! Dix ans plus tard, l'accusateur fera pareil[25].

Aux élections de 1956, Marc Brière doit trouver en catastrophe un candidat pour le comté de Vaudreuil-Soulanges, où il réside. Les organisateurs du coin lui ont dit:

— Bon, on se reprendra dans quatre ans. Cette fois-ci, on n'a pas de candidat...

— C'est insensé, a répliqué l'avocat, s'il n'y a pas de candidat local, on va en faire venir un de Montréal.

Nom: Paul Gérin-Lajoie. Âge: trente-cinq ans. Identité: jeune avocat d'Outremont diplômé des grandes universités-européennes. Ses talons sont rouges et il est de haute extraction. Sa grand-mère, Marie Gérin-Lajoie, une Lacoste descendante directe de Sir Alexandre Lacoste, fut la première femme bachelière du Québec. En 1920, cette femme d'avant-garde, l'égale de la suffragette Thérèse Casgrain, a écrit un traité féministe intitulé *Le Droit usuel pour les femmes* qui a fait beaucoup de bruit. Le libéralisme de ce petit-fils bien né ne saurait donc être contesté.

La rencontre Brière-Gérin-Lajoie était fatale. Le premier était à fouiller dans les rangs des militants libéraux pour dénicher un candidat au moment même où le second laissait entendre au journaliste Jean-Louis Gagnon et à l'ancien député Guy Roberge, deux rouges de ses amis:

— Cela serait amusant si j'allais dans Vaudreuil-Soulanges car j'ai passé une douzaine d'étés à Belle-Plage, tout à côté[26]...

Mais Gérin-Lajoie dans Vaudreuil-Soulanges, comté essentiellement rural, c'est l'intellectuel guindé qui ne saurait ni traire les vaches ni soigner les porcs chez les paysans. Durant la campagne électorale, le bouche-à-oreille des unionistes stigmatise d'ailleurs son double statut de grand patricien loin du peuple et de parachuté:

— Ne faites jamais l'erreur d'élire Gérin-Lajoie. C'est un gars d'Outremont-ma-chère. Quand vous voudrez le voir, vous devrez aller à Outremont, où une bonne vous ouvrira la porte sur d'épais tapis rouges. Vous serez gêné de parler... Et s'il n'est pas là, c'est qu'il sera au golf.

Même Brière, qui le connaît pourtant un peu par sa femme,

qui est sa cousine, ne se risquerait pas à prédire le sort immédiat ou futur d'un pareil mariage électoral — si jamais il est célébré. Le docteur en droit constitutionnel de l'université d'Oxford fait pourtant mentir ses critiques. Il se révèle un jouteur politique de premier ordre qui excelle dans la vulgarisation des questions complexes. De plus, son tempérament de batailleur ne donne pas prise facilement. Il plaît tellement aux cultivateurs qu'il ne lui manque, le soir du vote, que trois cents voix pour gagner. Un exploit, presque une victoire; car 1956, c'est encore la haute et noire saison du rouleau compresseur duplessiste[27].

Brière est épaté. Tellement que deux ans plus tard, lors du congrès au leadership de Québec, ce franc-tireur toujours prêt à épouser les causes les plus difficiles, se brouille avec Jean Lesage en soutenant la candidature de Gérin-Lajoie. À ses yeux, Lesage, qui fait grand seigneur autant que Gérin-Lajoie, souffre en plus d'un grave handicap: il arrive d'Ottawa, d'où il a ramené un tas de fédéralistes centralisateurs pour l'aider à s'emparer du parti frère québécois. Trop jeune et trop inexpérimenté, son poulain doit céder le fil d'arrivée au pur-sang Lesage, habitué aux pistes plus accidentées de la fédération canadienne.

Durant sa campagne, Lesage s'est engagé à soumettre annuellement son leadership à la question de confiance. Intraitable comme toujours sur les principes, Brière le prend au mot dès le premier congrès annuel qui suit sa désignation. Son petit doigt lui dit que les convictions démocratiques du nouveau chef n'iront pas jusqu'à autoriser la tenue d'un vote secret.

Il ne connaît que trop bien le scénario. À l'ouverture du congrès, Lesage livrera un discours du tonnerre qui sera fort applaudi. L'assemblée se couchera d'aise devant le nouveau Messie. Après quoi la présidente des femmes libérales proposera, sourire en coin, une résolution de félicitations et de confiance au chef que s'empressera de seconder, les yeux fermés, le président des jeunes libéraux. L'assemblée se lèvera comme un seul homme pour lui faire une nouvelle ovation, et tout sera dit. La démocratie sera sauve et Lesage aura respecté son engagement.

Avant le début du «spectacle», Brière fait observer à son voisin, le journaliste de *Vrai*, Pierre Trudeau, qui lui a fait la morale trois ans plus tôt (mais il n'est pas rancunier):

— Regarde bien comment ça va se passer... Mais moi, je n'accepterai pas; il faut un vote secret sinon c'est une farce.

— Tu n'auras jamais le courage d'intervenir, susurre Trudeau avec une lueur de défi dans les yeux.

Qui vivra verra. Au moment où le président de l'assemblée va lever la séance, après les applaudissements rituels au chef, Brière s'approche du micro:

— Monsieur le Président, je ne voudrais pas que mes propos soient mal interprétés... Personnellement, même si je suis proche de Paul Gérin-Lajoie, j'ai la plus grande confiance en monsieur Lesage. Mais j'aimerais quand même inviter le congrès à lui exprimer sa confiance dans des formes valables démocratiquement, c'est-à-dire par un vote secret...

Lesage devient blanc comme neige; sa femme Corinne, pourpre comme une soutane de cardinal. Moment de consternation aussi chez les délégués. Des anges passent sur l'assemblée. Tout de même, quel mal élevé, ce Brière!

— Y a-t-il un secondeur? fait le président, revenu de son émoi, en jetant un regard circulaire, presque menaçant.

Personne n'ose lever le doigt de crainte d'être mis dans le même sac que le cerbère de la démocratie jacobine.

— Je ne peux recevoir votre proposition, monsieur Brière, si vous n'avez pas de secondeur, conclut le président.

Et s'il pouvait lâcher un «ouf» de soulagement sans enfreindre sa neutralité, il le ferait.

— Monsieur le Président, permettez-moi de vous faire remarquer qu'une demande de vote secret ne requiert pas de secondeur...

Hébétement encore plus marqué du meneur de l'assemblée, qui ne sait plus comment s'en sortir. Les mimiques de Lesage parlent aussi d'elles-mêmes: ce que cet impétueux de Brière lui administre devant ses propres troupes, c'est une gifle. C'est Bernard Pinard qui sort finalement Lesage, le président et Brière du guêpier.

Voilà donc à quel genre d'emmerdeur professionnel les réformistes entendent confier le secrétariat du parti. Mais si Brière est proche de Lévesque, il ne s'ensuit pas qu'il s'aplatit devant lui. Au contraire, il a parfois du mal à supporter son autoritarisme et son intolérance à l'endroit de l'opinion d'autrui. Exemple: durant les débats à la commission politique, il arrivait parfois à Lévesque de faire peu de cas du fameux «dialogue» exigé aujourd'hui de Lesage par les réformistes. Un jour, Brière a explosé:

— On est ici pour travailler ensemble. Si tu nous écrases chaque fois qu'on propose quelque chose, on va se fermer la gueule. Moi, je suis capable d'en prendre mais pas nécessairement les autres[28].

Quant au troisième candidat, le grand Philippe Casgrain, qui gérera le budget de 300 000 $ du parti si jamais les cuirassés du renouveau passent la rampe, il a d'autres titres à faire valoir que celui d'être «le mari de madame». Avocat lui aussi — on n'en sortira jamais —, trente-neuf ans, allure racée, il se spécialise dans l'organisation politique depuis 1948. Il a été à l'école des réformateurs libéraux des années 50, les Georges-Émile Lapalme et les Jean-Marie Nadeau. Même s'il fait très jeune encore, c'est déjà un vieux routier. On dit de lui:

— Casgrain, lui, y connaît ça!

Ses amis reconnaissent ce Rimouskois, fils de C.-R., à trois traits particuliers. Il manifeste envers le nationalisme — à tout nationalisme — une totale aversion. On croirait par moments entendre l'écho fidèle de Pierre Trudeau. Deuxièmement, il se passionne vite quand on l'attire sur le terrain des libertés individuelles — autre thème dominant de la pensée trudeauiste. L'autorité avec un grand «A» le fait tout autant suer que le nationalisme avec un petit «n». Enfin, l'homme n'a aucune ambition politique, sinon celle de mettre son nez dans les affaires du parti quand besoin est, tout en restant dans l'ombre. L'arrière-scène, voilà sa niche préférée[29].

Ça passera ou ça cassera...

Le cinéma de la politique a lui aussi ses bons et ses méchants. On le devine: les anges de bonté de la bataille qui s'engage pour l'assainissement de la caisse électorale seront les réformistes; les vilains, les conservateurs. Ainsi en a décidé la presse.

Mais qui d'entre ces derniers osera, même appuyé tacitement par Lesage, affronter la *strap* cinglante du trio K.-B.-C.? Premier téméraire: le notaire Jean Tétreault. Il disputera la présidence à Kierans au nom des militants de la base et des ruraux, qui ont trop souffert, durant les six dernières années, de l'absence de reconnaissance politique — formule notariale pour désigner le patronage — promue au rang de vertu civique par les stoïques qui entouraient Lesage.

Il n'y a pas plus traditionaliste que Tétreault. Et ce notaire de campagne n'en est nullement gêné. Son programme ne manque pas de franchise. Les idéologues et les théoriciens ont leur place mais, dans un parti sérieux comme le parti libéral, il faut aussi «des hommes conscients des réalités politiques et même électoralistes».

— Ne partez pas en peur! répond néanmoins le notaire à ses possibles détracteurs. Je ne veux pas revenir au fameux patronage de la grande peur bleue. Mais il y a des limites à observer. Durant nos années au pouvoir, la rage à abolir le patronage était telle que des ministres refusaient de se faire voir avec leurs électeurs de peur de se faire accuser de tripotage[30]...

Marc Brière aura fort à faire s'il veut terrasser le candidat des conservateurs au poste de secrétaire, l'ancien ministre Bernard Pinard, personnage attachant et d'une courtoisie princière. Ses couleurs, il les affiche aussi clairement que son colistier Tétreault. Il ne refuse pas la réforme — comme tout traditionaliste digne de ce nom d'ailleurs — mais prêche la prudence et le réalisme. La démocratisation de la caisse, il en est mais à la condition que les bleus en fassent autant. Il n'est pas prêt par angélisme à aller à l'abattoir tout seul.

— À trop vouloir brusquer les événements, prophétise-t-il, à trop vouloir violenter le peuple à coups de réformes radicales, on s'expose aux brisures comme celle du 5 juin.

Mais Bernard Pinard est un ombrageux. Certaines stars du cabinet déchu de la Révolution tranquille prenaient trop de place:

— Je ne veux plus que le parti soit bousculé par un petit groupe de vedettes qui, une fois montées sur l'autel, refusent d'en redescendre. Il n'y avait pas seulement les Lévesque, Kierans et Gérin-Lajoie dans le cabinet de Lesage. Ce fut un travail d'équipe[31].

Enfin, pour bloquer la route à Philippe Casgrain, le clan des modérés persuade le trésorier en exercice, Jean Morin, de rester en place. C'est un gestionnaire formé aux Hautes Études Commerciales et avare de déclarations publiques. Il ne fait pas campagne, se bornant plutôt à appuyer «en principe» la démocratisation des finances prêchée par la troïka réformiste tout en rejetant ses «modalités». Ce qui revient à ne rien dire. Et pour toute précision supplémentaire sur sa pensée politique, il faudra attendre de le voir à l'oeuvre, car il n'ouvrira plus la bouche de toute la campagne[32].

Haute en couleur, celle-ci traduit la polarisation gauche/droite en voie de scinder le parti libéral. C'est aussi la ville et la campagne qui s'observent avec des pistolets dans les yeux. Théâtre du premier engagement: le congrès des jeunes libéraux qui se tient fin septembre à Drummondville, chef-lieu du comté de Pinard. Venu appuyer ses compères du renouveau, Paul Gérin-Lajoie s'exclame avec passion:

— Il y en a, enfin, qui veulent donner une erre d'aller nouvelle à ce parti!

Mais Louis-Philippe Lacroix, le truculent député des Îles-de-la-Madeleine — une sorte de Bona Arsenault du grand large —, lui oppose prosaïquement, comme le faisaient naguère les duplessistes:

— Moi, je suis en faveur de la caisse électorale traditionnelle car les élections ne se gagnent pas à coups de prières[33].

Comme l'auditoire de ce premier match est composé de jeunes, quelle bonne occasion pour les deux camps de propager chacun sa doctrine, quitte à mettre une sourdine à l'enjeu du débat. Gauche droite, droite gauche, au bel âge de choisir sa chapelle. François Aquin décoche la première oeillade idéologique aux tendrons et aux béjaunes du parti:

— Les jeunes sont pour le progrès, ils croient à la socialisation, à la sécurité sociale... En 1966, s'ils n'ont pas voté pour nous, c'est qu'on ne les a pas associés d'égal à égal dans notre lutte pour la libération du Québec.

Ce petit discours à résonance gauchiste et séparatiste angoisse à la fois Louis-Philippe Lacroix et Jean Bienvenue, député de Matane, autre zélé de la cause conservatrice. Le premier se hâte de mettre des milles marins entre lui, le socialiste Aquin et les autres comme lui:

— Si c'est être à droite que de s'afficher catholique dans le Québec, je le suis. Si la gauche veut un gouvernement qui contrôle tout, je n'en suis pas...

Du haut de sa chaire d'adulte, Bienvenue, qu'on a pris un temps pour le dauphin de Lesage, s'applique pour sa part à calmer les eaux de jouvence. Comme autant d'ingrédients d'une recette infaillible pour gravir lentement mais sûrement tous les échelons de la bonne société, il donne les uns à la suite des autres une flopée de conseils:

— Avant de vouloir mener la barque des autres, apprendre à bien mener la sienne... Avoir la discipline et le respect de l'autorité... Sans être un mouton, se souvenir qu'il y a un seul capitaine par bateau... Suivre son temps et non le devancer pour ne pas être seul en avant... Se rappeler qu'un automobiliste n'emprunte la gauche que pour doubler... Tout vient à point à qui sait attendre...

Le prédicateur a à peine fini d'exposer son corps de doctrine qu'un blanc-bec se lève et, agrippant le micro, lui jette à la face:

— C'est le manuel du parfait petit politicien de droite[34]!

Le trio de la réforme a marqué des points mais, dès le lendemain, il essuie un véritable tir de mortier de la part de Bona Arsenault, dont un loustic a déjà dit: «Si Bona n'existait pas, il faudrait l'inventer.» Le député de Matapédia, comté rural de la Gaspésie, que bien des journalistes soupçonnent d'aimer la divagation provocatrice, apprend à la presse nullement étonnée que des extrémistes de gauche et des communisants — des Montréalais bien sûr — conspirent pour s'emparer des postes de commande du parti et ainsi saper l'autorité du chef, qui deviendra leur «prisonnier politique». Heureusement, ajoute Bona, ce n'est qu'une infime minorité d'idéalistes tapageurs face à la majorité qui se veut modérée, réaliste et de centre gauche[35]...

— Si Bona se qualifie d'homme de centre gauche, alors j'admets que je suis à sa gauche, mais je me demande ce que sera la droite, ironise Kierans pendant qu'Yves Michaud observe en soupirant:

— Bona, c'est une croix que nous avons à porter[36].

Petit *divertimento* sans conséquence grave pour l'unité qui, malgré les voix discordantes, a encore assez bonne mine. Comme précise Michaud: «Les divergences de vues des libéraux ne font que traduire la richesse intellectuelle de notre parti!» Mais, ne concluons pas trop vite. En effet, la pomme de discorde principale, la caisse électorale, avive bientôt jusqu'à la cassure les antagonismes entre les deux factions.

Le triumvirat de la purification démocratique insiste: il dénonce un système, non des hommes. Qu'à cela ne tienne! Les conservateurs s'entêtent à associer sa lutte à une attaque oblique contre le chef du parti. Kierans a beau s'évertuer à expliquer que sa réforme — institution, notamment, d'un comité directeur de sept membres comprenant le chef du parti — ne réduira en rien l'autorité réelle de Lesage, c'est comme s'il chantait *Carmen*. Jusqu'ici, Lévesque s'est gardé de trop attirer l'attention sur lui. Le 17 octobre, il rompt le silence pour corriger ceux qui insinuent que l'objectif caché du camarade Kierans est de museler Lesage:

— C'est uniquement l'administration du parti qui deviendra collégiale. Il n'est pas question de dicter au chef sa ligne de conduite, car le comité directeur proposé n'aura autorité ni sur la constitution du parti, ni sur le programme, ni sur l'idéologie, ni sur l'action parlementaire[37].

Il ne faut pas voir des papillons noirs où il n'y en a pas. Quand même... Ce n'est pas la tête du chef qu'on cherche mais plutôt celle des pourvoyeurs de la caisse électorale. La résolution qu'a fait adopter le député de Laurier par les militants de son comté va dans ce sens. Elle propose une réforme profonde du régime des dépenses électorales inspirée du rapport Barbeau, déposé récemment aux Communes. Trois axes: accroître les contributions de l'État aux dépenses des partis reconnus, faciliter l'accès des partis aux ondes et obliger les partis reconnus à publier tous les ans leurs revenus et dépenses[38].

Trois jours plus tard, la coalition réformiste ramollit. Voulant de toute évidence rassurer les inquiets, qui se situent surtout au centre gauche, du moins d'après la typologie de Bona Arsenault, Philippe Casgrain affirme pour dissiper «toute ambiguïté»:

— Il n'est pas question de rendre publiques les finances de notre parti.

Mais alors, à quoi rime tout ce branle-bas? Libérer du clandestin le financement des libéraux, n'est-ce pas ce que souhaite la résolution toute fraîche de René Lévesque? Qu'advient-il aussi de la «résolution Kierans», qui obligerait le trésorier du parti à soumettre publiquement au congrès annuel un rapport sur l'état des revenus et des dépenses de façon à faire savoir enfin d'où viennent les fonds?

— Maintenant, annonce le grand Philippe, nous consentons à ce que le trésorier ne divulgue que les dépenses, non les revenus[39]...

Avant même le début du congrès, les radicaux noient d'eau le vin de leur réforme. Inutilement d'ailleurs, car cette concession ultime à la vieille garde, devenue la plus sûre alliée du chef vaincu, ne lui fait aucunement rendre les armes. Début novembre, à quelques jours du congrès, les choses se corsent encore plus. L'entourage de Lesage accepte le premier volet de la proposition Kierans: l'établissement d'un comité directeur dont le chef sera membre d'office. Mais le second volet, la création d'un comité des finances de trois membres pour gérer les avoirs du parti, reste sur l'estomac des contre-réformistes, qui incitent Lesage à expulser tambour battant les gêneurs pour en finir avec leur grenouillage, qui jette le discrédit sur les libéraux.

Le chef libéral aussi a ses objections. Il voudrait nommer à sa discrétion les membres du futur comité des finances — si tant est qu'il voie jamais le jour. Compromis que les réformistes hésitent à avaliser, eux qui ont déjà, de concession en concession, de repli en repli, mis au rancart l'une de leurs exigences de base: la fin du secret opaque entourant l'identité des fournisseurs de fonds et le montant en caisse.

— Assez de compromis! Il faut maintenant affronter le congrès. Ça passera ou ça cassera! fulminent ceux qui ont le sentiment d'avoir coupé la poire en dix plutôt qu'en deux, comme le veut toute négociation en accord avec les règles de l'art.

Paradoxalement, le leader du groupe, Eric Kierans, a l'air de rendre les armes. Il tend au chef prostré la perche de la conciliation:

— Il est temps que monsieur Lesage intervienne pour dire si la campagne de la réforme lui porte atteinte. Lui seul peut apaiser les esprits[40].

En dépit de ces simili-excuses du capitaliste rouge, l'impasse reste entière. Et le congrès approche... Il y a dans ce parti aux abois un jeune député, mielleux de ton et aux manières affables, particulièrement doué pour poser au conciliateur même s'il s'est compromis avec les contestataires. C'est Robert Bourassa. Une semaine avant le congrès, il va chez Lesage, où il a ses entrées, pour négocier un protocole d'entente acceptable aux novateurs.

Réussira-t-il? Peut-être bien que oui, mais à la condition cependant de tout sacrifier, ou presque, des exigences réformistes originales. Tout de même, Lesage finit par accepter la création d'un comité des finances. Mais ce sera lui, et lui seul, qui en nommera les membres. Et pas question que le comité divulgue le montant de la cagnotte, encore moins les noms des gros bonnets qui la nourrissent. Enfin, le congrès annuel sera bel et bien saisi d'un rapport financier, comme le revendique la chapelle des bien trempés de la démocratie, mais il n'aura qu'une portée générale, limitée à l'aspect des dépenses. Le rideau du secret continuera donc d'envelopper la caisse électorale.

Une nuit entière chez Lesage à jouer à qui perd gagne avec lui pour aboutir à pareille capitulation. Le ton doucereux de Bourassa n'y fait rien: le chef ne lui cède rien d'autre. L'honneur des réformistes est-il au moins sauf? En apparence, oui, car Lesage consent au moins à instituer un comité directeur et un comité des finances. C'est une victoire de principe comme seuls savent l'apprécier des croisés de l'*aggiornamento* forcés par le réalisme politique à ravaler suavement leurs exigences de départ[41].

En réalité, Bourassa a passé une nuit blanche pour rien. Écartelé entre sa gauche et sa droite, Lesage n'arrive même pas à faire endosser par celle-ci l'accord intervenu avec le dauphin officieux. Au dernier caucus avant le congrès, ses cinquante députés se déchirent à belles dents durant plus de neuf heures autour du concordat que lui a soumis Bourassa. Les grognards de la droite, de Bona Arsenault à Alcide Courcy, se campent sur leur position qui revient en somme à ne rien lâcher du tout aux fichus gauchistes.

Le timide compromis auquel Lesage a finalement acquiescé va encore trop loin à leurs yeux. Se démocratiser soi-même sans attendre l'Union nationale, c'est de l'angélisme. Suicide politique assuré. Incapable de faire marcher ses députés du même pas, le chef à l'autorité vacillante se résigne à passer la patate chaude aux mille deux cents délégués du douzième congrès de la fédération libérale, qui s'ouvre le 18. La médiation de Bourassa a échoué. Aux militants de la base de crever l'abcès[42].

René Lévesque sort de l'aventure aussi dépité que Lesage. Il n'obtiendra pas le scalp des tireurs de ficelles du «régime féodal» des caisses clandestines. La demi-défaite des «pressés» du changement l'expose également et plus que jamais à l'hostilité des partisans du progrès au ralenti. À leurs yeux, le brandon, c'est lui, non Kierans, hautement respecté malgré son copinage dangereux avec les gauchistes.

À la toute veille du congrès, Lévesque met son chef en garde:

— Le parti libéral a été le premier à sortir de la vieille tradition des cliques et des autocrates irresponsables. Il est donc condamné au progrès; il ne peut reculer sans se trahir...

L'avertissement tombera-t-il dans l'oreille de ce sourd de Lesage? C'est à voir. S'étant contenté jusqu'ici de jouer discrètement au commis voyageur de la bonne entente entre les deux factions, sans trop se mouiller publiquement, Bourassa y va lui aussi de son couplet alors qu'il préside l'une des dernières assemblées réformistes, à Saint-Jérôme. Mais l'habile homme ne se fait pas faute de ménager Lesage, qui en a plutôt besoin:

— On a dit que messieurs Kierans, Brière et Casgrain voulaient réduire les pouvoirs du chef, le chasser même. C'est faux. Si j'avais un seul doute que les «trois» fussent hostiles à monsieur Lesage, je ne serais pas ici pour vous les présenter[43].

Une forte houle parcourt l'assemblée des congressistes libéraux réunis à Montréal quand, dès sa première intervention, ledit Lesage prend fait et cause pour les conservateurs du parti. Prévenant les militants contre «un excès de vertu», il ramène la réforme à une nigauderie:

— Monter sur le bûcher en nous imposant des règles spartiates dans l'espoir d'inspirer les autres, c'est peut-être du sublime, mais qui ne pourra jamais être atteint si les mêmes règles ne deviennent pas la loi de tous les partis[44].

S'il se trouve dans la salle un auditeur qui comprenne le «message» — copie des tirades conservatrices de la campagne —, c'est René Lévesque. Ses tics nerveux, plus prononcés qu'à l'habitude, trahissent son bouillonnement intérieur. S'il pouvait, sans avoir l'air idiot, fumer deux cigarettes à la fois, il le ferait. Il faut toute la persuasion de ses proches pour l'empêcher de faire un esclandre — comme celui de dire à ce chef qui choisit de coucher avec les Bona et autres fossiles tout le mal qu'il pense de lui en ce moment. Bourassa, qui s'est attribué la mission de rebâtir méthodiquement tous les ponts rompus entre les deux hommes qu'il admire le plus, s'emploie à retenir Lévesque.

Celui-ci lui objecte d'un ton faussement réprobateur:

— Vous, Robert, espèce de calmant ambulant[45]!

Le second jour du congrès, c'est plutôt au docteur Irénée Lapierre, président sortant de la fédération, que Bourassa devrait administrer ses calmants. L'anesthésiste est prisonnier de la tempête qu'il a suscitée, la veille, en se permettant, par pure bravade, de faire la leçon à Kierans, son successeur éventuel:

— Le rôle du président de la F.L.Q. n'est pas d'éclipser le chef du parti.

Mollo, mister Kierans! Sachez que le président idéal doit être un éteignoir comme moi ou quelqu'un d'approchant. Sûrement pas vous, en tout cas, qui êtes en plus la marionnette de René Lévesque. Le docteur Lapierre confie aussi à Teddy Chevalot, journaliste à Radio-Canada, un commentaire encore plus explosif, qui reflète l'antipathie croissante des modérés du parti vis-à-vis du député de Laurier:

— Lévesque n'est plus rentable ni pour nous, ni pour le parti, et j'irai plus loin: il n'est plus rentable pour aucun parti politique[46].

L'œil au beurre noir, ce n'est pas Lévesque qui l'exhibe aujourd'hui, en cette seconde journée d'un congrès *punché* au maximum, mais plutôt celui qui a porté le crochet. «Lapierre a dit à Radio-Canada que Lévesque devrait démissionner.» La phrase se répand comme une traînée de poudre parmi les délégués. Les conservateurs jubilent, les réformistes ragent. Il y a deux partis dans ce parti. La presse se pâme aussi, mais pour ses raisons à elle: enlevant, ce congrès! De la bonne copie, mes amis!

Un délégué de Joliette, Pierre Gagnon, se lève, lit d'un ton de tragédien indigné la transcription de l'interview délictueuse, demande au docteur Lapierre de se rétracter inconditionnellement. Ce Gagnon, c'est sûrement un réformiste. Le président Lapierre se lève à son tour, dévisage l'intrus et bafouille ses explications: c'est le journaliste Chevalot, un tordu, qui l'a piégé avec ses questions, qui l'ont amené à dépasser sa pensée.

— Je considère l'incident clos, statue Lapierre.

— Chou... chou! fait l'assemblée, qui transforme soudain ses huées en une ovation du tonnerre à l'intention de Lévesque, qui a attrapé un micro pour dire son fait au toubib. Lapierre se cale autant qu'il peut dans son fauteuil rudimentaire pour résister à l'orage verbal qui se prépare.

— Ce n'est pas en disant que ses paroles ont dépassé ce qui lui tient lieu de pensée que monsieur Lapierre va rétablir la situation, commence Lévesque en jetant sur l'intéressé un regard propre à le crucifier. J'exige qu'il retire carrément ses paroles, sans quoi il fera face à une motion de censure.

Lesage ne peut laisser aller les choses plus longtemps sans que son autorité en souffre. Il déploie tous ses talents de diplomate et de comédien pour tirer Lapierre du pétrin. Il se fait apporter la transcription de l'entrevue, qu'il parcourt avec l'emphase par moments maladroite de l'acteur qui débite son texte pour la première fois:

— C'est anodin... tout est dû à un manque de neutralité... de la part de l'intervieweur, crâne-t-il d'un ton mielleux.

Malpestre! Le chef, oui, le chef, reçoit les huées copieuses d'une salle gonflée d'indignation! Lesage paraît ébranlé — c'est un grave accroc à son prestige. Mais il s'empêtre encore plus en glissant au passage que l'accusation de marionnette, portée par le docteur Lapierre contre Kierans, était de la bouillie pour les chats puisque ce dernier avait pour sa part qualifié le premier de marionnette du chef actuel... Et quant à l'épisode sur la démission possible de René Lévesque, eh bien le président Lapierre n'a fait que se fonder sur des faits connus.

— Qu'on se souvienne de la déclaration récente de monsieur Lévesque, qui a laissé entendre qu'il quitterait le parti d'ici un an, insinue l'orateur.

La salle écoute le chef mais sans conviction, attendant toujours les excuses du président sortant.

— Le docteur a dit... qu'il n'a pas voulu dire... ce qu'il a dit... Cela équivaut donc à des excuses, risque encore Lesage, qui fait le sot.

Un même cri, scandé presque cavalièrement à sa face même, fait écho à ses dernières paroles:

— Des excuses! Des excuses! Des excuses...

Rivé à son siège comme un astronaute par la pression du décollage, le docteur Lapierre tremble d'émotion. Climat électrisant. Le chef n'est plus le maître des lieux. Il patauge misérablement. Mais où est donc passée la cohorte conservatrice qui a fait tant de tapage durant la campagne des réformistes? Elle est là mais n'ose respirer. Rosaire Beaulé, avocat qui préside la commission de la constitution du parti, un lévesquiste convaincu depuis 1962, comme Jean-Roch Boivin avec qui il pratique le droit, s'adresse à son tour au parterre, mais en fixant Lesage dans les deux yeux:

— Aucune personne, quel que soit son mérite, ne doit répondre au nom de monsieur Lapierre. J'exige qu'il s'excuse lui-même.

L'anesthésiste n'est pas loin de perdre la boule. Il change constamment de couleur, s'éponge en consultant son chef à l'aide de billets qu'il griffonne. S'excuser ou non? Lesage n'a pas l'air plus gaillard que son protégé. C'est Kierans maintenant qui se mêle du débat:

— Jamais je n'ai traité monsieur Lapierre de marionnette. J'ai parlé des structures actuelles, qui condamnent les dirigeants de la fédération à être des marionnettes parce qu'ils n'ont aucun pouvoir réel...

Ovation tout aussi bruyante que celle réservée plus tôt à Lévesque. Les réformistes triomphent. Mais, en mettant les points sur les *i*, Kierans vole manifestement à la rescousse du malheureux Lapierre, qui trouve là l'occasion de se libérer du piège qu'il s'est lui-même tendu.

— Je suis heureux d'entendre la mise au point de monsieur Kierans. Il y a eu méprise... Dans les circonstances, je m'excuse et je retire mes paroles[47].

Le vote de censure n'aura pas lieu. Le clan Lévesque devra se contenter de ce trophée unique. Pour le reste, une «victoire morale» l'attend. La démocratisation interne du parti se fera bel et bien, mais aux conditions du chef. La «formule Lesage», finalement adoptée par les militants, prévoit la création du fameux comité directeur suggéré par Kierans. Mais il n'aura aucune emprise sur les matières que la coutume ou les lois réservent à la seule compétence du chef. De plus, Lesage sera le seul à désigner les membres du comité des finances, créé également.

En politicien pragmatique qui sait jusqu'où il peut aller dans la réforme sans casser en deux sa formation, Lesage commente:

— C'est là un grand commencement de démocratie. C'est ce qu'il y a de mieux pour emporter l'adhésion du plus grand nombre et vaincre l'opposition de ceux qui trouvent que nous allons trop loin[48].

Du valeureux trio K.-B.-C., seul Kierans réussit à passer la rampe, avec 768 voix contre 542 au notaire Tétreault. Bernard Pinard écrase Brière par 867 voix contre 430. Jean Morin, le trésorier aphone, se défait de Casgrain tout aussi facilement. Mais la question, même perfide, se pose: l'élection de Kierans à la présidence est-elle la victoire des réformistes ou celle de Jean Lesage?

L'équilibre, déjà plus que fragile, entre conservateurs et progressistes, risquait d'être brisé irrémédiablement si les porte-étendard du changement se retrouvaient tous sur le carreau. Pour éviter une crise encore plus sérieuse que celle qui secouait déjà le parti, il fallait élire au moins un réformateur. Kierans s'imposait de lui-même: populaire et crédible, modéré socialement et, surtout, antinationaliste. Le seul de la troïka à ne pas faire japper les contre-réformistes. Durant la course, Lesage a d'ailleurs soufflé à des proches, comme Henri Dutil:

— Laissez passer Kierans. Il est modéré et... millionnaire. On a besoin d'argent, on est dans l'opposition[49].

Qu'il y ait eu une certaine complicité entre Lesage et Kierans, certains signes l'attestent. Exemple: c'est Bernard Pinard, ancien ministre, qui l'aurait affronté, non un vague notaire de campagne, si les conservateurs avaient vraiment voulu sa tête. On ne met pas un candidat de paille devant l'homme que l'on veut abattre. Élémentaire, mon cher Watson!

Dans les derniers tournants du marathon, certains réformistes se sont mis à douter de Kierans, qui semblait vouloir faire de plus en plus cavalier seul et multipliait les professions de foi en Lesage. «Le seul chef possible», répétait-il encore et encore. Kierans prenait même ses distances vis-à-vis de ses deux coéquipiers. Tellement flagrant que Brière et Casgrain en touchèrent d'abord un mot au «sage» Georges-Émile Lapalme avant de soulever la question avec Kierans lui-même.

— Ou bien vous continuez avec nous, ou bien vous vous dissociez publiquement du groupe, le semonça Marc Brière.

— Non, non, je suis solidaire. C'est un malentendu... protesta vivement l'ancien président de la Bourse en avalant ses syllabes plus qu'à l'habitude cependant[50].

Deux raisons principales ont poussé Kierans à s'éloigner un tantinet de ses alliés naturels. Faire taire d'abord ceux qui colportaient qu'il n'était rien d'autre dans toute cette histoire de démocratisation que le pantin docile du chef véritable de la colonne réformiste: René Lévesque. Ça le contrariait et piquait vivement d'entendre les Louis-Philippe Lacroix et autres insinuer: c'est Lévesque qui se cache derrière Kierans pour assassiner Lesage.

De plus, devant le succès auprès des indécis de l'offensive des conservateurs contre la *slate* réformiste — un machin antidémocratique —, Kierans conclut qu'il avait commis une erreur tactique grave, susceptible de ruiner ses chances d'être élu, en faisant équipe avec Brière et Casgrain[51].

Enfin, au-delà des considérations électoralistes ou d'amour-propre, une autre raison invitait cet Irlandais buté dans son loyalisme envers la Confédération canadienne à se démarquer des réformistes agglutinés comme des mouches autour de Lévesque. Durant la campagne, on a escamoté délibérément l'inévitable question de l'avenir du Québec. Mais les allusions que l'un et l'autre y faisaient, même du bout des lèvres, n'ont pas moins commencé à fissurer la coalition.

Tôt ou tard, la bombe va sauter. De cela, Eric Kierans est aussi conscient que René Lévesque, son inséparable ami. Ce qu'il croit d'ailleurs pressentir chez celui-ci ne lui plaît guère. Sans doute est-ce pour cela qu'aussitôt élu à la présidence de la fédération, ce millionnaire viré révolutionnaire tranquille se hâte d'affirmer clairement un fédéralisme dur qui le rapproche de Lesage mais ouvre entre lui et «René» une brèche qui deviendra vite un gouffre.

Notes — Chapitre 3

1. Marc Brière, Pothier Ferland et Yves Michaud.
2. Pierre O'Neill et Maurice Jobin.
3. Jérôme Choquette.
4. *Le Devoir*, le 19 octobre 1963.
5. Cité par Thomson, Dale C.: *Jean Lesage et la Révolution tranquille*, Montréal, Éditions du Trécarré, 1984, p. 216.
6. *Le Devoir*, le 10 octobre 1960 et le 21 octobre 1963; et Duern, Normand, «La culture politique du Parti libéral du Québec», rapport de recherche inédit, Université Laval, septembre 1975, p. 136.
7. *Ibid.*, p. 135.
8. Henri Dutil.
9. Maurice Leroux.
10. Marc Brière.
11. *Ibid.*; et François Aquin.
12. *Ibid.*; et Murray, Vera et Don: *De Bourassa à Lévesque*, *op. cit.*, p. 30-31.
13. François Aquin.
14. Yves Michaud.
15. Desbarats, Peter: *René Lévesque*, *op. cit.*, p. 145.
16. Marc Brière et François Aquin.
17. Duern, Normand, *op. cit.*, p. 149.
18. Cité par Jean Provencher: *René Lévesque, portrait d'un Québécois*, Montréal, Les Éditions La Presse, 1973, p. 233.
19. Marc Brière; et *Le Devoir*, le 24 août 1966.
20. Charles Denis; et *The Star Weekly*, le 20 janvier 1968.
21. Charles Denis.
22. *Ibid.*

23. *The Star Weekly*, *op. cit.*

24. *Le Devoir*, le 18 novembre 1966.

25. Marc Brière.

26. Paul Gérin-Lajoie et Marc Brière.

27. *Ibid.*

28. *Ibid.*

29. *Le Devoir*, le 18 novembre 1966.

30. *Ibid.*

31. *Ibid.*

32. *Ibid.*

33. *Ibid.*, le 3 octobre 1966.

34. *Ibid.*

35. Cité par Duern, Normand: *op. cit.*, p. 152; et Thomson, Dale C., *op. cit.*, p. 563.

36. *Le Devoir*, le 13 octobre et le 1er novembre 1966.

37. *Le Devoir*, le 17 octobre 1966.

38. *Ibid.*

39. *Ibid.*, le 20 octobre 1966.

40. *Ibid.*, le 31 octobre 1966; et Duern, Normand, *op. cit.*, p. 155.

41. *Le Devoir*, le 9 novembre 1966.

42. *Ibid.*, le 10 novembre 1966.

43. *Ibid.*, le 14 novembre 1966.

44. *Ibid.*, le 19 novembre 1966.

45. Robert Bourassa et *Le Devoir*, le 21 novembre 1966.

46. *Le Devoir*, le 21 novembre 1966.

47. *Ibid.*

48. *Ibid.*

49. Henri Dutil.

50. Marc Brière, Réginald Savoie; et Bergeron, Gérard: *Du duplessisme à Trudeau et Bourassa*, Montréal, Parti Pris, 1971, p. 388.

51. Duern, Normand, *op. cit.*, p. 149, 158.

4

La maladie séparatiste

«Où va-t-on maintenant? Quel statut veut-on pour le Québec?»

Durant l'hiver 1967, la question nationale, jusqu'alors tenue à une distance respectueuse de la coupe des réformistes, tel un poison capable de les occire à la moindre gorgée, surgit néanmoins de son réduit intellectuel. Au «salon de l'épave», elle succède à l'engouement pour la démocratisation interne du parti libéral, tombé sec après l'élection de Kierans.

Comment en serait-il autrement? Dans ce Québec qui rêve de *self-government* comme jamais encore depuis 1837, il serait plutôt puéril de penser esquiver plus longtemps le problème du destin québécois dans l'ensemble canadien, même si les risques d'éclatement du front réformiste sont grands.

En effet, les factions pullulent: il y a les sociaux versus les nationaux; les Anglais versus les Français; les Monsieur King et les Monsieur Saint-Laurent; les *liberals* au sens anglais du mot, comme Georges-Émile Lapalme ou Pothier Ferland, versus les nouveaux débarqués dans le parti, manifestement plus sociaux-démocrates que libéraux, comme René Lévesque, Rosaire Beaulé ou

Robert Bourassa. En fait, cette stratification compliquée est réductible à trois clans principaux.

Le premier regroupe les nationalistes ultras comme Lévesque, François Aquin, Jean-Roch Boivin et Marc Brière, en quête d'avenues radicalement nouvelles. Dans le clan opposé, on distingue les fédéralistes durs et purs comme Kierans, Jean-Paul Lefebvre et les Casgrain, mari et femme, plus soucieux de réformes sociales que de constitution. Le système fédéral canadien? Idéal pour le Québec. N'y touchons pas, ou si peu. Enfin, au milieu, se tiennent les plus modérés sur le double plan national et social: Paul Gérin-Lajoie, Georges-Émile Lapalme, Yves Michaud et Robert Bourassa[1].

Le jardin idéologique des novateurs libéraux est le plus pur reflet du Québec de 1967. À l'un des extrêmes, les prêts à tout. À l'autre, les prêts à presque rien. Au centre, le magma des indécis et des hésitants — largement majoritaires. Et en cette fin de décennie, tous sont contraints de se creuser la cervelle pour clarifier leurs idées sur l'avenir jadis si peu préoccupant des Canadiens français.

C'est qu'il y a du nouveau. Pour la première fois depuis cent cinquante ans, depuis en fait la rébellion ratée du parti des Patriotes, l'idée de l'indépendance devient un mouvement social, s'incarne dans des formations politiques, s'institutionnalise. Elle n'est plus le fait d'une minorité de revenchards anglophobes, d'utopistes, de rêveurs à la tête perdue dans les nuages d'un passé révolu.

Qu'on savoure ou non l'émergence «séparatiste», une chose paraît sûre: plus possible de s'en détourner en ricanant comme s'il s'agissait encore une fois d'une lubie d'adolescent ou de billevesées d'une poignée de nostalgiques du Québec d'avant 1760. La phrase provocante d'André Laurendeau écrite en mars 1961 — «Il est normal qu'on soit séparatiste à vingt-cinq ans; cela devient plus inquiétant si on l'est encore à trente-cinq[2].» — paraît de courte vue aujourd'hui que la contagion semble déborder toute classe d'âge.

Le «nationalisme indépendantiste» ramené à un péché de jeunesse ou à une maladie de l'enfance, comme l'acné qui passe avec l'âge, fait partie de l'analyse traditionnelle des Québécois fédéralistes. Le séparatisme: ce n'est pas sérieux et c'est volatil comme tout sentiment trop artificiel, trop à fleur de peau pour s'enraciner à demeure.

Phénomène coutumier et sporadique, la maladie séparatiste est liée au cycle des récessions économiques et des crises sociales ou culturelles. Elle vient et va comme les saisons, finissant toujours par s'estomper une fois réglés les problèmes économiques et sociaux. Comme la poussée de fièvre quitte subitement le corps malade après l'administration du médicament approprié. Bref, cette variante jusqu'au-boutiste du nationalisme québécois n'a de raison d'être que comme soupape pour rétablir l'équilibre dans la marmite surchauffée d'une minorité nationale confrontée à des défis extérieurs nouveaux et forcée de livrer périodiquement bataille pour survivre[3].

En cette aube palpitante des années 70, la contagion séparatiste semble certes très forte, mais on le mesure à la boutade d'André Laurendeau, tous les Québécois n'en seront pas frappés, contrairement à la fable. Depuis toujours, depuis deux cents ans en fait, une moitié de la famille a sa façon de lire le passé et l'avenir; l'autre moitié, la sienne. Et cette double vision de l'histoire se nie et se fait la guerre. Tel semble être en effet le destin des frères québécois d'être incapables de s'entendre sur le rôle et le sens de ce nationalisme qui colle à leur peau de minoritaires et qu'ils conservent au fond d'eux-mêmes à des degrés divers comme une sorte de feu des anciens qui ne doit jamais mourir...

Voilà sans doute pourquoi le désir difficilement anéantissable de se gouverner soi-même, au maximum, habite depuis des lustres l'âme québécoise, qui ne s'en remet pas. Il n'est que de jeter un coup d'œil en arrière pour s'en convaincre.

Notre État français, nous l'aurons!

Au début du XIXe siècle, que cache donc la lutte des patriotes du seigneur Louis-Joseph Papineau pour le gouvernement responsable et démocratique? Une pléthore de griefs dont celui que cesse l'exclusion de l'élite francophone de la conduite des affaires du Canada d'en bas, régenté à leur guise par le gouverneur Gosford et un conseil exécutif non élu, responsable ni de ses actes ni de ses dépenses devant l'Assemblée du peuple.

Au-delà des conditions de vie déplorables — récession, épidémies, mauvaises récoltes —, au-delà également des luttes de classes entre les marchands anglais déjà convertis au capitalisme industriel et la petite-bourgeoisie professionnelle francophone, encore liée à une société dominée par l'agriculture et la féodalité, que discerne-t-on? Notamment, l'ambition avouée — déclarée même — d'instituer une république canadienne-française, par la force si nécessaire. «Si nous ne nous gouvernons pas, nous serons gouvernés», proclamait avant la rébellion le journaliste Étienne Parent, l'un des pères de l'idéologie indépendantiste des patriotes[4].

Il fallait cependant plus qu'une insurrection improvisée, condamnée par l'Église (réfractaire au laïcisme et au libéralisme des chefs patriotes) et boudée au surplus par une partie de la population, pour que la «nation canadienne» arrachât à l'occupant britannique le droit de se gouverner librement. En 1837, ce sont les armes qui ont décidé du rêve d'un État séparé. Ce seront les urnes, cent cinquante ans plus tard.

Tout au long du XIXe siècle, les élites libérales et nationalistes n'auront de cesse de maintenir vivant ce rêve. Petite flamme qui pourrait devenir brasier, les événements aidant. Même la sainte et loyaliste Église de Rome qui, aux yeux des insurgés de 1837, pactisait jusqu'à la trahison avec le colonisateur, pour mieux maintenir sa prépondérance et ses intérêts non célestes, ne parviendra jamais à enrayer complètement de ses propres viscères le virus séparatiste.

Né d'un père auvergnat fixé aux États-Unis et d'une mère anglaise, l'immigrant américain Jules-Paul Tardivel, défenseur attitré de l'Église, et le plus intransigeant des zélotes du cléricalisme (qui succède peu à peu au laïcisme de la bourgeoisie patriote), met son journal *La Vérité* au service de l'indépendance.

En 1887, convaincu que la nouvelle Confédération canadienne n'ira pas très loin, qu'une «minorité de 40 p. 100 gouverne difficilement un pays», Tardivel divague sur le mode de la souveraineté-association: «S'il était possible, nous voudrions voir le lien fédéral réduit aux proportions d'une simple union douanière, postale, commerciale, industrielle, financière. Je rêve un Canada français autonome, une vraie Nouvelle-France. Dans cinquante ans peut-être, notre race sera prête à prendre sa place parmi les nations de la terre[5].»

Prophétie de fin de siècle qui ne tire pas à conséquence. Imaginer en effet un Québec souverain à une époque où l'Église hiérarchique admet comme seul légitime un nationalisme qui définit le Québec comme une culture ou un groupe ethnique qui doit défendre sa langue et sa religion combinée, et non comme une nation lancée à la conquête de sa liberté, c'est comme prêcher dans le Sahara ou sur la banquise.

L'Américain Tardivel, qui a conservé de son pays d'origine tous les attributs qui différencient les habitants d'une nation libre, déchiffre mal l'aptitude de ses nouveaux compatriotes à s'accommoder de leur servitude: «Si moi, Canadien français simplement par adoption, et à moitié Anglais par-dessus le marché, je comprends ainsi les destinées de ce pays, comment se fait-il que tous les Canadiens français de naissance ne partagent pas mes espérances? C'est un mystère pour moi[6].»

Solitaire et libre Tardivel. Trop pressé ou trop lucide, peut-être, pour son époque engoncée dans le rapetissement national. On ne l'entend pas.

Au tournant du XXe siècle, la volonté de l'Angleterre d'assujettir ses *dominions* à l'impôt du sang, pour assurer la défense de ses possessions coloniales menacées par la rivalité des impérialismes européens, soulève une puissante vague nationaliste au Canada français. La guerre des Boers, la Première Guerre mondiale puis la crise économique des années 20, aviveront comme jamais le sentiment indépendantiste.

Depuis la flambée de 1837, l'indépendantisme était confiné aux cercles étroits des libéraux nationalistes ou des intellectuels cléricaux comme Tardivel. En 1917, il accède au Salon de la Race. Excédé par la marée d'accusations acerbes du Canada anglais à l'endroit des Québécois — des poltrons qui refusent d'aller à la guerre —, Joseph-Napoléon Francoeur, député libéral de Lotbinière, fait tout un éclat en déposant une motion «pour faire sortir Québec de la Confédération canadienne», comme titre *La Presse* du 21 décembre 1917.

La motion est on ne peut plus explicite: «Que cette Chambre

est d'avis que la province de Québec serait disposée à accepter la rupture du pacte fédéral de 1867 si dans l'opinion des autres provinces, ladite province est un obstacle à l'union, au progrès et au développement du Canada.»

Son chef, le premier ministre Lomer Gouin, s'inscrit toutefois en faux contre ces velléités sécessionnistes qui, assure-t-il dramatiquement à l'Assemblée législative, condamneraient à une mort lente mais certaine la minorité francophone du Canada en plus de mettre en péril la survie économique du Québec. Double argumentation que les Québécois des années 60 et 70, séduits par la séparation, se verront assener par la troupe fédéraliste. Après un long débat, le député Francoeur accepte de s'amender. Il s'est sans doute trompé de siècle ou de pays. Il retire son projet de loi malavisé[7].

Durant les années 20 et 30, un petit abbé maigre comme un clou, qui vit dans l'histoire comme un poisson dans l'eau, entreprend à son tour de scruter la mémoire des hommes de son pays. Il est indépendantiste, alors, ce Lionel Groulx dont les efforts pour renouveler l'idéologie nationaliste canadienne-française ne seront vraiment reconnus qu'avec les années 60. «Le séparatisme n'est pas un phénomène champignon, avertit l'abbé. Il procède d'une revendication légitime... Le seul choix qui nous reste est celui-ci: ou redevenir maîtres chez nous ou nous résigner à jamais aux destinées d'un peuple de serfs[8].»

On peut affirmer de l'abbé Groulx et de son groupe de l'Action française des années 20 qu'ils sympathisent avec l'idée séparatiste. Mais, comme le noteront certains de leurs critiques: quels drôles de séparatistes ils font! Allons, pas d'histoires! Si ces nationalistes en pâmoison devant la Confédération et la grande patrie canadienne en viennent à idéaliser l'indépendance, c'est par défaut, par nécessité, parce que le Canada anglais humilie et écrase les francophones.

En cela, ces partisans occultes du fédéralisme sont en contradiction flagrante avec Tardivel et les indépendantistes des années 60, pour qui la souveraineté constitue un bien en soi, la marque d'un peuple libre. Il serait donc illusoire de penser voir le petit abbé tonitruant travailler activement à la rupture du lien fédératif, mais si elle devait survenir (par l'opération du Saint-Esprit, sans doute), alors il saurait s'en accommoder. «Nous ne courons au-devant d'aucune séparation, écrit-il en effet. Nous n'acceptons que celles-là que nous (imposent) la nécessité ou les hasards de l'histoire... Nous ne voulons pas être des destructeurs mais la destruction est commencée par d'autres que nous et nous refu-sons d'asseoir notre avenir à l'ombre d'une muraille en ruine[9].»

Néanmoins, cet historien est un immense provocateur. Il n'a qu'à ouvrir la bouche ou tenir sa plume pour déclencher la polé-mique. Et faire évoluer l'opinion. En juin 1937, à l'inoffensif Con-grès de la langue française, à Québec, Groulx lance devant une galerie de notables loyalistes sidérés sa formule fameuse: «Qu'on le veuille ou qu'on ne le veuille pas, notre État français, nous l'au-rons!»

Les manchettes du lendemain sont flamboyantes; le scandale est total. De tous horizons, on le suspecte. Oui, vraiment, cet ab-bé Groulx est un séparatiste. Il a la gale. Duplessis lui-même s'en prend à «ceux qui prêchent l'isolement» tandis que *Le Canada*, porte-parole des rouges, le sermonne: «Parler séparatisme, ce n'est pas dire des paroles d'encouragement mais de défaitisme.» Le petit abbé doit rassurer les inquiets: son «État français», c'est un Québec le plus souverain possible, à l'intérieur de la rassurante Confédération canadienne — bien entendu. Dans les beaux quar-tiers, on renoue sa cravate: après tout, l'historien national n'est pas séparatiste[10].

Vingt-cinq ans plus tard, Groulx avouera au *Devoir*: «Je ne suis pas séparatiste... Mais ici, au Canada, grand, prospère, plus assuré de sa destinée, est-il utopique de penser que, dans quarante ans, un Québec indépendant pourrait bien exister?» Ce futurologue de l'indépendance ne paraît pas pressé de sabler le champagne de l'affranchissement. En 1962, il revient encore sur sa lubie que l'an 2000 verra le grand jour: «Je demeure persuadé que dans quarante ans, peut-être trente ou même vingt-cinq ans — l'histoire va si vite —, l'indépendance deviendra l'inévitable solution[11].»

Groulx indépendantiste? Douteux. Groulx autonomiste? Plus sûr. En 1964, trois ans avant sa mort, il confessera au journa-liste Conrad Langlois, de *La Patrie*: «Je n'ai jamais été séparatiste. Le mot me déplaisait. Ce sont les Canadiens français qui ont voulu la Confédération. Ce que j'ai toujours réclamé: la plus grande autonomie possible pour le Québec[12].»

On peut inclure le chanoine dans ce courant de pensée qui prône que le seul nationalisme canadien-français assuré de ne jamais mourir, c'est cet autonomisme cher à Maurice Duplessis, qui répétait en son temps: l'autonomie provinciale, c'est l'âme de notre peuple. Modèle politiquement réaliste, parfaitement adapté au cas québécois, l'autonomisme reconnaît qu'une minorité culturelle peut garder la maîtrise de son destin, se développer et s'épanouir totalement en partageant ses pouvoirs avec un gouvernement supérieur, c'est-à-dire en se contentant d'«une fraction d'indépendance[13]».

Et ce qui est bien dans ce système, où la minorité délègue une partie de sa souveraineté à un autre gouvernement sans pour autant voir sa liberté brimée, c'est qu'il s'inscrit dans un monde où l'interdépendance des nations et le mélange des cultures dans un même État devient chaque jour un peu plus la règle. Ainsi donc, le régime fédéral canadien, qui sait vivre sans trop se montrer jaloux de l'autonomie de ses filles les provinces, constitue la terre promise des groupes minoritaires car il fonde le partage des pouvoirs sur l'égalité politique et juridique de toutes ses composantes.

À vrai dire, cet intellectuel aussi controversé qu'influent, cet historien qui a élevé le passé sur un socle pour en faire le maître de sa vision de l'avenir, représente avec Tardivel un chaînon important du «messianisme indépendantiste» canadien-français. Mesurant leur impuissance politique, les peuples colonisés aiment trouver refuge dans l'idée tranquillisante — au sens thérapeutique du mot — que Dieu les a investis d'une mission particulière. Mythifier sa condition inférieure, c'est une façon d'y échapper — au moins partiellement. Peuple élu, gâté même par la Providence, ces «enfants de lumière», ces «porteurs de flambeaux» que sont les Canadiens français ont reçu le mandat divin d'évangéliser l'Amérique matérialiste et protestante[14].

De son côté, ce fils soumis de l'Église qu'était Tardivel se persuadait que les Canadiens français auraient plus de chances de réaliser leurs espoirs messianiques s'ils bénéficiaient de la plénitude nationale. «Le doigt de Dieu est là... À un commencement aussi noble, aussi saisissant, aussi glorieux que le commencement de la nation canadienne-française, doit répondre autre chose que le misérable avortement qu'entrevoient nos pessimistes[15].»

Chez Groulx d'ailleurs, l'État français sans l'État catholique serait une abomination, un monstre génétique presque: «Si notre histoire a un sens, et elle a un sens, notre seul destin légitime et impérieux ne peut être que celui-ci: constituer en Amérique un État catholique et français[16].»

Nos archanges du nationalisme messianique volent si haut qu'ils font peu attention aux difficultés économiques sans nom qui assaillent les Canadiens français à la veille de la Seconde Guerre mondiale. Aussi assistons-nous, à côté d'eux, à une poussée séparatiste plus laïque, plus ancrée dans les réalités terrestres, d'une vitalité extraordinaire, qui n'interroge pas tant les desseins insondables de la Providence que ceux plus palpables des hommes politiques et des gouvernements.

En accentuant brutalement la pauvreté des Canadiens français, la misère noire des années 30 agit comme un grand écran. Elle fait apparaître encore plus la dépendance politique et l'infériorité économique de la société québécoise francophone par rapport à la société anglophone, qui écope moins. Comment sortir de ce Léthé? Mais par l'indépendance, voyons. C'est ce que prêchent à la jeunesse des intellectuels comme Dostaler O'Leary et des mouvements comme les Jeune-Canada d'André Laurendeau, qui garnissent leur nationalisme de mesures proprement économiques comme l'étatisation des trusts étrangers et l'achat chez nous[17].

Beaucoup mieux que les chimères d'un messianisme problématique, la prise en main de leur économie libérera les francophones d'Amérique de leur joug plus que centenaire. Le nationalisme séparatiste est enfin descendu des cieux...

Pour une autre famille d'indépendantistes des années 30, le redressement économique passe par la politique avec un grand «P», c'est-à-dire à leurs yeux par l'action politique directe, non par la réflexion. C'est la voie que choisit le groupe d'avocats et de journalistes réunis en février 1935, par Paul Bouchard autour du journal *La Nation*, qui affiche en exergue: *Pour un État libre français en Amérique*. On ne peut guère se tromper sur l'orientation séparatiste de cet hebdomadaire, au langage politique d'une violence extrême, qui disparaîtra en 1939, victime de la censure de guerre.

La Nation se situe à l'opposé du messianique Groulx, qui depuis 1934 dénonce «la théorie de la réserve québécoise» et enseigne que les Canadiens français eux-mêmes, non les institutions fédérales, non les Anglais, non Pierre-Jean-Jacques, sont les premiers responsables de leur géhenne économique et sociale[18].

Historicisme à pourfendre sans ménagement, malgré tout le respect dû au grand historien national, soutiennent le groupe de Bouchard et tous ceux qui gravitent autour de Dostaler O'Leary, qui a fondé la Ligue des jeunesses patriotes et publié *Séparatisme, doctrine constructive*, préfacé par Pierre Chaloult, rédacteur en chef de *La Nation*.

À qui la faute si les francophones d'Amérique mangent de la vache enragée? «Si les Anglais sont aujourd'hui si puissants au point de vue économique, rétorque Bouchard, ce n'est pas parce que nos ancêtres furent moins habiles... mais parce que l'Anglais, possédant le pouvoir politique, les a empêchés dès le début de lutter à armes égales. Ce pouvoir politique, nous ne pouvons l'avoir au sein de la Confédération. Le parlement provincial ne peut presque rien pour nous. Toute la législation bancaire, monétaire, douanière et commerciale est du ressort du gouvernement d'Ottawa. Les seuls moyens efficaces qui nous restent de redresser notre situation économique sont d'ordre politique. Politique d'abord[19]!»

L'ami de l'Italie fasciste

Ce slogan, le pamphlétaire Bouchard l'a fait sien dès le collège. Au petit séminaire de Québec, où il fait ses études classiques entre 1920 et 1928 grâce aux sacrifices d'une mère d'humble condition mais ambitieuse comme une grande dame, cet élève précoce à l'esprit trop critique pour laisser un prêtre diriger sa conscience — comme c'est la règle — n'admet pas déjà que le destin du peuple canadien-français soit de vivre sous la tutelle d'un autre.

Surdoué et curieux de tout — spécialement de ce que ses maîtres lui cachent —, le séminariste découvre d'abord les grands auteurs censurés par le clergé, les Verlaine, Baudelaire ou Balzac, qu'il lit dans le texte grâce à la connivence du préposé à la bibliothèque du Parlement. Ce ne sont toutefois pas les poètes qui le sensibilisent à la politique, mais plutôt les historiens français comme Michelet, Thiers et Fustel de Coulanges, dont il dévore les oeuvres complètes pendant que ses nigauds de camarades se contentent de «morceaux choisis» ou de livres pieux[20].

Ses lectures apprennent à Bouchard que le pouvoir politique transcende tous les autres à la condition de le détenir dans sa plénitude. Découverte qui le marque et l'amène tout naturellement à adhérer au séparatisme — seul moyen pour les Québécois d'être leurs propres maîtres. Un ami plus âgé lui fait aussi découvrir le Groulx des années 20, plus radical que celui des années ultérieures dont le journaliste de *La Nation* voudra se démarquer.

Né en 1908 sur le rocher de Québec, orphelin de père à quatre ans, ce petit homme volontaire et remuant comme une carpe pressent en quittant le séminaire pour la faculté de droit de l'Université Laval qu'il vouera sa vie au parachèvement de la libération nationale d'un peuple qui la mérite bien autant que les autres.

Entre 1931 et 1934, un séjour d'études de trois ans en Angleterre, au coeur même de la citadelle de ce colonialisme qui défigure le Québec, renforce encore sa conviction. À l'université d'Oxford, où il s'inscrit en droit grâce à la bourse Rhodes, mais où il consacre plutôt son énergie boulimique à l'étude de l'économie politique et des sciences sociales, Paul Bouchard en arrive à penser que la guerre mondiale, inévitable, marquera l'heure de l'émancipation des minorités nationales encore asservies aux métropoles européennes.

Dans cet entre-deux-guerres caractérisé par un bouillonnement intellectuel annonciateur d'un changement de monde, toutes les illusions, toutes les idées, même les plus avancées, sont permises. La lecture de Marx accapare d'abord l'attention du jeune homme qui découvre vite, grâce notamment à Harold Laski, sommité socialiste de l'université londonienne, que l'esprit totalitaire du communisme le rend à tout jamais inacceptable à un Occidental.

Bizarre mais, dans quelques années à peine, Bouchard vouera une admiration sans borne au corporatisme autoritaire de l'Italie fasciste. C'est du reste à Oxford qu'il se passionne pour la doctrine corporatiste, qu'il analyse avec une curiosité égale à celle qu'il porte aux autres grandes théories politiques à la mode: libéralisme, socialisme, communisme.

À Londres, l'étudiant québécois assiste, ébloui, au commencement de la dégringolade de l'Angleterre comme puissance mondiale. Phénomène capital qui frappe son esprit aux aguets. La crise économique à son plus fort entraîne la chute de la livre sterling. L'économie britannique s'effondre. Pour ce séparatiste passionné et attentif au moindre signe d'émancipation des nationalités, c'est le début de l'abaissement de l'orgueil anglais.

Le grand sujet de l'heure, à Oxford: l'avenir de plus en plus problématique du British Empire. Ses sympathies se portent naturellement vers les étudiants originaires des pays de l'Empire qui rêvent comme lui d'indépendance nationale. Ses meilleurs amis, ce sont les Birmans, les Indiens et les Sud-Africains, affranchis de la férule anglaise depuis 1931. Un jour, il entend Gandhi s'écrier devant les étudiants qui l'applaudissent à tout rompre, étudiants britanniques compris:

— La fin de la domination anglaise sur les Indes approche[21]!

En 1934, quand il laisse l'Angleterre, le fondateur de *La Nation* aime et admire le peuple anglais. Par contre, il est devenu l'ennemi juré de l'Angleterre, puissance étrangère qui influence et domine encore la politique canadienne à l'heure où, partout dans le monde, les peuples secouent leurs chaînes coloniales. Un choc l'attend à son retour à Québec. Bouchard a quitté un Canada français endormi; trois ans plus tard, il retrouve une société en pleine ébullition.

Ici aussi, la crise économique a ouvert les vannes de la remise en question. Les contestataires de toutes familles, nationalistes comme sociaux, n'ont plus à la bouche que le mot «économie». Question omniprésente dans tous les débats: pourquoi les Canadiens français sont-ils plus atteints économiquement? L'inégalité devient tout à coup plus criante, plus inadmissible. Les francophones sont réduits à la mendicité mais les anglophones se tirent d'affaire. Pourquoi?

La réponse, Bouchard et sa bande d'avocats de Québec, qui essaient durant ces années de vaches maigres de trouver leur pitance dans la pratique du droit, croient la connaître: c'est leur situation coloniale, leur anachronique dépendance vis-à-vis des autres qui font croupir les Canadiens français dans leur moyen âge.

Contemplant dans sa durée, par moments chaotique, le destin de ce peuple isolé de son Amérique par la langue, le groupe de Bouchard conclut à la nécessité du *self-government*, version anglaise du bon vieux principe français des nationalités, en vertu duquel tout peuple distinct et suffisamment organisé — adulte, dirait l'autre — possède le droit indiscutable de diriger ses propres affaires.

De ce principe découle l'évidence que tout groupe culturel minorisé par les accidents de l'histoire aspire à la plus large part possible d'autonomie politique, dont le terme ultime, et idéal, reste l'indépendance absolue. Comme le disait Napoléon: «Il y a des désirs de nationalité qu'il faut satisfaire tôt ou tard[22].»

On n'a d'ailleurs qu'à jeter les yeux autour de soi pour s'apercevoir que la nation finit toujours par coïncider avec l'État. L'histoire a tout son temps. Si le nombre de pays augmente sans cesse, c'est parce que les nationalités parviennent tôt ou tard à se constituer en États. Pour la bonne raison qu'aucun groupe, qu'aucune culture, qu'aucun individu n'accepte de subir la domination à vie sans éprouver le plus grand des malheurs, sans en être gravement atteint dans son épanouissement et sa performance, sans se noyer un jour.

Faire pénétrer l'idée séparatiste dans la tête des Québécois, voilà ce à quoi s'attaque Bouchard au début de 1935. Média principal: l'hebdomadaire *La Nation*, dont le premier numéro sort des presses de la rue Aragot le 15 février. Média de soutien: des commandos d'orateurs, dont fait partie Louis Even, chef de file du Crédit social, doctrine politique nouvelle, venue des plaines de l'Ouest canadien; ils répandent partout en province la même formule de ralliement:

— Nous sommes séparatistes et la rupture du lien fédéral est la base de notre programme[23]!

Provocants, les agitateurs de *La Nation*. Mais qui sont-ils? Des avocats de moins de trente ans, constitutionnalistes principalement, que la crise économique a convaincus de l'inéluctabilité de l'indépendance. Outre le petit homme plein de vie et respirant l'action qu'est Paul Bouchard, il y a Albert Pelletier, qui a deux frères avocats comme lui, Georges et Benoît, et un fils adoptif promis à la célébrité: René Lévesque. Filiation qui a son importance — la suite de cette genèse de l'indépendantisme québécois contemporain le montrera. Autre membre important du groupe: Roger Vézina, associé légal de Bouchard, le financier du clan.

Côté journalistique, deux noms sont à retenir. Un jour que Bouchard était en quête de scribes pour son journal, un camarade lui annonça:

— Je connais deux journalistes qui ont beaucoup de talent, je te les amène?

C'étaient Pierre Chaloult et Jean-Louis Gagnon, qui plurent tous deux à Bouchard. Le premier, consacré presque séance tenante rédacteur en chef du journal, est le cousin de René Chaloult, bouillant politicien nationaliste coalisé contre le régime Taschereau avec Duplessis et les deux têtes d'affiche de l'Action libérale nationale: Paul Gouin et Philippe Hamel.

Le second, Jean-Louis Gagnon, arrive d'une petite revue séparatisante décédée — *Vivre* — dont le chanoine Groulx dira plus tard, non sans ulcérer Bouchard, qu'elle fut l'ancêtre de *La Nation*. Pour l'heure, Gagnon se réclame de l'école indépendantiste et ne jure que par Groulx et Armand Lavergne, fringant tribun qui envoûte la jeunesse. Cependant, après la crise de la conscription de 1942, Gagnon rompra définitivement avec les nationalistes.

Le matois Bouchard s'est interrogé longuement avant de baptiser son canard. S'il a finalement retenu *La Nation*, c'est pour faire opposition à la vision étroitement provinciale du Canada français que répand l'alliance Duplessis-Gouin. En effet, pour ces deux-là, le Québec n'est qu'une *province*. Là où lui découvre une véritable nation au sens même du principe des nationalités, Duplessis et Gouin ne veulent voir que «la province de Québec». Expression qui l'irrite d'autant qu'il se convainc qu'une nation authentique, comme la québécoise, doit aspirer à un statut plus noble, moins ridicule et anémique que celui d'une simple province dans un pays téléguidé au surplus par une grande puissance étrangère[24].

Journal de combat, *La Nation* adopte en partant un style féroce qui ne détonne pas cependant avec le climat vitriolique d'avant-guerre, où hommes politiques et journalistes pratiquent une surenchère de violence dans l'expression. La neutralité aseptisée de la presse contemporaine condamnerait sûrement Paul Bouchard et ses journalistes au chômage à perpétuité. Malheur, donc, au «traître» Duplessis!

Après l'élection de 1936, une fois bien assis sur son nouveau trône, le fourbe souffre soudain d'un défaut de la mémoire. Il ne se rappelle plus du tout avoir promis aux équipes de *La Nation* et de l'Action libérale nationale, dont il quêtait cyniquement le soutien électoral contre le régime décrié d'Alexandre Taschereau, de casser la dictature des trusts de l'électricité par la nationalisation.

Quand Bouchard apprend que Duplessis ne veut plus toucher à un seul kilowatt de la Shawinigan et de la Beauharnois, il se sent aussi trompé, aussi dupé que Paul Gouin et le dentiste Hamel. Comme eux, il est convaincu de l'importance majeure de l'électricité pour le développement du Québec. Dans un éditorial retentissant, que Duplessis mettra bien du temps à oublier, le directeur de *La Nation* enrage: «Béni soit son austère célibat! Cette race de traîtres ne se perpétuera pas[25].»

Le journal de Paul Bouchard ne se distingue pas uniquement par la violence du langage. Il se signale aussi par une orientation idéologique totalitaire qui traduit l'aveuglement des milieux nationalistes de l'entre-deux-guerres, séduits un moment, et par antibritannisme, par les fascismes européens. Confusion qui laissera comme un goût de cendre chez les critiques du séparatisme québécois assimilé aux svastikas, gênant de ce fait pour longtemps — jusqu'aux années 60 même — son émergence véritable.

Ami inconditionnel de la latinité, fût-elle fasciste, l'internationaliste Bouchard échafaude sa vision d'un Canada français émancipé et corporatiste en s'appuyant sur les «forces nouvelles» en voie de secouer partout l'hégémonie anglo-américaine[26].

Une époque de grands craquements accompagnés de tempêtes et de chants de guerre, voilà ce que sont les années 20 et 30 pour lui. Quatre empires se sont écroulés: l'allemand, le russe, l'austro-hongrois et le turc. Sans compter la fin imminente de «l'empire moribond» dont le Québec fait partie contre sa propre volonté. Pour les avocats de *La Nation*, c'est le grand événement qui va décongestionner le monde.

À cinq ans d'intervalle — 1917 et 1922 —, deux révolutions sanglantes, la bolchevique et la fasciste, la russe et l'italienne, ont apporté une conception neuve des rapports entre l'individu et l'État. Aujourd'hui, elles luttent l'une contre l'autre pour la suprématie mondiale. Nous assistons à la faillite de l'État parlementaire démocratique et de l'économie libérale. Rome ou Moscou? Communisme ou corporatisme? Tel sera le choix. Les séparatistes de *La Nation* choisissent la Rome fasciste: «Les peuples à l'avant-garde des nations, ce sont aujourd'hui l'allemand, l'italien, le nippon, le russe... Le monde latin dirigé par l'Italie mussolinienne va bientôt ressurgir en splendeur... Dépassés par des peuples plus jeunes et plus dynamiques, moins puritains et plus humains, Anglo-Saxons, vous n'avez plus rien à nous apprendre! Votre magistère politico-parlementaire est désuet, Anglais[27]!»

Devant la chute de l'ancien monde, que doivent faire les Canadiens français, cette «magnifique portion de la latinité» échouée malencontreusement sur les rives gelées du Saint-Laurent? «Patriotes, à nous! s'écrie Bouchard. Le rêve ancien se meurt et le nouveau se forge. Un siècle après la révolte de Papineau, nous lançons ce mouvement de libération, confiants dans l'avenir, dédaigneux du passé et libres des vieilles peurs[28].»

Sous la rhétorique, la route à suivre s'éclaire d'elle-même: les francophones nord-américains doivent sauter à bord du train des forces nouvelles et rénovatrices, même fascistes, se tailler une place au soleil, au centre même du nouvel alignement des puissances, rejeter la société politique bâtarde et hybride qui les maintient dans leur infériorité. Bref, établir un État libre français conformément au rêve des ancêtres, la carte d'Amérique du Nord n'étant pas immuable.

Celle des îles Britanniques ne l'était pas non plus qui a vu l'Irlande former un État libre, retenant cependant ses liens avec le Commonwealth britannique. Le modèle irlandais d'émancipation nationale, voilà l'analogie qui subjugue aussi l'esprit des séparatistes de *La Nation*. Il faut sortir au plus vite de la Confédération tout en restant fidèle à John Bull. Quand on fait la guerre, il ne sert à rien de multiplier comme à plaisir le nombre de ses ennemis[29].

Notes — Chapitre 4

1. François Aquin, Jean-Roch Boivin, Yves Michaud; et Murray, Vera et Don: *De Bourassa à Lévesque*, *op. cit.*, p. 35.
2. *Le Devoir*, le 8 mars 1961.
3. Ouellet, Fernand: «Les fondements historiques de l'option séparatiste dans le Québec», *Canadian Historical Review*, vol. XLIII, n° 3, septembre 1962, p. 185.
4. Séguin, Maurice: *L'Idée d'indépendance au Québec*, Montréal, Boréal Express, 1977, p. 32; et *Ici Québec*, vol. 2, n° 14, été 1978, p. 11.
5. Séguin, Maurice, *op. cit.*, p. 52-56.
6. *La Vérité*, le 15 avril 1899.
7. Rioux, Marcel: «Sur l'évolution des idéologies au Québec», *Revue de l'Institut de sociologie de Bruxelles*, vol. XLVI, 1969, p. 109-110; et Wade, Mason: *Les Canadiens français de 1760 à nos jours*, Montréal, Le Cercle du Livre de France, 1955, p. 166-171.
8. Groulx, Lionel: *Directives*, Saint-Hyacinthe, Collection du Zodiaque, 1937, p. 20 — cité par Guindon, Hubert: «*Social Unrest, Social Class and Quebec's Bureaucratic Revolution*», *Queen's Quarterly*, vol. LXXI, n° 2, 1964, p. 156.
9. Groulx, Lionel: «Notre avenir politique», *L'Action française*, 7 janvier 1922, p. 22 — cité par Séguin, Maurice, *op. cit.*, p. 57.
10. Groulx, Lionel: *Mes Mémoires*, vol. III, Montréal, Fides, 1974, p. 340-343.
11. *Le Devoir*, le 27 mai 1961; et Groulx, Lionel, *op. cit.*, vol. IV, p. 349.
12. *La Patrie*, le 26 mars 1964.
13. Séguin, Maurice, *op. cit.*, p. 9.
14. Latouche, Daniel: «Anti-séparatisme et messianisme au Québec depuis 1960», *Canadian Journal of Political Science/Revue canadienne de science politique*, n° 4, décembre 1970, p. 568-572.
15. Cité par Séguin, Maurice, *op. cit.*, p. 53.
16. Groulx, Lionel: *Directives* — cité dans *Laurentie*, n° 101, 1957, p. 74.

17. Ouellet, Fernand, *op. cit.*, p. 201.
18. Séguin, Maurice, *op. cit.*, p. 60 , 61.
19. Cité par Séguin, Maurice, *ibid.*, p. 63.
20. Paul Bouchard; et *Portraits*, documentaire consacré à Paul Bouchard et diffusé à Radio-Canada, le 13 mai 1975.
21. *Ibid.*
22. Cité par Paul Bouchard, *La Nation*, le 15 février 1935.
23. Paul Bouchard.
24. *Ibid.*
25. *Ibid.*; et Doris Lussier.
26. *La Nation*, le 15 février 1935.
27. *Ibid.*
28. *Ibid.*; et Paul Bouchard.
29. *Ibid.*

5

La Laurentie immortelle

Ô utopie! Avec sa prospérité, qui fait enfin entrer les Canadiens français dans l'ère de l'abondance, avec aussi son duplessisme autonomiste, qui occupe durant plus de quinze ans tout l'espace du nationalisme québécois, l'après-guerre entraîne une nouvelle éclipse du sentiment indépendantiste.

Durant les années 50, l'impétueux Paul Bouchard n'en mène plus large. Ses amis de l'Italie fasciste ont terminé la guerre dans la rigole. De peur de se retrouver au camp d'internement de Petawawa avec Camillien Houde et les autres nationalistes canadiens-français qui ont livré en 1942 une lutte farouche mais séditieuse contre la conscription, il n'a même pas attendu la fin des hostilités pour s'enfuir en Amérique latine, où il a de la parenté et bien des relations.

À son retour, humilié et ridiculisé, sans le sou et guéri à jamais de ses rêves actifs de libération nationale ou de splendeurs mussoliniennes, il est entré dans l'ombre pour le reste de ses jours, acceptant de devenir simple publiciste de Duplessis, qui lui a pardonné — mais à demi seulement — son apostrophe virulente d'avant la guerre sur son introuvable paternité.

97

À l'approche de la Révolution tranquille, Raymond Barbeau, jeune professeur de français de l'école des Hautes Études commerciales, reprend le flambeau vacillant, mais jamais totalement soufflé, des mains fatiguées de Bouchard. Un homme providentiel les met en présence autour de 1957. C'est l'historien Robert Rumilly, qui dit un jour à l'admirateur du monde fasciste:

— Je connais un jeune écrivain qui a publié à Paris une thèse remarquée sur Léon Bloy. Il a lu la collection complète de *La Nation* et aimerait vous rencontrer. Il prépare un livre, je crois...

Soixante ans, visage malingre et yeux de taupe dissimulés sous des verres épais, académicien en sus, Robert Rumilly adore favoriser les contacts entre nationalistes, qui auraient tout à gagner à échanger leurs numéros de téléphone. Le dimanche après-midi, ce Français droitiste et maurrassien né en Martinique reçoit chez lui, rue Lazard, à Ville Mont-Royal, un essaim de jeunes Turcs plutôt désoeuvrés. Ce sont des nationalistes qui, au plus creux de la société duplessiste, cherchent une voie et surtout des encouragements à agir.

L'historien attitré de l'Union nationale se veut leur mentor. Pour mieux jouer son rôle, Rumilly a monté chez lui un centre d'information nationale qu'il ouvre à tous ceux qui, champions de l'autonomie québécoise ou tout simplement apologistes du duplessisme, ferraillent contre les libéraux antinationalistes ralliés autour de la revue *Cité Libre*.

Les dimanches de la rue Lazard? Ce n'est pas là que vous rencontreriez Pierre Trudeau, Gérard Pelletier ou Marc Lalonde. Le scénario est toujours le même. Entre quatorze et dix-huit heures, les jeunes invités prennent place timidement autour de l'immense table de pin où tous les matins, depuis trente ans, Rumilly s'assoit religieusement pour écrire l'histoire de la province de Québec.

En 1928, année où il échoua à Montréal après une enfance en Indochine et une jeunesse gaspillée sur les champs de bataille européens, il n'en connaissait pas long sur ce peuple qu'il allait méthodiquement étudier durant le reste de sa vie. Mais cet homme est doué d'une capacité de travail et d'assimilation phénoménale. Entre lui et ses disciples, les Raymond Barbeau, Jacques Lamarche, Albert Roy, Gaétan Legault, Anatole Vanier et Robert Bisaillon, la conversation pétille tout autant que le rosé

Royal de Neuville servi rituellement et ponctuellement par madame Rumilly, silencieuse mais combien affable.

Aux murs de la bibliothèque, quelques photographies révélatrices de l'idéologie droitiste du maître des lieux disputent un maigre espace à la myriade de documents et de livres qui les lambrissent. Charles Maurras, l'écrivain du «nationalisme intégral», qui a soutenu durant la guerre Pétain, Mussolini et Franco, figure en bonne place, environné par les chefs de file du nationalisme canadien-français. On y distingue Walter O'Leary, frère de l'auteur du premier volume consacré au séparatisme québécois (*Séparatisme, doctrine constructive*), le père Gustave Lamarche, auteur d'un manuel scolaire sur l'histoire du Canada répandu dans toutes les écoles du Québec, et surtout Paul Bouchard. Ces personnages, les jeunes habitués de la maison accueillante et chaude de la rue Lazard les connaissaient vaguement quand ils y mirent les pieds pour la première fois.

Quand ils ont fini de ressasser qui son inutilité ou sa nostalgie d'un pays vraiment français, qui son pessimisme ou ses incertitudes devant l'avenir du Québec anglicisé, Rumilly lance des mots d'ordre propres à les galvaniser:

— Allons-nous perdre encore des mois, des années à rêver au passé? Nous croyons en ce pays, passons à l'action[1]!

Un disciple, au moins, obéit à la consigne. C'est Raymond Barbeau, celui-là même que Rumilly veut présenter au fondateur de *La Nation*. Frais émoulu de la Sorbonne, où il s'est enthousiasmé à la lecture des écrivains de la France catholique, les Charles Péguy et Georges Bernanos, Barbeau, vingt-sept ans, est un jeune homme élégant pour qui Léon Bloy n'a plus aucun secret. Le type même de l'intellectuel de droite que l'historien travaille à susciter.

Si le spécialiste de l'auteur de *Je m'accuse* tient tellement à s'entretenir avec Paul Bouchard, c'est parce qu'il a une petite idée derrière la tête. Au bout de trois rencontres, au cours desquelles Bouchard lui a narré la petite histoire du mouvement séparatiste des années 30, avec son style incisif d'ancien journaliste de combat, Barbeau lui avoue candidement:

— Je vous ai abordé sous un faux prétexte... Je ne prépare pas de livre. Ce que je mijote, c'est la relance d'un mouvement comme celui de *La Nation*...

— C'est urgent! Vous avez mon appui, réplique Bouchard, nullement décontenancé par le subterfuge de son jeune ami. Mais je ne vous aiderai que dans la mesure où je ne me brûlerai pas avec l'Union nationale. Avec Duplessis surtout. Il est absolument opposé au séparatisme[2].

Que le vrai Raymond Barbeau se lève! Sous les dehors du jeune dandy, qui s'exprime avec une correction pointue rapportée de l'Hexagone, se dissimule un homme capable d'une violence verbale extrême, un dur à l'énergie aussi impitoyable que la misère dans laquelle a baigné toute son enfance.

Barbeau fait peur à certains des émules de Rumilly — et même à ce dernier. Tout autonomiste qu'il soit, et malgré sa chaude hospitalité, l'historien refuse d'avaliser ses idées bizarres sur le séparatisme, qu'il déballe avec une conviction grandissante, par moments voisine de la fureur, autour de la table de pin de la rue Lazard.

Non, vraiment, ça ne va plus entre eux. Ce jeune monsieur fait beaucoup trop radical, beaucoup trop révolutionnaire pour Rumilly, qui incarne au Québec les valeurs de la droite française. À l'inverse, l'historien fait beaucoup trop traditionaliste, beaucoup trop modéré pour Barbeau. Son conservatisme, pourtant agnostique, est si poussé qu'il sombre dans le bonne-ententisme avec les anglophones et même avec le clergé.

Au hasard des conversations, Barbeau a en effet découvert que Rumilly vénère l'Église catholique. Non à cause de sa valeur intrinsèque, mais plutôt parce qu'elle constitue à ses yeux la seule force capable de maintenir sur ses rotules un peuple qui a besoin d'être aidé, certes, mais qui, privé de son autorité et de ses directives, pourrait se soulever et aller jusqu'à brûler son roi...

— Vous êtes un extrémiste, Barbeau! lui répète de son côté le père Lamarche, qu'il a connu à Paris et qui l'a introduit dans le cercle des intimes de l'historien duplessiste[3].

He is a frog...

Le fondateur de l'Alliance laurentienne, mouvement qui est l'un des précurseurs directs du Parti québécois, que fondera à peine dix ans plus tard René Lévesque, est issu du misérable prolétariat canadien-français des années 30. Son enfance tient tout entière dans le seul mot de pauvreté.

Raymond Barbeau est né à Montréal, le 27 juin 1930, dans le milieu multi-ethnique formé par les rues Saint-Urbain et Saint-Cuthbert. En 1936, sa famille déménage au 3610, rue Saint-Dominique, près de la rue Prince-Arthur, en face du local du Communist Party de Fred Rose, avant de se fixer enfin rue Clark. Les Barbeau sont la seule famille canadienne-française du coin. Les petits immigrants juifs des ruelles avoisinantes, à qui le jeune Raymond enfonce les côtes avant de manger lui-même sa raclée, disent de lui:

— *He is a frog*!

Camille Barbeau père chauffe les fournaises de l'Hôtel-Dieu, tout près. C'est la Crise. Autant dire qu'il en mange du *baloney*, le forçat, le galérien — et ses sept enfants également. Quand les bonnes sœurs, incapables de lui verser plus longtemps sa pitance, le mettent à pied, sa femme Albertine, originaire d'un milieu extrêmement défavorisé du Lac Saint-Jean, reprend son ancien métier de couturière à domicile. Du jour au lendemain, les cinq pièces chichement meublées de l'appartement où s'entassent les Barbeau ressemblent à un atelier de couture avec l'encombrement créé par les boîtes de carton, les piles de pièces taillées, les bobines de fil de toutes les couleurs. Au milieu du salon double, trône le pourvoyeur inespéré: le «moulin» d'Albertine.

Le spectacle quotidien de cette indigence déprime et révolte à la fois le jeune Raymond: «Moi, je ne mènerai pas une pareille vie de chien!» Même aux prises avec la misère, et même si ni l'un ni l'autre n'ont moisi sur les bancs de l'école, Camille et Albertine promettent à leur progéniture:

— Aussi longtemps que vous voudrez étudier, nous ferons tout pour vous aider.

Raymond répond chaque fois:

— Moi, je vais étudier toute ma vie.

Le primaire à l'école Olier, le secondaire au Plateau. Douze années d'études, puis c'est déjà le marché du travail. Malgré leur bonne volonté, ses parents ne peuvent plus rien pour lui. Et puis il a dix-huit ans — l'âge de gagner sa croûte. Un premier emploi de gratte-papier chez Imperial Oil, où la langue de travail est l'anglais. Un second chez Carter's Ink, où c'est pareil.

«Je ne suis pas à ma place ici», finit par se dire le jeune homme qu'attirent tantôt la vocation religieuse, tantôt le droit. Mais ce qu'il aimerait étudier plus que tout: la philosophie, les arts et la littérature. Raymond, c'est déjà l'intellectuel de son milieu, l'Ovide Plouffe des Barbeau. Il a tout lu. Après trois ans de cours du soir à l'institut Alie, affilié à l'Université d'Ottawa, il se retrouve bachelier en 1952. Il est aussi très croyant et fréquente les milieux d'action catholique, ce qui le met en rapport avec des personnages importants du monde religieux.

— Vous devriez pousser vos études plus loin, mon cher Raymond, lui dit à l'époque monseigneur Maroleau, prélat français venu à Montréal quêter pour l'Oeuvre d'Orient.

— Ce serait mon plus grand désir, Monseigneur, mais je suis pauvre.

— Nous avons besoin de surveillants au collège Stanislas de Paris. Je peux vous recommander, insiste le religieux séduit par la culture de ce jeune *Canadien* avec qui il aime disserter longuement sur l'oeuvre de Péguy ou de Bernanos.

À l'automne 1952, Barbeau se retrouve pion à Stanislas, ce qui lui assure le gîte, et les revenus nécessaires pour faire une thèse de doctorat en lettres à la Sorbonne. À son retour au pays, en juillet 1955, il enseigne à l'institut Alie jusqu'au moment où son homonyme Victor Barbeau, qui tient la chaire d'enseignement du français à l'école des Hautes Études Commerciales, tout en dirigeant l'Académie canadienne-française, remarque sa thèse sur Léon Bloy, *Un prophète luciférien*. Il lui fait décerner la médaille de l'Académie et lui offre sa succession aux Hautes Études Commerciales. L'idéologue du séparatisme laurentien y enseignera durant huit ans[4].

Autour de 1957, Raymond Barbeau en a soupé des sermons autonomistes de Rumilly, qui ne font que perpétuer l'enfermement canadien-français. Le vieil homme a beau se montrer charmant et patient avec lui, le séparatiste ardent qui s'éveille en lui tolère de moins en moins le «niaisage» des nationalistes duplessistes qui forment sa cour du dimanche après-midi. Faire l'indépendance devient chez lui une idée fixe. Quelle métamorphose! Cinq ans plus tôt, avant d'aller fureter du côté de la France,

Barbeau ignorait le long et le large de la question nationale.

Plus jeune, il a vibré devant certaines réalités vexantes de sa misérable vie de Canadien français: une domination anglophone si pesante qu'il doit parler anglais dans la rue, les petits «Néo» d'à côté qui le traitent de *frog*, les marches populaires contre la Crise, l'effervescence idéologique et politique de la guerre, l'indigence familiale... Elles l'incitent à se demander: mais qui suis-je donc au juste? Mais ces interrogations existentielles ne visent que sa petite personne — rarement le groupe culturel dont il fait partie.

Puis Barbeau grandit en regardant vivre les autres: les riches et les instruits de son quartier, les Anglais. Le crasseux, le pauvre, l'ignorant, c'est lui; les ventres creux, les laids, les chauffeurs de fournaises, les malades, ce sont les Canadiens français. Quand il le comprend, son premier réflexe est de se dissocier de cette damnée race. Il veut s'angliciser, devenir un *Canadian*. Il apprend l'anglais et se met à lire *The Gazette*. Second réflexe, soutenu par la proposition alléchante de monseigneur Maroleau: fuir, se sauver loin. Aller en France.

Là, c'est le choc. L'impact culturel de la vie parisienne sur cet étudiant en quête d'une identité acceptable est tout simplement fantastique. À Paris, c'est la vie en français partout et tout le temps — au théâtre, dans la rue, au travail, dans les journaux, matin, midi, soir. Mieux encore: à Paris, les riches et les instruits parlent la même langue que lui. Quelle découverte: on peut être francophone, et riche, instruit, beau.

Il éprouve tout d'un coup sa pauvreté de Québécois: l'immense dénuement du milieu francophone de Montréal, son absence de fierté de soi, de fierté nationale. Être Français, c'est quelque chose. Être Canadien français, quelle morne platitude. Un malheur, une maladie honteuse, une condamnation à vie.

Barbeau choisit encore de s'assimiler mais cette fois à la culture française, à la communauté francophone internationale. En 1955, à son retour au Québec, il fait très très Français, ma chère. Il a rayé de sa bouche cette langue québécoise pâteuse et disloquée qu'un certain André Laurendeau nommera tantôt *joual*. Seul l'observateur perspicace pourrait deviner le «Canayen» sous l'accent et le vernis.

103

À Paris, une rencontre en particulier a marqué Barbeau. Un jour, son amie la poétesse Rina Lasnier, qu'il visite souvent rue Madame, lui annonce:

— Le père Lamarche arrive bientôt. Il veut vous voir.

Le clerc, historien patriote mais dont la soif d'émancipation nationale ne dépasse guère les frontières d'une forte autonomie à l'intérieur de la Confédération, s'attache vite à cet étudiant beau parleur qui connaît tout de la France catholique de droite. Qui sait? Peut-être fera-t-il un bon chef politique?

— Quand vous aurez terminé vos études, vous devriez vous intéresser à l'histoire du Québec, suggère le père Lamarche à Barbeau un jour où ce dernier l'interroge sur le manuel qu'il a consacré à l'histoire du Canada.

— Je ne suis pas un politique, objecte l'étudiant. Cela ne m'intéresse pas, la politique. Et l'histoire, encore moins...

— Il faudrait pourtant que vous l'étudiiez, notre histoire, insiste Lamarche.

De l'histoire du Canada, tout ce que Barbeau a retenu, c'est la défaite des Plaines d'Abraham. Le reste: un désert d'ennui.

— À votre retour à Montréal, j'aimerais que vous vous occupiez de la défense de nos droits, fait encore le clerc de Saint-Viateur.

— Nos droits? Quels sont-ils? interroge Barbeau, qui n'a encore jamais réfléchi sérieusement à la question[5].

Il a entendu parler, bien sûr, du fameux chanoine Groulx, et même des vieillottes pour ne pas dire séniles Sociétés Saint-Jean-Baptiste, mais tout ce monde relève pour lui du folklore. Néanmoins, le père Lamarche n'a pas tout à fait gaspillé sa salive. Ses exhortations ont fini par piquer la curiosité du jeune homme qui, une fois rentré, se met rapidement en frais pour combler ses lacunes historiques.

Tant et si bien qu'il se réveille, en 1956, nationaliste séparatisant et membre en règle de la Société Saint-Jean-Baptiste de Montréal, où règne en maître François-Albert Angers, l'idéologue du nationalisme canadien-français traditionnel. 1956, c'est du reste l'année où les médias commencent à s'intéresser à Barbeau par suite d'un débat improvisé entre lui et l'historien Michel Brunet, chef de file de l'école historique de Montréal.

Brunet vient de publier sa thèse célèbre, *Canadians et Canadiens*, tout imprégnée d'une vision sombre de l'avenir des Canadiens français. Tout est bloqué. Il n'y a rien à faire: le déterminisme historique place les francophones dans une situation d'infériorité économique et politique insurmontable. Aussi bien se résigner ou se pendre.

La Société Saint-Jean-Baptiste a invité l'historien à exposer publiquement ses opinions, qui dépriment royalement le nouveau converti du nationalisme québécois qu'est Barbeau. Au moment où Brunet déballe ses idées noires — aujourd'hui comme en 1837, les *Canadians*, qui possèdent les moyens financiers et militaires de faire respecter leurs volontés, ne peuvent pas permettre aux Canadiens français du Québec de s'affranchir à moins de sacrifier leur propre existence —, Barbeau l'interrompt:

— Monsieur Brunet, si nous voulons sortir le Québec de sa déchéance historique, il faut faire l'indépendance, c'est le seul moyen... il n'y en a pas d'autres.

Le docte professeur dévisage avec pitié le jeune et naïf questionneur — une tête chaude sans doute, prête comme la génération brûlée des Patriotes de 1837 à s'engloutir dans une vaine agitation séparatiste? Plutôt que d'émettre un seul de ces sons profondément gutturaux qui donnent à sa voix une tonalité de marteau-pilon, Brunet se tourne lentement vers le tableau noir qu'il y a derrière lui et écrit treize mots qui sont pour Barbeau le miroir fidèle de l'impuissance résignée de sa génération:

INDÉPENDANCE DU QUÉBEC NÉCESSAIRE ET SOUHAITABLE
MAIS IMPOSSIBLE. LES ANGLAIS SONT NOS MAÎTRES[6]

Michel Brunet est souverainiste jusqu'à l'intérieur même de ses os de Canadien français. C'est lui qui a dit un jour: «Les Canadiens français se rendent de plus en plus compte que mettre de l'eau dans son vin a voulu dire pour eux, depuis la Conquête, boire l'eau et laisser le vin au partenaire que le sort des armes leur a donné[7].» Mais son métier d'historien lui a révélé les limites du rêve indépendantiste, son pessimisme fondamental faisant foi de tout depuis.

La presse fait tout un plat de l'échange, consacrant aussitôt Raymond Barbeau comme premier porte-parole de la flambée du sentiment indépendantiste qui embrasera bientôt le ciel de la Révolution tranquille. Et, de fait, le 25 janvier 1957, surgit du rêve ancien l'Alliance laurentienne, premier mouvement séparatiste de la nouvelle «crise d'acné» du peuple canadien-français.

Fondé sur le modèle de l'Alliance française de Charles Maurras, le mouvement se veut d'abord un rassembleur. Nous sommes un «mouvement qui groupe les Canadiens français de tous les milieux, de tous les âges et de toutes les conditions», précise le manifeste[8]. Même les fédéralistes sont les bienvenus — s'ils acceptent évidemment l'idée de la souveraineté du Québec... Ce qui laisse peu d'espoir au grand chef, Raymond Barbeau, de faire des ravages de ce côté. Ce dernier a fini par rompre avec le groupe de Rumilly pour voler de ses propres ailes. Pas facile: l'Alliance fera du bruit mais restera un groupuscule incapable de vraiment prendre son envol. Néanmoins, elle sert de détonateur en attirant auprès de Barbeau trois hommes, dont deux au moins joueront un rôle important dans la secousse ultérieure qui mettra au pouvoir les souverainistes de René Lévesque. Ce sont Marcel Chaput et André d'Allemagne, les futurs fondateurs d'un mouvement politique plus prometteur, et plus remuant aussi, que les deux premiers: le *Rassemblement pour l'indépendance nationale*, ancêtre direct, quoique renié et méprisé, du Parti québécois.

Mais il y a aussi Raoul Roy, obscur mercier de la rue Amherst, qui a milité plus tôt au parti communiste et se passionne pour la révolution cubaine. En 1960, il se rendra d'ailleurs à Cuba. Ce modeste employé rêve d'une «libération prolétarienne nationale des Canadiens français» tout en vendant ses costumes et cravates. Il respire donc à gauche, Roy, comme Barbeau à droite. Leur association fait long feu. En avril 1959, Raoul Roy publie la *Revue socialiste*, qui veut lier le sort des prolétaires d'ici, exploités par les capitalistes anglo-canadiens et américains, à celui des nations du tiers monde en voie d'émancipation.

Le 9 août 1960, il fonde lui aussi son mouvement politique, qu'il baptise *l'Action socialiste pour l'indépendance du Québec*, voué encore plus que l'Alliance laurentienne à une carrière d'inconnu. L'originalité de Roy est d'être le premier, à gauche, à opérer la difficile jonction entre le national et le social dans un milieu où, pour avoir droit à l'étiquette de socialiste, il faut injurier les nationalistes. Dans ses écrits, le premier penseur de l'indépendantisme québécois de gauche revient sans cesse sur sa grande conviction: pas d'indépendance qui vaille la peine sans socialisme. Il écrit à Barbeau: d'accord pour votre Laurentie indépendante, mais elle doit être à gauche ou elle ne sera pas[9].

Combien de Laurentiens? Cinq millions...

L'arme de Barbeau, c'est la parole. En mai 1957, il ajoute l'écrit à son arsenal en publiant la revue *Laurentie*, qui se propose de répandre l'idéal laurentien d'une république québécoise. «Le nationalisme laurentien est légitime puisqu'il est conforme à l'ordre divin[10]», décrète d'emblée son rédacteur en chef. Ça promet. Sauf que cette idéologie du divin justificateur de l'ordre politique et social, quel qu'il soit, risque de sentir très vite le suranné, pour ne pas dire le rance, dans ce Québec qui s'ouvre aux valeurs laïques et démocratiques.

La revue *Laurentie* — on peut déjà le supposer — n'aura pas plus d'audience que l'Alliance et disparaîtra en 1963. Coût d'impression du premier numéro: 800 $. Tirage: 3 000. Cette revue se distingue non seulement par sa parution épisodique — quand le tirage précédent est épuisé, on retourne à sa table de travail — mais surtout par son unique rédacteur: Barbeau. Véritable tâcheron du séparatisme, il la rédige presque en entier.

Pour cacher son incapacité à attirer chez lui les meilleurs rédacteurs de l'heure, il coiffe les articles la composant de pseudonymes tous plus retentissants les uns que les autres. Qui ne connaît pas en effet ces célèbres penseurs de la décolonisation québécoise que sont Jean Gagnon, Roger Pigeon, Robert Berson?... Eh bien quoi! Les partis politiques n'hésitent pas parfois à tronquer le nombre réel de leurs militants pour prouver combien le peuple les aime. Pourquoi *Laurentie*, qui défend une cause sacrée, et conforme en plus au plan de Dieu, ne pourrait-elle user de ce véniel subterfuge?

De même, pourquoi faire des gorges chaudes si, au cours de ses assemblées publiques, Barbeau répond d'un ton qui ne souffre pas la réplique au quidam en mal de savoir si les gens affluent sous son drapeau:

— Combien de Laurentiens? Cinq millions, Monsieur, cinq millions[11]...

Le Québec entier est Laurentien! Sa démagogie, les affamés de littérature et d'action politiques la lui pardonneraient volontiers, si ce n'était son idéologie, propre à intriguer les bonnes âmes. Ainsi, qui ne sourirait pas devant les Cinq Vérités laurentiennes: la politique (souveraineté nationale), l'économique (le corporatisme), la sociale (protection de la personne et de la famille contre les erreurs matérialistes modernes), la religieuse (renouveau mystique dans et par la religion catholique) et la culturelle (humanisme français)[12].

Mais ces Cinq Vérités, que Candide aurait pu faire siennes, gênent moins peut-être que le slogan «Dieu Famille Patrie», imprimé en caractères gras d'un beau bleu sous le frontispice de *Laurentie*. Ce slogan, voyez-vous, est le frère jumeau agrémenté d'une touche divine du triptyque «Travail Famille Patrie», qui résonnait fort dans la France collaboratrice, nazie, fascisante et corporatiste du maréchal Pétain.

Puiser son inspiration à Vichy: non mais quelle inconscience! Ou quelle confusion! Quinze ans à peine après l'holocauste, prêcher aux Québécois un credo aux «ismes» forgés dans la terreur, le sang et le meurtre, c'est diriger les vents de la tempête sur soi, et faire le vide. «Nous préparons la voie à notre Salazar[13]...» ne craint pas d'écrire Barbeau, séduit par les charmes corporatistes du Portugal, comme son maître à penser Paul Bouchard l'a été, il y a vingt ans, par ceux de l'Italie mussolinienne.

Frères de l'indépendance, en quelle troublante compagnie sommes-nous donc? Mais ce nouveau champion du séparatisme québécois, qui ne s'embarrasse même pas de gommer ses penchants de catholique nostalgique pour le pétainisme et le salazarisme, est-il si unique ou si audacieux? Quelques années plus tôt, une bonne partie de l'intelligentsia nationaliste canadienne-française — André Laurendeau et Jean Drapeau compris — ne se pâmait-elle pas devant les politiques de redressement national et social des nazis et des mussoliniens? N'allait-elle pas jusqu'à parler des «supposées exécutions» contre cette «chienne de juiverie» au moment où Hitler se préparait à passer au four crématoire six millions de Juifs[14]?

Les critiques de Barbeau, toujours impitoyables, rejettent cet alibi trop facile. Après tout, Laurendeau et Drapeau avaient l'excuse de n'avoir que vingt ans à l'époque de leurs égarements momentanés des années 30 alors qu'il frise la trentaine et écrit quinze ans après les charniers nazis. Quand il prétend en outre qu'une nation doit être «culturellement homogène», ne se montre-t-il pas comme un fieffé raciste? «Abandonnons à Gobineau l'utopie de la pureté des races, réplique Roger Duhamel, directeur de *La Patrie*, sous le comble de l'exaspération. Dans le monde contemporain, un pays correspond rarement à une nation préservée dans les bandelettes de son intégrité séculaire. Les Canadiens de langue anglaise et de langue française ne sont pas plus différents entre eux que les Wallons et les Flamands malgré les inévitables chamailles qui les opposent périodiquement[15].»

Raymond Barbeau, disciple de Gobineau? Un raciste de la fournée de ceux qui imaginèrent les camps de concentration pour «purifier» la race supérieure? L'accusation est de taille. La critique exagère-t-elle? Barbeau prétendra plus tard avoir été mal compris. (André d'Allemagne, proche de lui à l'époque et premier président du R.I.N., homme au-dessus de tout soupçon en matière de racisme, reconnaît volontiers aujourd'hui que la personnalité autoritaire du chef laurentien pouvait prêter à ce genre d'accusation mais qu'on avait exagéré en le présentant comme un partisan avoué de l'eugénisme.)

Il reste toutefois qu'il y a de quoi frissonner de le voir ainsi s'aventurer sur le terrain glissant de l'homogénéité raciale ou culturelle pour convaincre les «cinq millions de Laurentiens» d'adhérer à l'indépendance. C'est vouloir attirer les mouches avec du vinaigre. Pis encore, c'est jouer avec le feu, prêter aux malentendus, nuire diablement à sa cause. À la vérité, on chercherait longtemps chez Barbeau les plaidoyers flagrants en faveur de la supériorité raciale comme l'entendait monsieur Gobineau. Quand il touche à cette question, c'est pour exprimer par exemple l'évidence ethnologique que les Canadiens français ont intégré peu d'apports culturels extérieurs au cours de leur histoire. Comme les Japonais, peu métissés également, auxquels Barbeau n'hésite pas à comparer les Canadiens français. Affirmation qui traduit une autre évidence: l'incapacité séculaire des francophones d'Amérique d'assimiler les immigrants.

Le racisme qui teinte par moments la prose du chef de l'Alliance laurentienne relève aussi un peu de la sémantique. Voulant imposer le nom Laurentiens aux habitants de sa future république, celui-ci discrédite l'expression Canadiens français. Désignation à ses yeux impure, hybride, illogique, imposée de l'extérieur, bête même, qui appartient à la catégorie de l'échec en ce qu'elle constitue un rappel constant de la défaite de 1760. En effet, c'est après la Conquête, qui inaugure l'édification d'un deuxième Canada — le Canada anglais — que le terme binaire de Canadien français commence à être plaqué sur le dos de ceux qui s'étaient satisfaits jusque-là d'être des *Canadiens* tout court[16].

Aujourd'hui, quand on y pense bien, être Canadien Français, c'est être tout et rien: ni vraiment Canadien, ni vraiment Français. Trop Canadien pour être vraiment Français; trop Français pour être vraiment Canadien. L'exilé François Hertel n'a-t-il pas déjà promis de son refuge parisien: «Nous nous débarrasserons du titre de Canadiens français pour devenir des Laurentiens. C'est plus court et c'est plus vrai[17].»

Laurentie a beau être plus court, plus «pur» et plus vrai que *Canada français*, il n'en reste pas moins aussi baroque, sinon plus. Cette utopique Laurentie, l'égale en incongruité des *Cabotie*, *Ursalie* et *Septentrionalie* conçues par des imaginatifs pour désigner le Canada de 1867, d'où sort-elle au juste? En passant, le terme Canada, c'est court et c'est vrai, pourquoi ne pas s'y tenir, monsieur Barbeau?

Vive objection. «Acá nada!» serait le cri de surprise lancé par des explorateurs espagnols (ou portugais) à la vue de nos côtes: «Il n'y a rien ici!» En huron, d'ailleurs, le mot *kanada* veut dire amas de cabanes. Pas très sublime, comme origine nationale. Pourquoi pas alors le mot Québec, monsieur Barbeau? C'est beau. Oui, mais rapetissant. En algonquin, kébec signifie détroit, étranglement, resserré... Nous le sommes déjà assez comme nation sans qu'il soit besoin de se le rappeler chaque fois que nous nous nommons! En fait, on doit le terme aux explorateurs normands qui, en découvrant la minceur du Saint-Laurent entre Québec et Lévis, s'écrièrent: «Quel bec»[18]!

Un seul vocable paraît donc honorable et juste à l'indépendantiste Barbeau: celui de Laurentie. Des Laurentiens, voilà ce que nous sommes, nous les francophones de l'Amérique. Lambert Closse (pseudonyme de l'abbé Jean-Baptiste Beaupré, auteur de *La Réponse de la race*, publié en 1936) appelait Laurentien celui qui refuse l'à-plat-ventrisme ou la condition de «prolétaire en guenilles». C'est plus pâmant que de sortir d'un vulgaire amas de cabanes ou encore d'un simple bec d'eau... Barbeau a appris l'expression du père Lamarche, qui ne cessait de lui rabâcher, à Paris:

— Il faut faire la Laurentie[19]!

C'est le géologue français Pierre Termier qui, le premier, eut recours au vocable Laurentie. Il l'employait pour désigner le territoire central du Québec compris entre la chaîne de montagnes des Laurentides et le fleuve Saint-Laurent. La république de Laurentie s'apparente donc à la fois aux Laurentides et au grand fleuve. La Laurentie, si elle prenait vie, inclurait le Québec, l'Acadie et certains territoires ontariens[20].

Le mot Laurentie qui séduit tant le littéraire Barbeau regorge aussi de symboles particulièrement suggestifs. La botanique, d'abord, vient à son secours. Il a en effet découvert que la laurentie est une fleur de la famille des campanulacées fréquente sur les côtes de la Méditerranée, où naquit la civilisation gréco-latine. Petite fleur qui entendit donc la chanson d'Homère et les cris des guerriers de Troie avant d'émigrer sur les rives glacées du Saint-Laurent...

Considérons également l'expression Laurentides. En plus de la chaîne montagneuse, elle désigne un essaim d'étoiles filantes qui se manifeste à l'époque de la fête de saint Laurent — diacre de Rome grillé vif en l'an 258 — et baptisé «les larmes de saint Laurent». La symbolique laurentienne, tout impressionnante qu'elle soit déjà, ne s'arrête ni aux plantes ni à la Rome chrétienne et à ses martyrs. La toponymie vient encore l'enrichir. Ainsi, les Argentins ont tiré le nom de leur pays du *rio de la plata*, fleuve de l'argent. Pourquoi les francophones libres d'Amérique n'en feraient-ils pas autant[21]?

Des auteurs y ont déjà songé avant Barbeau. Ainsi, durant les années 20, le Britannique Henry Beckles Willson intitule son livre: *Quebec, the Laurentian Province*. En 1938, dans sa thèse célèbre, *Nos droits à l'indépendance politique*, l'abbé Wilfrid Morin élabore «la théorie de la Nation laurentienne». De son côté, le jésuite Thomas Mignault veut populariser l'expression par des soirées récréatives au collège Sainte-Marie, de Montréal, qui attirent parfois plus de deux mille personnes. Son roman, *Le Diable blanc*, est à la gloire de la «Laurentie immortelle, cathédrale à édifier sur les bords du Saint-Laurent...[22]»

Au fait, cette Laurentie mythique, dont la fleur homonyme a connu les rêves de Rome et la gloire de Byzance, serait-elle au moins viable économiquement? Question aussi mythique que la «cathédrale laurentienne», question que fédéralistes et souverainistes débattront jusqu'à en boire la lie durant les années 1970.

Albert Pinel — devinez qui c'est? — soutient sans l'ombre d'un doute, dans *Laurentie*, que la «Suisse américaine» est viable industriellement et commercialement. Voyez plutôt les chiffres. L'État laurentien possède le tiers des industries canadiennes, le tiers de la main-d'oeuvre et 30 p. 100 de la production totale canadienne, soit 5 sur 17 milliards $. De plus, il produit 34 p. 100 du charbon et des produits pétroliers du Canada, 40 p. 100 du papier, 40 p. 100 des métaux non ferreux, 59 p. 100 des vêtements, 47 p. 100 du cuir, 32 p. 100 des produits chimiques, 66 p. 100 du tabac... Des États beaucoup moins nantis trouvent suffisamment d'oxygène pour vivre par eux-mêmes, libres de toute tutelle. Assez de complexes[23]!

Un magnifique tombeau

Le concept même de la Laurentie, tenu pour ridicule par ses adversaires, ne vaut pas à Raymond Barbeau les foudres les plus cuisantes, qui lui tombent dessus plutôt à cause de son séparatisme — mot encore honni à l'approche des années 60.

La Vérité politique, l'une des Cinq Vérités du manifeste de Barbeau, stipule: pleine autonomie, liberté constitutionnelle, souveraineté nationale. En complément, la nation canadienne-française a un corps et une âme. Il lui manque un cerveau: un État libre. La riposte anonyme de *Vrai*, où dominent les vues bien connues de Pierre Trudeau sur l'antidémocratisme foncier des Canadiens français, se fait plutonienne: «Imagine-t-on l'enfer d'esclavage que pourrait devenir la République de Laurentie? Seule notre union avec le reste du Canada et le pacte fédératif retiennent les semences de dictature de croître librement dans notre province. La Laurentie serait un magnifique tombeau[24]...»

Roger Duhamel, qui mourra pourtant souverainiste durant les années 80, rue encore dans les brancards laurentiens: on ne peut quand même pas s'acharner à recommencer tous les ans la bataille des Plaines d'Abraham ni à biffer les clauses du traité de Paris. Et les frais de gésine de l'indépendance, monsieur Barbeau, ils seront élevés — êtes-vous prêt à les acquitter? Contre l'argument préféré des laurentiens — il naît chaque mois un nouveau pays indépendant —, Duhamel oppose avec une teinte de mépris: «Je ne me sens nullement solidaire des communautés tribales du Mali ou de la Haute-Volta. Nous sommes quelques-uns à ne pas souhaiter reprendre le scénario de l'aventure katangaise, même sans effusion de sang[25].»

Michel Brunet, l'historien pessimiste qui se souvient entre autres du dérapage collectif consécutif à l'échec de Papineau, implore Barbeau: «Le séparatisme est impensable. Ne répétons pas les erreurs du passé. Le fascisme, l'antisémitisme et le séparatisme de la décennie 1930 ont desservi la cause nationale[26]...»

Les laurentiens ont peu d'amis. Ceux qu'ils pourraient avoir, à droite par exemple, se sauvent vite quand Barbeau brandit comme Vérité économique le corporatisme des fascistes européens. Il a beau prévenir qu'il faudra l'adapter «à nos besoins et selon la doctrine sociale de l'Église», on le classe alors irrémédiablement à l'extrême droite...

— Raymond Barbeau? C'est un fasciste!

L'épithète devient courante dans les milieux libéraux québécois, depuis le Rassemblement démocratique jusqu'à *Cité Libre* en passant par les syndicats, *Le Devoir* et la gauche de la C.C.F.

Mais où donc le chef de l'Alliance laurentienne est-il allé chercher ce corporatisme aux relents totalitaires, à la mode surtout chez les catholiques français d'après-guerre en quête d'une troisième voie entre le socialisme (antichambre du bolchevisme, négation de Dieu, esclave de la bureaucratie étatique) et le capitalisme (esclave de l'argent, synonyme de désordre social et de grèves sauvages)?

C'est le père Lamarche encore qui l'a entraîné au mal. Trois jours de session intensive en Bretagne, à l'occasion des Semaines sociales catholiques de France, ont suffi à faire de Barbeau un passionné de cette doctrine passéiste bien intentionnée, qui réduit à sa plus simple expression la vie politique démocratique. En effet, vote et parlementarisme ne sont plus nécessaires puisque les corporations professionnelles, toujours fraternellement désintéressées, se chargent d'établir l'égalité et la justice en conciliant les besoins de tout le monde. Le paradis sur terre, quoi.

Raymond Barbeau n'est pas le seul Québécois influent à avoir succombé aux attraits simplistes de cette doctrine qui, partant d'une volonté de réforme et de justice sociale, pose comme postulat irréaliste que tous les hommes sont frères. Donc: pas de conflits — ce qui rend caducs l'État et les partis politiques. En 1936, Esdras Minville, notre premier économiste, se demandait comment établir l'organisation corporative au Canada. De même, les gens de l'École sociale populaire de Montréal et de l'Action libérale nationale se sont passionnés pour le schéma corporatiste, plus indiqué dans une société peu complexe comme celle du moyen âge que dans la société industrielle moderne. Mais durant la guerre, les fascistes européens allaient discréditer l'idée.

Puant à gauche, le corporatisme bénéficie paradoxalement de la sympathie ecclésiale dans les catholiques collèges et couvents du Québec des années 50. L'idéologie corporatiste possède en outre, aux yeux de Barbeau du moins, une valeur stratégique. Faute de l'avoir compris, le socialiste Raoul Roy, l'allié d'hier qui aimait venir au local des laurentiens, rue Saint-Denis, pour y discuter de la future république indépendante du Québec, n'arrive pas à se faire inviter dans les collèges. Ce que voyant, Barbeau a dit à ses amis Pierre Guillemette et Gérard Gauthier:

— Soyons corporatistes. On ne fera pas peur et on pourra entrer dans les collèges pour y faire du recrutement pour notre mouvement[27].

La tactique corporativo-séparatiste du chef de l'Alliance laurentienne fait bientôt dire de lui dans les collèges:

— Il est radical, mais pas communiste!

Cette approche lui vaut cependant des concours piégés, qu'il regrettera quand il sera trop tard, comme celui de Gérard Gauthier. C'est un homme d'affaires d'extrême droite lié à la *Cité catholique*, mouvement français à tendance intégriste et fasciste. Un article de Gauthier, intitulé «De la Ghana à la Laurentie», dans lequel l'auteur échafaude des idées saugrenues sur le corporatisme («contrepoison idéal pour détruire le chancre de l'Internationale a-sociale et athée»), mérite à la revue de Barbeau ce commentaire virulent de *Vrai*: «L'auteur est issu de la cuisse d'Adrien Arcand et fasciste jusqu'au nombril. Si des racistes de cet acabit sont les futurs grands vizirs de la Laurentie, la justice y sentira le roussi[28]...»

Malgré la critique et les parfums idéologiques étranges qui émanent du flacon laurentien, le célèbre et vieillissant chanoine Groulx donne l'accolade publique à Barbeau. Ce dernier ne se gêne pas du reste pour émailler sa revue des citations les plus percutantes de l'historien, comme celle qu'il adressa aux élites politiques des années 30 tentées par l'assimilation: «Les snobs, les bonententistes, les défaitistes peuvent nous crier tant qu'ils voudront: «Vous êtes la dernière génération de Canadiens français.» Je leur réponds avec toute la jeunesse: «Nous sommes la génération des Vivants. Vous êtes la dernière génération des Morts![29]»

Barbeau idolâtre le divin chanoine — combien de fois n'est-il pas allé quêter ses conseils! L'inverse n'est pas vrai. Aux yeux de l'auteur du fameux «maîtres chez nous», le chef laurentien fait figure d'intellectuel de bonne classe et paraît même posséder la stature d'un chef. Hélas! il lui aura manqué «de savoir faire bon usage de ses talents et de sa vie». Il lui écrit néanmoins un mot d'encouragement que *Laurentie* s'empresse d'afficher: «Une chose est certaine. Tout ce que vous ferez pour établir ou renforcer la souveraineté du Québec est de nécessité vitale pour le Canada français[30].»

Ce séparatiste Barbeau, dont l'engouement suspect pour une doctrine empruntée aux fascistes européens procure à la gauche de délicieux frissons d'épouvante, est-il si terrible qu'on le crie? Lui, en tout cas, ne se veut pas plus à droite qu'à gauche. Son obsession: faire la révolution indépendantiste. Est-ce de droite ou de gauche? Il ne saurait le dire — et il s'en fiche. Mais si ses ennemis tiennent à le mettre dans une niche, c'est celle de centre droite qu'il choisirait, mais à la condition qu'elle soit radicale, républicaine et révolutionnaire. Il n'en a au fond que pour la révolution séparatiste avec un grand «R». À Paris, il lisait aussi bien à droite qu'à gauche et ne finissait pas de dire au poète Gaston Miron:

— Il faut faire la révolution au Québec!

À tout le moins, cet homme est éclectique. Et il a un problème d'image. À *Cité Libre* et à *Vrai*, on le fourre dans l'îlot des purs fascistes mais les étudiants de l'Université de Montréal, qui se pieutent plutôt à gauche, voient en lui le Fidel Castro du Québec! Essayez donc d'y voir clair. Le manifeste de l'Alliance laurentienne n'est pas plus limpide. On y décèle un assortiment de réformes difficilement associables à la droite catholique, ou béotienne, à côté d'inepties (protection contre les erreurs matérialistes modernes) qu'elle ne renierait sûrement pas.

Ardent étatiste, Barbeau propose dès 1958 de nationaliser les richesses naturelles du Québec, électricité et gaz compris. Même le téléphone devrait passer dans le domaine public. René Lévesque n'ira jamais aussi loin! Il veut mettre à la raison les capitalistes, et si «les exploiteurs se rebiffaient, il n'y aurait qu'une solution: la nationalisation». En outre, la République laurentienne respectera intégralement les droits des minorités et de la personne, restera neutre en cas de guerre et n'assurera la protection de ses citoyens que par une armée essentiellement défensive[31].

À quelle enseigne crèche-t-il donc, ce Barbeau? Nous avons affaire d'abord à un violent — un violent verbal et un maladroit qui sème la terreur même dans son camp. Exemple: François-Albert Angers, l'idéologue conservateur des Sociétés Saint-Jean-Baptiste, ne le déteste pas pourvu qu'il se cantonne dans le marginalisme, qu'il ne vienne pas s'immiscer dans les affaires de son mouvement. Barbeau-le-dur, Barbeau-la-menace, voilà comment ses amis nationalistes aiment le déguster. Il faut dire que le chef laurentien ne mâche pas ses mots.

— La Cour suprême penchera toujours du côté des Anglais car elle est remplie de politiciens véreux! lâche-t-il un jour au cours d'un débat public sur l'impartialité de l'organisme fédéral.

Aux Communes d'Ottawa, un député d'arrière-banc l'accuse de diffamer les honorables juges. Gros titres, photos à la une et tumulte dans les colonnes éditoriales du pays. Ce séparatiste mériterait de passer dix ans de sa vie en prison, mais son «irresponsabilité» le protège mieux que la loi. Barbeau s'en tire mais le directeur des Hautes Études Commerciales le met en garde:

— Surveillez-vous, monsieur Barbeau. Vous ne tenez pas un langage de professeur d'université[32]...

Le milieu extrêmement confus du tournant des années 60 complique encore les choses. Les étiquettes fusent de tous bords et de tous côtés, et ceux qui se collent d'un peu trop près à ce nationalisme, au nom duquel on vient de faire boucherie sur les champs de bataille européens, risquent de mériter celle de fascistes associés s'ils manquent de rigueur ou de discernement.

Idéologue autoritaire (de la même famille que Maurice Duplessis ou Jean Drapeau), le chef de l'Alliance laurentienne mêle tellement de condiments de gauche et de droite dans sa salade historique et politique que même *Vrai* n'arrive pas à déterminer s'il s'agit d'un roman de Laure Conan ou d'une «oeuvre doctrinale sérieuse»[33].

Du reste, quand Raymond Barbeau réalise que ses idées calquées sur celles de la droite catholique française gênent le progrès de son mouvement, il veut les lâcher et se mettre à l'heure juste. En novembre 1960, il retire de la couverture de *Laurentie* le slogan pétainiste qui fait tant hurler les libéraux. En 1962, dans son livre *Le Québec est-il une colonie?* répertoire de tous les griefs des Canadiens français contre la Confédération, il troque l'expression Laurentie, qui désopile ses critiques, contre celle plus réaliste de République du Québec[34].

Enfin, Raymond Barbeau regrette amèrement les rapports suivis qu'il a entretenus plus tôt avec la «droite rumillyste». Mais c'est trop tard. La presse d'opinion l'a marqué à vie au fer rouge de l'extrême droite. Son mouvement végète pendant qu'à gauche, justement, émerge un nouveau mouvement indépendantiste tapageur, au discours nettement plus connecté au pluralisme idéologique de la Révolution tranquille naissante: le Rassemblement pour l'indépendance nationale.

Notes — Chapitre 5

1. Lamarche, Jacques: «Défublez votre nostalgie...», *Le Devoir*, le 26 mars 1983; *La Presse*, le 14 mars 1983; *Le Devoir*, le 9 mars 1983.
2. Paul Bouchard.
3. Raymond Barbeau.
4. *Ibid.*
5. *Ibid.*
6. Raymond Barbeau.
7. *Le Bulletin*, journal interne du Rassemblement pour l'indépendance nationale, n° 2, avril 1961.
8. *Laurentie*, n° 104, septembre 1958, p. 227.
9. *La Presse*, le 6 janvier 1977; et Fournier, Louis: *F.L.Q.*, Montréal, Québec/Amérique, 1982, p. 19.
10. *Laurentie*, n° 104, *op. cit.*
11. Gariépy, Gilles: «L'Union nationale meurt, le Parti Québécois naît et les libéraux règnent...», in *Une certaine révolution tranquille*, Montréal, La Presse, 1975, p. 42.
12. *Laurentie*, n° 104, p. 231.
13. *Ibid.*, n° 101, mai 1957, p. 1.
14. Monière, Denis: *André Laurendeau*, Montréal, Québec/Amérique, 1983, p. 59.
15. *La Patrie*, le 22 octobre 1961; et Barbeau, Raymond: *J'ai choisi l'indépendance*, Montréal, Les Éditions de l'Homme, 1961, p. 8.
16. Barbeau, Raymond: «Nécessité de la Laurentie», *Laurentie*, mai 1957, p. 16, 22.
17. *Ibid.*, p. 16.
18. *Ibid.*, p. 12, 23.
19. Raymond Barbeau.
20. «Nécessité de la Laurentie», *op. cit.*, p. 12.
21. *Ibid.*, p. 13, 14.

22. *Ibid.*, p. 15-17.
23. «La Laurentie, une Suisse américaine», *Laurentie*, nº 104, septembre 1958, p. 252.
24. *Vrai*, le 29 juin 1957.
25. *La Patrie*, le 22 octobre 1961.
26. *La Presse*, le 15 décembre 1959.
27. Raymond Barbeau.
28. *Vrai*, le 29 juin 1957; et d'Allemagne, André: *Le R.I.N. et les Débuts du mouvement indépendantiste québécois*, Montréal, L'Étincelle, 1974, p. 20.
29. Groulx, Lionel: *Mes mémoires*, vol. III, *op. cit.*, p. 340.
30. *Ibid.*, vol. IV, p. 348; et *Laurentie*, nº 102, novembre 1957, p. 85.
31. *Laurentie*, nº 104, septembre 1958, p. 231; et *J'ai choisi l'indépendance, op. cit.*, p. 31.
32. Raymond Barbeau.
33. *Vrai, op. cit.*
34. Outre *Le Québec est-il une colonie?* Raymond Barbeau a publié trois volumes aux Éditions de l'Homme. Dans le premier, *J'ai choisi l'indépendance*, publié en 1961, il s'applique à réfuter systématiquement le nationalisme «canadien» d'Henri Bourassa pour établir les bases historiques de l'option indépendantiste. En 1963, dans *La Libération économique du Québec*, il veut répondre à l'objection des milieux d'affaires et des fédéralistes selon lesquels l'indépendance ne serait pas économiquement viable. Enfin, en 1965, Raymond Barbeau prend partie pour les thèses linguistiques que défendra deux ans plus tard Raymond Lemieux, président du Mouvement pour l'intégration scolaire, dans un livre intitulé *Le Québec bientôt unilingue*. Thèse de base, qui prend tout en s'y appuyant le contre-pied de celle du docteur Wilder Penfield: les bilingues ont un rendement intellectuel inférieur; donc, l'unilinguisme français est essentiel à l'épanouissement de la nation québécoise. Aujourd'hui, Raymond Barbeau a cessé toute activité politique pour se consacrer à la naturopathie.

6

Dear Marcel...

Au *Devoir*, obstinément rivé depuis 1910 à la bible du pancanadianisme du fondateur Henri Bourassa, un jeune journaliste passionné d'information étrangère jette l'oeil sur Raymond Barbeau. Nom: Jean-Marc Léger. C'est un reporter francophile qui est allé étudier à Paris avant d'entrer au *Devoir*, en 1956, doté d'un parler encore plus éblouissant que celui du chef de l'Alliance laurentienne.

Léger est un disciple du chanoine Lionel Groulx, qu'il fréquente, rue Bloomfield, en compagnie notamment d'André Laurendeau, rédacteur en chef du même journal. Il se sent déjà indépendantiste dans l'âme, contrairement à son supérieur qui vibre plutôt pour le fédéralisme bien compris, c'est-à-dire frôlant, à ses yeux, l'illusion. Mais, enfin, les corridors idéologiques du journal de la rue Saint-Sacrement, cauchemar quotidien de Duplessis et de bien d'autres honorables citoyens du temps, ressemblent à des boulevards. On n'a pas besoin de circuler du même côté pour bien travailler ensemble.

Voilà pourquoi Jean-Marc Léger, qui croit deviner chez ses lecteurs des aspirations nationalistes dérogeant aux bornes simples et défraîchies de l'orthodoxie bourassiste, rencontre Barbeau, l'interviewe longuement, trouve sa vision généreuse quoique irréaliste. Mais il veut bien apporter sa quote-part à la cause d'une patrie canadienne-française. Son article s'intitule «La relance du mouvement laurentien». On est en mars 1958.

Un an plus tard, Gérard Filion, seul maître du *Devoir* après l'archevêque de Montréal, confie au reporter du journal qui occupe le barreau le plus élevé de l'échelle du nationalisme le soin de scruter l'âme de la nation. Thème principal: «Où va le Canada français?» Filion suggère à Léger une liste d'une douzaine de personnalités à voir — toutes fédéralistes. Des gens comme Pierre Trudeau, Jean-Louis Gagnon, Jean Drapeau, Michel Brunet ou Marcel Faribault. Quand Barbeau lit dans son journal favori du 4 mai 1959 la liste des ayants droit à la parole, il s'énerve, rouspète, se scandalise: un tel monolithisme bafoue la liberté d'opinion. Le titre plutôt cavalier de l'article signé par Gérard Pelletier, «L'instauration d'une démocratie et l'épanouissement des citoyens sont les impératifs majeurs, non l'autonomie», le fait tiquer, pour ne pas dire plus. Il appelle le directeur du *Devoir* et le presse d'accorder aux indépendantistes un peu d'espace dans son journal. Filion cède: Barbeau-le-séparatiste sera le treizième à la table. C'est mieux que rien[1].

Si «le paysan de L'Isle-Verte» — comme Filion se plaît à se désigner pour rappeler ses origines rurales — a fait de la place pour Barbeau, ce n'est pas parce que sa binette lui revient particulièrement. C'est plutôt à cause de la petite idée — absurde — qu'il défend. Avec les nouvelles idées, on ne sait jamais. Il faut voir de près, ne pas faire l'autruche. Éviter, surtout quand on se prétend journaliste, de les rejeter sans procès.

D'autant plus qu'en ce tournant de décennie, elle semble prendre de l'altitude, l'idée. Du côté de Hull, notamment, juste en face du siège parlementaire de Sa Majesté. Il y a là en effet un chimiste tout en rondeur — «Doctor Shepou» — qui se métamorphose en séparatiste avoué dès qu'il sort de ses labos du Defense Research Board, où seul l'anglais est considéré comme une langue de civilisés.

Marcel Chaput — car c'est lui — a lu et relu l'article de Barbeau publié dans *Le Devoir* du 18 mai sous le titre «L'exercice de la pleine souveraineté est essentiel à l'épanouissement du Québec». Quel plaisir! Quelle jouissance intellectuelle! Ces messieurs de la presse daignaient enfin s'intéresser au virus séparatiste. Pourquoi ne pas inviter à Hull ce Barbeau qu'il ne connaît pas encore?

Le 28 août 1959, un vendredi torride, vingt sympathisants, tous des hommes, des fonctionnaires fédéraux pour la plupart, écoutent religieusement le chef de l'Alliance laurentienne. On pourrait pocher des oeufs dans l'air humide et brûlant de la salle paroissiale de Notre-Dame, où les comédiens bien connus Jean Desprez et Jacques Auger, deux enfants de Hull, ont fait leurs débuts quelques années plus tôt.

Pour Chaput, cette salle surchauffée dont les murs répercutent les anathèmes anticonfédératifs de Barbeau renferme une autre histoire. À l'été 1937 (il devait avoir seize ans), le président du Club Roboul, l'association de jeunes auquel il appartient, l'interpelle:

— Marcel, on va tenir cet automne un débat contradictoire auquel tu dois participer.

— Sur quel sujet? bredouille Chaput, vert de peur à la seule idée de devoir haranguer ses semblables.

— Le séparatisme pour ou contre. Et c'est toi qui défendras le pour!

Le séparatisme? Ses idées sur cette doctrine abracadabrante que défend une minorité de nationalistes braillards sont aussi fragmentaires que sa connaissance du sanscrit. Chaput passe tout l'été à se documenter dans *La Nation*, le journal de Paul Bouchard où écrit avec ferveur et fureur un certain Jean-Louis Gagnon. Il apprend également par coeur le livre de Dostaler O'Leary, *Séparatisme, doctrine constructive*, qui vient d'être publié.

Opposé à Roland Dompierre, père de François (le futur musicien), le piètre orateur qu'est Chaput perd le match. Mais il se retrouve séparatiste pour la vie. En dévorant les pages brûlantes de *La Nation*, il s'est convaincu lui-même que le destin des Canadiens français était de former un jour un pays indépendant. Jamais par la suite il n'allait remettre en question cette idée simple mais révolutionnaire[2].

Vingt ans ont passé. Aujourd'hui, Chaput frôle un précipice. S'il y tombe, sa vie rangée et facile de chimiste fédéral sera bouleversée de fond en comble. Après sa causerie, Barbeau veut lui rendre la politesse. En réalité, il le pousse dans l'abîme.

Le 13 septembre, Barbeau compte en effet rassembler ses troupes pour marquer, à la façon laurentienne, le deux centième anniversaire de la bataille des Plaines d'Abraham. Pourquoi le «doctor Shepou» ne dirait-il pas son mot? Le jeune homme tranquille aux yeux tristes en forme de points d'interrogation qui accompagne Barbeau l'encourage à venir à Montréal. C'est André d'Allemagne. Il a trente ans et tout du «maudit Français»: allure de quelqu'un d'ailleurs et langue pointue.

Le 13 — heureusement on n'est pas le vendredi —, Chaput fait ses débuts, rue Laurier, devant 125 laurentiens qui, en ce jour anniversaire d'une défaite militaire, adoptent encore plus qu'à l'accoutumée le ton gueulard et belliqueux. Heureusement encore, la presse brille par son absence: aucun écho du premier discours séparatiste public de Chaput n'ira donc déchirer l'oreille de ses patrons du Defense Research Board. Mais quand donc les séparatistes briseront-ils le fichu «mur de papier»? Faudra-t-il casser des vitres pour être pris au sérieux?

Destin non conforme à sa caste que celui de ce scientifique de quarante et un ans, né à Hull le 14 octobre 1918, au temps de la grippe espagnole et des trottoirs de bois. En 1893, son père, Narcisse Chaput, portraitiste tourné pressier par nécessité, doit s'exiler à New York pour quinze ans. L'insuffisance du développement industriel du Québec combinée à une surnatalité digne des Chinois forcent les «habitants» à émigrer massivement à l'étranger ou, pis encore, à devenir colons dans les régions éloignées du Québec, tentant de faire pousser des radis dans des terres pierreuses exposées à un froid sibérien.

Rentré au pays en 1908, Narcisse Chaput se retrouve durant un an pressier au quotidien *The Gazette*, à Montréal, avant de se fixer pour de bon à Hull où il entre à l'imprimerie fédérale. Ses pérégrinations ont converti papa Chaput en un franc nationaliste qui n'hésite pas à faire la leçon de patriotisme à ses quatre enfants en plus de se distinguer par un souci extrême de parler correctement sa langue. Un jour, autour de 1931, Lucia Nantel, mère de Marcel, revient à la maison avec deux disques américains pour le phonographe à cornet que la famille vient tout juste de se procurer.

— Je n'ai pas acheté un phonographe pour que mes enfants s'assimilent! tempête Narcisse en s'emparant des disques qui prirent aussitôt le chemin de l'oubli.

À quinze ans, Marcel paraît plus costaud que son âge mais c'est un gros bêta de mouton, maladivement timide, une victime de cour d'école. Il pourrait facilement corriger les cancres de la classe qui profitent de sa gêne pour le tourner en ridicule, mais Lucia lui répète:

— Un petit garçon distingué ne se bat pas...

Mais un jour, l'adolescent remporte une double victoire sur lui-même et sur sa mère. Il flanque une bonne raclée à l'énergumène qui s'acharne contre lui. Et sa personnalité mue. Le mouton devient revendicateur, le muet fort en gueule, le timide un agressif prêt à défendre des causes. C'est vers la même époque que le bon frère Ernest lui fait découvrir les trésors — cachés au commun des mortels — de la chimie. Autour de lui, d'ailleurs, on ne cesse de rabâcher la même évidence: les Canadiens français manquent de scientifiques. Marcel a trouvé sa première «cause»: il sera chimiste.

En 1935, ne devient pas chimiste qui veut. La route est encore plus dure pour un Canadien français de Hull. Il y a bien l'Université d'Ottawa, en face, mais on n'y enseigne pas la chimie. Seul débouché: l'école technique de Hull. Marcel s'y engage, convaincu qu'il en sortira, quatre ans plus tard, chimiste de bonne race. Il déchante vite. En mai 1939, le Conseil national de la recherche l'embauche comme assistant de laboratoire. Un technicien chimiste, il le découvre, c'est le laveur de vaisselle, l'infirmier de la salle d'opération. Le chimiste, le vrai chimiste, qu'il n'est pas encore, c'est comme le médecin.

La guerre le détourne momentanément de ses frustrations. L'armée a besoin de lui, non comme chair à canon mais comme technicien chimiste. Six ans en uniforme, à laver — en anglais — la vaisselle du «doctor» Manske, lui donnent droit néanmoins à un crédit de rétablissement de quarante-quatre mois. Ça suffit pour devenir un vrai chimiste. Où étudier? Tout un dilemme. Au Conseil national de la recherche, Chaput a noté que tous les chimistes sont anglophones — ceux qui parlent la langue de Molière, une fois franchie la porte du laboratoire, ayant également étudié dans les universités anglaises. Son supérieur militaire, le major Gordon Butler, ne veut pas le voir perdre son temps. Il lui recommande McGill:

— *Marcel, I hope that you won't go to the University of Montreal*[3].

Six interminables années à McGill, avec femme et enfants, lui procurent (enfin) le titre envié de «Doctor Shepou», qu'il exhibe avec fierté dans les labos fédéraux. Scientifique promis à un avenir brillant et bien rémunéré au Conseil de la recherche, Canadien français parfaitement bilingue et habitué à gagner sa croûte avec ses compatriotes anglophones, comment donc expliquer que cet homme demeure viscéralement séparatiste?

Pourquoi ne se résigne-t-il pas à la tutelle anglophone comme tant de Canadiens français? Vivre à genoux dans un pays riche n'est pas toujours inconfortable. C'est même rentable parfois. Parler anglais, au travail, c'est tout ce qu'on vous demande, chimiste Chaput. Faites donc un grand «X» sur les Plaines d'Abraham, sur le passé noir de votre peuple, qui n'existe que dans votre tête, et imitez donc ces Canadiens français qui ont merveilleusement réussi leur «intégration lucide» dans le cocon à feuille d'érable. L'amnésie politique comme mode d'existence, pour un chercheur tranquille de Sa Majesté, ce n'est pas si terrible. Sans compter que les progrès de la science valent bien la perte d'une identité nationale ou d'une langue dont la musique, avouez-le, n'a rien d'un concerto de Mozart.

Impossible pour Chaput d'écouter le chant des sirènes du «*One Canada*». Ployer toujours sous les diktats des plus nombreux ne correspond pas à sa définition d'un homme libre. Il n'est pas dupe non plus des minauderies de ses supérieurs fédéraux qui, au lieu de le traiter en inférieur, s'appliquent à circonscrire ses «pourquoi» de scientifique, à les garder dans des limites respectueuses de l'ordre binational des choses.

En 1958, le Conseil commande à Chaput une étude sur les Canadiens français et l'armée. Contrairement au cliché voulant que l'antimilitarisme des francophones et leur fainéantise proverbiale les empêchent de s'enrôler, il découvre que ceux-ci entrent aussi nombreux que les anglophones dans l'armée mais n'y restent pas. Pourquoi? Chaput veut pousser plus loin son enquête, car une science qui décrit les phénomènes sans les expliquer est une caricature de la science. Mais ses patrons s'y opposent formellement. La réponse, ils la devinent comme Chaput: les francophones se sauvent quand ils découvrent que l'armée canadienne n'est qu'une galère francophobe[4].

Dans les cercles laurentiens de Montréal, lui et André d'Allemagne réalisent bientôt qu'ils font un peu bande à part. Raymond Barbeau a comme règle d'action: «Une réponse à toutes les questions». Eux soutiennent mordicus:

— Convainquons d'abord les gens de la nécessité de l'indépendance; après on verra au programme, au contenu de l'oeuf.

Le principe de l'entonnoir: on commence par quelque chose de simple — qu'est-ce que l'indépendance? — puis on complique progressivement les choses, on élargit la problématique. Le chef de l'Alliance laurentienne, qui s'estime en avance sur ses deux associés, leur objecte chaque fois, d'un ton péremptoire:

— Je n'ai pas le choix. Quand on me demande: «Qu'allez-vous faire après l'indépendance?» il me faut des réponses. Nous avons besoin d'une couverture, d'un programme détaillé[5].

Autant dire qu'il y a de la bisbille dans l'air du côté de la nouvelle église séparatiste en cet été 1960, où Jean Lesage vient de bouter dehors la vieille Union nationale de Maurice Duplessis, qu'on croyait mariée au pouvoir par bail emphytéotique. Un fossé idéologique large comme un bras de mer sépare bientôt Barbeau et d'Allemagne.

Visage blême et légèrement émacié du romantique qui a du vague à l'âme, voix agréable qui séduit l'interlocuteur tout autant que la beauté formelle du discours, puissance dialectique qui désarme l'objecteur, André d'Allemagne est promis à une carrière de leader exceptionnelle, du moins pourrait-on le penser. Il est né à Montréal, le 14 octobre 1929, d'une mère montréalaise et d'un père français qui l'a tout aussitôt expédié comme un ballot dans les Alpes, où il a passé les dix premières années de sa vie avec ses grands-parents.

Le milieu canadien-français demeurera longtemps pour lui comme un magma de mystères. Jusqu'en 1949, la colonie française de Montréal lui sert de serre chaude: études au collège Stanislas, amis exclusivement français, résidence familiale à *Town of Mount Royal* où dorment les maîtres véritables du Canada français. Les ghettos puants de l'Est de la ville ne sont pas faits pour les d'Allemagne. Le mot Québec? Aucune résonance particulière. À l'université McGill, l'étudiant en commerce d'Allemagne tient à marquer sa distance vis-à-vis des *frogs*. Il n'est pas *French Canadian* mais *true French*. D'ailleurs, son accent de France le trahirait s'il voulait prétendre le contraire. Ainsi se sauve-t-il du racisme larvé prévalant alors indistinctement à McGill à l'endroit des Juifs, des Canadiens français et des Irlandais.

Cette première prise de contact plutôt consternante avec l'une des facettes de la réalité biethnique du Canada chiffonne le sensible d'Allemagne. Bientôt, il se sent perdu à McGill. En plus, et ça n'arrange rien, l'étude du commerce l'ennuie à mourir. En 1951, il effectue un virage vers l'Université de Montréal et l'étude de la linguistique, qui le passionne tout autant que la lecture des théoriciens du marxisme et du fascisme.

Chose frappante sur la montagne: la totale indifférence des étudiants vis-à-vis des événements politiques de la société québécoise. Manque d'information, absence de curiosité, décrochage tous azimuts, mais aussi: sentiment d'une impuissance absolue. La théocratie duplessiste fait foi de tout et de rien. On respire à peine là-haut, dans la haute tour de brique jaunasse qui abrite le haut savoir. À quoi bon s'intéresser aux problèmes puisque, de toute façon, rien ne changera?

Un jour, d'Allemagne conclut qu'il faut faire quelque chose, mais quoi? pour ces francophones de Montréal qui ne peuvent même pas gagner leur misérable pitance dans leur langue, et qui se font humilier dans les grands magasins et les boutiques de l'ouest de la rue Sainte-Catherine. Le linguiste en devenir commence également à tisser des liens entre le parler disloqué des Canadiens français et le bilinguisme auquel on les assujettit d'office.

Tout cela est encore un peu flou cependant. Il n'arrive pas non plus à se focaliser — c'est-à-dire à concentrer son attention — sur les groupes nationalistes, dont le carnet de revendications ressemble à un album de folklore bleu Saint-Jean-Baptiste plutôt qu'à un programme emballant d'affranchissement national.

— Il faut que les Canadiens français se fassent un État indépendant, lui a soufflé son ami Michel, un Français de Stanislas, avant de rentrer dans son pays pour recevoir les ordres religieux.

D'Allemagne lui a ri au nez. Quelque temps plus tard, en 1953, il traduit en français les discours des députés anglophones du Parlement fédéral et rit encore, mais jaune. Plus que le racisme diffus de McGill, l'unilinguisme éléphantesque de la capitale canadienne devient rapidement le tombeau de ses approximations nationalistes. Mise au point biographique: le séparatiste André d'Allemagne n'est pas né sur les bords du Saint-Laurent mais bien sur les rives de l'Outaouais.

— *We don't speak French here, Sir!* a fait avec morgue un portier borné du Parlement à qui il a eu le malheur de demander en français où se trouvait la Chambre des communes.

Bizarre. Avenue King ou rue Sparks, les vendeurs dans les magasins se contentent de le dévisager, avec les yeux tout à l'envers, quand il s'adresse à eux en français. Pas une seule syllabe, même dans la langue de Shakespeare, ne sort de leur cavité buccale. Très, très bizarre, en effet. Comme s'il leur avait parlé en yiddish?

Autre excentricité typiquement canadienne, qui élargit encore le cercle de la prise de conscience s'opérant chez le traducteur d'Allemagne: le sort pitoyable réservé au français dans ce Parlement prétendument bilingue depuis 1867. D'abord, la langue rituelle des discours est l'anglais. Même pour les députés et ministres francophones, qui y recourent avec la fierté d'un chien de Pavlov bien dressé. Mais plus instructif encore: ces messieurs font peu de cas du Québec et de ses gens. Le Canada français, cela n'existe tout simplement pas. Chose certaine, les francophones de la Division des débats de la Chambre des Communes sont tous, comme lui, traducteurs. Et dans les deux sens, s.v.p.! Le bilinguisme existe, mais pour eux seuls.

Pareil spectacle finit par dessiller les yeux les plus obstinément bloqués. Aussi, ce groupe de jeunes traducteurs canadiens-français de la moitié des années 50 commence-t-il à rêver et à divaguer en buvant de la bière très tard dans la nuit dans un petit restaurant italien de la capitale où c'est permis à condition d'avaler en même temps des olives et des petits oignons marinés. On épilogue sur tout et sur rien mais surtout sur une problématique indépendance, sur une république canadienne-française — pour le *fun*, bien sûr. Car comment y croire réellement? Mais à force de parler de l'idée, celle-ci s'empare peu à peu des esprits[6].

Dernière vicissitude, qui achève de convaincre d'Allemagne que le Canada n'est pas son pays. Les Nations unies ont fait appel aux pays bilingues, dont le Canada, pour qu'ils envoient des interprètes aux négociations entre les deux Corées, qui viennent de déposer les armes. D'Allemagne lit l'avis de candidature et se présente devant le responsable.

— C'est un pays extrêmement dangereux, monsieur d'Allemagne, avertit l'homme d'un ton dissuasif. Des maladies épouvantables! Difficile de dire quel sort vous attend et aucune garantie pour votre sécurité...

Pas très invitant, en effet. De plus, le prévient le fonctionnaire, pas sûr que votre poste sera toujours là à votre retour. Comment résister à pareille entreprise de démotivation? D'Allemagne renonce pour apprendre quelque temps plus tard que la Suisse et la Belgique ont fourni tous les interprètes de langue française. Le Canada bilingue de Louis Saint-Laurent avait rejeté l'invitation des Nations unies[7].

Complètement dégoûté, le fondateur du Rassemblement pour l'indépendance nationale rentre à Montréal, où il devient publiciste chez Young & Rubicam. En 1956, il décide de lever l'ancre pour de bon, d'en finir, de tout liquider ici pour aller vivre en France. On étouffe au pays clérical et nationaleux de monsieur Duplessis. À vingt-sept ans, on peut recommencer sa vie à zéro. Ailleurs. Peut-être, mais pas André d'Allemagne, qui revient de son «exil» au bout de quatre mois à peine. On n'arrache pas ses racines comme de vulgaires pissenlits. Mais s'il est revenu, c'est pour s'engager, pour militer même à l'Alliance laurentienne, que vient de lancer Raymond Barbeau.

Commence alors un ménage difficile entre les deux premiers chantres de la vague séparatiste qui s'apprête à rouler sur les années 60. Le spécialiste de Léon Bloy manque de copies pour sa revue et presse son coéquipier de pondre. Mais ce dernier n'écrit pas assez au gré de Barbeau qui, de toute façon, ne s'émerveille pas de ses papiers. En fait, d'Allemagne n'enverra que trois articles à *Laurentie*, dont le dernier, publié en septembre 1959 et intitulé «Le mythe du bilinguisme», reste le plus substantiel. Au fait, c'est avant tout la question linguistique qui le convertit à l'indépendantisme.

Pour ce demi-Français, on ne peut dissocier la corruption du français au Québec de la domination politique et économique qui étrangle ses habitants. Seconde affirmation: la langue est le moyen d'expression du groupe national, le moule dans lequel se forment sa pensée, son intelligence, sa culture. Le Québec existe parce qu'il est français. Détruire la langue, c'est détruire la nation, c'est supprimer le Québec. À cet égard, aucune arme n'est plus redoutable, plus dévastatrice que le bilinguisme, car l'être humain ne possède vraiment qu'une seule langue. Lui en imposer deux, c'est l'amener à choisir tôt ou tard l'une des deux: la plus forte ou la plus utile. Le cas canadien-français parle de lui-même.

Pourtant, monsieur le linguiste d'Allemagne, ne trouve-t-on pas sur terre des individus et sociétés bilingues? C'est vrai — mais regardez donc l'air qu'ils ont. Le bilinguisme coûte extrêmement cher, et à l'individu et à la nation. Ainsi, la rivalité des deux langues entraîne chez le Canadien français une véritable schizophrénie: ballottement de la pensée, retard dans l'idéation, lenteur et difficulté notoires dans l'expression. Pis: la langue dominante, l'anglais, pénètre l'autre, la déforme et la tue à petit feu. D'où le patois des Canadiens français — le «français pouilleux», comme dira dans quelques années Pierre Trudeau.

Facteur de perturbation pour l'individu, le bilinguisme le devient tout autant pour la société et le pays, comme l'histoire brinquebalante du Canada l'illustre à souhait. C'est que la coexistence des langues entraîne d'incessants et insolubles conflits politiques et culturels; l'égalité linguistique réelle, seule capable de supprimer les insatisfactions, appartient à l'utopie. Malgré tout, il existe une solution: l'unilinguisme provincial, qui s'appuie sur le principe «une nation, une langue». Conclusion plus qu'évidente et logique: le français doit être la seule langue officielle du Québec, comme l'anglais dans les autres provinces[8].

Ce n'est pas l'unilinguisme qui dresse Barbeau et d'Allemagne l'un contre l'autre. Plutôt la religion, plus précisément la fâcheuse manie du premier, qui agace le second, de mêler à la sauce laurentienne trop d'épices cléricales. Le Québec sort de la théocratie; personne n'a envie d'y retourner, même au nom de l'indépendance. Salazarisme, corporatisme, doctrine sociale de l'Église à hue et à dia — tout cela exhale un parfum de droite irrespirable. D'Allemagne suffoque.

— Je veux bien continuer à militer, mais je ne parlerai que d'une seule chose, l'indépendance, finit-il par dire à son chef.

— Le catholicisme, c'est la doctrine qui prévaut au Québec, riposte Barbeau. Je ne vais quand même pas me mettre à prêcher une doctrine agnostique: on me barrerait partout.

D'Allemagne n'en demande pas tant. Il suffirait tout simplement de mettre une clôture entre Église et État — c'est urgent au Québec —, d'en finir avec le papisme. Une assemblée politique, ce n'est pas une messe, nom d'une pipe! Le malheur de Barbeau, pour d'Allemagne et Marcel Chaput, c'est qu'il appartient à la vieille garde séparatiste, qui ne peut faire un pas sans invoquer Dieu ou s'assurer de l'*imprimatur* romain.

Une constatation s'impose: le catholicisme artificiel de l'Alliance laurentienne, discriminatoire par nature et distillant l'intégrisme religieux, gêne considérablement la progression de l'indépendantisme. Ses rapports avec la faune de Radio-Canada et de la Côte-des-Neiges ont appris à d'Allemagne que l'idée même d'indépendance est loin de faire dresser les cheveux sur la tête. On commence bien sûr par sourire puis, devant les arguments, on abaisse les défenses. Mais de là à faire signer des cartes de membres laurentiennes à tout ce beau monde, c'est une autre histoire.

À Hull, même constatation. Le noyau de sympathisants autour du chimiste Chaput se révèle plus séparatiste que laurentien. Et de tendance laïcisante en plus. C'est suffisant pour rendre suspect le mouvement de Barbeau. Aussi, le projet de fonder un club Laurentie dans la région de la capitale fédérale, comme le demande celui-ci, ne sourit guère à Chaput. Comment s'en sortir?

Un ultimatum ferait peut-être réfléchir le chef laurentien. D'Allemagne et Chaput le plaquent contre la bande. S'il ne démocratise pas la direction du mouvement, s'il ne sort pas du coffre-fort la liste des membres, qu'il garde jalousement, comme une pierre précieuse, il perdra ses deux joueurs étoiles.

— C'est important, plaide d'Allemagne, au cas où il t'arriverait quelque chose...

Deuxième condition: il doit arrêter de catholiciser tout, et renoncer surtout à la stratégie inquisitoriale qui le pousse à dénoncer avec virulence tout le monde et son père: athées, socialistes, fédéralistes, journalistes...

— Tu rejettes des gens qui sont peut-être des séparatistes qui s'ignorent, plaide à son tour Chaput.

Le chef observe ses deux acolytes. D'Allemagne avec ses petites manières se considère plus à gauche que lui. En fait, ce paresseux est un maurrassien, un franc monarchiste qui lui objectait, il n'y a pas si longtemps encore: «C'est le mot république que je n'aime pas...» Ce à quoi il lui répondait: «On n'a pas de roi ici et on n'en a pas besoin. On peut donc parler de faire une république...» Chaput? Il ne tique pas sur le mot république mais, c'est visible à l'oeil nu, il voudrait porter la culotte. Ce serait du joli! Ses hésitations paralysent son action. Et il est si influençable que lorsqu'il aboutit enfin à une décision, c'est pour semer la confusion. Avec Raymond Barbeau comme chef, on sait au moins à quoi s'en tenir: pas de socialisme, pas de communisme, pas de capitalisme, pas de laïcisme.

— Si vous n'aimez pas l'Alliance laurentienne, fondez donc votre propre parti! leur jette enfin le chef avec une lueur de défi dans les yeux.

«Pas bête ce qu'il dit», souffle un peu plus tard Chaput à l'intention de d'Allemagne, qui le reconduit dans sa voiture à la Gare centrale. Grâce à l'irréductible Barbeau, l'idée de fonder le Rassemblement pour l'indépendance nationale vient de germer.

En souvenir du général Wolfe

Le 7 mai 1960, à Hull, au théâtre Le Grenier, propriété fédérale (que diable!), cinquante fidèles de Chaput écoutent le roi mage Barbeau vaticiner, pour la dernière fois, à propos de sa Laurentie catholique et mystique. Non, vraiment, ça ne va plus. Tout ami et allié qu'il soit, l'orateur est à côté de la coche. Ce n'est pas avec de l'eau bénite qu'on va vendre l'indépendance aux Québécois, ni avec des recettes toutes faites et prématurées. Le lendemain, Barbeau parti, Chaput réunit sa coterie de fonctionnaires fédéraux qui, unanime, décide de rompre avec l'Alliance laurentienne, qui ne va nulle part. On fondera un *mouvement* plus laïc avec pour unique programme l'indépendance. Une chose à la fois. On verra à la quincaillerie plus tard[9].

Durant l'été, d'Allemagne et Chaput se concertent avec leurs amis communs de Hull et de Montréal. On ausculte toutes les cavités du malade québécois et on disserte beaucoup, non sans jeter sur le papier quelques idées: un projet de manifeste et des structures de type fédéral (eh oui!) qui prendraient la forme de comités pour l'indépendance nationale éparpillés à travers la province et chapeautés par un organisme central. Leur tâche, au départ titanesque: rendre l'idée indépendantiste agréable aux Québécois par une propagande de choc. On ne néglige pas non plus le recrutement. Une centaine de braves se joignent au noyau initial.

Le 10 septembre, loin de l'oreille de la presse, premiers vagissements du nouveau-né dans un petit hôtel de Morin Heights baptisé Le Châtelet par son propriétaire, Roger Paquet, Français sympathique à la cause des «cousins canadiens». Chaput et d'Allemagne auraient préféré le 13 septembre, date anniversaire de la bataille des Plaines d'Abraham. Rien de mieux que les symboles pour animer la tripe patriotique. Mais comme le 13 tombait platement au beau milieu de la semaine, et qu'on risquait un four, on a dû se rabattre sur le 10, un samedi. Tant pis pour le général Wolfe.

Les fondateurs du Rassemblement pour l'indépendance nationale sont jeunes, urbains, dynamiques et scolarisés — la moitié ont une formation universitaire. Ils appartiennent pour la plupart à cette nouvelle classe moyenne qui lutte et qui monte, et qui dictera bientôt sa loi aux révolutionnaires tranquilles. Contrairement aux «nationaleux» traditionnels, leur vision de l'avenir est optimiste et repose sur la confiance en soi. Tout est possible: même l'indépendance.

Six viennent de la région d'Ottawa. Certains, comme Chaput, Jacques Paris et Jean Drouin, sont fonctionnaires. Charles Letellier de Saint-Just est avocat, Bernard Smith, instituteur, Gérald Therrien, marchand. Le groupe de Montréal compte quatre intel-

134

lectuels et artistes: les frères Préfontaine, Claude et Yves, Jean Depocas et Yvon Thiboutot. On y trouve également les publicitaires André d'Allemagne et Suzette Mackay, l'avocat Jacques Bellemare, l'infirmière Louise Picard et un jeune ouvrier de vingt ans, Jean Goulet. Trois autres sont dans les petites affaires: le vendeur d'assurances Jean-Denis Leclerc, l'aide-comptable et futur felquiste Jacques Désormeaux, l'hôtelier Roger Paquet. Avec ses quarante-deux ans bien sonnés, Chaput fait plutôt patriarche. En effet, dix-sept des vingt pionniers rinistes ont trente ans ou moins[10].

On peut donc être sûr que ce mouvement, voué avant tout à l'action populaire directe, tiendra plus de la troupe d'assaut que du forum de discussion quand il se mettra en marche. Vieux partis, attention! Et vous également, traîtres, fédérastes, vaincus, collabos et vendus de toutes espèces! Mais si, au Châtelet, les arguties et les raisonnements fusent abondamment, ils sont exempts de tout esprit belliciste ou revenchard. On s'entend sur le nom, le manifeste et la composition du comité de direction provisoire, que présidera André d'Allemagne. La vice-présidence échoit à Marcel Chaput.

Mort-née, la galère riniste? On pourrait le croire. Comment deviner, à l'orée des années 60, que le grand déblocage des hommes et des institutions amorcé par les libéraux progressistes de Jean Lesage aboutira à la contestation généralisée du Canada et de la Confédération? Même un perspicace et un buté comme René Lévesque n'oserait s'imaginer en grand manitou du séparatisme «dernier cri». L'urgence est aux réformes sociales et économiques — non aux hystéries nationalistes. En réalité, jamais contexte n'aura été aussi favorable à l'éclosion de la petite idée qui fait courir d'Allemagne et Chaput.

À peine élu premier ministre du Canada, le conservateur John Diefenbaker a réussi l'exploit de se mettre à dos le Québec tout entier en moins de temps qu'il n'en faut au chat pour attraper la souris écervelée. Pourtant, aux élections de 1958, cinquante députés québécois bien bleus, bien en chair et bien intentionnés prenaient le train pour Ottawa, où débutait dans l'euphorie l'éphémère règne de Dief-le-maladroit. Ses incompréhensions binationales, autant que des scandales parfumés et ses gaucheries (administratives), ont entraîné la rapide déchéance de l'aura fédérale au Québec.

Les nationalistes progressistes, qui ont appuyé jusque-là les libéraux de Louis Saint-Laurent par répulsion pour le duplessisme, peuvent enfin dénouer leurs contradictions: le Bien ne vient plus nécessairement de la puissance fédérale. On le voit bien avec Diefenbaker. Maintenant, quand Ottawa a la grippe, nos intellectuels ne toussent plus. On ne les entend plus non plus piailler comme au meilleur temps du *French Power* des années 50, incarné par les Saint-Laurent, Cardin, Chevrier et Lesage: «Ottawa protège nos libertés, Duplessis les réprime!»

Ni colporter par monts et par vaux, en dépit des empiétements fédéraux flagrants en matière de culture et d'éducation — aide aux universités et commission Massey-Lévesque sur les arts et la culture — qu'Ottawa mieux que Québec protège la culture française. Ni déduire hâtivement de certaines initiatives fédérales comme la péréquation, ingénieusement conçue par Maurice Lamontagne, que la province doit son progrès et sa prospérité économique aux King et Saint-Laurent, non au petit potentat de Québec qui affame les universités et invite les capitalistes américains au sac des richesses naturelles par une politique de laisserfaire digne des temps mérovingiens.

La péréquation, parlons-en. Il a fallu bien des remontrances et une kyrielle de dénonciations avant que cet obscurantiste de Duplessis n'accepte l'initiative fédérale, qui équivalait pour lui à prendre de l'argent dans votre poche pour le redistribuer à d'autres au nom de l'égalité pancanadienne. Mais aux yeux de Lamontagne et du bataillon de nationalistes éclairés qui le soutenaient alors, Duplessis, qui ne comprenait rien aux chiffres, c'était connu, était un gros bêta: il rejetait une formule dont le Québec allait tirer profit.

À la conférence de 1955 sur la péréquation, Antoine Rivard, ministre duplessiste des Transports, vint se plaindre au conseiller de Saint-Laurent:

— Il n'y a rien pour nous autres là-dedans. C'est rien que pour les provinces pauvres...

Le brave ministre ne faisait que répéter son chef, qui passait son temps à déclarer, en dépit des évidences, que le Québec était une province riche. Tel n'était pas le cas cependant. D'après les standards de pauvreté définis par l'équipe de Lamontagne, le Québec allait même tirer 40 millions du premier arrangement fédéral-provincial. Il fallut une bonne année à Duplessis pour conclure que cet argent, contrairement aux subventions fédérales aux universités, n'avait pas d'odeur. Un matin, à la conférence de mars 1956, il demanda au premier ministre fédéral, assis à sa droite:

— Est-ce vrai qu'on nous remet de l'argent?

— Oui, fit laconiquement Saint-Laurent.

— À quelle condition?

— Il n'y a pas de condition.

L'après-midi, Duplessis revint à la charge. Saint-Laurent vit rouge:

— Oui, il va y avoir une condition; vous devrez endosser le chèque!

Le matin, Duplessis évitait habituellement de boire son éternel champagne ou de fumer ses gros cigares Havana aux arômes fortement et délicieusement épicés. Mais aujourd'hui, c'était fête.

Il s'empara d'une petite valise rouge posée près de lui. Lamontagne pensa: «Il va sortir son rapport Tremblay et nous enfoncer.» Heureusement, la boîte ne contenait pas la bible de l'autonomisme duplessiste. Elle contenait des Havana, que le Chef se mit à lancer à la ronde aux premiers ministres des autres provinces. Le comportement espiègle de son compatriote gênait tellement Saint-Laurent, qu'il aurait voulu se glisser sous la table. Le premier ministre de l'Ontario bouillait mais sa colère était étrangère au geste du Duplessis. Leslie Frost venait de réaliser que l'argent ontarien allait financer la province concurrente par le biais de cette maudite péréquation[11].

Mais depuis que Saint-Laurent est rentré dans ses bonnes vieilles terres argileuses de Québec et que Diefenbaker multiplie les bêtises, les Canadiens français nationalistes lèvent le nez sur tout ce qui provient d'Ottawa. La récession économique, qui a propulsé le taux de chômage à 14 p.100 au Québec, n'est pas de nature non plus à stopper le mouvement de retour (ou de repli, c'est selon) du pendule vers le pôle provincial. D'ailleurs, la mort de Duplessis, en septembre 1959, et la défaite postérieure de la poussiéreuse Union nationale aux mains du spectaculaire et imprévisible Jean Lesage sont venues également préparer le terrain à l'émergence d'un nationalisme plus intransigeant que cet autonomisme défensif et verbeux avec lequel le Grand Homme a assommé tout le monde durant la décennie 50[12].

Avec Lesage à leur tête, qui propage leurs mots et leurs formules sans trop se soucier des conséquences, les intellectuels libéraux nationalistes systématisent leur contestation du régime fédéral. Il n'y en a plus que pour le Québec. Jamais les fédéraux n'ont autant pué. Au volant de sa superbe machine à légitimer les institutions nouvelles, l'intelligentsia québécoise jette par terre, comme autant de statues anachroniques, les systèmes d'idées et d'opinions qui ont fait leur temps ou qui ne cadrent plus avec sa vision de l'avenir. Du haut de sa splendeur, Lesage ne dit plus, comme Duplessis, «le gouvernement provincial», mais plutôt «l'État du Québec».

Formule drôlement résonnante, qui rejoint presque le «notre État français» du chanoine Groulx. Claude Morin, principal rédacteur des discours de Lesage, en raffole.

Mais son collègue de la faculté des sciences sociales de l'Université Laval, le penseur Léon Dion, s'en irrite profondément. À ses yeux, Lesage (et Morin aussi, forcément) fait le jeu des indépendantistes, suscite de faux espoirs, jouant dangereusement avec le feu. Le 5 octobre 1961, le politicologue prend la mouche et voue l'irresponsable Lesage à tous les diables quand il voit à la une du journal Le Soleil, en caractères de deux pouces: L'ÉTAT DU QUÉBEC S'IMPLANTE EN EUROPE[13].

Mais Léon Dion n'est pas de taille à arrêter à lui seul la «révolution séparatiste», qu'il verra d'un oeil plus serein avec les années. Comment pourrait-il d'ailleurs censurer ceux qui commencent à souffler aux Québécois qu'ils sont un peu niais de se contenter d'une «province» alors que, durant la seule année 1960, une douzaine de nations plus mal foutues que le Québec, nettement sous-développées quand ce n'est pas carrément opprimées, ont su arracher leur souveraineté à leurs métropoles? Depuis la guerre, pas moins de 39 nouveaux pays ont été admis aux Nations unies, de la microscopique Islande (160 000 habitants) à la populeuse Inde (375 000 000 d'habitants) en passant par un chapelet de pays africains: Tunisie, Congo, Gabon, pour n'en citer que trois[14].

Et les propagandistes rinistes d'insinuer, en tablant sur le contexte mondial de la décolonisation pour faire mousser leur évangile: «En 1951, le Dahomey (pop. 1 700 000) était une colonie et le Canada français réclamait des chèques bilingues. En 1961, le Dahomey est une république indépendante et le Canada français réclame toujours des chèques bilingues...» Le manifeste adopté à Morin Heights proclame: «De nos jours, les peuples n'ont plus besoin d'excuses pour vouloir être libres.» En 1963, quand le mouvement se transformera en parti politique, il inscrira à l'article premier de son programme: «Le R.I.N. est le parti politique voué à la décolonisation du Québec...» Jean Lesage lui-même succombe à la mode de la décolonisation quand son rédacteur Morin lui fait dire aux élections de 1962: «L'ère du colonialisme économique est finie dans le Québec[15]...»

Les Québécois francophones, des nègres blancs comme le trompettera bientôt la formule énorme de Pierre Vallières? Des colonisés, malgré tous les attributs matériels de l'abondance: auto, frigo, boulot et capitaux? Dur à avaler pour plus d'un perspicace quidam. Le groupe de *Cité Libre*, quant à lui, récuse toute analogie africaine. Si les Québécois sont des colonisés, comme l'insinuent les «dévots séparatistes» du Rassemblement pour l'indépendance nationale, eh bien, ce sont sûrement des colonisés de luxe. Regardez-les: niveau de vie élevé, industrialisation de leur économie, scolarisation poussée — sans aucune commune mesure avec les niveaux afro-asiatiques de développement. Et puis, une société «colonisée», au sens de messieurs d'Allemagne et Chaput, exporte-t-elle des capitaux comme peut se le permettre le Québec[16]? Il ne faudrait quand même pas trop charrier et mettre les bananes africaines avec les pommes MacIntosh.

Toute comparaison boite, et celle-ci en particulier. Mais l'important, c'est que la jeunesse qui pense et qui bouge, le Québec de demain, est en train de découvrir — et pensez à ce que cela signifie pour le progrès de l'idée séparatiste — son statut délabré de Canadien francophone: minorisation politique, niveau de richesse et de scolarisation inférieur par rapport aux anglophones d'Amérique, oppression linguistique et absence des francophones aux centres de décisions économiques, où niche le pouvoir réel[17]. C'est du joli.

À tort ou à raison, cette génération, qui se regarde autrement que ses pères, cherche et trouve son identité sur les plages minées de la baie des Cochons ou dans les dépôts de torture d'Alger. Ses héros, ce sont les damnés de la terre: des Cubains tyrannisés par Batista, les Noirs africains et américains, les Algériens infantilisés par le paternalisme français. Elle ne lit plus *Cité Libre*, qui radote ses schémas d'analyse surannés qui n'expliquent plus rien; elle dévore plutôt *Parti Pris* et les oeuvres de Jacques Berques, Frantz Fanon, Alberto Memmi, tous penseurs de la décolonisation en cours — ailleurs. En Algérie, par exemple, où un journaliste du nom de René Lévesque a promené ses micros à la fin des années 50, réalisant des reportages saisissants qui ont contribué à sensibiliser l'opinion publique québécoise à ces questions.

Bientôt, les miroirs étrangers aidant, des segments entiers de la jeunesse concluent: le Québec est bel et bien une colonie. Quoi qu'en disent Trudeau et cie. Pis: les Québécois sont doublement colonisés. De l'intérieur, par le Canada anglais, et de l'extérieur, par l'impérialisme américain. Comment alors ne pas être choqué, humilié même, à la vue de ces micro-États aux conditions de développement moyenâgeuses qui, à la queue leu leu, deviennent maîtres chez eux? Pendant ce temps, Jean Lesage se gargarise avec son «maîtres chez nous» d'opérette. Et les politiciens dits d'avant-garde revendiquent des chèques bilingues, un hymne national, un drapeau distinctif. Quelle misère! C'est à vous donner envie de sortir la dynamite. Être enfin chez soi, comme tous les peuples (ou presque) de la terre, est-ce possible ici?

Les inégalités sociales flagrantes dans lesquelles croupissent depuis des lustres les francophones québécois et que stigmatise la jeune classe moyenne, qui aspire à monter plus haut que le barreau d'asservis dévolu jusqu'ici aux compatriotes, s'ajoutent encore à la panoplie de facteurs susceptibles de stimuler l'ardeur des porteurs de l'idée nouvelle. La frustration, individuelle ou collective, quel puissant levier d'action! L'ostracisme également. Après quatre ans à Ottawa, aux côtés de Diefenbaker, le député ultranationaliste Jean-Noël Tremblay fait son bilan: «Je me suis rendu compte que le Canadien français n'est pas accepté comme Canadien à part égale. À mon sens, la Confédération a été un marché de dupes[18]. »

Des Tremblay, des Chaput et des d'Allemagne, il en sortira des régiments entiers de l'utérus généreux de la nouvelle élite — cadres, fonctionnaires, professeurs, syndiqués des couches supérieures, techniciens, étudiants. Tous des hommes nouveaux, étrangers à la petite-bourgeoisie professionnelle conservatrice et cléricale qui a momifié le nationalisme de survie des duplessistes. Qu'elle se greffe à l'appareil de l'État ou à l'économie privée, cette caste de cols blancs a soif d'égalité et aussi — c'est humain — des privilèges que s'est octroyée, en vertu des accidents d'une histoire à réécrire de la première à la dernière ligne, une minorité anglophone qui ne fait que 11 p. 100. Contre 80 p. 100 de francophones, ça ne pèse pas lourd.

Avec sa piètre opinion des fonctionnaires («des ronds-de-cuir qui ne méritent pas d'être mieux payés») et sa politique budgétaire, qui interdisait toute croissance des services publics, le «dictateur» Duplessis bloquait la mobilité sociale. Mais, grâce à Dieu qui l'a rappelé à lui, il ne gêne plus personne. Plus avisé, son successeur Paul Sauvé a saisi les aspirations de l'élite en formation — d'où sa popularité aussi étonnante que fugitive. Avant de passer l'arme à gauche, en janvier 1960, Sauvé a eu le temps d'amorcer l'expansion de la bureaucratie: hausse salariale, début de la réforme de la fonction publique, priorité à l'éducation collégiale et universitaire, mise en route de l'assurance-hospitalisation[19].

Avec ses propositions alléchantes de réformes dans les domaines de l'éducation, de la santé et du bien-être, de création de ministères par-ci, de sociétés publiques par-là, le cahier électoral libéral de juin 1960 promettait l'avènement d'un véritable paradis bureaucratique. Depuis qu'il règne à Québec, Lesage ne fait rien d'autre que de tenter d'apaiser l'appétit vorace de ses bureaucrates perchés sur leur État-Providence tout neuf. En 1960, le budget libéral ne dépasse pas les 600 millions. Dans moins de cinq ans, il brisera facilement la barrière des deux milliards. Les employés de l'État révolutionnaire, eux, vont se multiplier par plus de deux durant la décennie: de 32 000 à plus de 70 000[20].

Reste à savoir comment tout cela se terminera pour le régime des rouges. Car elle coûte cher, cette classe qui lorgne les mamelons de la société québécoise — et, pourquoi pas, canadienne. Tellement exigeante aussi qu'il y a fort à parier que sa cousine du secteur privé développera, par osmose, assez de muscles pour ne plus se contenter elle non plus des emplois subalternes. Elle veut les leviers de commande. Rien de moins. Il lui faut son espace vital. Que seulement 6,7 p. 100 des directorats de la grande entreprise privée soient dévolus aux francophones, contre 90 p. 100 aux anglophones, n'est pas tolérable. Ni que 85 p. 100 des cadres supérieurs du mandarinat fédéral soient monopolisés par les anglophones, contre seulement 13 p. 100 par les francophones[21]. «Il faut que ça change!» a judicieusement averti le chef libéral en s'en allant au pouvoir. Ça changera.

Quand une nouvelle classe sociale se met en marche, elle écrase tout, même sa mère nourricière. 1789 et 1917 sont là pour le rappeler. Avis à Jean Lesage. Le jour où son régime ne servira plus ses intérêts ou voudra réprimer ses désirs de mobilité sociale, elle se métamorphosera en vampire séparatiste. Patience, messires d'Allemagne et Chaput. Il y a de la poudre dans l'air. Mais sachez tout de suite que votre petite idée encore subversive a plus d'avenir que vous-mêmes. C'est comme ça. Mais quelle importance? L'histoire sait se montrer aussi généreuse envers les semeurs d'idées qu'envers ceux qui s'en emparent au profit d'une carrière politique — surtout s'ils la loupent.

C'est donc dans ce contexte particulièrement chamboulé qu'émerge le Rassemblement pour l'indépendance nationale, dont le squelette idéologique apparaît drôlement efflanqué. Sont-ils à gauche, sont-ils à droite, ces gens? Croient-ils au pape ou au diable? Des rois nègres de la future république de bananes québécoise ou de véritables réformateurs sociaux? «La seule raison d'être du R.I.N., claironne le manifeste concocté dans les «donjons» du Châtelet, est de favoriser et d'accélérer l'instauration de l'indépendance nationale au Québec.» Un seul idéal, donc: la séparation. Après un procès plutôt expéditif de la Confédération — «État-nation unitaire responsable de la faiblesse et de l'infériorité des Canadiens français» —, le manifeste conclut au sujet du contenu de l'indépendance rêvée, et située dans le courant de la décolonisation mondiale en cours: «Une fois son indépendance acquise, la nation canadienne-française devra se donner les institutions qu'elle jugera lui convenir[22].»

Ce n'est pas compromettant. Mais on évite les inévitables querelles byzantines susceptibles de naître de la définition d'une idéologie trop précise. Pourquoi s'embarrasser d'un programme, d'ailleurs? Le mouvement des camarades Chaput et d'Allemagne n'est pas un parti politique mais un front commun, un carrefour, ouvert à tous et sans autre exclusive idéologique que l'adhésion au projet séparatiste. Un mouvement de pression particulièrement bavard qui recourt tantôt aux conversations de salon, tantôt à l'assemblée publique, tantôt à la manifestation de rue — même violente —, voilà ce que sera en fait le Rassemblement pour l'indépendance nationale durant la première moitié de sa courte mais stimulante existence.

Puisque ces messieurs se perçoivent avant tout comme des sonneurs de cloches — ou de tocsin —, n'est-il pas temps d'appuyer sur le bouton pour que commence la fête? La conjoncture paraît propice en ce printemps 1961. Depuis quelque temps, les colonnes des quotidiens débordent de lettres de lecteurs supputant les chances de l'indépendance et «invitant le Canada français à se décoloniser comme tout le monde[23]».

Mieux encore. En mars, *La Presse* de Jean-Louis Gagnon demande à ses lecteurs: «Favorisez-vous la séparation ou le maintien de la Confédération actuelle?» C'est la première fois que la terrible question est posée aux Québécois. Une forte dose d'adrénaline n'aurait pas plus excité les soldats rinistes que la réponse de 11 409 abonnés de journal: 45 p. 100 pour la séparation, contre 39 p. 100 pour la Confédération[24].

Gagnon a levé tout un lièvre. Mais, attention! avertit son journal: notre questionnaire n'a rien de scientifique, faute d'un échantillonnage vraiment représentatif du milieu. Qui croire? Ce séparatiste ami qui a juré à l'éditorialiste que n'eût été la peur, ses pairs auraient été deux fois plus nombreux à s'afficher? Ou ce fédéraliste sceptique, qui exprime ainsi son opinion: on sait au moins qu'il n'y a pas plus de cinq mille séparatistes au Québec puisque tous ceux qui communient à la sainte table de la séparation se sont sûrement fait un devoir de retourner le bulletin de réponse? *La Presse* veut bercer ses lecteurs ébahis ou terrorisés: «Cette évolution des sentiments est de nature à nous faire réfléchir bien plus qu'à nous alarmer[25].»

Mais qui donc a peur du chimiste Chaput? À Québec, le journaliste du *Devoir*, Pierre Laporte, a interrogé les parlementaires: «Ceux qui ont exprimé leur point de vue sont généralement favorables à l'idée d'un Québec indépendant du reste du Canada[26].»

Le Devoir promène également sa sonde à Montréal.

— Un très grand nombre de comédiens sont définitivement acquis à l'indépendance, lâche Jean Duceppe, bouillant président de l'Union des Artistes.

Mais, du côté des universitaires, l'enthousiasme ne monte pas plus haut que la cheville.

— Je suis de ceux qui n'ont pas perdu foi dans le fédéralisme, pontifie un certain Jacques-Yvan Morin, constitutionnaliste vedette de l'Université de Montréal, qui la perdra toutefois dans pas trop longtemps.

André Raynauld, son collègue du département d'économie et futur politicien libéral, ramène toute la question au niveau d'un glacial bilan comptable:

— L'indépendance n'est pas souhaitable à cause du prix qu'elle coûterait et des avantages qu'offre la Confédération[27].

Cet argument, formulé pour la première fois, on en entendra parler à toutes les altitudes durant les années qui viennent, par Robert Bourassa, notamment, qui le pétrifiera dans le slogan du fédéralisme rentable. Ce Raynauld, il a de l'avenir. Mais son objection ne vaut pas une tripette aux yeux des rinistes, pour qui l'indépendance n'est pas une question de gros sous mais de dignité. Si les trente-neuf peuples admis aux Nations unies depuis la guerre s'étaient laissé arrêter par leurs comptes d'épicerie, ils croupiraient toujours sous un joug étranger. Cette question, on la débattra plus tard. Pour l'heure, la stratégie de Chaput et d'Allemagne vise plutôt à frapper un grand coup, à capitaliser sur l'agitation séparatiste déclenchée par le sondage de *La Presse*. 45 p. 100 de sympathisants, c'est beaucoup plus que tout ce à quoi on pouvait rêver. En outre, 59 p. 100 des participants sont employés et ouvriers. Donc, la classe ouvrière n'est pas hostile à l'idée. Prometteur, car le nombre est là[28].

Pourquoi pas un bon bain de foule pour couronner tout cela?

— On va se casser la gueule, gémissent les prudents quand Chaput lance l'idée d'une grande assemblée publique.

Qui ne risque rien n'a rien. Il faut décoller. L'assemblée — c'est décidé — aura lieu le 4 avril dans la salle du Gesù, rue de Bleury, à Montréal. Courage! Oui, mais ce n'est pas facile. Comment s'y prend-on pour organiser un grand meeting populaire? Il faut d'abord payer la salle. Le chèque de cent dollars émis à cette fin rebondit. Provisions insuffisantes. On finit par amasser l'argent. La publicité, les tracts et les convocations trouvent aussi leurs destinataires. Pour des organisateurs improvisés, ça ne tourne pas si mal.

— André? fait la voix presque blanche de Chaput. Le Canadien joue mardi soir, c'est la finale...

— Je sais, répond sans s'énerver le président d'Allemagne, que le chimiste grassouillet de Hull joint au téléphone quatre jours avant l'assemblée.

Quelle tuile! Les «as» de l'organisation riniste ont oublié de se demander quel serait le programme du mardi soir 4 avril. En tout cas, ils ne sont pas très sportifs, ces séparatistes, car tout le monde savait que ce soir-là, nos «Glorieux» disputent la coupe Stanley aux brutes de Chicago, les Black Hawks, favoris en plus.

— On n'aura pas un chat à notre assemblée, se lamente Chaput en évoquant la passion indécrottable des Canadiens français pour le hockey. Essaie donc de changer la date...

— Impossible. La salle est louée jusqu'en juin, et puis on a déjà payé la location...

— Advienne que pourra! On la tient quand même, conclut Chaput en raccrochant[29].

Corneille ou Machiavel?

Avant l'assemblée, le chimiste retrouve d'Allemagne dans un bistro lugubre de l'Est de la ville. Deux faces de carême. Et dans l'estomac, des papillons qui s'agitent. Le trac des premières mais aussi le spectre de la salle vide. Combien de Montréalais vont-ils s'arracher à leur écran de télévision et venir entendre une bande d'orateurs séparatistes inconnus? Dix, cinquante, cent? C'est le four garanti.

Un jeune blanc-bec au pelage sans couleur prend place à la table dont le placage en simili-bois est d'un mauvais goût inégalable. Il a vingt-sept ans et paraît plutôt joyeux pour la circonstance. Pas très grand, carré d'épaules, il fait tellement juvénile qu'on ne s'étonnerait pas de le voir en culottes courtes. Mais dès qu'il se met à parler, on l'écoute. Il aspire tout l'oxygène ambiant. C'est une recrue que d'Allemagne a présentée à Chaput, il y a un peu plus d'un mois, en lâchant un grand soupir de soulagement:

— Marcel, voici Pierre Bourgault, un p'tit gars qui aime bien parler en public...

Le «p'tit gars», qui allait se révéler un orateur de service particulièrement doué, tombait à point car d'Allemagne, il ne s'en cache pas, déteste le prétoire. Ce soir d'ailleurs, ce sont Chaput et Bourgault qui iront au feu; monsieur le Président se contentera d'écouter leur litanie de griefs contre la Confédération en guettant du coin de l'oeil les réactions des spectateurs. Et des journalistes, s'il en vient.

Sous le comédien un peu léger qui se cherche des premiers rôles, mais ne les trouve jamais, et tue le temps en amusant la galerie, Bourgault cache un élève drôlement appliqué. C'est qu'il est allé à la bonne école, à Brébeuf-sur-Outremont, comme Trudeau et Bourassa, ce «*bum* chic» qui sacre comme un charretier pour braver les précieuses ou pour démocratiser, peut-être, une langue par ailleurs aucunement ravagée par le joual. Il a consacré pas moins de quarante heures à composer son premier discours[30]. Le style en est limpide et sans bavures, mais le titre «Humanisme et indépendance», s'il part d'une bonne intention, manque sûrement du punch capable de vider les salons au profit du Gesù. Mais les paris sont ouverts.

D'où sort donc ce passionné de théâtre sur le point de faire une entrée remarquable sur la scène de l'indépendantisme québécois? La légende gagnerait sûrement à laisser entendre que Bourgault est un enfant de la balle dont le destin premier était de jouer la comédie, comme son père et sa mère, mais qui a mal tourné en devenant un politicien séparatiste. Il n'en est rien. Loin de monter sur les planches, son père, Albert Bourgault, gagnait plus qu'honorablement sa vie comme administrateur à la Brompton Pulp, dans les Cantons de l'Est, avant que la crise de 1919 ne le jette dans la dèche.

À la naissance de Pierre, le 23 janvier 1934, son père, qui a fini néanmoins par remonter le courant, tient les registres à Cookshire, près de East Angus. Sa mère franco-américaine n'était pas non plus une étoile de la scène mais plutôt une bonne maman qui, comme toutes les mamans canadiennes-françaises d'après la Crise, ne nourrissait plus qu'une ambition: faire de son Pierre quelqu'un de bien en confiant son éducation à des religieux exigeants. Aux bonnes soeurs de Saint-Lambert pour l'élémentaire, puis aux jésuites d'Outremont pour le secondaire[31].

À Brébeuf, l'adolescent, angoissé, se distingue des autres par ses cils blancs d'albinos, une peau sans pigmentation qui, après dix minutes au soleil, cloque comme une tomate passée à l'eau bouillante, son intelligence (jusqu'en rhéto, c'est un premier de classe) et un caractère fortement trempé, mais instable et brouillon. En philo I, c'est l'expulsion du collège. Non seulement est-il recalé à ses examens de Noël, comme vingt-huit de ses camarades, mais, plus grave, les jésuites l'accusent d'avoir fomenté le mouvement de résistance aux examens responsable de l'hécatombe. Bourgault ramasse ses livres sans verser une seule larme. Un grand rêve l'obsède: devenir comédien[32].

Commence alors une existence de saltimbanque qui vit de rien et de spleen. Il joue dans *Antigone* avec les Jongleurs de la Montagne, que dirige le père Legault, tout en gagnant sa croûte comme commis de banque. Comme le théâtre ne le nourrit pas et ne le comble pas tout à fait, Bourgault se retrouve bientôt annonceur à CHLN, à Trois-Rivières, avec une joyeuse bande: les Payette, mari et femme, Georges Dor et Raymond Lebrun. Mais la fête ne dure pas longtemps. En 1955, le voilà régisseur à la télévision de Radio-Canada. Mais comme il aimerait plutôt être réalisateur, il finit par embêter tout le monde avec ses pitreries et ses *ego trips*. Et puis, il n'est toujours pas heureux. Il se cherche. Qui est Pierre Bourgault? Que veut Pierre Bourgault? Pour le savoir, il s'exile six mois à Paris, où il renoue avec le théâtre, grâce notamment aux amis Dyne Mousso et François Tassé.

Jouer, voilà finalement ce qui le captive plus que tout[33].

À l'automne 1960, Bourgault gagne tant bien que mal sa pitance à la télévision au moment où, à Morin Heights, son ami le comédien Claude Préfontaine participe à la mise sur pied du Rassemblement pour l'indépendance nationale. Prétendre que l'homme est parfaitement bien dans sa peau serait faux. Comme on ne lui offre que des rôles secondaires, toute proposition extra-théâtrale honnête, et surtout passionnante, le trouverait disponible. Tout bien pesé, ce porteur d'idées n'aura été qu'acteur de circonstance — le temps de chercher péniblement sa voie vers les abysses du Prince. Incapable de toute manière d'accepter l'injustice, même sous sa forme la plus banale, Bourgault paraît mieux disposé pour jouer les don Quichotte dans la rue que les Cyrano sur scène. Mais encore faut-il que le hasard et la nécessité s'en mêlent un peu.

— Je m'en vais à une réunion du R.I.N., lui annonce un soir Préfontaine, rencontré fortuitement rue Maplewood, dans le quartier Côte-des-Neiges.

— Le R.I.N.? Qu'est-ce que c'est? demande Bourgault intrigué.

— C'est un mouvement d'éducation populaire pour l'indépendance du Québec, explique longuement l'autre, obligé de mettre au parfum le jeune cabotin, qui se paie sa tête.

— L'indépendance du Canada, j'en suis! Mais séparer le Québec... quelle idée bizarre!

— Pourquoi ne m'accompagnes-tu pas chez André d'Allemagne? C'est à côté, insiste l'acteur à bout d'arguments[34].

Un piège gros comme un ours, ce meeting. Bourgault l'incrédule en sort complètement embarqué et ravi de l'être. L'impression puissante et merveilleuse d'un commencement, d'une vie nouvelle. Vachement sympas, ces rinistes — et intelligents en plus. Ce qui ajoute à l'agrément. Il a pris sa carte sur-le-champ. Aurait-il enfin trouvé sa niche? Un pays à inventer, quel défi!

L'enthousiasme qui l'a pris en sortant de chez d'Allemagne, rue Maplewood, ne s'est pas démenti. Il a été de toutes les corvées, n'a pas ménagé son temps et s'est imposé rapidement comme l'un des entraîneurs du nouveau mouvement. Surtout: il a enfin trouvé le bonheur.

Il s'est même payé l'audace de faire la morale à André Laurendeau, dans les colonnes de son journal, *Le Devoir*. En février dernier, Laurendeau a soutenu qu'on pouvait logiquement refuser le séparatisme québécois mais favoriser la décolonisation chez les peuples encore sous tutelle étrangère. Raison: les Québécois ne sont ni colonisés, ni pauvres, ni méprisés comme les Africains ou les Asiatiques. Aucune comparaison possible entre les deux situations. De plus, les Québécois peuvent résoudre leurs difficultés à l'intérieur du cadre politique actuel. Enfin, Laurendeau a posé deux questions aux séparatistes. Comment séparer le Québec sans holocauste? Quels avantages économiques les Québécois tireraient-ils de l'indépendance[35]?

La mouche a piqué Bourgault mais, ne possédant pas les réponses, il s'est bien gardé d'engager le duel sur le fond du problème. Fortement émotif, son texte — «Message d'un homme libre à une génération qui ne l'est plus» — ressasse le passé séparatiste de Laurendeau sur le thème de l'impossible réconciliation entre générations:

> Vous êtes d'une génération qui ne bâtit plus rien que sur ses désillusions. Les séparatistes ne se préparent pas, comme vous dites, d'amères désillusions. Leur plus grande déception, c'est de vous voir si petit, après avoir entendu dire dans leur enfance que vous étiez grand. Nous avons l'impression que vous reniez votre jeunesse, comme s'il s'agissait d'un mauvais souvenir. Nous avons l'impression que vous voulez étouffer la nôtre. Nous vous demandons d'agir comme des aînés, et non comme des vieillards. Nous sommes prêts à vous écouter mais à la condition que vous relisiez vos écrits de jeunesse, que vous retrouviez un peu du cœur qui les animait. S'il vous en manque, nous vous offrons le nôtre[36].

Ce soir, malgré la nervosité d'usage, Pierre Bourgault paraît tout à fait un «homme libre» quand il pénètre avec d'Allemagne et Chaput dans la salle du Gesù, où trépignent d'impatience... plus de cinq cents personnes. Ô Démosthène, volez à notre secours!

Inutile. L'assemblée se déroule tambour battant. Attentif mais vibrant comme au soir d'un décompte électoral chaudement disputé, l'auditoire ne ménage pas sa sympathie pour ces harangueurs improvisés que sont Chaput et Bourgault.

— Nous ne sommes pas contre les Anglais, lance le premier. Le problème des Canadiens français est un problème de civilisation: ou ils restent une minorité dans un immense pays avec des luttes et des reculs, ou ils deviennent une majorité libre de ses décisions dans un pays plus petit...

«Le Canada français à l'heure de la décision», tel est le titre du laïus de Chaput, qui s'applique, d'une voix beaucoup trop aigre pour captiver complètement l'auditeur, à détailler sa stratégie de vente pour convertir les Québécois à sa cause. Le lendemain, le journaliste de *La Presse* Gilles Constantineau résume le personnage Chaput dans le seul mot de «tacticien»[37].

Bourgault, lui, se voit affublé du terme — moqueur dans les circonstances — de poète. En fait, on dirait plutôt un orateur sacré tellement son discours se révèle logique, brillant, mais aussi glacial. L'intensité dramatique, le souffle lyrique et la richesse des images d'un Bossuet. Rien à voir avec l'éloquence populiste, savoureuse et simplificatrice, mais combien efficace, du démagogue créditiste de Rouyn, Réal Caouette. Ce premier texte de Bourgault renferme à l'état plus ou moins embryonnaire tous les thèmes, toutes les idées, tous les grands raisonnements qu'il ne fera que répéter inlassablement par la suite en les assaisonnant de formules ou de tournures différentes. La finale n'est pas piquée des vers — une vraie tirade cornélienne:

— Finis les monuments aux morts! Désormais, nous élèverons des monuments aux vivants. Ils seront faits de notre indépendance et de notre liberté[38].

Le Cid, même «magané», n'aurait pas fait mieux. Comme la foule adore toujours qu'on l'impressionne, qu'on abuse d'elle, qu'on la viole même, elle est séduite. Un nouveau tribun lui est né. La voix chaude et puissante, le panache, le charisme, l'économie des mots, tout y est. Le collègue Chaput est tout bonnement renversé. Il se dit en l'écoutant: «C'est le plus grand orateur que j'aie vu de ma vie.» Les rinistes ont gagné leur pari. À la sortie, les convertis font la queue pour s'inscrire. On double les effectifs d'un seul coup. Mais côté hockey, c'est le désastre intégral pour les fans du Canadien forcé de laisser filer à Chicago la prestigieuse coupe Stanley.

Plus sublime encore, les séparatistes ont enfin réussi à traverser le mur de papier. La presse était là et elle accorde une bonne place à l'événement. Ce n'est pas encore la une mais on y arrivera un jour. La «consécration» qui réjouit le plus le trio d'Allemagne-Chaput-Bourgault émane de la tour d'ivoire du *Devoir*. L'influent directeur Gérard Filion prend acte. Il ne faut pas s'énerver, toutefois, car les mouvements pour l'indépendance naissent et meurent à la douzaine au Canada français. Mais force est de reconnaître que l'idée fait du chemin: «Il n'en est besoin d'autre preuve que l'assistance de 500 personnes à l'assemblée alors que le hockey rivait à l'appareil de télévision la plupart des gens. Il est sûr que le climat international est présentement favorable à l'indépendance des peuples et que l'exemple des populations noires d'Afrique ne peut être qu'un stimulant pour un peuple de race blanche comme le nôtre, qui a quand même atteint un certain degré d'évolution sociale et intellectuelle[39].»

Le bulletin riniste numéro deux triomphe: «Le R.I.N. est en vedette. Le mouvement est lancé: on a la sympathie des journaux. Que faire maintenant? Il ne faut pas craindre de s'affirmer partout comme séparatistes. C'est actuellement l'action la plus positive qui soit. Nous sommes sûrs de gagner.» Pour garder vive l'ardeur de la troupe, le bulletin cite la phrase de l'historien américain Mason Wade: «*French and English will never be wholly one in Canada.*» Et également les vers faciles que le poète-chansonnier Georges Dor a fait parvenir à son ami Bourgault:

> *Ma province est une tour*
> *Dont on a fermé la porte*
> *À double tour*
> *Ma province est un otage*
> *Elle est un oiseau en cage[40].*

Naïfs rinistes qui pavoisent parce que la presse a daigné leur accorder quelques lignes. C'est ignorer l'a b c de la dialectique journalistique. En mai, le ci-devant sympathique *Devoir* tourne ses missiles contre eux à l'occasion d'une série d'articles fustigeant le séparatisme sous tous ses visages, surtout les plus hideux. Opinion dominante: l'indépendance, c'est une bien bonne chose mais ce n'est pas réalisable... Riposte immédiate de l'état-major riniste qui convoque, pour le 23, un second rassemblement populaire à la salle de l'Ermitage. Devant six cents personnes, les déclamateurs d'Allemagne — qui s'est résigné à monter à la tribune, mais une fois n'est pas coutume —, Chaput et Bourgault répondent point par point aux détracteurs.

Le chimiste s'efforce de montrer que le cœur de la crise canadienne résulte de l'affrontement perpétuel de deux nationalismes naturellement antagonistes. On ne pourra jamais la résorber aussi longtemps que subsistera le rapport majorité-minorité qui enferme les Québécois dans leur cage dorée de peuple entretenu:

— En fait, nous n'avons aucun grief contre le Canada, explique Chaput. Nous ne voulons pas corriger d'injustice comme les nationalistes traditionnels. C'est la condition de minorité que nous rejetons.

Dans son langage toujours harmonieux, d'Allemagne s'en prend, lui, à ceux qui accusent les séparatistes de ne pas avoir de programme et de passer le plus clair de leur temps à pérorer sur la petite merveille «indépendance» en oubliant d'en préciser le contenu. Exemple: au paradis riniste, quelle sorte d'air respirera-t-on? Celui d'une république autoritaire afro-asiatique ou d'une véritable démocratie à la nord-américaine? Il faudrait le dire. «Nous aurons notre programme précis et détaillé», promet d'Allemagne.

À ceux qui, de l'autre bord, dressent déjà leur épouvantail à moineaux, il dit de sa voix suave, totalement libre de passion:

— Si nous sommes prêts à consacrer notre temps et nos énergies à une œuvre de libération, ce n'est pas pour voir ensuite une tutelle remplacer l'autre. L'indépendance marquera la suppression de toutes les servitudes...

Quant à Bourgault, qui vole une fois de plus la vedette aux deux premiers, il abonde dans le même sens que Chaput.

— Nous nous dissocions totalement de tous les mouvements de réclamations perpétuelles. Le gouvernement, s'il est démocratique, doit gouverner selon les désirs de la majorité, qui est anglo-saxonne. Nous refusons la Confédération, non par antagonisme, mais parce que nous voulons être la majorité et maîtres chez nous...

L'orateur y va aussi d'une révélation presque intime qui indique où en sont ses états d'âme:

— Pour nous, l'indépendance est plus qu'une théorie, plus qu'une simple idéologie politique. C'est notre raison de vivre[41].

La philosophie nouvelle étayant l'argumentation riniste, et qui ne fera que s'accentuer avec le temps, est celle de la recherche du statut de «majorité». En ce sens, l'indépendantisme des années 60, loin d'être une réaction épidermique aux difficultés économiques et sociales comme le veut l'interprétation fédéraliste, reprend l'objectif de fond et durable qui imprègne l'inconscient d'une partie de la collectivité québécoise: la reconquête de la souveraineté politique que les Canadiens français ont connue durant cent ans avant les Plaines d'Abraham. Ils ont existé seuls au sein d'un État colonial, certes, mais autonome vis-à-vis des colonies britanniques nord-américaines. Ils étaient leurs propres maîtres. S'il n'y avait pas eu 1760, les Canadiens français seraient devenus une nation libre comme d'autres colonies d'Amérique du Nord[42].

Pour Chaput comme pour Bourgault, être un peuple minoritaire dans une fédération, même aussi démocratique et généreuse que la canadienne, c'est être quand même, et nécessairement, un peuple annexé, diminué, provincialisé, entretenu. Un peuple de chambreurs dans l'une des dix pièces de la maison des autres. Et surtout, pas de sornettes: l'égalité politique réelle n'existe dans aucune fédération entre le peuple majoritaire et le peuple minoritaire — et cela ne tient pas à la méchanceté du premier ni à l'imbécillité du second.

Le Québec fédéré sera toujours un contre dix. Qu'on le veuille ou non. On ne trouve pas non plus d'égalité économique véritable car l'annexion politique de la minorité entraîne fatalement son infériorité économique et sociale. Seule l'indépendance politique complète, incarnée par l'État national, confère à la minorité la maîtrise des principaux leviers de son développement. Exemples: la politique monétaire, la planification. S'il reste vrai que l'État n'est pas toute la nation, c'est lui néanmoins qui structure tout et devient la clé de voûte de l'édifice social et économique[43].

La presse aussi se nourrit dorénavant du séparatisme

québécois. La télévision américaine a jugé l'événement assez marquant pour y poster ses caméras. Le journaliste Sullivan du prestigieux *Time*, de New York, a pris un tas de notes au sujet de ces activistes canadiens-français du Nord qui menacent de détruire leur pays. Une histoire à suivre...

Bref: succès de presse tout à fait exceptionnel. Mais, car il y a toujours un mais, la confrérie de grosses légumes à lunettes qui a levé le nez sur les indépendantistes dans les colonnes du *Devoir*, avant l'assemblée, les Jean-Louis Gagnon, André Raynauld, André Laurendeau et Richard Arès, notamment, n'était pas au rendez-vous. Nettement moins exubérant que le numéro deux, le bulletin interne numéro trois commente, amer: «Les grands pontifes de l'opinion qui se piquaient de curiosité intellectuelle et de patriotisme éclairé dans leurs articles n'y étaient pas. Pas un seul n'est venu[44]!»

La fièvre séparatiste monte aussi à Ottawa. Au lendemain du meeting de l'Ermitage, Douglas Fisher, franc-tireur néo-démocrate de Port Arthur attentif au moindre bruissement de la société québécoise, se lève aux Communes. S'adressant au ministre de la Défense, l'Écossais Douglas Scott Harkness, il demande:

— Le Marcel Chaput qui fait des discours séparatistes en public est-il le même que le «Docteur Chaput» à l'emploi du Conseil de la recherche pour la défense?

La réponse ministérielle — joliment embarrassée — ne vient que vingt-quatre heures plus tard, après enquête. C'est un sec «*yes*». En démasquant le séparatiste qui se cache derrière le chimiste Chaput, le député Fisher en fait une vedette nationale. Les événements se précipitent. La presse annonce que la brebis égarée parlera à Hull devant un groupe de députés fédéraux de langue française convoqués par l'organisation riniste de la région. C'en est assez! Le supérieur de Chaput au Conseil de la recherche le convoque. Sa directive est formelle: silence ou c'est la porte.

— *It is not cricket to bite the hand that feeds you*, moralise le docteur Keyston en imposant à son chimiste séparatiste la loi du silence.

— Mais, docteur Keyston, il est trop tard, je ne peux pas annuler l'assemblée de ce soir...

— Réfléchissez aux conséquences, *my dear Marcel*...

C'est tout réfléchi. On a des roupettes ou bien on n'en a pas. Le soir même, à l'école normale de Hull, Chaput déballe de nouveau ses thèses contre le pays qui le nourrit devant une centaine de personnes. Trois députés francophones seulement ont osé s'afficher: Jean-Noël Tremblay, Vincent Brassard et René Létourneau. Le lendemain matin, l'ingrat doit s'agenouiller une fois de plus devant un docteur Keyston encore plus indigné que la veille. Ultime avertissement: tais-toi, *dear Marcel*, ou meurs! Mais le censeur se met les pieds dans les plats en prévenant l'*Ottawa Journal* de l'ultimatum qu'il vient de servir à son fonctionnaire chimiste, contraint de choisir entre ses activités séparatistes et son laboratoire du Conseil de la recherche.

En fait, Keyston n'a pas autorité pour congédier Chaput. En effet, Chaput n'est pas un *civil servant*, relevant de la Commission de la fonction publique, mais plutôt un *public servant* que seul le gouverneur général en conseil, c'est-à-dire le cabinet, peut limoger. L'«affaire Chaput» passionne l'opinion publique. Coupable ou non coupable? Traître à son pays ou non? Une affaire Dreyfus *made in Canada*.

Formation à Montréal d'un comité de soutien sous l'égide du journaliste Pierre Laporte. L'enjeu de la polémique: la liberté d'expression. Si la loi interdit au fonctionnaire de militer dans un parti politique, elle ne l'empêche pas d'adhérer à une ligue ou à un mouvement national, comme le Rassemblement.

— J'ai décidé de ne pas démissionner, ni de mon poste de fonctionnaire, ni de la vice-présidence du R.I.N., annonce Chaput au reporter du *Droit* d'Ottawa, qui ronronne de satisfaction à l'autre bout de la ligne en imaginant déjà la manchette du lendemain.

Le premier ministre Diefenbaker a déjà plus que sa ration de soupane québécoise. Mais on a beau dire de lui qu'il est manchot, ce n'est pas cette fois-ci qu'il tombera dans le piège en allant offrir aux séparatistes leur premier martyr. Il capitule. Chaput s'en tire sans les mesures disciplinaires promises à la presse par Keyston[45].

Notes — Chapitre 6

1. Jean-Marc Léger, Raymond Barbeau; et *Le Devoir*, le 8 mai 1959.
2. Marcel Chaput.
3. *Ibid*.
4. Chaput, Marcel: *J'ai choisi de me battre*, Montréal, Le Club du Livre du Québec, 1964, p. 45-46.
5. Raymond Barbeau et Marcel Chaput.
6. André d'Allemagne.
7. *Ibid*.
8. D'Allemagne, André: «Le mythe du bilinguisme», *Laurentie*, n° 106, septembre 1959, p. 349-355.
9. André d'Allemagne, Marcel Chaput et Raymond Barbeau.
10. D'Allemagne, André: *Le R.I.N. et les Débuts du mouvement indépendantiste québécois*, *op. cit.*, p. 47, 137.
11. Maurice Lamontagne.
12. Dion, Léon: *La Prochaine Révolution*, Montréal, Leméac, 1973, p. 61-63.
13. *Ibid.*, p. 47-49
14. Les nations qui ont accédé à l'indépendance en 1960 sont les suivantes: Somalie (2 000 000 h.), Congo ex-belge (13 000 000 h.), Nigeria (30 000 000 h.), Cameroun (3 100 000 h.), Mauritanie (600 000 h.), Niger (24 000 000 h.), Tchad (2 600 000 h.), Congo ex-français (800 000 h.), Gabon (400 000 h.), République Centrafricain (1 075 000 h.), Côte-d'Ivoire (2 065 000 h.) et Togo (1 094 000 h.). Source: *Bulletin interne du Rassemblement pour l'indépendance nationale,* n° 1, mars 1961.
15. D'Allemagne, André: *op. cit.*, p. 36, 71, 111.
16. Trudeau, Pierre: *Le Fédéralisme et la Société canadienne-française*, Montréal, HMH, 1967, p. 162-164; *Cité Libre*, mai 1964, p. 3; Monière, Denis: *Le Développement des idéologies au Québec*, Montréal, Québec/Amérique, 1977, p. 317.
17. Rocher, Guy: *Le Québec en mutation*, Montréal, Hurtubise HMH, 1973, p. 22-23.

18. *Montréal-Matin*, le 20 novembre 1961.
19. Guindon, Hubert: «Social Unrest, Social Class and Quebec's Bureaucratic Revolution», *op. cit.*, p. 152-153.
20. Latouche, Daniel «La vraie nature de la Révolution tranquille», *Canadian Journal of Political Science*, vol. 7, n° 3, septembre 1970, p. 529-530; Gow, James I.: «La modernisation et l'administration publique», in *La Modernisation politique du Québec*, Sillery, Boréal Express, 1976, p. 167.
21. Porter, John: *The Vertical Mosaic*, Toronto, University of Toronto Press, 1965, p. 286, 441.
22. Extrait du manifeste du Rassemblement pour l'indépendance nationale, cité dans d'Allemagne, André: *op. cit.*, p. 33, 36, 139.
23. Gariépy, Gilles: «L'Union nationale meurt, le Parti québécois naît et les libéraux règnent», *op. cit.*, p. 44.
24. *La Presse*, le 18 mars 1961.
25. *Ibid.*, le 25 mars 1961.
26. *Le Devoir*, le 19 mai 1961.
27. *Ibid.*, les 18 et 20 mai 1961.
28. *Bulletin interne du Rassemblement pour l'indépendance nationale,* n° 2, avril 1961.
29. Marcel Chaput.
30. Bourgault, Pierre: «Je deviens indépendantiste par hasard et par... nécessité», *Le Petit Journal*, 11 mars 1973; et LeBel, Andrée: *Pierre Bourgault, le plaisir de la liberté,* Montréal, Nouvelle Optique, 1983, p. 88.
31. LeBel, Andrée: *op. cit.*, p. 74-77, 83.
32. *Ibid.*
33. *Ibid.*, p. 83-86.
34. Bourgault, Pierre: *op. cit.*
35. *Le Devoir*, le 20 février 1961.
36. *Ibid.*, le 7 mars 1961.
37. Chaput, Marcel: *J'ai choisi de me battre*, *op. cit.*, p. 63.
38. Bourgault, Pierre: *op. cit.*
39. *Le Devoir*, le 8 avril 1961.
40. *Bulletin interne du Rassemblement pour l'indépendance nationale,* n° 2, avril 1961.
41. Marcel Chaput; et d'Allemagne, André: *op. cit.*, p. 37, 102.
42. Séguin, Maurice: *L'Idée d'indépendance au Québec*, *op. cit.*, p. 10.
43. *Ibid.*, p. 9, 10, 36, 64.
44. *Bulletin interne du Rassemblement pour l'indépendance nationale,* n° 3, mai/juin 1961.
45. Chaput, Marcel: *J'ai choisi de me battre*, *op. cit.*, p. 63-66; Gariépy, Gilles: *op. cit.*, p. 47; et Côté, Jean: *Marcel Chaput, pionnier de l'indépendance,* Montréal, Les Éditions Québécor, 1979, p. 53-56.

7

On est capable

Le 10 juin, un second sondage, réalisé par *Le Devoir*, apporte un peu plus d'eau au moulin riniste. «Considérez-vous l'indépendance du Québec comme souhaitable?» demande le journal à ses 40 000 lecteurs. Les trois quarts des 4 000 qui remplissent le bulletin disent oui. Mais est-elle «réalisable»? Même taux de réponses favorables (74,7 p. 100) à cette seconde question[1]. Ne tombez pas en bas de votre chaise, vous les sceptiques, ou vous les fédéralistes, car la valeur scientifique du sondage est tout aussi douteuse que celle de l'enquête de *La Presse*.

Le premier à l'admettre est le journal lui-même et son journaliste Jean-Marc Léger, qui se permet toutefois de noter en commentant les résultats: «Il reste que près de 3 000 lecteurs du *Devoir* ont clairement manifesté leur adhésion à l'idée de la pleine souveraineté du Québec.» C'est peu mais ce n'est qu'un début... La ventilation des réponses selon les catégories sociales montre également que les ouvriers, les artistes, les étudiants et les cols blancs sont plus «souverainistes» que les commerçants, les femmes, les professionnels et les personnes âgées[2].

On ne peut plus nier que le sentiment indépendantiste est en train de marquer des points. Les esprits bougent, c'est l'évidence.

Et le Rassemblement pour l'indépendance nationale, encore plus. Il se répand partout comme une lave en fusion, même dans la rue, où on n'avait vu personne depuis la crise de la conscription de 1942. La rue, ce sera bientôt l'arène principale des rinistes, aux yeux de qui une bonne petite «manif» bien tonitruante rapporte de plus gros dividendes publicitaires que tous les communiqués de presse, assemblées, tracts, graffiti sur les monuments ignobles élevés à la gloire de «l'occupant». C'est vrai mais à la condition de faire peur aux bourgeois.

La première incursion séparatiste dans les rues de Montréal n'a pas de quoi les empêcher de dormir. En effet, même avec ses banderoles provocantes et son concert de klaxons, le défilé d'une soixantaine de voitures qui part du parc Lafontaine, un samedi tempéré de février 1961, laisse les badauds plutôt indifférents. Tout au plus certains s'arrêtent-ils un instant pour se demander éberlués d'où sortent ces fêtards motorisés.

En octobre, pendant qu'à Paris, lors de l'inauguration de la première délégation québécoise à l'étranger, Jean Lesage se fait envoyer sur le nez par un de Gaulle ému: «Vous êtes le Québec!», une brochette de rinistes encore bien sages hissent leurs bannières devant les consulats de France à Québec et à Montréal. L'une d'elles proclame: «Maison du Québec aujourd'hui... ambassade du Québec demain[3]». Ô, ma soeur la violence, où es-tu? Il faudra attendre qu'un Pierre Bourgault, beaucoup plus agressif que le tandem d'Allemagne-Chaput, prenne le mouvement en main, en 1964, pour que la «politique de la rue» se mette à l'heure des cocktails Molotov, des clous et des matraques.

Mais comme on ne peut descendre dans la rue tous les jours pour faire parler de soi, d'autres techniques de relations publiques s'imposent à l'état-major séparatiste. Il ne s'agit pas uniquement de se ménager un accès privilégié aux colonnes d'information des journaux, par des rapports savamment cultivés — au bar s'il le faut — avec les scribes, mais aussi d'y diffuser sa propagande moyennant paiement. Le 24 juin, jour de la fête nationale, le Rassemblement se permet une page entière dans *Le Devoir*. Le psaume va ainsi: «Pour la reconnaissance du français comme seule langue officielle et obligatoire dans le Québec. Pour une représentation de l'État du Québec aux Nations unies. Pour la maîtrise complète des destinées économiques et des ressources naturelles du Québec. Pour une politique de grandeur française à l'échelle de l'Amérique du Nord et du monde. — Une seule solution: L'IN-DÉPENDANCE.»

Les tracts incendiaires font également leur apparition. Des croisés rinistes en distribuent plus de 20 000 durant le défilé de la Saint-Jean, rue Sherbrooke. Laissés à la «discrétion» des militants, des graffiti divers — «Québec libre», «Le Québec aux Québécois», «On est capable» et d'autres, plutôt obscènes, que la décence interdit de citer — barbouillent bientôt les murs crasseux de toutes les pissotières de la ville. «À bas la Confédération», hurle celui découvert en octobre à la Place de la Confédération, à Ottawa. D'énormes et provocantes lettres vertes que les préposés à la «salubrité idéologique» s'empressent de faire disparaître.

Parallèlement à ces activités de scribouillage, le Rassemblement entreprend un travail assidu de pénétration en province. À Rimouski, la section fondée par l'architecte Rodrigue Guité compte trente membres. «La fièvre pour un Québec libre s'empare graduellement des Rimouskois, note le bulletin riniste d'octobre. On a pu voir plusieurs *Union Jack* remplacés par le fleurdelisé, notamment au magasin Dominion.» Quand Chaput vient y faire son tour, en décembre, on l'accueille à l'aéroport aux cris de «Soyons maîtres chez nous»[4].

De Trois-Rivières, où la section riniste existe depuis septembre, le secrétaire, Tony Le Sauteur, écrit à ses collègues de Montréal: «Nous n'étions au début que deux membres. Aujourd'hui, nous en comptons environ trente. Nos militants ont pris d'assaut la rubrique du *Nouvelliste*, «L'opinion des lecteurs», pour répandre nos idées. Nous comptons deux membres dans les postes de radio locaux.» À Hull, fief de Chaput, le Rassemblement fait des ravages chez les fonctionnaires fédéraux francophones. Frustrés dans leur avancement par le mur de leur ghetto linguistique, ceux-ci avalent le scénario de l'indépendance avec plus d'avidité que leurs collègues du Québec. La section riniste déborde déjà la région immédiate de Hull-Ottawa et étire ses tentacules insidieux vers Pointe-Gatineau, Rockland et Saint-Joseph-d'Orléans, du côté ontarien. Preuve, pour Chaput, que les minorités françaises n'ont pas toutes la chair de poule devant le spectre de la séparation du Québec[5].

La vingtaine de téméraires qui a fondé le clan riniste de Sherbrooke, le 28 mai, a proliféré rapidement. Assez en tout cas pour susciter une «fièvre nationaliste» dans la population de cette ville, où l'élément anglophone est important. Par une nuit sans lune (du moins peut-on le supposer), un commando séparatiste a accroché au mât de la Légion canadienne, repaire attitré des Orangistes de la Deuxième Guerre mondiale, un écriteau guerrier: «Colonel Mackay, nous n'avons pas peur de vos balles. Vive notre légion d'anciens combattants canadiens-français[6]! »

À Québec, le Rassemblement fait moins d'esclandres. Il n'en compte pas moins plus de cent trente membres que l'avocat Guy Pouliot et l'économiste André Marier préparent en douce à affronter ceux qui commencent à jouer avec les nerfs du bon peuple en prédisant le chaos après l'indépendance.

Entré dans le *star system* grâce au zèle de Douglas Fisher et du docteur Keyston, Marcel Chaput ajoute sa pierre au monument que sont à lui construire ses adversaires. À l'automne, il devient auteur à succès. Son livre *Pourquoi je suis séparatiste* dépasse les 35 000 exemplaires vendus. Toujours à l'affût d'un bestseller, l'éditeur Jacques Hébert a fini par convaincre le chimiste séparatiste de rallier son écurie de littérateurs politiques même au prix de le voir malmener ce fédéralisme chéri qu'il tient avec son ami Pierre Trudeau pour le nec plus ultra dans l'art de gouverner des hommes aussi disparates que les Canadiens. Rédigé en un mois, le plaidoyer de Chaput (qui est tout le contraire du nationaliste chagrin ou anglophobe) énumère non sans humour la liste des griefs historiques des Canadiens français contre le Canada des Macdonald, Cartier, King, Saint-Laurent et Diefenbaker. André Laurendeau, dont les jugements font loi, commente dans *Le Devoir*: «L'essai de monsieur Chaput mérite une attention sévère[7]. »

Dans la force de l'âge et tout en rondeurs, sûr de lui et de sa cause, le chef riniste se bat sur plusieurs fronts à la fois en cette année 1961 qui marque la grande trouée du mouvement séparatiste. En plus de chercher noise à ceux qui n'arrivent pas, malgré toute leur bonne volonté, à trouver quelque charme même discret à son idée d'indépendance, et de se mesurer aux mandarins fédéraux, Chaput livre une lutte sourde aux dirigeants de l'Ordre de Jacques-Cartier, mieux connu sous le nom de la «Patente», pour l'ouvrir au séparatisme.

Le «Fr. Marcel Chaput» milite depuis vingt ans dans cette société secrète canadienne-française fondée en 1926 dans l'Outaouais par un groupe de fonctionnaires en butte au monopole des Orangistes et des *Wasp* sur la bureaucratie fédérale. À l'origine, cette maçonnerie catholique et nationaliste, dont les dix mille membres sont réunis en cellules, se voulait une société d'entraide économique mutuelle visant à «assurer au moyen de la fraternité le progrès et la stabilité financière des membres et de la race canadienne-française». Mais avec le temps, accusent les adversaires, la Patente s'est muée en une sorte de tentative hégémonique de contrôle des milieux québécois de décideurs par le recours systématique au noyautage et suivant le dicton «Passemoi la casse, je te passerai le séné[8]».

C'est l'agronome Georges Michaud qui a recruté Chaput avant la guerre. À l'automne 1959, devenu à la fois grand commandeur de la Commanderie de Hull et séparatiste convaincu, Chaput dit au grand chancelier Pierre Vigeant, éditorialiste au *Devoir*:

— Ne croyez-vous pas qu'il est temps de s'intéresser à la question de l'indépendance du Québec?

— Je partage votre idéal indépendantiste, mais sur une telle question, l'Ordre doit se montrer prudent, objecte Vigeant, visiblement gêné par la question.

— L'Ordre se prétend l'état-major de la nation canadienne-française. Comment peut-il ne pas prendre position au sujet de l'indépendance? insiste le scientifique.

Le grand chancelier a l'air de trouver que le «frère Chaput» dépasse les bornes. Il rétorque:

— Notre mission est de défendre les intérêts des Canadiens français partout où ils se trouvent au Canada. Appuyer le séparatisme nuirait au succès de plusieurs des projets de l'Ordre...

Pour apaiser sans doute le bouillant chimiste, Pierre Vigeant consent à former un comité d'étude sur le séparatisme québécois, tout en faisant circuler au bénéfice de tous les maçons l'avertissement suivant: «Méfiez-vous, Chaput est un homme dangereux.» En obligeant Vigeant à ouvrir le débat sur l'indépendantisme québécois, le frère devenu suspect assène le premier coup de hache à la société clandestine qui mourra de sa belle mort cinq ans plus tard, le 28 février 1965, au terme d'un affrontement entre membres fédéralistes et indépendantistes[9].

Le «comité Chaput» se met à l'œuvre à la fin de l'automne 1959. Outre le trouble-fête de Hull, on y trouve l'économiste de l'école des Hautes Études Commerciales, François-Albert Angers, le théologien Louis Lachance, dominicain qui dirige la faculté de philosophie de l'Université de Montréal, l'avocat Gaétan Legault et Roland Piquette, professeur à l'école normale Jacques-Cartier. Dès la première réunion, rue Christophe-Colomb, à Montréal, le père Lachance, pilier de la Patente, donne le ton:

— Le séparatisme mène à la désobéissance et la désobéissance est un péché...

Seul le théologien-philosophe ne paraît pas abasourdi par l'énormité des paroles qu'il vient de prononcer avec un sérieux papal. Chaput en a le souffle coupé pour dix minutes. L'économiste Angers, qui ne s'est pas encore converti au séparatisme, demande avec un brin d'incrédulité:

— Tout de même, mon père, vous ne voulez pas dire que les Canadiens français n'ont pas le droit de s'autodéterminer comme les autres nations?

Le *Philosophiae Doctor* en robe blanche bafouille quelque peu avant de retraiter. Les commissaires accouchent néanmoins d'une conclusion qui fait l'unanimité dans les rangs de l'Ordre: liberté d'opinion et d'action des membres «sur le sujet de l'État français souverain d'Amérique» mais à l'extérieur du mouvement. C'est une demi-victoire pour Chaput car l'Ordre comme tel reste muet sur le bien-fondé de l'indépendance[10].

Aux grands maux, les grands remèdes. Le chimiste adresse un mémoire personnel à la Chancellerie, dans lequel il propose candidement que le thème du congrès provincial de 1960 de l'Association culturelle canadienne — nom officiel de l'Ordre — soit le séparatisme. On ne le jette pas encore par-dessus bord mais on oublie en tout cas de l'inviter au dit congrès, qui s'intéresse plutôt au sexe des anges... Au printemps 1961, la Chancellerie fait parader le mouton noir, qu'elle somme (comme le docteur Keyston au même moment) de mettre un terme à ses activités séparatistes.

— C'est scandaleux! explose Chaput. Vous refusez de parler de l'indépendance du peuple que vous prétendez défendre[11].

Exeat le frère Marcel Chaput. *Exeat*, c'est l'ordre que donne la Patente pour indiquer la sortie aux récalcitrants. Un titre de perdu, dix de retrouvés. Au congrès d'octobre, l'ancien commandeur clandestin devient au grand jour le président du Rassemblement pour l'indépendance nationale. André d'Allemagne s'est désisté. Tout bien pesé, il ne veut pas être leader. Sa logique à toute épreuve, sa capacité d'analyse impressionnante et sa force de persuasion multiplient les convertis, mais à la condition de s'exercer en petits groupes. Le tête-à-tête lui réussit mieux que l'intervention publique, qui tombe toujours à plat.

D'Allemagne se contente de la première vice-présidence que lui dispute à tort Pierre Bourgault. Battu à plate couture (16 voix contre 92), l'orateur tente d'enlever ensuite la deuxième vice-présidence à l'architecte Rodrigue Guité et doit encore baisser pavillon. Il ne suffit pas de bien parler pour être promu caporal. Ses épaulettes, Bourgault les gagnera une par une.

Ce premier congrès annuel permet aux rinistes de se doter d'un embryon de programme politique qui se veut une réponse à ceux qui les accusent de se désintéresser des questions sociales et économiques. Mais avant d'en venir aux résolutions précises, les 200 délégués déterminent les trois grandes étapes préalables à la déclaration de l'indépendance.

Sur papier, cela paraît d'une facilité sans nom. Première étape: propagation de l'idée indépendantiste par tous les moyens démocratiques possibles pour dégager une majorité, car l'indépendance n'arrivera que si le peuple le veut. Deuxième étape: expression de la volonté populaire. N'étant pas un parti politique, le Rassemblement s'engagera dans de vastes manifestations publiques, qui pourraient être appuyées par un référendum, pour mobiliser l'opinion domestique et internationale à la cause du Québec. Au moment opportun, le Rassemblement sommera officiellement le gouvernement du Québec d'entamer le processus de l'indépendance. En cas de refus, il deviendra parti politique. Après la prise du pouvoir, troisième et ultime étape, une délégation du gouvernement R.I.N. ira négocier à Ottawa le retrait de la Confédération. La proclamation unilatérale de l'indépendance suivra automatiquement tout refus fédéral de négocier. Pas plus sorcier que cela[12].

Le scénario du «grand soir» dûment établi, les militants rassemblés au Centre Maisonneuve, dans l'Est de Montréal, adoptent le premier programme riniste, qui tient dans une trentaine de mesures. Les premières, de nature linguistique, s'inspirent de la réflexion de l'écrivain français Rémy de Gourmont: «Il y a deux sortes de peuples: ceux qui imposent leur langue et ceux qui se laissent imposer une langue étrangère.» Suivant cette logique, le Québec indépendant sera unilingue français. De plus, l'enseignement de l'anglais y sera facultatif et il faudra détenir une connaissance suffisante du français pour obtenir diplôme et emploi dans l'administration publique.

En matière socio-économique, l'orientation est progressiste: nationalisation de l'électricité, sociétés mixtes vouées au développement économique du Québec, diversification du capital étranger, ministère de l'Éducation, accès du peuple à l'instruction publique par l'école du soir, création d'une école d'administration publique, d'un institut national de la recherche scientifique et d'obligations d'épargne du Québec pour garder le capital ici.

Le programme riniste contient enfin une série de propositions plus politiques: protection de l'intégrité du territoire contre tout empiétement fédéral, multiplication des délégations québécoises à l'étranger et frein au siphonnage des fonds publics par le fisc fédéral. En 1939, les revenus du fédéral absorbaient 8 p. 100 du produit national brut, ceux des provinces (municipalités comprises), 10 p. 100. En 1952, les pourcentages étaient de 19 et 7 p. 100. Depuis vingt ans, la tendance se maintient: les provinces ont moins d'argent mais plus de besoins. Si on ne renverse pas la vapeur, par l'abolition de l'impôt fédéral au besoin, le Québec se dirigera vers un double déficit: financier et social[13].

Congrès doublement fructueux: un nouveau président et un commencement de programme. À vrai dire, c'est l'homme, et non les idées rinistes, qui retient l'attention des médias durant les semaines qui suivent. Et pour cause. Le damné Chaput se place une nouvelle fois dans une situation délictueuse en acceptant de prendre la parole comme chef séparatiste au congrès des Affaires canadiennes à Québec, le 17 novembre. Au programme, une batterie de personnalités en vue du Canada anglais et du Canada français. De René Lévesque à Douglas Fisher en passant par André Laurendeau, Mason Wade, Maurice Lamontagne, Michael Oliver, Gérard Pelletier et bien d'autres. Le thème «Le Canada, expérience ratée... ou réussie?» paraît taillé sur mesure pour Chaput. Comment résister?

Même si ce forum de libres discussions doit se dérouler sous le patronage du gouverneur général du Canada, et que des représentants de 36 universités du pays y participeront, le docteur Keyston interdit à son chimiste de s'absenter ne serait-ce qu'une seule petite journée, et même à ses frais. Quel emmerdeur, ce Chaput! Quel tyranneau, ce Keyston!

— Je ne pourrai pas me rendre à Québec, annonce le chef riniste à Peter Whyte, organisateur du congrès, qui se déroule à l'Université Laval.

— Tous les étudiants sont derrière vous, monsieur Chaput, réplique ce dernier pour l'encourager à venir. Il est essentiel que le point de vue séparatiste soit exprimé...

Quelle galère! Y aller ou non? Un véritable supplice chinois. La presse du pays maintient le suspense. «Chaput ira à Québec», affirme un journal. «Chaput n'ira pas à Québec», corrige l'autre. «Tu as promis, tu ne peux refuser», lui rappelle sa femme Madeleine. Exact. Mais s'il va se mesurer à Michael Oliver, l'intellectuel de McGill qu'on lui opposera en débat, il risque sa peau et ses os non pas à Québec mais à son retour au Conseil de la recherche. Le docteur Keyston sévira. Depuis sa mutinerie du printemps, il en rêve. Ce sera le chômage, sans doute.

— Comment les Québécois croiront-ils en ta cause si tu abandonnes à la première difficulté? lui fait encore remarquer Madeleine.

L'indépendance ne vaut-elle pas quelque sacrifice? Le supérieur immédiat de Chaput, Henry Watson, voit rouge quand il l'avise de sa décision irrévocable de se rendre à l'Université Laval:

— *Blast you, Marcel, blast you*[14]...

À Québec, les coqs des deux Canadas sont montés sur leurs ergots. Avec son franc-parler habituel, Douglas Fisher met en rogne francophones et anglophones en soutenant que la culture canadienne-française se réduit à la censure des livres, la corruption duplessiste, Maurice Richard et l'effeuilleuse Lili Saint-Cyr... Visiblement choqué, l'historien Murray Ballantyne se lève pour nier à Fisher le droit de parler au nom des Canadiens anglais et en son nom à lui. Le politicologue Oliver, lui, ridiculise ses simplifications injustes. Quant au député Jean-Noël Tremblay, qui siège en face du député néo-démocrate de Port Arthur aux Communes, il n'arrive plus à se surprendre de son «mépris brutal» envers les Canadiens français.

Les coqs gaulois aussi se cherchent querelle. Jean-Jacques Bertrand, député unioniste de Missisquoi, veut river son clou à Maurice Lamontagne, qui vient de soutenir qu'on n'entendait pas la voix du Québec à Ottawa durant le régime Duplessis. Même le premier ministre Lesage diverge d'opinion avec son ministre René Lévesque. Pendant que le premier idolâtre la Confédération — «la grande entreprise commencée il y a à peine cent ans» —, l'autre avoue que c'est «sans passion et uniquement par devoir» qu'il s'y intéresse et que, de toute façon, passion ou pas, le Canada anglais a beaucoup plus besoin du Québec que le Québec du Canada anglais[15].

Quand Chaput pénètre dans l'amphithéâtre de médecine (une salle de six cents sièges), mille étudiants ravis l'ovationnent bruyamment. Le matin, Lévesque a laissé tomber finement et «humblement», comme toujours:

— Je me rends bien compte que je ne suis aujourd'hui que l'entremets de ce congrès. Le plat de résistance vient d'Ottawa...

Durant la journée, les téléscripteurs reliés à la capitale fédérale ont craché une déclaration du ministre de la Défense Harkness, qui a considérablement accru le taux d'électricité déjà présent dans l'atmosphère. «La procédure normale sera suivie, a annoncé l'Écossais aux reporters agrippés à ses basques. Monsieur Chaput sera suspendu pour insubordination.» Ainsi soit-il. C'est la reine versus un nouveau Gandhi?

— Ma suspension aidera le séparatisme, commente le mutin

aux applaudissements de la salle. La libération d'un peuple exige parfois la désobéissance de ses fils. Je désobéirai aussi souvent qu'il le faudra pour libérer les Canadiens français...

Chaput consacre l'essentiel de son plaidoyer à jeter une douche froide sur l'enthousiasme du ministre fédéral de la Justice, Davie Fulton, qui a promis à l'ouverture du congrès l'adoption imminente d'une législation garantissant les droits des francophones.

— C'était à prévoir! lance le chimiste désobéissant. Devant la montée fulgurante du séparatisme, le gouvernement anglophone d'Ottawa est pris de panique... Faudra-t-il le répéter cent fois, mille fois: nous ne voulons ni du bilinguisme, ni des chèques bilingues, ni d'un drapeau, ni d'un hymne national. Aucune concession, aucun compromis ne pourrait nous satisfaire. NOUS NE VOULONS PLUS ÊTRE UNE MINORITÉ!

Le débat Chaput-Oliver est extrêmement dur, violent même, mais courtois. L'insoumis des laboratoires fédéraux bénéficie du préjugé favorable. La victime, celui que le Pouvoir veut écraser comme un ver de terre, c'est lui. Il connaît à Québec un véritable triomphe que la presse répercute à travers le pays entier. Howard Dallin, de l'université de la Saskatchewan, résume le sentiment de ses collègues du Canada anglais au reporter du *Devoir*: «Je m'attendais à voir un beatnik, un radical, j'ai vu un homme posé et intelligent qui m'a impressionné.» André Laurendeau, lui, est revenu tout pimpant de Québec — «la plus belle ville du Canada avec Vancouver». Il note dans sa colonne du *Devoir*: «Une expérience enrichissante. Les textes dont j'ai pris connaissance sont francs, directs, parfois même brutaux. On dialogue, on veut dialoguer, mais on ne fait pas de la bonne entente[16].

Le réveil est amer pour Chaput, suspendu pour quinze jours sans traitement. Comme c'est la fin novembre, il profite de ces vacances imméritées pour «poser ses châssis doubles» et rédiger sa lettre de démission. Il a fait son lit.

Depuis un certain temps déjà, il croit que le mouvement indépendantiste a besoin d'un permanent. «Une guerre menée par un général le soir après le souper est une guerre perdue d'avance», répète-t-il à d'Allemagne et Bourgault. Le 4 décembre, à neuf heures, Chaput remet sa lettre de démission au

169

docteur Keyston qui, loin de blêmir, lui fait remettre tous ses papiers en règle moins de deux heures plus tard. Au 24 Sussex, Diefenbaker soupire de soulagement: il n'aura pas à porter l'odieux d'une mise à la porte.

Le général Chaput ouvre la campagne de l'indépendance en parcourant la province d'est en ouest au moment même où le nouveau rédacteur en chef de *La Presse*, Gérard Pelletier, trompé par son fédéralisme inébranlable, prédit à la Saint-Sylvestre que «le Canada français va parler moins de séparatisme». Six mois plus tard, ramant toujours contre vents et marées, l'oracle Pelletier croit constater que «la vague séparatiste s'est perdue dans les sables». Yves Michaud, son collègue de *La Patrie*, ne fait pas mieux. Il intitule son commentaire du 2 août 1962: «Le séparatisme est mort». Anachronisme célèbre, lancé vingt ans trop tôt, mais qui rassure la bonne société canadienne qui lui décerne du coup le prix du gouverneur général pour son éditorial[17].

Le Gandhi séparatiste

Chaput a des idées bien arrêtées sur l'art d'être chef. Il faut en premier lieu une permanence. Avoir pignon sur rue, c'est obligatoire pour être pris au sérieux. On ne fera pas la révolution indépendantiste dans sa cave, le dimanche après la messe. L'argent, on le trouvera. Le 19 janvier 1962, le Tout-Montréal est invité à l'inauguration du secrétariat du Rassemblement pour l'indépendance nationale au 2157, rue Mackay. Dans l'Ouest, ma chère! Au beau milieu du carré anglais de Montréal. Parmi la foule des invités, un étrange visiteur, Pierre Trudeau, qui ne tient pas dans ses mains la feuille d'érable mais le symbole du rassemblement séparatiste: le bélier stylisé par une spirale rouge et noir.

Le 7 mars, grand rassemblement populaire à la Fraternité des policiers pour ne pas laisser oublier le «crime odieux et encore tout chaud» perpétré contre le Canadien français Marcel Chaput par le gouvernement anglophone de John Diefenbaker. Mais ce n'est pas le martyr de la chimie fédérale qui soulève les douze cents personnes présentes mais plutôt le responsable de la propagande riniste, Pierre Bourgault.

— Il y a moins d'un an, malgré les sourires, malgré des moqueries et malgré l'ignorance, commençait la libération du Québec, déclare l'électrisant tribun qui s'approprie la foule beaucoup plus par son jeu théâtral que par la substance de son message. Il y a moins d'un an commençait la révolution... Nous étions une cinquantaine, nous voilà aujourd'hui des milliers... Nous sommes la Nation! Nous sommes la Révolution[18]!

Sublime. Mais faire la révolution sans un sou en poche, quelle déprime! Le premier à subir le choc est Chaput, qui vit de ses économies personnelles, de son régime de retraite empoché avant de déguerpir d'Ottawa et de la maigre pitance que lui verse le mouvement quand les mécènes se montrent généreux. L'euphorie des premiers mois fait bientôt place à la grogne. La rue Mackay coûte cher — et Chaput aussi, commence-t-on à chuchoter dans les rangs du Rassemblement. Même la presse insinue avec sa perfidie habituelle que le président Chaput roule carrosse. C'est tout le contraire. Il n'est rien d'autre qu'un quêteux obligé de taper les amis et de menacer les associations de comté:

— Envoyez-nous un chèque sinon on ferme boutique!

À l'automne 1962, le général Chaput a déjà connu son Waterloo. On lui reproche d'avoir endetté le Rassemblement de plus de 5 000 $. Sa fameuse campagne de financement public de mars, qui devait apporter la manne, n'a fourni qu'un maigre 12 000 $, montant qui a servi à éponger les dettes les plus criantes. Le chimiste qui a tout abandonné pour la cause découvre l'ingratitude de la foule riniste. Il souffre quand il entend les étudiants du mouvement ironiser à ses dépens:

— On en a assez de le faire vivre, ce gros-là!

Tantôt il passe pour un pacha, tantôt pour un dictateur qui n'en fait qu'à sa tête et n'écoute personne sauf lui-même et sa femme Madeleine.

— Pour réussir une cause difficile comme l'indépendance d'un peuple, il faut un chef! réplique-t-il à ses détracteurs en citant le mot de la reine Christine de Suède: «Si vous voulez faire quelque chose, ne consultez que vous-même[19].»

Chaput ne convainc à peu près plus personne. Début octobre, les choses se corsent encore. Le premier ministre Lesage vient de déclencher les élections de l'électricité pour le 14 novembre. Voilà, se dit le chef séparatiste, une occasion rêvée de tester la valeur électorale de l'indépendantisme. Il annonce tout de go à la direction riniste — qu'il a oublié de consulter — qu'il sera le premier candidat séparatiste à briguer les suffrages au niveau provincial. Sa cible: le comté de Bourget, où le député libéral Jean Meunier a maille à partir avec son parti.

Holà! président Chaput, vous brûlez les étapes. Le Rassemblement n'est pas un parti politique, vous l'oubliez. De plus, il ne possède ni programme politique véritable, ni plate-forme électorale. «Prématuré», décrète une bonne moitié du conseil central. «Allons-y», rétorque l'autre. Le geste unilatéral de Chaput pose au moins la question de l'action politique, qui agite les esprits depuis déjà un bon moment. Le congrès du 20 octobre, au Mont Saint-Louis, à Montréal, tranche le nœud gordien en reportant à 1964 la décision de se muer en parti et en élisant comme président l'avocat de Québec Guy Pouliot. Le sans-grade Chaput peut bien, s'il le désire encore, aller faire son petit tour de piste électoral dans Bourget, mais ce sera à titre personnel, comme candidat séparatiste indépendant, non comme riniste. La nuance est importante[20].

La déconfiture de Marcel Chaput, qui sera consacrée le 14 novembre par un score électoral pitoyable d'à peine 3 000 voix dans un comté de 102 000 électeurs, reste l'événement spectaculaire du congrès. Mais non le plus important. Les quatre cents délégués fournissent enfin à ceux qui accusent le R.I.N. de ne pas avoir d'objectifs socio-économiques ni de programme véritable de quoi se mettre sous la dent. Ils complètent en effet le programme ébauché au congrès de l'année précédente.

Dorénavant, Pierre de Bellefeuille, rédacteur en chef au magazine *Maclean*, ne pourra plus se gargariser avec «l'équivoque séparatiste» ni réclamer «un parti à découvert plutôt qu'un mouvement clandestin». De même, son collègue de *La Presse*, Gérard Pelletier, devra bien arrêter de présenter le R.I.N. comme un groupe politique à article unique — l'indépendance. Sa plus récente ponte, «L'œuf et la coquille», ne vaut plus. La coquille est maintenant pleine. Enfin, il se pourrait même que l'ami Hubert Aquin, l'écrivain de la revue *Liberté*, retire sa phrase: «Je suis séparatiste, mais je suis insatisfait des *imprécisions* qu'on apporte. L'indépendance ne peut être assimilée à une loi qu'on vote parmi d'autres, comme si de rien n'était. Je souhaite qu'on nous propose la révolution nationale comme telle[21].»

À trop vouloir préciser son credo, on risque cependant le morcellement. On risque de rassembler de moins en moins. La politique de la porte ouverte évitait la discrimination idéologique. Gauche ou droite? Pas d'importance. Il suffisait de vouloir l'indépendance. C'est fini, ce temps-là. Est-ce aussi catastrophique que l'a prédit Chaput? Pas tant que ça, répond un Pierre Bourgault, car le Rassemblement était en train de devenir un «ramassis». L'unanimité existait mais de façon toujours précaire. À preuve: le déviationnisme électoral du chimiste de Hull. Et puis, la pensée indépendantiste est assez mûre pour étayer un programme qui servira à la fois de lance et de bouclier dans les batailles à venir[22].

L'œuf de la coquille riniste s'écarte radicalement des contenus passés du nationalisme canadien-français. Pour trouver l'équivalent, il faut remonter à la bourgeoisie patriote de 1837, qui prônait un Québec indépendant, déconfessionnalisé et fortement axé sur l'État. L'orientation du Rassemblement pour l'indépendance nationale en fait un mouvement de centre gauche. Son programme se veut moderne, social-démocrate et laïcisant. Le Québécois riniste échappe aux images d'Épinal de l'homme canadien-français: rural, conservateur, replié sur lui-même, individualiste, féodalisé par un catholicisme borné qui lui sort par les oreilles, à la remorque de la société industrielle anglosaxonne. Il se veut jeune, sans complexe, nullement anglophobe, urbain, anticlérical, planificateur, entrepreneur, conquérant, libre et aimant la vie[23]!

En matière économique, ce nouveau Québécois est collectiviste. Nécessité fait loi. Le contrôle de l'économie passe par l'État. Un État qui ne nationalisera pas à tort et à travers, cependant, mais contrebalancera l'effet de dépendance provenant du poids des capitaux américains par la planification démocratique. Dans cette veine, les services publics seront étatisés, mais par étapes. Enfin, la grande entreprise étrangère devra s'associer au capital local, réinvestir ici une partie de ses profits et faire une place plus large aux cadres et administrateurs francophones. Il faut en finir avec ce colonialisme économique anarchique téléguidé de New York et de Toronto, car il bloque tout développement harmonieux de l'économie du Québec et brime la créativité de ses habitants[24].

Contrairement encore aux poncifs, l'homme québécois des rinistes n'est pas xénophobe pour deux sous. Son regard porte au-delà des frontières. Il répudie le concept de «race», cher aux nationalistes cléricaux, comme base de la nation québécoise, qui est pluraliste dans sa composition ethnique, religieuse, sociale et politique. En revanche, le dénominateur commun d'un Québec libre deviendra la culture et la langue françaises, auxquelles les apports nouveaux s'intégreront. D'où une série de mesures allant du français seule langue officielle jusqu'à l'intensification des échanges culturels avec la communauté des pays de langue française, en passant par l'instruction gratuite et non confessionnelle, pour ceux qui le désirent[25].

Sur le plan social et politique, les rinistes innovent tout autant: égalité juridique et salariale de la femme, allocations familiales à taux croissant, soins médicaux gratuits, droit de syndicalisation et de grève pour tous, réinsertion sociale des détenus, abolition de la peine de mort, instauration du référendum, abolition du financement secret des partis politiques, opposition aux armes nucléaires, lutte à l'impérialisme, et quantité d'autres propositions généreuses typiques des idées libératrices des années 60[26].

Au lendemain du congrès, on ne peut plus taxer les séparatistes de coquilles vides. Mais l'œuf leur coûte très cher. C'est la scission. Conflits de générations, de régions, de chapelles idéologiques, de personnalités, il y a à peu près de tout dans le brassage dont se régale une presse toujours amuseuse. Il y a surtout Marcel Chaput, à couteaux tirés avec le nouveau chef du mouvement, Guy Pouliot. Lui ayant subtilisé son pompon de président, l'avocat de Québec lui coupe ensuite son salaire de directeur général — 8 000 $ pour nourrir une famille de quatre enfants — en plus de lui retirer la direction du journal *L'Indépendance* et de faire rayer son nom du bloc éditorial. Un vrai règlement de comptes.

Le 28 novembre, une véritable commotion secoue la calotte du jeune ciel séparatiste québécois. Chaput — encore lui! —

abandonne bruyamment le mouvement qu'il a enfanté deux ans plus tôt avec André d'Allemagne. S'il s'en va, ce n'est pas pour se tourner les pouces mais pour créer le parti dont les rinistes n'ont pas voulu entendre parler à leur congrès. En démocratie, le véhicule par excellence des idées nouvelles et des aspirations du peuple, c'est le parti. En se cantonnant dans la pression et l'action de rue ou de salle, les collègues d'Allemagne, Pouliot et Bourgault s'aveuglent.

Le 17 décembre, le Salon d'or de l'hôtel Mont-Royal est assiégé par un essaim de reporters flairant la grosse manchette. Sûr d'entraîner dans sa défection des contingents entiers de rinistes désabusés et assuré de l'appui d'un Raymond Barbeau décidé à jeter les débris de ses troupes laurentiennes dans la bagarre électorale, un Marcel Chaput tout pimpant lance la première formation politique indépendantiste de l'histoire du Québec, le Parti républicain.

— Cédant à de fortes pressions et après une longue et mûre réflexion, j'annonce, messieurs les journalistes, que je fonde un parti politique qui aura pour mission d'amener le Québec à son indépendance.

Un mois plus tard (comme si c'était nécessaire), la direction du Rassemblement expulse le renégat accusé «de ralentir les progrès de la cause indépendantiste». Avis est par la même occasion donné aux rinistes éblouis par le mirage républicain: ce sera l'expulsion automatique[27].

Débarrassé des «coupeurs de cheveux en quatre» du Rassemblement, plus portés à faire l'ange quand il fallait faire la bête, violant en cela les sages conseils de Machiavel, le chimiste mordu d'indépendance édifie un parti à son image. Ce qu'il veut avant tout, c'est un bon «vieux parti», un parti à l'américaine: branché sur les milieux d'affaires, siège social imposant, permanents rémunérés, caisse occulte, limousines et chapeaux melons... Un Marcel Chaput rayonnant d'embonpoint répète à ses nouveaux fidèles:

— Il faut voir grand!

Le succès attire le succès — le bon peuple ne prend au sérieux que ceux qui ont l'air prospère. Il fuit le misérabilisme politique comme les mouches le vinaigre. Chaput installe donc sa

175

permanence dans les vastes locaux du deuxième étage de l'ancien stade de Lorimier. Les sept permanents, tous payés, disposent d'automobiles. Le chef a sa limousine. Le congrès de fondation du 16 mars 1963 se déroule dans un hôtel chic du boulevard Dorchester. Au Reine Elizabeth. Vous savez, l'hôtel de l'affreux Donald Gordon, le président des Chemins de fer nationaux qui, au même moment, met le feu aux poudres du Dominion national en taxant les Canadiens français d'incompétence devant un comité des Communes. Curieux stratagème que celui d'encourager l'ennemi...

Quand Marcel Chaput reçoit, il ne lésine pas. Aux reporters ébahis par la bonne humeur contagieuse des deux cents délégués républicains et par le faste, plutôt royal, de la réception, il confie:

— Avant, il y avait autour de moi des rêveurs bien intentionnés mais trop loin de la réalité politique. Ceux qui me suivent dans la magnifique aventure du Parti républicain sont des gens d'action...

Ces «gens d'action», ce sont pour la plupart des petits hommes d'affaires et des professionnels qui, sous le feu des chandelles et au son des sérénades et des tangos exécutés par l'ensemble de Paul de Margerie, s'envoient dans l'estomac un menu somptueux composé à la gloire des gastronomies régionales québécoises: consommé aux paillettes de la Mauricie, fruits de mer de la Gaspésie, suprême de volaille Richelieu sauté aux champignons de l'Estrie, salade Appalaches, bombe glacée d'Abitibi... Le tout servi dans la porcelaine du Reine Elizabeth à l'effigie de la reine et du Canada. Et un journaliste narquois de commenter: «On n'a plus les colonisés qu'on avait!»

Tant de poudre aux yeux finit néanmoins par rapporter. Après trois mois d'existence, le Parti républicain compte déjà 3 200 membres — chiffre qui dépasse le *membership* du Rassemblement. Délesté malgré lui d'un fort nombre d'organisateurs et de militants des régions extérieures à Montréal, le navire riniste paraît à la dérive. Les eaux deviennent bientôt tout aussi troubles pour Chaput, qui réalise qu'il n'a pas les moyens de sa politique de grandeur. Au Rassemblement, quand il parlait de dépenser quelques sous, il se trouvait toujours un Pierre Renaud (le trésorier) pour lui faire la morale:

— Il faut vivre selon ses moyens!

En mettant à l'eau son bateau républicain, Chaput a inventé la règle suivante:

— Dans une révolution comme l'indépendance du Québec, on établit d'abord ce qu'il nous faut et ensuite, on va le chercher...

Pareille philosophie met rapidement son parti dans le rouge. Début juillet, la dette atteint les 50 000 $. Comment trouver l'argent qui évitera une faillite retentissante? Un jour qu'il rentre de Québec en voiture, Chaput réalise, sous l'effet d'une inspiration, qu'il a une âme de Gandhi. Il sera le mahatma du Québec. Il jeûnera jusqu'à la limite de ses forces, s'il le faut, pour la libération de son peuple.

Le 8 juillet, le chef républicain ameute une nouvelle fois la presse — du moins celle qui le prend encore au sérieux. Dût-il perdre toutes ses rondeurs et devenir aussi rachitique qu'une vache sacrée, il ne touchera plus à aucun plat avant d'avoir récolté... 100 000 $ pour renflouer sa barque. Finis les festins de Balthazar!

— Gandhi jeûnait pour la cause; vous, vous jeûnez pour de l'argent, lui dit un journaliste plus méchant que les autres.

Trente-trois jours à ne boire que de l'eau. Après quelque temps, Chaput oublie la faim du ventre même s'il n'a pas, comme Gandhi, l'habitude de l'ascèse. Mais, plus pernicieuse, la «faim du cerveau» s'empare de lui. Manger! Ah, manger! Impossible de chasser cette idée fixe. Il voudrait méditer, comme le mahatma, mais tout imprégnée de matérialisme occidental, son âme n'arrive pas à rejoindre les hauts plateaux du mysticisme gangétique. Les seules cimes qui bouchent sa vision sont celles que forment dans son assiette imaginaire les montagnes de grosses fraises rouges nappées de crème à 35 p. 100. Un jour, dans la petite pièce de la permanence du parti qui lui sert de chambre à hallucinations, le jeûneur lance à une bonne amie venue l'encourager:

— Aujourd'hui, chère madame, je ne vous vois pas comme une femme, mais plutôt comme un gigot d'agneau...

Bientôt, la foule des curieux accourt pour voir qui le héros, qui le traître à son pays, qui le fou. Certains soirs, on fait la queue, comme jadis à l'oratoire Saint-Joseph.

177

— Vous ne seriez pas une sorte de frère André? l'interroge une bonne vieille qui tient dans ses mains des images saintes.

Une autre sort de son sac un goupillon et l'asperge d'eau bénite comme s'il était Satan incarné.

Derrière la table où il s'assoit pour recevoir visiteurs et oboles, Chaput en voit de toutes les couleurs. Des enfants viennent vider leur tirelire pour l'indépendance. Il a de nombreux correspondants dont l'un l'insulte sous le couvert de l'anonymat: «Tu mourras au bout de la corde. Cochon! Mange de la marde!» Le prenant pour saint Louis, un militaire étranger se jette à ses pieds en l'implorant de lui imposer les mains. Un quinquagénaire qui a visiblement son pompon s'écrie en le touchant:

— Saint Chaput, bénissez-moi!

Il y a enfin la pute séparatiste qui lui propose un marché plutôt sympathique:

— Je vous donnerai 30 p. 100 par client que vous m'enverrez. Pour vous, ce sera gratuit naturellement[28]...

Le 10 août, après un mois de ce cirque, l'objectif du «politicien le plus exotique du Québec», comme l'a baptisé la presse, est atteint. Les 100 000 $ recueillis sauvent son parti de la mort. Mais est-ce si sûr que cela? Sur sa gauche, le Rassemblement pour l'indépendance nationale n'est pas resté prostré très longtemps. En mars, pendant que les républicains dînaient au prestigieux Reine Elizabeth, les rinistes, réunis en congrès extraordinaire dans une salle défraîchie de l'Est, ont finalement franchi le Rubicon et transformé leur mouvement en parti politique. Gonflée à bloc pour les combats à venir, l'assemblée a chanté: «Ah ça ira, ça ira... les fédéralistes à la lanterne! Ah ça ira, ça ira... les fédéralistes on les aura[29]!»

En fait, les rinistes auraient pu tout aussi bien scander: «Ah ça ira, ça ira... les républicains à la Chaput! Ah ça ira, ça ira... les républicains on les aura!» Car en optant pour l'action électorale, le Rassemblement se pose en frère ennemi du Parti républicain. Tout bien pesé, d'Allemagne et Bourgault n'ont pu se résigner à laisser le champ libre aux républicains dont ils doutent qu'ils réussissent. Malgré toute l'estime à laquelle il a droit, Marcel Chaput ne peut incarner seul la cause de l'indépendance.

Voilà donc le Québec «pris» avec deux partis séparatistes. À cause de l'exiguïté de l'échiquier politique québécois, l'un des deux devra plier bagage avant les prochaines élections. Que le meilleur l'emporte et que Dieu ait l'âme de l'autre! Pour les rinistes, le gagnant ce sera le R.I.N., parti démocratique qui a une pensée politique et qui répudie le culte du chef qui afflige le Parti républicain. Fondé par un homme seul, qui s'est sacré grand chef lui-même, ce parti n'a ni programme, ni idéologie, ni structure démocratique. En plus, il trouve ses appuis à droite auprès du corporatiste Barbeau et de financiers à la manque même pas capables de le faire vivre[30].

La guerre sera courte et mortelle pour le nouveau «vieux parti». Trois mois à peine après avoir mis fin à sa première diète politique, Chaput se débat dans une nouvelle crise financière. Son plan de sauvetage — le trésor de la future république remboursera à tout souscripteur quinze fois sa mise — s'écroule comme un pan de mur aux assises de papier. «Vous voulez monnayer le patriotisme!» s'écrie une presse indignée. Pis encore: scandalisé par les extravagances de son nouvel allié et son manque de leadership intellectuel, Raymond Barbeau reprend ses jetons. Chaput se retrouve isolé et endetté. Que faire d'autre sinon en appeler à nouveau aux mânes de Gandhi?

Le 18 novembre, l'ancien chimiste se jette une deuxième fois dans le gueule de la faim. Mais il se montre moins «gourmand»: 50 000 $ suffiront. Nouvelle tactique: au lieu de rester cloîtré à la permanence à halluciner, ou à grimacer comme un vieux singe pour épater les badauds, le mahatma de l'indépendance se déplace en province. Au Cap-de-la-Madeleine, ses organisateurs lui imposent un véritable supplice de tantale en lui demandant de prendre la parole... au banquet de la Chambre de commerce locale.

La foule se lasse vite d'un exotisme trop décollé de sa réalité de tous les jours. Après deux mois d'abstinence, la caisse du Parti républicain ne s'est enrichie de 20 000 $ à peine. À quoi bon continuer? Dérouté par la tournure des événements, affaibli par deux jeûnes quasi consécutifs, mais se consolant avec l'idée que le destin d'un idéaliste comme lui est de mourir pauvre et oublié, Marcel Chaput lâche tout. Il retourne à la vie anonyme. On est le 21 janvier 1964. Après Raymond Barbeau, c'est le deuxième chantre de l'indépendantisme version 1960 à disparaître.

Place à Pierre Bourgault! L'hypothèque républicaine levée (le parti de Chaput s'évanouira en douce dans la nature avant la fin de 1964), les rinistes refont rapidement le plein de militants. Ce n'est pas sorcier puisque leurs effectifs dépassent tout juste 2 000 membres. Côté finances, on est loin du pactole mais au moins on évite la crise financière et les huissiers. Merci au trésorier Pierre Renaud, publicitaire aux traits sévères qui a appris à compter chez Cockfield Brown, la plus grande agence de publicité du Canada, où, a-t-il noté, aucun francophone n'a encore accédé à la direction. Trop «incompétents», ces Canadiens français.

Pour le publiciste, le Rassemblement doit s'administrer de façon exemplaire. Comment les Québécois pourraient-ils prendre au sérieux son invitation à s'administrer eux-mêmes s'il fallait qu'il déclare faillite? Aussi, dès son entrée en fonction, il a mis les rinistes à l'heure de l'austérité en sabrant le superflu hérité de l'ère Chaput. Le premier grand argentier séparatiste a déménagé illico le secrétariat de la rue Mackay à Rosemont. Il n'a pas hésité non plus à endosser personnellement l'emprunt bancaire nécessaire pour consolider la dette de 5 000 $.

En mai, avec comme toile de fond la violence du F.L.Q., qui vient d'exécuter sa première victime, le gardien de nuit Wilfrid O'Neil qui a sauté avec la bombe déposée dans un bâtiment de l'armée, Pierre Bourgault prend les commandes du Rassemblement. Son élection comme président ne se fait pas sans douleur. En effet, au congrès du 30, les délégués plus conservateurs de la région de Québec, qui en ont peur, mènent contre lui une campagne systématique de dénigrement. Il est agnostique — quel péché! Il est jeune — à peine trente et un ans. Encore la couche aux fesses, quoi. Pis: il souffre d'une forte «instabilité émotive». Ne cherchez pas à savoir de quoi il s'agit au juste, la bande de Jean Miville-Deschênes refusera de mettre les points sur les *i*. Le sous-entendu, c'est plus efficace. Pour arriver à vaincre Guy Pouliot, candidat des rinistes de la vieille capitale, Bourgault doit les mettre, lui, les points sur les *i*, au sujet notamment de sa réputation de mange-curés.

— Jamais dans les quatre cents discours que j'ai prononcés pour l'indépendance, je n'ai porté d'attaques contre la religion, l'Église ou les catholiques, proteste-t-il auprès des délégués qu'un fossé sépare. Je ne suis ni anticlérical ni anticatholique mais j'entends qu'on respecte ma liberté de conscience comme je respecte celle de chacun...

Jusqu'ici, l'élan riniste s'est heurté principalement aux frasques de Chaput et à l'ironie ou l'indifférence d'une population dont un premier sondage à caractère scientifique, réalisé à l'automne précédent pour le compte de Radio-Canada, a révélé que le quart ne connaissait rien du séparatisme et que seulement 13 p. 100 l'approuvait[31].

Une douche plutôt froide pour les candides qui ne juraient encore que par les sondages improvisés du printemps 1961. Bourgault a manifestement beaucoup de pain sur la planche. Visiblement, l'indépendantisme piétine. Comme tous les colonisés, les Québécois sont apathiques. Ils ont peur. Mais ils sont capables de se mettre en marche. De cela, le nouveau chef est convaincu. Son slogan «On est capable» résume là-dessus toute sa pensée.

Avec son penchant avoué pour les mêlées de rue, l'agressif Bourgault ajoute aux difficultés de croissance de son parti. Les mots Bourgault et R.I.N. deviennent bientôt associés automatiquement dans l'esprit des gens aux images de violence qui commencent à défiler sur leur petit écran jusqu'à la crise d'octobre 1970. Pour qui veut tâter de l'action électorale, comme Bourgault, c'est commettre là une erreur impardonnable ou n'y comprendre rien à la politique.

Le Bourgault des premières années 60 se fiche éperdument du tribut électoral à payer. Le goût d'exciter les passions le domine. C'est avant tout un orateur obnubilé par son art et qui jouit comme un vieux frère aux réactions de la foule à sa rhétorique. Il a tout de l'agitateur: il aime mesurer son pouvoir sur la masse à qui il indique de son index de jacobin et de sa voix de stentor le chemin à suivre. Il n'a à peu près rien du politicard qui pèse et soupèse chacun de ses mots, chacun de ses gestes, de peur de compromettre ses chances de réélection. Le Pouvoir, pour Pierre Bourgault, c'est celui qu'il tire de la provocation verbale et de sa force de persuasion.

Dernièrement, on l'a invité à s'adresser aux élèves de rhétorique du collège de Saint-Laurent, à 90 p. 100 hostiles à la séparation. Après le morceau d'éloquence de Bourgault, on vote. La moitié ne jure plus maintenant que par l'indépendance. Pareille emprise sur les autres a de quoi enivrer celui qui en est affublé.

Cet homme hors série fait de la politique à sa façon, c'est-à-dire en solitaire, en marginal conscient de l'être, et aimant l'être. Sa marginalité, il sait s'en accommoder depuis le temps du collège, où ses maîtres fustigeaient «les têtes fortes comme Bourgault» ou désignaient toute la classe en disant «du petit Bourgault au grand Brabant[32]». Il ne sera jamais un homme à courbettes ni, à vrai dire, un homme d'équipe. S'associer aux autres lui est toujours pénible. Individualiste indécrottable qui a articulé lui-même sa pensée, il ne croit qu'en lui, n'écoute que lui, n'entend que lui. S'il se fourvoie, il désigne le responsable: lui. S'il faut casser des gueules, eh bien! ce sera d'abord la sienne[33].

Ses traits de caractère font de Pierre Bourgault un antipoliticien. Le double rôle qu'il compte donner à son parti n'est pas de nature non plus à lui assurer une base électorale très large. Petit mouvement basé sur le rêve d'abord, le Rassemblement constitue à ses yeux une espèce d'opposition fondamentale à tout le régime. Ses ennemis sont nombreux et partout. Le seul front électoral ne saurait donc l'occuper tout entier. Il doit aussi descendre dans la rue aux côtés des opprimés — les grévistes par exemple —, non seulement pour leur donner un coup de main immédiat, mais aussi pour leur prouver qu'il n'existe pas uniquement pour mettre le grappin sur le pouvoir[34].

Stratégie fort généreuse mais plutôt périlleuse. Malgré tout, cette nouvelle diva séparatiste ne serait-elle pas la personnalité charismatique, le Messie attendu par ceux qui s'imaginent que la révolution indépendantiste émanera de l'urne électorale? Ou ne serait-ce pas plutôt ce petit homme renfrogné et impatient qui assaisonne chacune de ses phrases de grimaces nerveuses heureusement enveloppées dans les volutes bleuâtres de la cigarette éternellement accrochée à sa bouche? Ce René Lévesque, qui commence à parler comme un séparatiste, que veut-il au juste?

Depuis quelque temps, il multiplie les sorties intempestives contre la Confédération. Aurait-il attrapé lui aussi le virus séparatiste? En janvier, il a confié mine de rien à la haute société juive de Montréal que le Canada français est engagé dans le processus irréversible de l'autodétermination. Le 3 mai dernier, en conférence de presse, il a joué dans la plate-bande du chef de l'opposition, Daniel Johnson, en laissant tomber que le Québec devait choisir entre l'égalité (des deux nations dans une nouvelle confédération) et l'indépendance[35].

À ce rythme, il lèvera bientôt lui aussi sa pancarte «Le Québec aux Québécois». Autant le dire, l'avenir politique de Pierre Bourgault apparaît dès maintenant pipé. Comme l'était aussi celui de son ex-allié Chaput, le brave chimiste des laboratoires fédéraux, qui vient de publier des mémoires intitulés *J'ai choisi de me battre*. «Petite histoire personnelle du séparatisme québécois», dit la note liminaire. L'auteur laisse également à la réflexion de ses compatriotes endormis un exergue qu'il a lui-même gravé de son burin de révolutionnaire déçu: «Un séparatiste est un Canadien français qui a compris plus vite que les autres.»

Notes — Chapitre 7

1. *Le Devoir*, le 10 juin 1961.
2. *Ibid*.
3. D'Allemagne, André: *Le R.I.N. et les Débuts du mouvement indépendantiste québécois*, *op. cit.*, p. 70.
4. *Bulletin interne du Rassemblement pour l'indépendance nationale*, n° 5, octobre 1961, et n° 6, janvier 1962.
5. *Ibid*.
6. *Ibid*.
7. *Le Devoir*, le 10 octobre 1961.
8. Laliberté, Raymond: «L'Ordre de Jacques-Cartier ou l'utopie d'un césarisme laurentien», thèse présentée à l'école des gradués de l'Université Laval, septembre 1980, p. 14, 30 , 31.
9. Marcel Chaput, Rosaire Morin et Gérard Turcotte. Les deux derniers dirigeaient l'Ordre au Québec au moment de sa dissolution en 1965, devant l'impossibilité pour les «frères» du Québec de s'entendre avec ceux de l'Ontario et de l'Acadie, inquiétés par la radicalisation du nationalisme québécois. Voir aussi Laliberté, Raymond: *op. cit.*, p. 146-154. La dissolution de l'Ordre est traitée plus en détail au chapitre 13, p. 334.
10. Marcel Chaput; et Laliberté, Raymond: *op. cit.*, p. 433.
11. Marcel Chaput.
12. *Bulletin interne du Rassemblement pour l'indépendance nationale*, n° 5, octobre 1961.
13. *Ibid*.
14. Marcel Chaput.
15. *Le Devoir*, les 18 et 20 novembre 1961; et *Montréal-Matin*, le 20 novembre 1961.
16. Marcel Chaput; et *Le Devoir*, le 18 novembre 1961.
17. *La Presse*, le 30 décembre 1961 et le 25 août 1962; *La Patrie*, le 2 août 1962.
18. «Révolution»; texte du discours de Pierre Bourgault publié sous forme de brochure par le service d'information riniste.

19. Marcel Chaput, Pierre Renaud; et Côté, Jean: *Marcel Chaput, pionnier de l'indépendance*, op. cit., p. 72-73.
20. Marcel Chaput et d'Allemagne, André: *op. cit.*, p. 59-60; et *Le Devoir*, le 22 octobre 1962.
21. *La Presse*, le 21 octobre 1961; et le *Bulletin interne du Rassemblement pour l'indépendance nationale*, mai 1962.
22. D'Allemagne, André: *op. cit.*, p. 41; et le *Bulletin interne du Rassemblement pour l'indépendance nationale*, n° 3, juin 1961.
23. Rioux, Marcel: «Sur l'évolution des idéologies au Québec», *op. cit.*, p. 100, 119-123.
24. D'Allemagne, André: *op. cit.*, p. 42-44; et le *Bulletin interne* riniste de l'automne 1962.
25. *Ibid.*
26. *Ibid.*
27. D'Allemagne, André: *op. cit.*, p. 56; Marcel Chaput; et *Le Devoir*, le 18 décembre 1962.
28. Chaput, Marcel: *J'ai choisi de me battre*, op. cit., p. 135-140; et Côté, Jean, *op. cit.*, p. 89-93.
29. D'Allemagne, André: *op. cit.*, p. 63.
30. *Ibid.*, p. 108.
31. Cité par Gariépy, Gilles: *op. cit.*, p. 48; et *Le Devoir*, le 1er juin 1964.
32. LeBel, Andrée: *Pierre Bourgault, le plaisir de la liberté*, op. cit., p. 47.
33. *Ibid.*, p. 48-52.
34. Bourgault, Pierre, in *La Révolution tranquille*, série de treize documentaires diffusés à Radio-Canada, *op. cit.*
35. Cité par d'Allemagne, André: *op. cit.*, p. 147-148.

8

Le p'tit gars de New Carlisle

L'un aime les idées, l'autre l'argent. L'un est à gauche, l'autre à droite. L'un est bleu, l'autre rouge. L'un sent québécois, l'autre canadien. L'un est indépendantiste, l'autre fédéraliste. On est ce qu'on est, dit la maxime. La formation du caractère, de la personnalité, de la pensée, des valeurs d'un individu n'échappe pas à une certaine alchimie des profondeurs.

Les influences comptent aussi. À cet égard, la feuille de route de René Lévesque est-elle utile pour comprendre les espèces de crampes séparatistes qui le saisissent en cette moitié de décennie et qui vont tantôt le brouiller à jamais avec son jeune émule Robert Bourassa?

L'enfance d'abord. Qu'y a-t-il à dire sinon que le cadre — le bastion loyaliste de New Carlisle, sur la côte sud de la Gaspésie — constitue un microcosme fidèle du Québec «colonisé» — au sens des années 60.

New Carlisle, où commence la vie de René Lévesque, n'appartient pas à la Gaspésie francophone des vaisseaux fantômes, de la Gou-Gou et des monstrueuses sorcières du rocher de Percé. C'est le chef-lieu de la petite-bourgeoisie anglophone de la baie des Chaleurs. Lévesque y est né le 24 août 1922: une Vierge, donc, quoique le signe du Lion lui conviendrait mieux.

Des mille habitants qui vivent là dans les effluves de poisson mariné, l'énorme majorité est anglophone. Les Sawyer, Walker, Flowers et Caldwell possèdent et régentent tout à dix lieues à la ronde: banque, magasin général, mairie, chemin de fer. Les rares familles francophones qui cohabitent avec eux, comme celle de l'avocat Dominique Lévesque, père de René, doivent subir leur loi et parler leur langue. Pareille immersion linguistique vous transforme le plus buté des unilingues francophones en un «parfait bilingue». Dans ce Canada du *speak white young man* des années 30, c'est aussi un atout dont le jeune René tirera avantage toute sa vie[1].

D'autres symboles, d'autres rituels liés à la coexistence ardue entre *pea soup* et *crawfish* à New Carlisle s'implantent également au plus profond de la mémoire du fils aîné de l'avocat Lévesque. Comme ce beau, ce grand, ce flamboyant *high school* devant lequel il défile tous les jours pour se rendre à sa piteuse école où un seul et même instituteur transmet tant bien que mal les rudiments de son savoir aux élèves de quatre ou cinq classes.

De leur *high school*, les petits Anglais passent directement à l'université McGill, alors que son école de rang ne débouche nulle part. À cette inégalité criante en matière d'éducation s'ajoutent les inévitables pugilats de la biethnicité juvénile. On se cogne sur la gueule à qui mieux mieux. Rixes qui ne sont pas toujours déplaisantes, surtout si on est le plus fort...

En vérité, son père doit certains jours faire des moulinets avec sa canne pour l'aider à franchir le coin de la rue où l'attendent tapis les petits Anglais. De cette guerre des boutons qui ne l'empêche aucunement de choisir ses blondes dans les rangs de «l'ennemi», l'enfant conservera des souvenirs agréables, jamais amoindris par l'amertume ou le racisme. C'est la belle vie quand même pour le p'tit gars de New Carlisle dont on dit dans le village qu'il est *triste*. En gaspésien, cela veut dire qu'il ne fait rien comme les autres, qu'il est un original.

En plus, il serait faux d'affirmer que les Loyalistes aux villas somptueuses qui envoient leurs enfants étudier à McGill maltraitent les francophones. Au contraire, ils les aiment bien, ces rustiques et serviables pêcheurs de morue canadiens-français — mais à leur manière. Comme les Rhodésiens blancs aiment leurs Noirs[2].

Dans la chaîne des éléments de l'enfance pouvant aider à expliquer la conversion ultérieure de l'adulte au souverainisme, il y a aussi le maillon du séminaire de Gaspé où René entre à onze ans, en 1933 — en pleine crise économique. Au jésuite qui l'accueille le premier jour, il demande de but en blanc:

— Où est la bibliothèque?

Sachez tout de suite, monsieur le surveillant, que le petit René bouffe du papier comme d'autres du chocolat. Travers qu'il a attrapé dans la bibliothèque familiale, bourrée de livres aux titres tous plus mystérieux les uns que les autres. Ses années de séminariste? Comme une longue et profitable journée de lecture. Il dévore tout ce qui lui tombe sous la main — principalement les livres d'histoire épais comme un dictionnaire qui rebutent le commun des étudiants. Bientôt, sa connaissance de personnages illustres comme Louis XIV et Napoléon est si impressionnante que le jeune titulaire d'histoire n'hésite pas durant les cours à recourir à son cerveau encyclopédique pour retrouver un nom ou une date qui lui font défaut.

Non seulement lit-il tout, mais il lit partout et tout le temps. Le soir au lit jusqu'à ce que le pion du dortoir coupe la lumière et au petit matin, dès qu'il ouvre l'oeil, avant que le même pion le jette en bas du lit et le traîne avec les autres jusqu'à la baignoire d'eau glacée. Contrairement aux légendes, le jeune René ne conteste pas le règlement, il vit tout simplement en marge. Il lit au lieu d'étudier. C'est tout. Mais comme il est doué, il rafle plus souvent qu'à son tour les prix d'excellence[3].

Plus important encore pour notre propos: c'est au séminaire de Gaspé, à quelque deux cents kilomètres de New Carlisle, que jaillissent en lui les premières étincelles nationalistes véritables. Ses maîtres, des jésuites qui arrivent pour la plupart de Québec ou de Montréal, l'initient en effet aux grands courants de la pensée nationaliste des années 30, incarnée par Lionel Groulx et François Hertel, ou les groupes comme l'Action libérale nationale. L'étudiant découvre comme un choc le gouffre béant d'inégalités et d'injustices qui sépare Canadiens français et Canadiens anglais.

En 1936, transfiguré sans doute par tout ce qu'il entend ou lit, et inspiré aussi par la fête de Dollard, le jeune séminariste de quatorze ans rédige pour le journal du séminaire, *L'Envol*, le premier texte où transpirent ses aspirations nationalistes. Faut-il «rester fils de la vieille France»? s'interroge l'auteur. Que oui, répond-il en énumérant au moins cinq bonnes raisons.

En premier lieu, il y a l'origine française des découvreurs et des premiers colons du Canada, notre histoire héroïque écrite par des Français, notre religion et notre langue (menacée non d'un coup de foudre mais «de lente et sournoise pénétration» et qu'il faudra continuellement défendre contre «les 137 000 000 d'Anglo-Saxons qui nous enserrent[4]»).

Vient ensuite, sous la plume de notre Mozart du journalisme, l'olympienne mission de la race française en Amérique, thème obsédant des années de la Crise et que mythifie le petit abbé Groulx. «La nation française, a dit Lacordaire, a une mission à accomplir dans le monde. En Amérique, c'est à nous que revient cette mission qui est de projeter sur l'Amérique impérialiste la lumière de la culture française, de la culture spirituelle que seuls nous possédons[5].»

Mais c'est la dernière raison, celle que l'adolescent appelle «l'intérêt prosaïque», qui fait apparaître avec le plus de netteté le futur chef politique souverainiste:

«Nous perdons en notre pays, nous, Canadiens français, des sommes immenses dans toutes les branches de la finance, du commerce, de l'industrie et de l'administration. Réclamons aux étrangers... au lieu des postes méprisables que nous possédons, les positions élevées qui nous sont dues. Réclamons-les et sachons les atteindre. Du jour où cela sera accompli, nous pourrons nous dire *maîtres chez nous*, mais de ce jour-là seulement[6].»

Il était écrit que René Lévesque allait parfaire à Québec, chez les jésuites toujours, son «éducation nationaliste» commencée à Gaspé dans le radicalisme du slogan «maîtres chez nous», emprunté à l'abbé Groulx. Formule qu'il s'appropriera de nouveau trente ans plus tard pour en faire le puissant cri de ralliement de sa campagne pour la nationalisation des richesses hydro-électriques québécoises, abandonnées depuis des lunes au grand capital étranger. En 1937, en effet, la tragédie le frappe. Ce père qu'il «singeait» jusque dans sa passion pour les livres part pour l'autre monde sans lui demander la permission. Amputé de son chef, le clan Lévesque n'a plus rien à faire à New Carlisle. La veuve, Diane Dionne, bazarde tout et s'installe à Québec avec ses quatre enfants.

Une nouvelle vie, qui ressemble au fond à l'ancienne, commence. Au collège des Jésuites, où il poursuit ses études classiques, René consacre encore l'essentiel de ses énergies à la lecture et à l'écriture plutôt qu'aux études. Il a seize ans à peine quand il s'érige en sermonneur politique dans un texte sautillant qui veut secouer l'apathie nationale des camarades de classe:

> Si ton succès personnel n'est pas un but assez élevé pour toi, n'oublie pas que tu es Canadien français, que ton peuple croupit depuis quelques générations dans une inertie à peu près continuelle et que, si la masse ne réagit pas, ce peuple, ton peuple, te dis-je, est fichu! Chacun doit mettre la main à la pâte. Chacun des descendants des 60 000 vaincus de 1760 doit compter pour un! L'avenir est entre les mains des jeunes dont tu es[7]...

À Québec, un autre événement le marque. Sa mère épouse un ex-associé de son mari, l'avocat Albert Pelletier. Or ce Pelletier a des titres de noblesse séparatistes à faire valoir. En effet, il appartient à la bande de nationalistes radicaux du journal *La Nation* de Paul Bouchard, dont Alice Lévesque, soeur de René, dira quelques années plus tard en le présentant à un ami: «Voici le premier séparatiste québécois.» Voilà donc une autre influence — mauvaise bien sûr — qu'il ne faut pas sous-estimer dans l'analyse des différents facteurs qui entraînent peu à peu l'étudiant Lévesque du côté des apologistes de l'option Québec[8].

Paradoxalement, la Deuxième Guerre mondiale, avec son sursaut nationaliste provoqué par la volonté d'Ottawa d'imposer la conscription obligatoire en dépit de ses engagements antérieurs, ne trouve pas un René Lévesque aussi fulminant d'anticanadianisme que les animateurs de la résistance canadienne-française, les Jean Drapeau, André Laurendeau, Camillien Houde. Il pense comme eux que cette tuerie européenne ne concerne pas les Québécois mais, contrairement à ses compatriotes hostiles à toute participation, il ne détesterait pas aller fureter dans les champs de bataille. Sans tenir le fusil, toutefois. Par goût de l'aventure. Pour voir.

En 1943, il a vingt et un ans et il vient de prendre définitivement congé des études. Le contraire serait plutôt vrai: on l'a expulsé de la faculté de droit parce qu'il fumait durant les cours. S'il s'excusait, il pourrait revenir. Pas question. De toute manière, la radio et le journalisme l'envoûtent. Il ne peut pas imaginer sa vie sans écrire. Ni sa mère ni le doyen n'arrivent à le raisonner.

Mais comment voir la guerre sans faire éclater des cervelles ni sans «se faire botter le derrière en anglais dans l'armée canadienne», comme il le dira plus tard? En allant à New York rencontrer le gaulliste Pierre Lazareff, qui recrute des journalistes bilingues pour faire de la propagande radiophonique antinazie destinée à l'Europe occupée. En 1944, Lévesque débarque à Londres d'où, après quelques mois comme speaker à la section francophone du United States Office of War Information, il gagne l'Alsace comme agent de liaison de la 3e armée américaine du général Patton. Il la tient, enfin, sa guerre. Et il en rapporte des images atroces — comme celles de Dachau — qui le poursuivront toute sa vie[9].

Les années de guerre ouvrent une parenthèse internationale de quinze ans dans la vie du jeune propagandiste de la cause alliée. Il n'oublie pas celle du Canada français. Il ne renie rien, contrairement à ces candides qui, dès qu'ils ont découvert que le monde existe, se croient obligés d'infliger à leurs semblables toute la gamme des poncifs d'un internationalisme creux du genre: «Moi, je ne suis ni Québécois, ni Canadien français; je suis citoyen du monde!» La belle affaire.

Durant les années 50, Lévesque réalise bien, comme d'autres, que le Québec suffoque de plus en plus sous l'autoritarisme de Maurice Duplessis, qui vieillit mal. Mais plutôt que de se mesurer à lui comme Pierre Trudeau, Gérard Pelletier ou Jean Marchand, il se réfugie (pour l'instant du moins) hors frontières.

Chez le «citoyen du monde» Lévesque, tout se passe comme si, durant ces quinze années, il avait mis son nationalisme sur une tablette. Chose certaine: si jamais cet esprit curieux, universel, devait un jour entendre de nouveau l'appel du nationalisme québécois, Pierre Trudeau et ses amis auraient du mal à le ravaler au rang d'un xénophobe replié sur lui-même, d'un chauvin obtus ou d'un bâtisseur de clôtures frontalières, conformément à leur jugement *ex cathedra* sur les séparatistes des années 60.

Rentré de la guerre en 1946, Lévesque passe directement au Service international de Radio-Canada comme rédacteur, reporter et annonceur. Il sait tout faire, ce journaliste de vingt-quatre ans qui a appris son métier chez les Américains. Seul handicap, qui n'en est pas un en fait: une voix éteinte dont l'enrouement permanent écorche plutôt qu'il n'enchante l'oreille. Il ne gagnera jamais le titre d'annonceur à la voix d'or. Durant les cinq prochaines années, ce sont les Canadiens à l'étranger — ceux qui écoutent sur ondes courtes les émissions d'information quotidiennes de *La Voix du Canada* — qui auront à subir cette voix sépulcrale. Mais les Québécois ne perdent rien pour attendre.

Pas de voix, pas d'allure

Au printemps 1951, en effet, Lévesque s'en va-t-en-guerre une deuxième fois — en Corée — comme grand reporter du réseau français de Radio-Canada. C'est le succès immédiat malgré la voix usée. Autre journaliste promis à la célébrité politique, Gérard Pelletier s'émerveille des reportages coréens du correspondant de guerre. Il note dans *Le Devoir* du 6 octobre 1951: «Personne jusqu'ici n'avait réussi à nous rendre présente cette guerre-prélude qui s'infecte là-bas comme une plaie. Ce n'est pas un reporter de Radio-Canada, retour de mission, que nous entendons quand il nous parle. C'est un homme de notre milieu, un homme libre, qui a promené là-bas notre conscience, nos espoirs, nos craintes et notre curiosité[10].»

En 1952, l'irruption spectaculaire de la télévision dans leur vie de tous les jours permet enfin aux Québécois d'apercevoir la binette qui se cache derrière le filet de voix radiophonique. C'était inéluctable: Lévesque s'impose rapidement comme l'as reporter du nouveau service de reportages télévisés de Radio-Canada. On l'envoie à Londres pour le couronnement d'Élisabeth II. À l'automne 1955, on le retrouve au bord de la mer Noire, à la datcha de Nikita Khrouchtchev, le paysan mal dégrossi qui se paie la tête du ministre canadien des Affaires extérieures, Lester B. Pearson, devant la presse internationale. Les pitreries et l'allure relaxe, pour ne pas dire débraillée, du nouveau maître de toutes les Russies tranchent avec l'époque figée du stalinisme. Lévesque est subjugué. Voilà au moins un communiste qui a l'air heureux de l'être[11]!

Mais le meilleur reste à venir pour la nouvelle star du petit écran. À compter de novembre 1956, le happening télévisé que devient rapidement *Point de mire* le consacre comme la tête d'affiche de Radio-Canada et l'un des monstres sacrés de ce Québec de la pré-Révolution tranquille sur le point de répudier le duplessisme. Chaque semaine, à vingt-trois heures, durant trois ans, le petit professeur à l'oeil bleu et aux cheveux rares vulgarise avec brio à l'intention de la planète Québec les grands problèmes mondiaux de l'heure: crise de Suez, guerre d'Algérie, Cuba...

«Pas de voix, pas d'allure, des tics à la pelle, fumant comme une locomotive s'enrageant de ne pas partir, des phrases longues comme ça et tressées d'invraisemblables associations d'idées et, avec tout cela, réhabilitant la valeur pédagogique du bon vieux tableau noir! Mais tout le monde a compris...» Cette prose particulièrement imagée est celle du politicologue Gérard Bergeron qui, dix ans après la disparition de *Point de mire*, s'extasiait encore[12].

Fin 1958, l'âpre grève des réalisateurs du réseau français de Radio-Canada met fin à l'*intermezzo* international de René Lévesque. Événement capital pour l'animateur, obligé de se replonger jusqu'au cou dans les affaires d'ici, et pour la jeune télévision française de Montréal, qui disparaît durant deux mois. Le coeur du différend est tout simple — le contraire même d'un noeud de vipères: les réalisateurs veulent se syndiquer mais Radio-Canada ne veut pas. Voilà! C'en est assez toutefois pour provoquer le black-out total quand, au début de janvier 1959, artistes, auteurs, animateurs et techniciens débraient à leur tour en guise d'appui aux réalisateurs.

Ce front a sa brèche: les camarades de Toronto restent sourds aux appels à la solidarité. Les *white niggers* de Montréal devront donc se battre seuls contre Ottawa, de qui relève la société d'État. Voilà, pour l'animateur en chômage, une première leçon de canadianisme à tirer de la grève. D'ailleurs, plus elle s'étire, plus Lévesque maîtrise difficilement sa faculté d'indignation et d'impatience. Elle va bientôt éclater dans une violence verbale inouïe contre la direction de Radio-Canada et le gouvernement Diefenbaker, inerte comme toujours dès qu'il s'agit du Québec. Un nouvel homme est en voie de naître[13].

La vraie vedette de *Difficultés temporaires*, spectacle gouailleur présenté tous les soirs à la Comédie-Canadienne par les grévistes, c'est lui. Ses numéros, qui prennent la forme d'éditoriaux singulièrement mordants et méchants, font un malheur chaque fois, comme lorsqu'il tourne en ridicule le *family compact* des frères Ouimet, Alphonse et André, qui dirige Radio-Canada de la main droite tout en la ruinant joyeusement de la gauche. Lévesque n'est ni réalisateur, ni gréviste, ni chef syndical. Pourtant, il est l'âme dirigeante de la grève. Il court à toutes les tribunes disponibles pour en expliquer les raisons au public.

— Nous ne rentrerons pas à quatre pattes! rugit-il, après un mois de grève, au nom des 1 600 employés de Radio-Canada toujours à la rue[14].

De sa chaire en ivoire de rédacteur en chef du *Devoir*, André Laurendeau suit de près le déroulement des hostilités. Un soir, il prend sa voix la plus toussotante et la plus fluette pour dire à Lévesque:

— Je vous regarde aller, vous êtes en train de vous transformer en nationaliste. Cela peut vous mener loin...

— Je ne sais pas... peut-être, marmotte son interlocuteur en faisant une moue à moitié désapprobatrice seulement[15].

Laurendeau a vu juste, comme d'habitude. S'il fallait citer un incident en particulier pour expliquer le frémissement nationaliste qui s'empare de René Lévesque, ce serait la marche du 27 janvier sur Ottawa. Ce jour-là, il redécouvre comme une évidence tombée du ciel ce qu'il avait entrevu durant ses années d'enfance et de collège: l'indifférence bêtement coloniale d'une majorité d'anglophones qui se fiche royalement, c'est le cas de le dire, du fait français. La scène mérite d'être racontée.

Or donc, voilà que s'amène devant le Parlement fédéral une délégation bigarrée et bruyante de *natives* de la télévision française de Montréal. Ils sont environ mille cinq cents à gueuler et à lever au ciel leurs placards en implorant sans doute leurs dieux païens de foudroyer à l'instant ce Diefenbaker qui ne veut rien entendre à leurs problèmes... Puis suivent les incantations, inaugurées par Jean Marchand, secrétaire général de la Confédération des travailleurs catholiques du Canada. Sa harangue violente se termine par une flèche, plus contondante que pointue, à l'intention des hauts bureaucrates de Radio-Canada, qui écrasent tout le monde de leur autoritarisme:

— Il va falloir qu'ils arrêtent de se comporter en bûcherons!

— Nous avons bâti Radio-Canada, lâche à son tour Jean Duceppe, président de l'Union des Artistes, nous sommes prêts à travailler, mais pas avec la bande d'imbéciles qu'il y a à Montréal...

René Lévesque sort lui aussi sa panoplie de gros mots qui assomment ceux qui les reçoivent: malhonnêteté foncière! bêtise! comble de la suffisance! sauver leur face[16]!... Mais c'est dans le bureau du ministre responsable du Travail où il monte bientôt avec les leaders du groupe, qu'il connaît son «illumination nationaliste». En face de lui, un dénommé Michael Starr, ministre, semble-t-il, bon diable même, mais qui ne comprend pas un traître mot de ce qu'on lui dit. Non seulement parce qu'il ne parle pas français mais surtout parce qu'il ignore à peu près tout de la grève de Montréal.

On jurerait, à ses réponses nébuleuses, qu'il en a des échos pour la première fois. En fait, c'est à se demander s'il sait que Radio-Canada a deux réseaux: un anglais et un français. Starr refuse de se prononcer sur le bien-fondé de la grève — comment le pourrait-il d'ailleurs? — et se borne à conseiller la patience aux réalisateurs.

— Tant que l'on discute, il y a espoir de règlement, répète-t-il paternellement avec des accents de monsieur La Palice[17].

Une autre évidence crève les yeux de Lévesque: le gouvernement Diefenbaker se fout complètement de ce qui arrive ou n'arrive pas à l'îlot francophone du Québec. Le réseau français de télévision peut disparaître de la carte, la boule canadienne va continuer de tourner de plus belle.

— Si le réseau anglais de Toronto fermait, rage Lévesque en rentrant complètement écoeuré à Montréal, on mobiliserait le Parlement et l'armée au besoin pour rétablir les choses[18]...

Comme pour confirmer son impression, la presse du lendemain note au sujet de la réunion de deux heures du cabinet fédéral qui a suivi la manifestation: «Rien à annoncer». Les ministres ont parlé de tout sauf du petit écran canadien-français en panne. À l'est d'Ottawa, rien de nouveau. Erreur: il y a là un petit homme, maintenant déchaîné, que le Canada anglais aurait intérêt à écouter. À soixante-huit jours du début de la grève, et à deux jours de sa fin, Lévesque prend les moyens de se faire entendre. Il donne au *Devoir* un article rédigé exclusivement en anglais dans lequel il tire à boulets rouges sur tout ce qui ne bouge pas en français à l'ouest du boulevard Saint-Laurent[19].

Pour la future diva de la Révolution tranquille, derrière toute l'affaire de Radio-Canada, il y a quelque chose de monstrueux qui refuse obstinément de montrer son vrai visage. Aussi, pour mieux le démasquer, ce vrai visage, il a choisi d'écrire son texte dans sa langue: l'anglais. Ses premières composantes sont les deux quotidiens anglophones de Montréal, le *Star* et la *Gazette*, qui scribouillent tout de travers depuis le début de la grève. Leur hostilité brutale envers les grévistes francophones de Radio-Canada, accusés d'avoir lancé «le cri de la race», épouse celle de l'élite anglophone de Montréal face aux Canadiens français qui tentent de sortir de leur folklore et de leur ghetto.

Deuxième élément: Radio-Canada même, dont l'entité francophone est une fiction qui cache une réalité foncièrement anglophone. Le «vrai visage» de Radio-Canada, c'est la *Ci-Bi-Ci*, dont la haute direction ne parle que l'anglais, à quelques notables exceptions près. Les négociateurs qu'elle envoie à Montréal, les Clive McKee, Bruce Raymond et Ron Fraser, seraient incapables de demander un café en français. Comment s'étonner que les choses pourrissent? On ne se comprend pas. Au Parlement fédéral, même micmac linguistique. Les trois ministres responsables du dossier, messieurs Diefenbaker, Starr et Nowlan, s'énervent dès qu'on parle français autour d'eux. Pis encore: ce gouvernement à prédominance anglophone a imposé le bâillon à Léon Balcer, seul ministre francophone à s'être levé aux Communes pour oser dire que la grève était peut-être légale. Pourtant, il est probablement le seul au cabinet à comprendre ce qui se passe à Montréal.

Quelles leçons le Canada français doit-il tirer de cette galère aussi tragique que comique? Le nouveau René Lévesque, celui pressenti par André Laurendeau, en voit au moins trois: 1) On sait maintenant que l'idéal de l'unité nationale est le trompe-l'oeil électoral de politiciens anglophones qui aiment leur minorité francophone *nice and quiet*. 2) Les Canadiens français ne trouveront pas leur dû dans ce pays aussi longtemps que leurs affaires resteront dans les mains des autres. 3) Au risque de passer pour de hideux nationalistes, il est clair qu'une fois le conflit réglé, il faudra réfléchir sur la place enviable réservée aux Canadiens français sous le grand et fraternel soleil canadien[20].

Cet «international», qui a manifestement retrouvé ses frontières, sort donc de la grève des réalisateurs profondément humilié dans sa fibre de Canadien français. Il n'est pas le seul. André Laurendeau aussi a dressé un bilan en tous points conforme au sien. Il écrit, en pensant sûrement à la mutation en cours chez Lévesque:

> La réaction nationaliste naît à l'intérieur des individus qui se sont sentis niés, oubliés, inexistants... elle n'a rien à voir au chauvinisme ou au racisme. Elle est une attitude de dignité blessée. L'homme que les faits désignent comme un citoyen de seconde classe, comme un colonial, comme un nègre dont les souffrances n'éveillent aucun écho chez le maître; cet homme ou bien s'écrase ou bien revendique sa dignité outragée. Nous sommes plusieurs à avoir senti quelque chose de cela[21].

L'action politique s'impose dès lors d'elle-même à l'animateur de *Point de mire*. Il lâche bientôt son tableau noir pour grimper, en juin 1960, dans le train de Jean Lesage. Ses compagnons de bord libéraux sont des nationalistes sous condition, pour qui la Confédération canadienne restera toujours l'inviolable loi sacrée de ce pays. Il est permis de discuter des aménagements de 1867, de les vitupérer de belle façon, de les ridiculiser même, mais il serait sacrilège de seulement penser sortir un jour du Canada confédéré. Ces Québécois sont liés à vie par la signature de Sir Georges-Étienne Cartier.

Mais plonger dans l'action, pour Lévesque, cela veut dire aller au bout de tout, même de l'intouchable Confédération. Le 29 octobre 1961, il ouvre le procès. Le même jour où le chanteur Yves Montand, qui est en ville, exhorte les Québécois francophones à se faire respecter («Moi, je dois parler français, mais vous, exigez donc du français!»), le député de Laurier observe devant les étudiants de l'Université de Montréal que tous les Canadiens français ont dans le sang quelques gouttes de séparatisme. Puis il laisse tomber:

— Le séparatisme est une idée respectable même si je ne suis pas encore convaincu de son opportunité. Il faudra se demander si ce n'est qu'une bulle de savon ou une idée pleine de promesses...

Trois semaines plus tard, au congrès des Affaires canadiennes, il confie aux étudiants de l'Université Laval, plus attentifs cependant aux éclats de la comète Chaput venue les haranguer le même jour, que le Québec n'a pas besoin du Canada, qu'il pourrait se débrouiller tout seul. Le sait-il? Il se fait l'écho de Duplessis qui, en 1953, au cours d'une conférence fédérale-provinciale, répliqua du tac au tac au procureur général Smith du Manitoba, qui venait d'affirmer que le Québec était un obstacle au progrès du Canada:

— Messieurs, nous ne sommes pas séparatistes, mais si le Québec vous gêne, nous pouvons nous retirer, nous avons les moyens de vivre seuls[22].

En 1962, la nécessité d'arracher au grand capital privé anglo-canadien la propriété lucrative de l'hydro-électricité s'impose à son esprit. Du plus profond de ses années de collège à Gaspé remontent alors en lui, comme une bouffée de souvenirs vivifiants, les échos de la réclamation nationaliste du dentiste Philippe Hamel — meneur de la campagne effervescente des années 30 contre le joug colonial des «trusts étrangers».

Des mois avant que son chef Lesage n'enclenche vraiment la campagne de la nationalisation, Lévesque dégaine comme une épée le grand cri «soyons maîtres chez nous»! Il l'emprunte au chanoine Groulx qui s'inspirait, lui, de l'économiste Errol Bouchette. Dès 1901, l'auteur du célèbre *Emparons-nous de l'industrie* lançait cet avertissement prémonitoire: «Un peuple n'est jamais en sûreté lorsqu'il laisse inexploitées les ressources de son pays. S'il ne les exploite pas lui-même, d'autres viendront les exploiter et se donneront ainsi un prétexte pour intervenir dans ses affaires[23]. »

Mais ce «soyons maîtres chez nous» a besoin d'être peaufiné un peu avant que les libéraux n'ouvrent le tir contre des unionistes divisés, qui n'arrivent pas à décider sur quel pied danser la valse de la nationalisation. Un jour, Lévesque assiste avec Claude Morin à une réunion de stratégie de la commission politique du parti. Soudain, la sonnerie criarde du téléphone retentit dans la pièce. Lévesque lève le combiné — c'est le chef.

— Oui, mais pourquoi on met «soyons» là-dedans...? objecte-t-il à son invisible interlocuteur.

— ...

— Ça fait un peu J.E.C... J'aimerais mieux qu'on enlève le «soyons»...

Lesage donne son accord. Le ministre des Richesses naturelles se tourne vers les autres:

— Je réduis le slogan. Au lieu de dire «soyons maîtres chez nous», on dira seulement «maîtres chez nous»... Je pense que c'est mieux[24].

Voilà qui explique pourquoi, durant la campagne de l'électricité de novembre 1962, le chef libéral termine toujours ses discours — inspirés par Claude Morin — en s'écriant, d'une voix capable de faire craquer les murs trop fragiles des salles paroissiales du Québec:

— Rendez au peuple du Québec ce qui appartient au peuple du Québec! Maintenant ou jamais... MAÎTRES CHEZ NOUS!

L'étatisation de l'électricité constitue également pour René Lévesque l'occasion de mettre en pratique sa conception du rôle de l'État. Elle est toute simple et pragmatique: privés de grands entrepreneurs capables de sortir leur province du sous-développement économique, les Québécois doivent utiliser à fond l'État pour devenir maîtres chez eux. Leur principal «capitaliste», le levier économique de leur émancipation nationale, c'est l'État. Philosophie qui tranche avec l'aversion quasi morbide du régime Duplessis pour l'État — un mal nécessaire dont il fallait se méfier par principe —, héritée de la pensée ultramontaine du XIXe siècle.

Je suis comme un indigène

Comme Nietzsche, pour qui l'État était «le plus froid des monstres froids», Duplessis craignait plus que tout le paternalisme d'État, qui détruit l'individu et conduit au désoeuvrement. L'État n'était rien; l'individu, tout. Pour Lévesque, l'État, c'est l'agent créateur, la rampe de lancement capable de projeter les Québécois hors de leur pauvreté débilitante, l'outil premier de leur développement économique. Et comment craindre l'État puisque l'État, c'est nous? Il est même le meilleur d'entre nous, hasardera-t-il bientôt, paraphrasant Hegel pour qui l'État était «le Divin sur la terre[25]».

Mais attention! le «Divin» de René Lévesque, ce n'est pas l'État qui crèche au bord de l'Outaouais. C'est l'État national des Canadiens français — celui du cap Diamant. Nul autre. En juillet 1963, il s'en ouvre au journaliste Jean-Marc Léger: «Toute notre action doit tenir compte de deux données fondamentales. La première: nous sommes une nation qui possède son État national, le Québec, son unité, des ressources, un équipement et des cadres comparables ou supérieurs à ceux d'un grand nombre de peuples du monde. La deuxième: nous ne sommes pas un peuple souverain politiquement. Donc une nation authentique mais qui ne possède pas la souveraineté[26].»

N'y aurait-il pas là comme un petit problème? Un État national privé de souveraineté politique — fût-il celui du Québec —, ça rime à quoi? Mais pas trop vite, vous les 59 p. 100 de souverainistes déclarés qui venez de dire aux sondeurs du magazine *Maclean* que le ministre Lévesque est un séparatiste qui n'ose pas encore retirer son loup. S'il est vrai qu'il en porte un, ce n'est pas aujourd'hui qu'il s'en départira. À propos de la souveraineté, il glisse justement au journaliste Léger: «Il ne s'agit pas d'examiner pour l'instant si nous pourrions l'être ou pas. Nous ne le sommes pas[27].»

Ah, bon! Le contexte électrisant du début des années 60 l'invite pourtant à la confidence publique. Comment tenir sa langue quand les bombes sautent, quand les rinistes déplacent de plus en plus d'air et quand, sur le merveilleux front fédéral-provincial, c'est l'habituelle pagaille? Dossiers chauds et conflits de compétences se multiplient comme par contagion. L'État des révolutionnaires tranquilles a beaucoup d'idées et de projets mais pas un rond pour les réaliser. Le magot est à Ottawa, et pas moyen d'y toucher; les fédéraux l'ont fourré dans leur caleçon avant de s'asseoir dessus. Certes, on négocie, mais peut-on imaginer un État central se laissant amputer de ses pouvoirs sans sortir un jour le deux-par-quatre? Faudra-t-il tolérer encore longtemps cette maison de fous? 1963 — Lévesque l'avouera plus tard —, voilà l'année où il a commencé à dérailler vers la souveraineté[28].

En mai, un auditoire de Toronto n'en revient pas qu'un ministre de Sa Majesté lui envoie en pleine face:

— La Confédération, c'est une vieille vache sacrée de quatre-vingt-seize ans. On doit la changer sinon le Québec la quittera. Il n'y a pas d'autre façon de se sortir d'un mauvais marché que de le résilier...

Comme pour ajouter à l'ignominie, Lévesque avoue encore aux Torontois:

— Moi, je ne me suis jamais senti capable d'être Canadien. Je me sens comme un indigène quittant sa réserve chaque fois que je quitte le Québec. Je me sens comme un étranger... L'endroit où je suis le plus chez moi en dehors du Québec, c'est aux États-Unis[29].

Se séparer, «ce n'est pas la fin du monde», laisse-t-il tomber mine de rien, en octobre de la même année, devant un auditoire italien de Montréal qui se crispe face à pareille affirmation.

— Le Canada, provoque encore Lévesque, c'est un *gamble* accepté il y a cent ans. Il suffirait d'un retour à votre propre culture pour comprendre ce qui se passe au Québec...

En janvier 1964, il tourne encore autour du pot, pour le plus grand plaisir des étudiants de l'Université de Montréal, tout en appliquant un peu les freins:

— Le climat politique actuel du pays incite le Québec à se tourner vers le séparatisme, mais il n'entre ni dans la politique du gouvernement ni dans la sienne de l'envisager[30]...

— Je ne suis pas pour l'instant gagné à la cause de l'indépendance du Québec, mais je considère que c'est l'une des solutions possibles à notre problème national, l'une des hypothèses que nous devons envisager sérieusement[30].

Chose certaine, la Confédération actuelle est étouffante pour tous. Pour le Québec, coffré dans un régime de programmes conjoints dictés effrontément par Ottawa dans les domaines de sa compétence, elle devient une jungle. Mais par quoi la remplacer? Là est tout le dilemme d'un René Lévesque qui, manque de temps ou prudence, hésite à fouiller la question plus à fond. Trop tôt.

En mai, son sixième sens lui dicte de se rabattre sur «les États associés», l'une des solutions miracles qui défilent depuis quelques mois comme des images fugaces sur l'écran du fédéralisme renouvelé. Ce que sont les États associés? Il serait bien en peine de l'expliquer à Gérard Pelletier, dont l'éditorial dénonce «le dangereux pouvoir des mots», ou encore à Claude Ryan, *nouveau directeur du Devoir*, qui se permet d'écrire que s'il continue à babiller de la sorte, personne ne le comprendra plus bientôt.

En réalité, Lévesque pense déjà à une sorte d'association entre deux pays mais, ministre d'un gouvernement fédéraliste, comment pourrait-il s'en vanter publiquement? C'est également sa conviction de plus en plus ferme que les diverses formules — statut particulier, fédéralisme coopératif, égalité des deux nations — avec lesquelles jonglent politiciens et experts constitutionnels ne sont que de la bassesse d'élites traditionnelles. Il faut aller plus loin[31].

De ce jour, il marche sur des pointes d'épines quand il aborde la question constitutionnelle. Parfois, il ne peut livrer le fond de sa pensée sans risquer de se faire traiter de séparatiste. Parfois, il doit faire l'apologie d'idées ou d'un régime auxquels il a cessé de croire. De toute manière, chacune de ses déclarations fait du feu. Au Canada anglais notamment où la presse commence à le prendre pour ce qu'il est en train de devenir effectivement: *a damned separatist!*

Dès mai 1964, le *Montreal Star* détrompe ses lecteurs au sujet du monsieur: «Lévesque n'est plus uniquement ce ministre dur, mais foncièrement responsable, dont les mots dépassent parfois la pensée. Depuis un an, tout ce qu'il fait et dit va dans le sens de la séparation du Québec.» Et le *Winnipeg Free Press* de renchérir: «Si les idées de Lévesque devaient triompher au sein du gouvernement, alors monsieur Lesage passerait à l'histoire comme le Kerenski de la Révolution tranquille[32].»

203

Pas piquée des vers, la référence historique. À Ottawa, le nouveau gouvernement libéral de Lester B. Pearson le tient tout autant en suspicion. De tous les ministres canadiens-français, c'est sans doute Maurice Lamontagne, théoricien du fédéralisme coopératif, qui prend la loupe la plus épaisse pour examiner les discours du «Lénine» québécois, qu'il soupçonne depuis belle lurette de séparatisme larvé. Le 25 juin 1963, il s'est levé aux Communes pour fustiger les politiciens du Québec qui commençaient subrepticement à faire de l'oeil aux séparatistes:

— Ce ne sont pas les séparatistes qui sont dangereux mais ce que j'appelle les crypto-séparatistes... Ce sont les apprentis sorciers du séparatisme qu'il faut craindre, ils utilisent ce mouvement comme instrument de chantage[33].

Jusqu'à Pierre Trudeau qui, en 1965, année de son décollage politique à la verticale, affirme sans sourciller qu'un partisan des États associés (comme René Lévesque) ou du statut particulier (comme Jean Lesage) n'est rien d'autre qu'un séparatiste masqué qui refuse d'être logique avec lui-même[34]. De toute évidence, il s'en trouve de plus en plus à vouloir tirer le vrai portrait du ministre des Richesses naturelles. En 1965, d'ailleurs, deux événements vont aider l'intimé à tenir compte un peu plus, peut-être, des bons appels à la logique de l'ancien ami Trudeau, parti chercher des armes à Ottawa contre une Révolution tranquille dont le discours nationaliste envahissant le fait de plus en plus suer.

Au printemps 1965, Jean Lesage s'entête à vouloir vendre à ses commettants la formule d'amendement constitutionnel Fulton-Favreau, dernière trouvaille dans le genre qui contente pour une fois tout le monde: États central et provinciaux. Si le Québec emboîtait le pas aux autres, le Canada marquerait son premier centenaire de façon grandiose en s'attribuant à lui-même le pouvoir de modifier sa constitution tout seul sans passer par Londres. Lesage est convaincu qu'on tient enfin la formule miracle. L'autonomie et les droits fondamentaux du Québec sont garantis et, en plus, il obtient un droit de veto: ni Ottawa, ni les autres provinces anglaises ne pourront tripoter la constitution sans son accord.

Le malheur, c'est que les libéraux sont les seuls à crier victoire. Universitaires, nationalistes, constitutionnalistes et unionistes — à peu près tout ce que la province compte de «istes» — leur tombent dessus à bras raccourcis: la formule Fulton-Favreau est une camisole de force, un carcan, un corset juridique qui soumet l'avenir du peuple québécois aux diktats du Canada anglais. En effet, si le Québec peut paralyser les autres provinces en imposant son veto, celles-ci peuvent lui rendre la politesse avec le leur. Oeil pour oeil, dent pour dent — telle est la loi des fédérés... La lilliputienne Île du Prince-Édouard n'aurait qu'à lever le petit doigt pour agenouiller le Québec.

Jean Lesage est coincé. À l'été 1964, à la conférence des premiers ministres provinciaux, il s'est montré téméraire en laissant entendre à ses collègues que la formule Fulton-Favreau — *or whatever* —, c'était du gâteau pour sa province. Il faut dire qu'il se sentait ce jour-là un peu euphorique. Il avait commencé à boire vers onze heures du matin et, l'alcool aidant, il s'était senti devenir tendre à l'endroit des frères rouges d'Ottawa, les Pearson, Guy Favreau — cogéniteur de la formule — et Maurice Lamontagne, qu'il avait passablement bousculés verbalement depuis un an. Ainsi était Lesage. Ceux qu'il aimait à jeun, il les adorait quand il était ivre et ne cherchait qu'à leur faire plaisir. Mais il devenait franchement méchant avec ceux qu'il détestait en temps normal...

Toutefois, le premier ministre québécois ne rendit officielle son adhésion qu'à la conférence constitutionnelle d'octobre 1964. Les amis d'Ottawa comprirent alors que sa promesse de l'été n'avait rien d'une promesse d'ivrogne. Aujourd'hui, devant la furie des oppositions diverses, le chef libéral cherche un moyen de s'en sortir. C'est dans ce contexte gênant qu'entre en scène, en mars 1965, le don Quichotte Lévesque, prié par le grand patron d'aller s'immoler devant les étudiants de l'Université de Montréal pour défendre la vertu attaquée de «Miss Fulton-Favreau», comme disent les caricaturistes.

L'invulnérable ministre des Richesses naturelles se fait ce soir-là assassiner proprement et élégamment par un barbicheux à lunettes, drôlement ferré en matière constitutionnelle, qui ne fait qu'une bouchée de ses approximations. C'est Jacques-Yvan Morin, futur camarade de la souveraineté. Lévesque a hésité avant d'aller se fourrer dans la gueule du loup mais, convaincu que les textes et le juridisme n'avaient au fond pas d'importance, que seul le poids de la nation québécoise comptait, il a fini par accepter de ramasser le gant. Les étudiants le huent copieusement.

«Ce soir-là a été déterminant pour moi, confessera-t-il quelques années plus tard au journaliste Jacques Guay. J'ai senti que peut-être j'étais passé à côté de quelque chose d'important[35]...»

Plutôt que de le désarçonner, cette claque sur la gueule le stimule dans sa recherche d'une option politique capable d'enrayer la mainmise des autres sur le destin canadien-français. Sur sa droite, le chef unioniste Daniel Johnson vient de lancer la sienne — l'égalité ou l'indépendance — dans un petit livre qui fait des vagues. Certes, la formule pèche par ambiguïté (un pur chef-d'oeuvre d'ambivalence johnsonienne), mais elle pique l'intérêt de Lévesque, l'impressionne vivement. Que Johnson se soit emparé du mot indépendance le bouscule. Mais, au fond, sa formule revient à un superstatut particulier exprimé sous forme d'équation: donnez-moi les pouvoirs spéciaux que je demande et je resterai dans la Confédération. Johnson pose un choix évolutif intéressant mais politiquement difficile à réaliser dans une fédération aussi centralisatrice que la canadienne. C'est tourner en rond. La vraie solution ne se trouve pas de ce côté[36].

Aux élections de juin 1966, le mot indépendance — qui séduit de plus en plus Lévesque — résonne fort et haut dans les champs de bataille. Les radicaux nationalistes du parti de Johnson ne sont pas les seuls à le claironner. Il y a aussi, et surtout, les porte-couleurs de la première formation séparatiste à briguer les suffrages dans l'histoire du Québec: le Rassemblement pour l'indépendance nationale, galvanisé par la fougue verbale de Pierre Bourgault. Là encore, le crypto-séparatiste Lévesque ressent un certain malaise.

D'abord, il doit se bagarrer contre des gens qui sont presque des frères d'armes — et de fait, dans un peu plus d'un an, il les aura tous embrigadés, chef compris, sous sa bannière souverainiste. Mais il y a plus. Le sérieux du programme politique riniste, qui met enfin de côté l'irrationalisme du pur discours patriotique pour s'intéresser au contenu socio-économique du nationalisme, l'avertit que les chances de l'indépendantisme grandissent, rapprochant d'autant plus ses échéances personnelles. La défaite libérale du 5 juin vient encore accélérer son aggiornamento.

Notes — Chapitre 8

1. Provencher, Jean: *René Lévesque, portrait d'un Québécois*, Montréal, Les Éditions La Presse, 1973, p. 8-10.
2. *Ibid.*, p. 14-15; Guay, Jacques: «Comment René Lévesque est devenu indépendantiste», *Le Magazine Maclean*, février 1969; Pilote, Hélène: «René Lévesque engage le dialogue avec les femmes du Québec», *Châtelaine*, avril 1966.
3. *La Presse*, le 18 juin 1984; Aubin, François: *René Lévesque tel quel*, Montréal, Boréal Express, 1973, p. 77-79; Provencher, Jean: *op. cit.*, p. 23-24.
4. *Le Devoir*, le 7 décembre 1976.
5. *Ibid.*
6. *Ibid.*
7. Cité par Provencher, Jean: *op. cit.*, p. 33.
8. Paul Bouchard.
9. *La Presse*, le 18 juin 1984; Guay, Jacques: *op. cit.*; Provencher, Jean: *op. cit.*, p. 42-43.
10. Cité par Laplante, Laurent: *René Lévesque — Portraits des premiers ministres du Québec et du Canada*, transcription du documentaire du 16 mars 1982, diffusé à Radio-Canada.
11. Provencher, Jean: *op. cit.*, p. 83-85.
12. Cité par Laplante, Laurent: *op. cit.*
13. Bergeron, Gérard: *Ne bougez plus! Portraits de 40 de nos politiciens*, Montréal, Les Éditions du Jour, 1968, p. 148.
14. *Le Devoir*, le 23 janvier 1959.
15. Cité par Guay, Jacques: *op. cit.*, et Provencher, Jean, *op. cit.*, p. 113
16. *Le Devoir*, le 28 janvier 1959.
17. *La Révolution tranquille*, série de treize documentaires, Radio-Canada, *op. cit.*, documentaire du 26 juin 1971; et *Le Devoir*, le 28 janvier 1959.
18. *La Révolution tranquille*, *op cit.*; et Guay, Jacques: *op. cit.*
19. *Le Devoir*, le 7 mars 1959 — seuls le préambule et le titre «Radio-Canada est une fiction! La réalité s'appelle C.B.C.» sont en français.

20. *Le Devoir*, le 7 mars 1959.

21. *Ibid.*, le 16 mars 1959.

22. *Ibid.*, le 6 février 1953, le 30 octobre et le 18 novembre 1961.

23. *Le Devoir*, le 4 décembre 1961; et Wade, Mason: *Les Canadiens français, de 1760 à nos jours*, tome II, Montréal, Le Cercle du Livre de France, 1963, tome II, p. 12.

24. Contrairement à ce qu'écrit Georges-Émile Lapalme dans ses mémoires, l'inventeur du slogan libéral «maîtres chez nous» n'est pas Claude Morin mais bien René Lévesque qui, en accord avec Jean Lesage, l'a amputé de son «soyons» de boy-scout. Précision apportée à l'auteur par Claude Morin.

25. *Le Devoir*, le 5 juillet 1963; et, pour les notions hégélienne et nietzschéenne de l'État, *Le Monde diplomatique*, janvier 1986.

26. *Le Devoir*, le 5 juillet 1963.

27. *Ibid.*; et Guay, Jacques: *op. cit.*

28. Lévesque, René: *La Passion du Québec*, Montréal, Québec/Amérique, 1978, p. 44.

29. Cité par Guay, Jacques: *op. cit.*, et Provencher, Jean: *op. cit.*, p. 201.

30. *Le Devoir*, le 30 octobre 1963 et le 17 janvier 1964.

31. Propos confiés à Jacques Guay: *op. cit.*

32. Cité par Saywell, John Tupper: *The Rise of the Parti Québécois*, Toronto, University of Toronto Press, 1977, p. 5.

33. Maurice Lamontagne. De son propre aveu, celui-ci réservait dès 1963 l'étiquette de «crypto-séparatiste», c'est-à-dire de séparatiste camouflé, à des personnalités comme Claude Morin, Pierre Laporte, Paul Gérin-Lajoie, Daniel Johnson et René Lévesque.

34. Saywell, John Tupper, *op. cit.*, p. 5.

35. *Le Devoir*, le 15 mars 1965; et Guay, Jacques: *op. cit.*

36. René Lévesque et Yves Michaud.

9

L'homme du balcon

Début avril 1967, au Cuttle's Tremblant Club, Robert Bourassa et René Lévesque s'embarquent ensemble dans une escalade nationaliste. Dans moins de six mois, ces deux-là se regarderont comme des chiens de faïence. La «maladie séparatiste» qui dévore le député de Laurier fait également des ravages dans les rangs de plus en plus clairsemés des factieux du Club Saint-Denis, qui discutaillent à la dérobée depuis la défaite électorale. C'était couru: une fois réglée, à la va-comme-je-te-pousse, la question de la démocratisation de leur parti, les réformistes se sont mis à éplucher celle de l'avenir du Québec.

En ce début de printemps d'une année qui ne se terminera pas sans boucan, le moment où chacun des habitués du «salon de l'épave» devra laisser tomber le masque, choisir son camp, approche. Du reste, il n'est que de s'arrêter un instant sur le faciès de la vingtaine de clandestins qui convergent discrètement vers le Mont-Tremblant, ce samedi premier avril, pour saisir qu'on passera bientôt aux explications finales. Le but officieux du rendez-vous secret: jeter les bases d'un manifeste nationaliste assez tonifiant pour relancer un parti boudé par la jeunesse et qui stagne intellectuellement et politiquement.

Hercule devant ses travaux devait sûrement se sentir plus optimiste que certains des invités mystérieux du Cuttel. Comment en effet retenir sur le même papier collant des muscidés aussi constitutionnellement antagonistes que Paul Gérin-Lajoie, Eric Kierans, Robert Bourassa, François Aquin, Marie-Claire Casgrain, René Lévesque, Jean-Paul Lefebvre et Yves Michaud? Probablement aussi inutile que d'espérer des partisans du capitalisme sauvage qu'ils paraphent *Das Kapital*. Quoi qu'il en soit, ce cénacle de réformistes libéraux ne manque pas de modèles à suivre ni de références. Yves Michaud, par exemple, n'arrête pas de citer le «Manifeste des 121» de la guerre d'Algérie. Ça fait *cute*, encore que le Québec paraisse très loin des côtes algériennes et que la F.L.Q. ne soit pas le F.L.N...

Le matin, alors que s'amorcent les palabres présidés par Marc Brière, un orignal, qui n'en a rien à faire, lui, du renouveau idéologique, traverse majestueusement la cour encore enneigée de l'hôtel. En plus des têtes d'affiche, plusieurs fidèles de Lévesque sont accourus en tapinois: comme les Jean-Roch Boivin, Rosaire Beaulé, André Brossard, coprésident de la commission politique du parti, Réginald Savoie, juriste d'Outremont qui milite dans le comté de Laurier, Pothier Ferland, Roch Banville, médecin syndicaliste de la Côte Nord, Maurice Jobin, toubib socialisant, et l'ingénieur Guy Pelletier, seul délégué de la région de Québec acceptable aux réformistes.

Qui a trafiqué toute l'affaire? C'est Pierre O'Neill, directeur de *La Réforme*, avec l'accord de Kierans. Le journaliste se trouve là autant pour la rebuffade à Lesage que pour la réflexion politique. Quel mal il a eu, le O'Neill, à convaincre Georges-Émile Lapalme, prédécesseur de Lesage, de venir cohabiter, même si ce n'est que pour deux jours, avec Lévesque. Entre les deux hommes, les choses ne tiennent plus qu'à un fil. Mais le grand Philippe Casgrain, mari de vous savez qui, a réussi à fléchir Lapalme, réticent en plus à venir papoter dans le dos de Lesage — solidarité entre chefs oblige — même s'il en pense beaucoup de mal.

Il a fallu également prier Gérin-Lajoie à mains jointes, comme s'il était Dieu incarné. Mais Kierans, lui, n'a pas hésité à couvrir l'opération de son autorité de président de la fédération même si, de tous les conjurés, il est sans doute celui qui a le plus à perdre si l'exercice tourne au vinaigre.

Qu'il y ait chez ces révisionnistes des gens aux opinions irréconciliables, cela devient palpable dès le premier tour de table.

— Si vous voulez parler des États associés, du fédéralisme renouvelé ou du statut particulier, j'en suis, dit Gérin-Lajoie. Mais il faut mettre de côté l'option de l'indépendance...

— Je m'excuse, Paul, mais on va la mettre aussi sur la table, objecte son concitoyen de Vaudreuil-Soulanges, Marc Brière.

Pas de censure! Ce que Gérin-Lajoie fait mine de ne pas voir, ou peut-être ne l'a-t-il pas encore saisi, c'est qu'il assiste à une réunion de libéraux dont un bon nombre remettent en cause leur adhésion au Canada fédéral. À l'invitation du président d'assemblée Brière, chacun déballe donc sa petite thèse personnelle au sujet du Québec idéal.

Maurice Jobin a pris place à côté de Lévesque, qu'il a emmené dans sa voiture. S'il n'a pas encore coupé ses liens avec les libéraux, c'est à cause de ce diable d'homme. Il l'observe pendant que chacun fait sa tirade. Lévesque écoute attentivement tout en griffonnant un tas de notes sur une feuille de papier subdivisée en quatre sections, A, B, C et D, pour les idées principales, puis quadrillée de points secondaires.

— Deux aspects sont importants, dit à son tour le docteur Jobin. Il y a d'abord le national. Il faut se brancher mais en allant plus loin que le statut particulier. Pour le social, ce qui m'intéresse, moi, c'est l'assurance-maladie universelle et une sécurité sociale élargie. Ce sont les deux points qu'il faut toucher dans notre manifeste.

— D'accord avec ce que vient de dire Jobin, fait Lévesque tout en continuant à gribouiller sur sa feuille[1].

Quelque temps avant le meeting, les réformistes ont confié à un comité plutôt invraisemblable, composé de Gérin-Lajoie, Lévesque et Jean-Paul Lefebvre, le député qui ne jure que par Marchand et Trudeau, la mission, impossible, de pondre ensemble un texte pour lancer le débat. Ça n'a pas marché, naturellement. Gérin-Lajoie et Lévesque ont oublié de se parler. Le contraire eût été surprenant — ces deux-là n'ont jamais pu faire bon ménage.

C'est plutôt Bourassa, disciple hautement fidèle de Lévesque, qui s'est mis avec Gérin-Lajoie et Lefebvre, pour rédiger un exposé sur l'avenir politique, économique et constitutionnel du Québec dans la Confédération. Conclusion unanime et sereinement modérée des trois auteurs: le futur québécois, son éden constitutionnel, ne peut se trouver ailleurs que dans un statut spécial à l'intérieur du Canada accompagné de pouvoirs plus étendus en matière économique et culturelle. C'est l'esquisse de la future option du parti libéral. (À retenir: Bourassa y a mis la main.) Réprobation turbulente d'une partie des clandestins.

— Ce n'est pas ça qu'on veut, lance l'avocat Pothier Ferland, aussi proche de Lévesque que de la frontière indépendantiste.

Que veut-on au juste? Dans cette pièce où pullulent les engendreurs d'idées nouvelles, il doit bien se trouver quelqu'un capable de le dire? Et vous, René Lévesque, avez-vous fait vos devoirs? Avez-vous un papier à montrer?

— Non, mais je l'ai tout ici, répond l'interpellé en montrant sa caboche dépeuplée.

— Ouais… mais ce n'est pas très pratique, coupe Marc Brière. Tu ne peux pas nous le lire…

— Si vous voulez discuter autre chose, je m'enferme dans une chambre puis je vous le fais.

Cela tombe bien, c'est l'heure du lunch. On se retire. Au retour, brouhaha au sein de la confrérie. Il y a André Brossard, qui fait une scène: les notes et documents laissés sur sa table se sont volatilisés. Les autres vérifient: plus rien!

— J'ai vu Jean-Jacques Côté à midi à la salle à manger; c'est sûrement lui qui les a volés! accuse quelqu'un.

Jean Lesage aurait-il son espion dans la boîte? Les nerveux s'inquiètent. Ce Côté a mauvaise réputation. C'est un organisateur de la rive sud de Montréal qui a été autrefois le bras droit d'Aquin chez les Jeunes libéraux. Aujourd'hui, il est l'exécuteur des hautes oeuvres du député de Chambly, Pierre Laporte, qu'on a bien sûr oublié d'inviter à ces agapes séditieuses car, véritable panier percé, il aurait tout rapporté au chef. Côté est-il l'espion de Lesage ou celui de Laporte? Des deux probablement. En tout cas, le tavernier est arrivé à l'auberge en catastrophe. Sur ordre de Lesage, soupçonne le journaliste O'Neill qui ne passe rien à ce chef qui a fait son temps. «Par hasard», a cependant juré Côté à Bourassa, qu'il a croisé le midi dans le couloir[2].

Durant la matinée, à Matane où il se trouvait pour éperonner les débris de sa troupe gaspésienne, Lesage a appris de ses aides la nouvelle... répandue par la presse. La veille, Pierre O'Neill était allé s'accouder au bar du Saint-Tropez, rue Drummond, à Montréal, et avait refilé le tuyau à Lambert de Brucker, chef de pupitre à *La Presse*. Le manoeuvrier O'Neill voulait que l'emplâtré de Lesage ait un choc! Il ne fut pas le seul à l'avoir. Le matin, en jetant sa pièce à un péage de l'autoroute des Laurentides, François Aquin s'est fait apostropher par le préposé:

— Ah! monsieur Aquin, vous vous en allez à Mont-Tremblant?

La nouvelle s'étalait déjà en caractères gras à la une de *La Presse*. Avant même qu'elle ne commence, la conjuration réformiste était démasquée. Quel aria! À l'auberge du Mont-Tremblant, le sort de l'espion Côté se joue. La réforme n'a pas que ses distingués penseurs, elle comporte aussi ses matamores, qui s'offrent pour aller lui faire son affaire.

— N'en faites rien, implore Pothier Ferland dont le pacifisme allié à l'âge respectable en impose. Laissez-moi lui parler. Il va sacrer le camp, je vous le promets!

Quand il tient Côté dans le coin, l'avocat le traque:

— Qu'est-ce que tu fais ici? C'est Lesage qui t'a envoyé nous espionner...?

— Jamais de la vie, rétorque l'autre. J'ai le droit d'être ici! Je fais du ski, ajoute-t-il, ironique, en désignant son accoutrement de skieur.

— Écoute, nous c'est simple, on ne veut plus te voir dans le bout...

— O.K., mon cher maître, O.K., je m'en vais, promet Côté en invoquant tous les saints du paradis avant de s'éloigner en martelant le sol de ses lourdes bottines de ski[3].

Le calme rétabli, René Lévesque se saisit d'un calendrier dont l'endos est noirci de toutes sortes d'hiéroglyphes tracés à la hâte. Il parle. Durant une heure. Brillant, logique et drôlement bien enveloppé. François Aquin, qui se souvient de ses *Point de mire* de la fin des années 50, se dit que c'est sûrement le plus extraordinaire qu'il ait jamais entendu. Même s'il a trempé dans l'entreprise du statut particulier à la Gérin-Lajoie, Bourassa est conquis par la vision et le réalisme politique qui émane, malgré tout, du procès féroce de la Confédération que son idole vient d'engager.

Cela n'a rien à voir avec l'improvisation: l'orateur s'est préparé de longue main; il a sûrement réfléchi avant d'ouvrir son sac. C'est visible. Lévesque livre à ses auditeurs le concept de souveraineté-association mais sans le mot. Les grandes lignes et l'esprit même d'*Option Québec*, le manifeste de son futur parti, se retrouvent déjà dans son exposé. Le député de Laurier explique presque machinalement — on sent que tout cela semble pour lui d'une évidence bête — en quoi les Québécois sont Canadiens, en quoi ils sont Québécois et qu'ils peuvent rester l'un et l'autre, être à la fois maîtres de leur domaine et associés aux autres Canadiens dans la dignité, pourvu qu'on leur reconnaisse des pouvoirs sacrément plus importants que ceux octroyés par la désuète constitution de 1867, devenue pour eux la jungle[4]...

Les réactions? Elles vont de l'enthousiasme volubile à la frigidité absolue en passant par le terrain gris de la perplexité.

— Ah, c'est ça! observent les plus convaincus, comme Pothier Ferland, Maurice Jobin, Réginald Savoie. C'est notre *feeling*... c'est ça qu'on ne savait pas exprimer; c'est à ça qu'on va s'accrocher.

D'autres, comme Jean-Roch Boivin, André Brossard, Rosaire Beaulé, trouvent le diagnostic sévère. Ils se sentent enfermés dans un cul-de-sac — c'est plutôt du côté du statut particulier qu'ils iraient, mais il n'est pas sûr que le parti l'adopterait. Faudra-t-il en venir à le quitter, ce parti si rassurant malgré tout?

— Où est-ce qu'on va maintenant? demande Jean-Roch Boivin.

— C'est à voir... réplique laconiquement Lévesque.

Il y a encore le groupe des scandalisés et des éberlués; les Gérin-Lajoie, Lapalme, Kierans, Lefebvre. Le nationalisme radical de Lévesque, son gauchisme exacerbé également, les place au pied du mur: jamais le parti libéral n'endossera pareilles élucubrations. Leur attitude de glace tranche avec celle de Bourassa, leur allié de tantôt. Certes, jamais le député de Mercier n'ira jusqu'à exprimer ouvertement des sympathies pour le séparatisme mais, aujourd'hui du moins, il paraît disposé à suivre Lévesque jusqu'au bout de sa course folle vers la souveraineté[5].

Déjà tendus par la cassure en voie de les jeter dans deux clans hostiles, les réformistes se trouvent de nouveau plongés malgré eux au coeur des tribulations récidivistes de l'espion Jean-Jacques Côté. Le fils de Pothier Ferland, Marc, a été témoin de l'«expulsion» de celui-ci. Son ski terminé, l'adolescent rôde près de la salle de réunion, et que voit-il? Le James Bond du parti libéral avec l'oeil dans le trou de la serrure et l'oreille chevillée dans la porte. L'avocat reçoit bientôt un billet de son fils: «Le monsieur que t'as engueulé à midi, il a le nez dans la porte...» Pris en flagrant délit d'espionnage par Ferland, qui ouvre la porte brusquement, puis saisi par le fond de sa culotte par Guy Pelletier, le *bouleux* du groupe, qui le terrasse en un tour de main, l'acolyte de Laporte déguerpit sans demander son reste. Il a enfin compris que la réforme sait se faire respecter.

L'incident donne le ton à l'après-ripaille, qui se prolonge jusque tard dans la nuit au bar de l'auberge. Ça pisse dru et ça joue dur. Quand René Lévesque a son pompon, il mâche encore moins ses mots que d'habitude. Ce qui est peu dire. La dissension éclate au sujet du séparatisme. Qui s'en surprendra? L'esprit libéré par l'alcool, chacun fait son lit. On se croyait dans le même club mais il a suffi que Lévesque n'ouvre son jeu qu'à demi pour que se dissipe l'ambiguïté euphorique qui régnait depuis le début de l'aventure réformiste.

La confusion, François Aquin la décèle notamment chez Marie-Claire Casgrain. Il n'y a pas plus fédéraliste qu'elle. Pourtant, elle lui lance dans le feu de la discussion:

— Vois-tu, François, on peut penser comme toi mais l'exprimer de façon positive. Toi, tu es toujours négatif... on a toujours l'impression que tu hais les Anglais. Monsieur Lévesque, lui, il pose le problème de façon positive.

Visiblement, la députée n'a pas compris le sens profond de l'intervention de Lévesque — un appel à la souveraineté, même s'il y a mis des formes. C'est du moins ce qu'a compris Aquin en l'écoutant avec un scepticisme grandissant. Le député de Dorion n'a pas été très loquace durant la journée. Il ne voulait pas casser de vitres...

En fait, Aquin est déjà rendu beaucoup plus loin que la souveraineté à la Lévesque: «On garde des liens canadiens très lâches; on s'autodétermine ici, on s'associe là — et puis, sachez-le, on ne commencera pas à se battre pour savoir s'il faut ou non conserver la Cour suprême. La quincaillerie, on verra ça plus tard...» Pour Aquin, tout cela tient de la bouillabaisse — un chef-d'oeuvre d'ambiguïté et de confusion. C'est vouloir sauver la mère et l'enfant quand il faut sacrifier l'un des deux pour que l'autre survive. Pour avancer vraiment, il faut se démarquer carrément. Sur le plan constitutionnel, cela signifie l'indépendance. Autant le dire: ce libéral n'a plus grand-chose du libéral mais tout ou presque du riniste. Entre deux rasades, il glisse dans le cornet de l'oreille de ses confidents, Pierre O'Neill et Roch Banville, ce qu'il pense vraiment du laïus de Lévesque.

— Je suis d'accord avec toi, mâchonne Banville, mais ce qu'on se dit là tous les deux entre quatre yeux, si on le dit aux gens maintenant, on va leur faire peur[6]...

La presse accorde à l'événement une importance exceptionnelle. Il y a de quoi. L'aile pensante du parti libéral, qui a fait les beaux jours de la Révolution tranquille, tient des conciliabules et Lesage n'est même pas au courant. Humiliation suprême pour un chef qui a dû avouer sur un ton sec au journaliste qui lui plaquait un micro sous le nez:

— Je n'ai pas de commentaires à faire... je ne suis au courant de rien. Mais j'ai bien l'intention de demander à ceux qui se trouvaient à cette réunion ce qui s'est passé[7]...

Il appartient à Eric Kierans, président de la fédération libérale, d'appliquer d'épaisses couches de baume sur les plaies à vif du chef.

— Je n'admets pas qu'on écrive que je tourne le dos à monsieur Lesage, dit-il à la presse. Il n'y a ni contestation de l'autorité du chef, ni aucun projet de fondation d'un nouveau parti. La réunion de Mont-Tremblant n'était pas secrète mais privée... et si monsieur Lesage n'en a rien su, c'est ma faute: j'ai oublié de l'en prévenir.

Bref, il ne s'agissait que d'une rencontre de bons et braves libéraux préoccupés avant tout par la stagnation de leur parti. Que les saints Thomas sachent aussi que monsieur Bourassa qui, comme chacun le sait, représente le chef à la commission politique du parti, était présent à la réunion. Plus encore:

— Messieurs Bourassa, Gérin-Lajoie et Lefebvre, tous parfaitement loyaux envers monsieur Lesage, ont présenté un mémoire sur l'orientation de notre parti, ajoute Kierans en omettant pudiquement de faire état de l'exposé fracassant de René Lévesque.

Alors que Georges-Émile Lapalme tente de minimiser sa participation — il n'était là qu'en spectateur —, que Bona Arsenault crie comme à l'accoutumée au noyautage séparatiste et à la conspiration gauchiste, que l'éditorialiste de *L'Action*, Laurent Laplante, qui a bien capté le message de Mont-Tremblant, se demande à quelles conditions le député Lévesque acceptera maintenant de rester dans le parti libéral, Robert Bourassa laisse tomber presque candidement:

— Il y a de la place pour monsieur Lévesque et des réformes au sein de notre parti[8].

Rien de moins certain, mon cher Boubou. Au caucus spécial convoqué pour mater une fois pour toutes les conspirateurs par un Lesage aussi ulcéré que soucieux de rétablir son aura de chef, c'est précisément le monsieur Lévesque en question qui reçoit sur la tête l'orage suscité par les éléments conservateurs du parti, même si c'est Kierans qui a dressé la liste des invitations avec le directeur de *La Réforme*, O'Neill.

Jean Lesage a eu sa leçon. Il n'y aura pas dix, cinquante ou cent Mont-Tremblant. L'histoire n'en mentionnera qu'un, celui du premier avril 1967. Il profite de la tribune que lui offre le dîner-bénéfice du 22 du même mois pour imposer à son aile réformiste un «corridor idéologique» balisé par le statut particulier — non au séparatisme! — et par l'État qui coordonne et supplée — non à l'étatisation sans frein, non au gauchisme! Un avertissement suit:

— Ceux qui se sentent incapables d'évoluer démocratiquement à l'intérieur de ce corridor n'ont pas de place dans le Parti libéral du Québec.

Tenez-vous-le pour dit, monsieur René, même si vous n'avez

même pas daigné dîner au Reine Élizabeth, comme tout le monde. Mais il faut croire que le corridor de Lesage n'est pas pour Lévesque. Le même mois, celui-ci confie aux étudiants de l'université de l'Alberta:

— Le séparatisme a poussé des racines dans la jeunesse comme jamais auparavant. Le Québec pourrait vivre et survivre comme pays séparé aussi bien que plusieurs petits pays dans le monde aujourd'hui[9].

Ce qu'il y a de chouette aussi avec le corridor idéologique, c'est qu'il ménage l'avenir tout en corrigeant le passé. Ainsi, au lendemain même de la semonce de Lesage, le directeur de *La Réforme*, Pierre O'Neill, reçoit son congé. Raison officielle: suspension de la publication du journal faute de fonds. Raisons officieuses: O'Neill a publié plus tôt deux éditoriaux fustigeant la mainmise du chef sur la caisse du parti. En outre, explique *La Presse*, il a le tort d'être l'un des membres actifs de la faction réformiste en plus d'avoir été le principal organisateur des menées secrètes de Mont-Tremblant.

Raymond Garneau ayant failli à la tâche d'obtenir d'O'Neill la signature au bas de la lettre de démission qu'il lui tendait, c'est Kierans qui lui coupe la tête, même si un mois plus tôt il lui a proposé de devenir son adjoint. Kierans a tourné la page réformiste. Entre Lévesque et Lesage, il a choisi le dernier. Aussi longtemps que la discussion tournait autour du leadership ou de l'orientation politique ou sociale du parti, ça lui allait. Mais il a bloqué net, l'autre jour à Mont-Tremblant, quand Lévesque est passé de plain-pied sur le terrain du séparatisme. À tort ou à raison, il s'est senti piégé. Il a reculé[10].

La situation de Bourassa aussi devient difficile, à cause de ses liens étroits avec Lesage et de son titre de coprésident de la commission politique, dont les membres n'arrivent pas à avaler la couleuvre du fameux corridor. Une semaine après la mise en garde du chef libéral, la commission politique s'indigne: il n'appartient pas au chef du parti, mais aux militants réunis en congrès, d'arrêter la pensée officielle du parti. La gifle est de taille. Le rusé Bourassa la donne avec les autres tout en évitant de rompre les ponts avec Lesage.

Pis encore — du moins en apparence —, le député de Mercier soutient la rébellion ouverte de Marc Brière, qui déclare à la presse, qui en fait de grosses manchettes:

— J'ai honte de mon parti...

Et Brière, qui ne fait jamais les choses à demi, s'assoit à sa table de travail pour rédiger la petite histoire des déboires de la commission politique depuis 1956: «Réflexions sur le rôle de la commission politique du parti libéral et sur le libéralisme». Bourassa se saisit du texte — avec la permission de l'auteur — et le présente à ladite commission avant de le faire circuler parmi les députés[11].

Les traditionalistes ont le poil tout hérissé car Brière a sorti la hache pour dresser son réquisitoire. Le fond de la zizanie libérale, c'est un affrontement à finir entre la droite et la gauche, entre des conservateurs maladivement soupçonneux et des progressistes, entre ceux qui croient que la Révolution tranquille était nécessaire et ceux qui regrettent qu'elle ait existé (parce qu'ils ont perdu le pouvoir ou demeurent angoissés par ses conséquences néfastes sur la morale et les bonnes moeurs). Bref: un face à face entre des idéalistes angéliques imbus des valeurs démocratiques et des réalistes qui sont à rebâtir le parti de «patenteux» et d'organisateurs qu'était le parti libéral avant 1960[12].

Convocation d'urgence pour le mouton noir Brière. Le 7 mai, il comparaît devant l'exécutif du parti. À l'ordre du jour: l'expulsion. À moins que l'accusé ne sache se défendre. C'est le cas. Le plus implacable parmi les procureurs de la poursuite, Pierre Laporte, exige sa tête mais ne l'obtient pas. Le jour où il a dû choisir entre la brigue réformiste et la fidélité aveugle à Lesage, le député de Chambly s'est rangé avec le chef, même s'il eût été plus naturel à cet ancien journaliste du *Devoir* de mettre son grain de sel dans le renouveau de son parti. Depuis, devant la contestation, il adopte l'allure d'un faucon de l'orthodoxie.

L'ambition personnelle consume cet homme qui a compris, comme Bourassa, que le père de la Révolution tranquille était cuit. Convaincu depuis toujours que c'est l'establishment du parti qui choisira le successeur du chef — et il n'est que de scruter l'histoire des libéraux pour s'en convaincre —, Laporte s'est collé à la machine du parti et à son maître incontesté, Paul Desrochers, le fondé de pouvoir de Lesage. En somme, il a misé sur les organisateurs, plutôt que sur les penseurs, pour s'emparer des bottes du leader, le temps venu[13].

Bourassa a une autre stratégie. Depuis l'avortement brutal de l'agiotage constitutionnel de Mont-Tremblant, il se pavane au milieu des contestataires. On le voit d'autant mieux que ceux-ci ne sont plus qu'un groupuscule. Lévesque n'a pas eu besoin de lui lancer, comme Philippe VI à ses hésitants barons: «Qui m'aime me suive!» Le jeune député est de tous les conciliabules. Durant l'été, il se mêle des discussions sur le manifeste politique que Lévesque entend soumettre au congrès de l'automne.

Le gendre des Simard de Sorel est-il en train de se mettre les pieds dans les plats? S'il est vrai qu'il vise secrètement, comme Laporte, le leadership libéral, que gagne-t-il à provoquer la hargne des éléments conservateurs du parti? Pourquoi s'afficher avec les Lévesque, Aquin et Michaud — tous des gens à la réputation de marginaux politiques —, lui si bien de sa personne? On oublie trop facilement que ce jeune politicien montant est un fin renard. On verra bien un jour qui, de lui ou de Laporte, possède le plus de flair.

Le rendez-vous raté

Le 24 juillet, un lundi de canicule, le petit monde de René Lévesque ajourne ses travaux de prospective nationaliste pour l'intermède gaulliste. Les quatre compères se dandinent au milieu des «notoires» tirés à quatre épingles qui occupent la terrasse de l'hôtel de ville de Montréal donnant sur le Champ de Mars.

Lévesque et Michaud s'accroupissent devant l'appareil de télévision placé là pour permettre aux invités d'observer l'imprévisible général qui, du haut de son balcon de la rue Notre-Dame, de l'autre côté de l'édifice, multiplie les provocations.

— Je vais vous confier un secret que vous ne répéterez à personne, prévient-il en baissant soudain la voix, comme s'il allait parler à des enfants. Ce soir, ici et tout le long de ma route, je me suis trouvé dans une atmosphère du même genre que celle de la Libération...

— Là, il charrie! s'emporte Lévesque, l'esprit soudainement envahi par les images inoubliables de la libération de Paris, dont l'ancien correspondant de guerre de l'armée américaine peut témoigner de visu.

La centaine d'activistes séparatistes qui brandissent leurs pancartes au pied d'un général grisé ont beau gueuler et s'agiter comme s'ils étaient dix mille guerriers troyens, il n'y a aucune commune mesure entre l'accueil québécois réservé à de Gaulle et l'entrée triomphale des Alliés dans Paris en 1944.

Et quand, après un chapelet de formules incendiaires, le président français incite les Canadiens français au soulèvement national en faisant exploser son célèbre «Vive le Québec libre», c'est le député de Gouin qui s'échauffe:

— Ça va barder en Christ!

Avant de se relever et de scruter la foule des bons bourgeois endimanchés, les deux hommes se font un regard en coin avec l'air de se dire: «Hé! quelle claque sur la gueule!» Ce qu'ils voient, ce sont les deux morceaux de la société québécoise, les frères divorcés, les deux «nations». La moitié des notables jubile, l'autre moitié a le hoquet et promène un regard homicide: «On va le tuer, ce maudit fou-là!»

Marie-Claire Casgrain a sa belle tête des mauvais jours. Le plafond ou le ciel lui est tombé dessus, c'est visible. Quant à Bourassa, c'est comme s'il ne s'était rien produit. Il ne bronche pas; en fait, il contient sa surprise. Friand de politique française depuis son séjour en Europe à la fin des années 50, il s'interroge: «Qu'est-ce qu'il y a derrière cela? Où de Gaulle veut-il en venir?»

Il flotte. Il suppute. À côté de lui, Claude Ryan, le directeur du *Devoir*, paraît estomaqué. Bourassa le sonde.

— Il y a des limites à manquer de savoir-vivre international! éclate le journaliste.

Un banquier aux yeux battus hurle à Lionel Chevrier, commissaire fédéral à l'Expo, lui aussi en état de choc:

— Comment allons-nous réussir à emprunter de l'argent aux États-Unis après ça?

Bref, la comédie humaine. Le genre de situation incontrôlable et inconfortable où un étranger pourrait lire comme dans un livre ouvert les véritables sentiments de chacun. Les timorés vacillent, les intéressés et les compromis ragent, les neutres essaient de rester neutres. Celui qui se marre le plus, c'est François

Aquin. L'audace du général l'emballe. C'est l'Histoire qui vient de parler par sa grande bouche. La mine constipée des anonymes du corps diplomatique, la rogne à peine contenue de la députation fédérale — qui sort les vieux réflexes du genre «on a fait la guerre nous autres, on les a libérés des Allemands» —, la stupeur de ses collègues libéraux, de la chère Marie-Claire à Jean Lesage, tout cela comble d'aise l'indépendantiste en lui.

Le discours de la veille à l'hôtel de ville de Québec, puis le banquet d'État qui avait suivi en soirée, ont également donné à Aquin et à sa femme, Andrée LeRoy, l'occasion de vivre un épisode tout aussi suave. Des phrases comme: «On assiste ici à l'avènement d'un peuple qui veut disposer de lui-même et prendre en mains ses destinées» avaient mis les nerfs des fédéraux en boule. L'entourage de Jean Lesage fulminait contre le Français. Corinne semblait encore plus défrisée que son mari. Vraiment, ce n'était pas joli à voir, cette élite provinciale colonisée qui piaillait comme une basse-cour sinistrée en avalant de travers martini sur martini parce qu'un général étranger se mêlait de leur dire leurs quatre vérités.

Après tout, si les «Français canadiens» (comme disait de Gaulle depuis sa descente du *Colbert*, amarré dans la rade de Québec) avaient besoin d'être *libérés* par un Français, c'était peut-être parce qu'elle n'avait pas assumé ses devoirs historiques, l'élite... Inutile de dire que les Aquin, mari et femme, se sentaient en terrain difficile. Pour ne pas dire au milieu des loups. À tout moment, un familier du chef s'avançait vers eux et décochait, l'oeil méchant:

— Évidemment, vous deux, vous devez être contents... c'est de même que vous pensez[14].

À Montréal, les invités du maire, tantôt en proie à la jubilation, tantôt à l'outrage, évacuent peu à peu la terrasse. De Gaulle a fini son numéro. Contre toute attente, René Lévesque paraît aussi contrarié et agacé par le coup d'éclat du général que Daniel Johnson et Jean Drapeau. Solidaires de leur hôte de marque, ceux-ci cachent leur désagrément, mais pas Lévesque, dont les grimaces accompagnées d'onomatopées réprobatrices indiquent à l'ami Michaud qu'il n'est pas content du tout, mais pas content du tout...

Chacun flanqué de son épouse, Lévesque, Michaud et Aquin se donnent rendez-vous au Café Martin, boulevard Dorchester, pour faire l'exégèse de «la plus grande des petites phrases». Dans la rue, autour de l'hôtel de ville, c'est encore l'hystérie. Lévesque trouve tout à coup sur son chemin un groupe de jeunes vêtus de chemises noires, comme dans les années 30... Ils lui font un peu froid dans le dos. Ce sont les Chevaliers de l'Indépendance du boxeur Reggie Chartrand — des durs qui sont de toutes les manifestations violentes. Le général les a allumés. Ils trépignent d'enthousiasme et scandent à tue-tête: «Québec libre! Oui, oui, oui! De Gaulle l'a dit!» Ce vaudou de colonisés surexcités par les excès d'un général étranger ne lui dit rien qui vaille[15]...

Au Café Martin, le député de Laurier ne bougonne plus. Sa femme, Louise L'Heureux, passe à son tour sa mauvaise humeur de libérale et de fédéraliste sur le dos du pauvre Aquin.

— Évidemment, vous avez la foi du charbonnier, vous... Ça vous fait plaisir, des folies de même! rouspète la fille d'Eugène, l'ancien journaliste.

La réaction de Lévesque est complexe. Depuis la guerre, cet homme traîne avec lui une solide réputation de francophobe, qu'il contribue d'ailleurs à propager lui-même parfois. Il a gardé une mauvaise impression des Français rencontrés à Londres en 1944. Dans une lettre à sa mère, citée par l'historien Jean Provencher, Lévesque se montre cruel: «Si je ne savais pas qu'on trouve mieux que ça en France, je dirais que la pauvre France n'est pas sortie de ses difficultés, et aussi que les Canadiens n'ont pas besoin de tant s'extasier sur les Francés (*sic*) de France! Un parfait idiot, qui est inscrit ici sous le nom de Laferre, se présente, par exemple, sous le nom (volé à l'Athos de Dumas?) de De La Fère!... (Believe it or not!)[16].»

Mais les Français du continent ne valent guère mieux. Leur mesquinerie et leur hargne à l'égard des Américains le scandalisent. Il en entend des vertes et des pas mûres. Un jour, dans le train filant vers Strasbourg, un groupe de Français, ignorant que ce correspondant de guerre de l'armée américaine comprend leur langue, dénigrent les Américains qui viennent de libérer leur pays. Il a aussi, ancrée au fond de son cerveau, une certaine perception de la France coloniale, qui date de la guerre d'Algérie,

225

qu'il a vue de près. C'est vrai qu'il a des «bibites» contre les Français, disent ses intimes; en fait, il serait plus juste de dire qu'il est avant tout et foncièrement américanophile. De tous les hommes politiques québécois, il est probablement celui qui connaît le mieux la culture américaine, qu'il sait apprécier à sa juste valeur. Pour tout dire: sa deuxième patrie se trouve outre-quarante-cinquième et non en doulce France[17].

Depuis les retrouvailles franco-québécoises, les snobinards de son entourage débarquent à Paris ou vont se faire rôtir à Cannes; lui continue d'aller à New York et de s'affaler sur les plages du Maine.

Ce serait triturer quelque peu la réalité que d'expliquer son négativisme uniquement par sa réserve vis-à-vis des Français. Ce qui l'agresse, c'est plutôt le fort relent de colonialisme dégagé par le geste — tutélaire — de de Gaulle. Au grand frère qui vient souffler aux Québécois: «Allez mes petits, libérez-vous!» il serait porté à répondre: «Ben, mon Général, ce sont les Québécois qui vont régler ça eux-mêmes!»

Enfin, et surtout, ce «vieil autocrate» (comme il le dira au *David Susskind Show*, télévisé depuis New York[18]) vient compliquer sa stratégie. Sa décision est prise, même si elle n'est pas encore écrite noir sur blanc dans le manifeste en préparation: il est pour la souveraineté. Mais avant de rompre avec son parti, il veut franchir l'étape du congrès d'octobre. De Gaulle bouscule son échéancier. S'il endosse son esclandre, il aura l'air d'être son épigone — d'être à la remorque de la France — le jour où il lancera son mouvement politique.

Lévesque n'a pas d'autre choix que de temporiser. Aussi avale-t-il sa salive sans rien dire au caucus spécial de son parti, qui se déroule quatre jours plus tard à la salle des projets de loi privés du Parlement. Il laisse passer la réaction des modérés, qui ne font pas preuve de modération du tout. Ils crient aussi fort que les chemises noires de Reggie: il faut morigéner le Français qui a mis son grand nez là où il ne devait pas!

Chef démocratique, Lesage veut s'assurer que sa troupe le suit avant d'aller exprimer son courroux aux journalistes. Il procède donc à un tour de table, mais en donnant systématiquement la parole — par distraction sûrement — à tous ceux, de Bona Arsenault à Marie-Claire Casgrain en passant par Pierre Laporte, qui voient dorénavant de Gaulle avec les cornes de Lucifer[19].

Un feu roulant d'inepties antifrançaises qui enlève au «francophobe» Lévesque ses dernières illusions, s'il en avait encore, quant au sort que réserveront à son manifeste ses collègues libéraux. Pas très loin de lui, François Aquin cuit littéralement sur sa chaise. Ces témoignages de bête soumission à l'ordre fédéral canadien font tinter ses oreilles. Jamais il n'a vu le caucus des députés si monté. Quand c'est Ottawa ou Toronto qui font des frasques, comme ils savent se montrer indulgents, comme ils les comprennent... Mais de Gaulle, non!

Le député de Dorion sent son heure libérale venue: il ne sera pas complice de la déclaration de son chef; elle est inacceptable pour tout Québécois bien né. Lesage blâmera sévèrement le président français. Lui, il aurait plutôt envie de saisir sa grande main pour la serrer chaudement. Depuis hier, François Aquin nage dans le sublime. L'Histoire s'écrit sous ses yeux mais, autour de lui, une meute de chats-huants ne songent qu'à mordre l'homme du balcon.

Bientôt, ce sera son tour de parler. Les événements des derniers jours défilent dans sa tête. La veille du «débarquement» du général, il a fait une réception intime chez lui en l'honneur du sociologue français Edgar Morin, qui arrivait d'un séjour aux États-Unis. Il y avait René Lévesque, Yves Michaud, Pierre O'Neill, les amis quoi!

— J'ai découvert deux nations en Amérique, a lancé Morin. La nation américaine et la nation indienne...

— Et la nation québécoise, la nation canadienne-française?

— Ah, vous autres... le grand groupement canadien?

L'écrivain n'arrivait à détecter ici ni de nation canadienne, ni de nation canadienne-française, encore moins de nation québécoise. À peine un «grand groupement»... Évidemment, la soirée a pris une autre tournure, les cousins d'Amérique entraînant le brillant sociologue dans une sorte de cours d'histoire du Canada en accéléré, qui n'avait pas l'heur de le convaincre cependant. Aquin sentait même que l'invité se retenait de leur dire poliment mais fermement: «Mais vous êtes complètement déconnectés, chers amis canadiens, il n'existe rien de tel qu'une nation québécoise.»

Le lendemain de la scène du balcon, ça existait! Le général avait fait jaillir la lumière dans la cervelle, hier encore sceptique, de cet intellectuel ami du Québec.

Le même jour, Jean Lesage implorait Aquin au téléphone:

— François, de Gaulle part sans aller à Ottawa. J'aimerais que vous ne fassiez aucune déclaration avant notre caucus...

Il a acquiescé. Aquin ne le détestait pas, son chef, malgré leurs différends. Et puis, il n'avait qu'une seule envie en replaçant le combiné: courir à Dorval avec sa femme pour assister au départ. Il en revint tout à l'envers. Il avait vu des hommes pleurer dans la foule pendant que de Gaulle faisait un dernier salut avant de s'engouffrer dans l'avion. Toute cette histoire avait été un choc pour les plus nationalistes.

Un peu plus tôt, avant de pénétrer dans la salle du caucus, Lévesque l'a tiré à l'écart pour le supplier lui aussi, avec force mimiques à l'appui:

— On devrait passer par-dessus tout ça, laisser faire...

Passer l'éponge? S'associer, lui, François Aquin, à une gifle destinée à un homme qui, en quatre mots, a mis le Québec au monde? Impossible. Quand Lesage lui demande enfin ce qu'il pense du geste du président français, il s'entend répondre d'une voix brisée par l'émotion:

— Je ne peux pas endosser la déclaration du caucus... mais je suis conscient que je devrai prendre mes responsabilités...

Façon indirecte de dire: «Je démissionne.» De toute manière, il y a déjà un bon petit bout de temps qu'il piétine tout près de la porte de sortie. C'est du reste ce que comprend Lesage, qui se détend soudain comme un ressort. Il ne le hait pas, son petit François, même s'il lui a toujours donné du fil à retordre. En 1958, au congrès au leadership, il a été à peu près le seul parmi les jeunes à l'appuyer, les autres se rangeant en bloc derrière Paul Gérin-Lajoie. En offrant de partir, Aquin lui retire du pied la longue épine qui le fait souffrir depuis des années. Il l'en aime d'autant...

— Dans ces conditions, conclut Lesage, je vous demanderais de rester avec nous jusqu'à la fin du caucus. Et vous me permettrez également de vous précéder en fin d'après-midi devant les caméras de la télévision[20].

Jusqu'ici, les députés Lévesque, Bourassa et Michaud n'ont pas dit un traître mot, s'étant contentés de désavouer en silence le geste d'Aquin. Le midi, à l'ajournement du caucus pour le lunch, c'est la grande opération charme et persuasion pour le faire revenir à de meilleurs sentiments. Au Georges V, de l'autre côté de la Grande-Allée, le député de Gouin se fait insistant:

— Écoute, François, le congrès s'en vient. Ce n'est pas le moment de casser des vitres. Si on a à prendre des décisions, on le fera, mais sur des questions fondamentales qui concernent notre avenir... non à partir des déclarations d'un grand homme, si grand soit-il...

Le démissionnaire écoute, jette par moments sa tête vers l'arrière en levant les yeux au plafond, comme il a l'habitude de faire quand on le coince, mais demeure sur ses positions. Bourassa n'est pas très disert. Le départ d'Aquin le trouble, lui aussi, mais moins que ses deux collègues. En fait, il n'est pas très proche de lui — ce n'est pas un *chum*, comme on dit. Ses efforts de persuasion, c'est plutôt sur Lévesque (qu'il sait au bord de la rupture) qu'il les fera porter. C'est du reste celui-ci qui s'anime le plus. Le geste d'Aquin le bouscule autant que celui du général. C'est un réflexe de colonisé, de suiveux, d'émotif qui risque de faire de lui un épigone gaulliste.

— Seigneur! s'énerve Lévesque. Attendez donc que le monde soit un peu plus d'équerre. Laissons passer les retombées, sinon on aura l'air d'une espèce de succursale du parti de de Gaulle. Ça nous nuira à long terme[21]...

En d'autres mots, il adjure l'ami Aquin, sans aller cependant jusqu'à lui embrasser les genoux, d'éviter que le mouvement politique qu'il mijote avec le noyau de réformistes restés fidèles, depuis l'épisode de Mont-Tremblant, ne soit pas perçu comme un parachutage de l'étranger le jour où il le lancera. Rien à faire. Le «député gaulliste», comme le baptisera tantôt la presse, plane si haut qu'il ne saurait être touché par de bas calculs de stratégie. Il ne restera pas une seule minute de plus dans ce parti qui s'apprête à cautionner la vague d'hystérie suscitée par les libéraux francophones d'Ottawa, les plus enragés de tous. Inopportune et petite, la déclaration de Lesage divisera les Québécois entre eux au moment où ils devraient plutôt offrir au Canada anglais et au monde le visage de la solidarité.

Plus imprégné de culture européenne que ses collègues, plus internationaliste aussi, le député de Dorion vibre plus intensément qu'eux à l'histoire immédiate, à celle qui s'accomplit sous ses yeux. Radio Bagdad a rapporté l'incident du balcon. À Pékin, imaginez un peu, *Le Quotidien du peuple* a titré à la une. Et Moscou a applaudi... La question du Québec fait son tour de planète grâce à quatre mots magiques. Un grand moment et une douce revanche pour les oubliés des Plaines d'Abraham, reconnus enfin comme peuple distinct.

Pour le député Aquin, le scandale gaullien offre aux Québécois une chance historique qu'ils doivent saisir, car elle ne repassera pas de si tôt. Depuis le tournant des années 60, toutes les indépendances réussies l'ont été avec l'appui de l'une des cinq grandes capitales du monde: Paris, Londres, Moscou, Washington et Pékin. À en juger par les premières réactions, Québec peut compter sur la sympathie de Paris, Moscou et Pékin. Trois sur cinq — c'est plus que suffisant pour entrer dans le club des nations libres.

Seul le bloc anglo-saxon — Ottawa, Londres et Washington — ne veut voir dans les événements du Québec que la dernière manifestation de la folie d'un vieux sénile. Il est peut-être fou, le général, mais il a réussi le tour de force de faire passer la séparation du Québec pour une sublime libération nationale, contre laquelle personne ne peut être en principe, alors qu'elle n'est en réalité qu'une sécession — redoutée par tous les pays composés de nationalités différentes, et ils sont nombreux. Bref, il faut tenter le sort. Dans le cas contraire, les historiens du futur écriront que c'est en juillet de l'année 1967 que le peuple québécois a raté son rendez-vous avec l'indépendance[22].

À seize heures, tout est joué. Il ne sera pas dit que François Aquin aura été de la coalition des étrangleurs de l'identité québécoise qui s'est mise en marche, à Ottawa et à Québec, aussitôt lancée la phrase subversive. Entouré des membres du caucus, sauf René Lévesque, qui a filé à l'anglaise après la fin de la réunion en priant le ciel qu'on en finisse au plus vite avec cette maudite histoire qui dérange son planning, le chef du parti libéral fustige à la fois de Gaulle et le premier ministre québécois:

— Mal conseillé par monsieur Johnson, qui lui a laissé tenir des propos séparatistes, le général laisse dans son sillage des problèmes aigus... Les véritables objectifs du Québec ne sont pas la séparation mais un statut particulier à l'intérieur de la Confédération...

Un silence de mort, qui impressionne même les journalistes, suit les paroles de Lesage qui, l'air vieilli ou coupable, s'efface pour laisser le micro au député démissionnaire. Son message est court mais empreint d'une solennité combative:

— Le voyage du président de la République française a été précédé et accompagné au Canada d'une réaction pleine de hargne qui en a faussé le sens. Je veux voir dans ses propos un appel à la dignité du peuple québécois... Ce matin, j'ai démissionné du parti libéral car je n'ai pas voulu m'associer à sa prise de position[23].

Ce départ dramatique, c'est pour Aquin le bouquet d'artifice d'une évolution politique qui l'a progressivement marginalisé par rapport à son parti, et même aux réformistes. On ne peut douter qu'il en soit un, mais ceux-ci font beaucoup trop «Club de Réforme», beaucoup trop salon politique, pour le retenir totalement. Il se sent pressé, révolutionnaire même. Depuis le début de la Révolution tranquille, on l'a assez utilisé, le tiroir aux réformettes. Il faut maintenant des transformations plus fondamentales, sur le double plan social et national. L'indépendance? Il y a déjà pas mal de temps qu'il ne se demande plus s'il faut la faire ou non, si elle doit être associative ou non. Il la veut, et ce qui le fascine dans le projet, c'est la perspective d'un Québec qui va dans le monde en son nom propre, qui élabore une politique extérieure à son image, qui ne se fait plus imposer ses modèles et ses alliances par un gouvernement majoritairement anglophone.

Et puis, disons-le, il en a soupé des libéraux, qu'il côtoie depuis plus de quinze ans. Aquin, c'est le vieux libéral, plus même que Gérin-Lajoie ou Lévesque, et fatigué de l'être en plus! Alors, peu à peu, il s'est laissé glisser plus ou moins inconsciemment vers des positions provocantes, inacceptables au bon libéral moyen. Ainsi, en décembre 1966, il a annoncé à l'Assemblée qu'il boycotterait les fêtes du centenaire de la Confédération de 1967. Le premier ministre Johnson a émaillé ses applaudissements de «très bien» fort audibles. Lesage s'est sauvé de la Chambre au moment où il commençait à parler et la députation libérale consternée l'a écouté avec des pistolets dans les yeux[24].

Après Mont-Tremblant, le député s'est éloigné petit à petit des réformistes, se rapprochant plutôt des dirigeants du Rassemblement pour l'indépendance nationale. Au Parlement, on l'a vu plus souvent en compagnie des ultranationalistes de l'Union nationale, comme Jérôme Proulx ou Antonio Flamand, qu'avec ses collègues libéraux. En février, le chenapan est allé jusqu'à applaudir une idée des bleus: le régime présidentiel. Encore un truc à saveur séparatiste de Johnson, prétendaient contre tout bon sens ses collègues libéraux. Comment ne pas détester le manichéisme stupidement partisan du Salon de la Race? Si les bleus disent blanc, les rouges doivent dire noir; c'est forcé. La ligne de parti l'ulcère.

La proclamation par son chef du «corridor idéologique» l'a fait sortir de ses gonds. Le 6 mai, invité de la Fédération des Sociétés Saint-Jean-Baptiste, Aquin a laissé tomber froidement qu'on ne pourrait pas toujours bloquer ou rejeter du revers de la main le séparatisme, avant de conclure son laïus par un appel à la nationalisation des ressources naturelles du Québec:

— Il faut au Québec une véritable révolution — et je n'ai pas peur d'employer le mot. Nous sommes jeunes au Québec et nous sommes capables de regarder la réalité. Nous construisons un État neuf, un État ouvert sur le monde, un État dynamique, un État québécois, un État qui va dans le sens de l'histoire[25]...

Cette escapade hors du corridor libéral lui valut d'être convoqué, dès le lendemain, à la Maison Montmorency, près de Québec, où était réuni le parti. Monsieur Lesage, lui avaient appris des amis, n'était pas du tout content de lui, mais pas du tout.

— C'est vous, monsieur Aquin? Ils vous attendent là-bas, lui dit un employé de l'hôtellerie des dominicains en l'apercevant.

À l'intérieur, le député iconoclaste dut essuyer un orage de fer et de feu que Lévesque tenta de parer de son mieux. Une fois la paix revenue, celui-ci l'attrapa dans un coin pour le tancer vigoureusement:

— Vous n'auriez pas dû faire votre déclaration, ça les heurte trop. Attendons le congrès, laissons évoluer les choses tranquillement...

La stratégie, toujours la stratégie... Le soir de l'incident, le député de Laurier adressa même une supplique à sa femme, Andrée:

— Essayez donc de le retenir un peu. Des journées comme aujourd'hui, ça n'aide personne.

Aquin fila doux jusqu'à la frasque gaullienne, Lesage lui ayant promis de ne pas engager le parti sur le plan constitutionnel avant le congrès d'octobre. Il lui avait lancé:

— C'est évident que nous aurons un débat là-dessus à l'automne. Je ne vois pas pourquoi vous vous énervez tout de suite, François?

Lesage vient de violer sa parole en réaffirmant, dans sa réponse à de Gaulle, le fédéralisme inébranlable du parti libéral. Alors, à quoi bon attendre le mois d'octobre? Contrairement à Lévesque, il lui répugne de marcher sur ses convictions pour un congrès bidon, dont il ne faut pas être grand clerc pour deviner l'issue[26].

Le lendemain de la démission d'Aquin, Lesage commente, de la Gaspésie où il se trouve:

— Monsieur Aquin a démissionné pour devenir indépendant parce que le groupement politique auquel il appartenait a refusé de verser dans le séparatisme. C'était son affaire et ça règle son cas.

Des «cas», le chef libéral en a plein les bras durant les jours qui suivent. Rosaire Beaulé et Roch Banville, deux membres de l'exécutif de la commission politique, condamnent publiquement son intervention antigaulliste. Plus grave: André Brossard, grand ami de Bourassa, avec qui il préside la même commission, claque la porte. Trop «de restrictions, contrôles, censure», accuse-t-il, soutenu par le second. Puis il déculotte Lesage:

— Les luttes que nous avons faites ensemble en vue de l'épanouissement complet du peuple québécois, le chef du parti libéral du Québec semble vouloir maintenant les renier par sa déclaration inopportune.

Que de vagues! Que de vagues! Plus énormes que celles qui

roulent sur la côte sud de la Gaspésie, que parcourt Lesage avec Bona Arsenault, Gérard-D. Lévesque et Alcide Courcy, organisateur du parti. Le chef se trouble: il souffle à la fois le chaud et le froid. «Ce n'est pas le temps pour le Québec d'être un État souverain...», laisse-t-il échapper, conciliant, à l'intention de son «aile séparatiste». Un jour, peut-être... On ne peut préjuger de l'avenir... On verra. Après, il se cabre vis-à-vis du trio Brossard, Beaulé, Banville:

— Vous les connaissez, ce sont des gens susceptibles de dire n'importe quoi. Cela n'a aucune importance... ils n'ont aucune influence dans le parti.

— Guettez bien, on va bientôt annoncer la démission de Daniel Johnson du parti libéral! ironise Alcide Courcy au sujet des rumeurs folichonnes de démissions en cascade qui s'étalent dans la presse[27].

Pauvre «père de la Révolution tranquille»! Il nage en plein chaos et collectionne les gifles. Le 10 août, l'exécutif du parti jette l'interdit sur toute discussion constitutionnelle. Au congrès d'octobre, les militants s'intéresseront plutôt au «Québec... après l'Expo». De tout repos... Nouvelle tempête!

— Le parti libéral du Québec est en danger de se trahir irrémédiablement, grogne Lévesque, dont c'est le tour de s'abandonner à la colère.

Deux jours plus tard, Lesage retourne sa chemise: la question prioritaire des assises d'octobre devient «les objectifs constitutionnels du Québec». Une girouette, ce chef. Sait-il au moins ce qu'il veut? Les libéraux ne pourront donc pas passer à côté de la question centrale soulevée par la contestation des amis du député de Laurier: où va le Québec? On pourrait tout aussi bien dire: où va René Lévesque? Ou encore: où va Jean Lesage?

Même s'il a obtenu gain de cause — il l'aura, son congrès-tremplin pour lancer le manifeste qu'il porte en lui —, Lévesque s'acharne encore contre sa «victime». Oubliant avec une grâce toute politicienne que leur René était solidaire de Lesage, le 29 juillet dernier, les militants de son comté fustigent l'attitude du chef envers de Gaulle et endossent la dissidence de Brossard et cie. Le calvaire ne finira-t-il donc jamais? Un sondage vient de révéler que la majorité des Québécois est d'accord avec la taloche gaulliste à Ottawa et qu'une minorité seulement applaudit celle de Lesage à de Gaulle. Amer, le chef libéral doit abjurer son hérésie devant le Parlement:

— Le président de Gaulle était digne de la réception reçue au Québec et la méritait à cause de tout ce qu'il a fait et dit pour les Québécois[28].

Notes — Chapitre 9

1. Marc Brière, Pierre O'Neill et Maurice Jobin.
2. Robert Bourassa, Pothier Ferland et Pierre O'Neill.
3. Pothier Ferland et Pierre O'Neill.
4. François Aquin, Jean-Roch Boivin; et Desbarats, Peter: *René Lévesque ou le Projet inachevé*, *op. cit.*, p. 149.
5. *Le Devoir*, le 3 avril 1967; et Pothier Ferland, Jean-Roch Boivin, Maurice Jobin, Réginald Savoie.
6. Pothier Ferland, François Aquin et Pierre O'Neill.
7. *Le Devoir*, le 4 avril 1967.
8. *Ibid.*, les 3, 4 et 5 avril 1967; *L'Action*, le 8 avril 1967; et Benjamin, Jacques et O'Neill, Pierre: *Les Mandarins du pouvoir*, *op. cit.*, p. 98.
9. *Le Devoir*, les 11 et 24 avril 1967.
10. Pierre O'Neill, René Gagnon; et *La Presse*, le 5 mai 1967.
11. Marc Brière; et Duern, Normand: «La culture politique du Parti libéral du Québec», *op. cit.*, p. 168-170; et *Le Devoir*, les 8 et 22 mai 1967.
12. *Ibid.*
13. René Gagnon.
14. Yves Michaud, François Aquin, René Lévesque, Robert Bourassa et Lionel Chevrier.
15. René Lévesque.
16. Provencher, Jean: *René Lévesque, portrait d'un Québécois*, *op. cit.*, p. 49.
17. Robert Bourassa et Yves Michaud.
18. En avril 1968, René Lévesque dira à l'animateur David Susskind que le président français était allé un peu trop loin lors de sa visite au Québec, tout en reconnaissant que, sans ses quatre mots explosifs, il aurait fallu des années d'efforts à trois grandes agences de publicité de Madison Avenue pour inscrire le mot Québec dans le vocabulaire international. Voir *Le Devoir*, le 9 avril 1968.
19. François Aquin, Yves Michaud et René Gagnon.

20. François Aquin.
21. René Lévesque, Robert Bourassa, Yves Michaud; et Lévesque, René, *La Passion du Québec*, *op. cit.*, p. 46.
22. François Aquin; et *Le Devoir*, le 31 juillet 1967.
23. *Le Devoir*, le 29 juillet 1967.
24. *Ibid.*, le 14 décembre 1966; et François Aquin.
25. Aquin, François: «Le Québec à l'heure économique», causerie prononcée devant la Fédération des Sociétés Saint-Jean-Baptiste du Québec, le 6 mai 1967.
26. François Aquin.
27. *Le Devoir*, le 31 juillet et le 2 août 1967.
28. *Ibid.*, les 12, 14, 16 et 17 août 1967.

10

Je ne peux pas accepter ça...

Où va René Lévesque? Où va Robert Bourassa? La douzaine d'apôtres qui n'ont pas déserté encore le cénacle où s'élabore petit à petit le manifeste de la souveraineté-association l'apprendront bientôt.

Vous avez bien dit... douze apôtres? Comme à la dernière Cène? En effet, c'est tout ce qui reste du valeureux quarteron de réformistes constitué il y a un an pour refaire le monde et le parti. Et encore, le chiffre douze n'est pas sûr. Plus Lévesque échappe de bribes à résonance indépendantiste, plus Robert Bourassa, l'un des douze, repense son appartenance au club. Jusqu'à n'en plus dormir, paraît-il.

À vrai dire, parfois on est plus de douze, ou moins, rue Britany, à Ville Mont-Royal. Un soir, l'apôtre, Paul Gérin-Lajoie a explosé.

— On n'aboutit à rien, on tourne en rond! On n'arrive même pas à définir une position commune: je m'en vais!

Plus les idées de Lévesque exerçaient d'emprise sur le groupe, plus celles du premier ministre de l'Éducation dans l'histoire du Québec se dévaluaient. Le jour où l'expert constitutionnel du parti libéral a conclu que la formule du statut particulier, dont il était partisan, n'avait aucune chance de séduire la secte lévesquiste, il se retira, mais non sans tenter de «débaucher» le juriste Réginald Savoie, un fort en constitution comme lui. Mais celui-ci avait déjà fixé son choix sur l'adversaire[1].

Début août donc, le futur manifeste commence à prendre forme. Avec Lévesque comme animateur, le groupe le bâtit phrase par phrase à partir du canevas exposé par celui-ci à Mont-Tremblant. Pénible, le petit exercice. Que ce soit Monique Marchand, Gérard Bélanger, organisateur du comté de Laurier, ou les Beaulé, Brière, Boivin, Brossard, Ferland, Michaud, Savoie et Jobin, tous les habitués du sous-sol de la maison de Bourassa en perdent leur latin. On bute sur tout dans la recherche d'une solution capable de bien marier utopie et réalité: assez radicale pour éviter au peuple québécois la tombe promise par la constitution de 1867, mais pas trop pour ne pas effaroucher l'électorat. Jusqu'où aller trop loin?

Les pères de la souveraineté-association ont engagé leur laborieux enfantement à partir d'une alternative: ou bien on continue de gueuler et de se gargariser avec des phrases creuses et des formules tarabiscotées qui ne donnent rien, ou bien on se branche sur une formule véritablement confédérale, une union canadienne de dix États souverains? Mais plus on agite la question, plus on coupe les cheveux en quatre, plus on se chamaille, amicalement, moins la formule confédérale trouve preneur. On l'écarte comme on a mis de côté, plus tôt, le statu quo fédéral à la Trudeau, le statut particulier à la Gérin-Lajoie et les États associés du Lévesque d'avant de Gaulle. Au moins, on sait ce qu'on ne veut pas[2].

Jean-Roch Boivin est perplexe. Ni lui ni personne n'évoque encore à haute voix l'hypothèse à laquelle tout le monde pense: l'indépendance. Faut-il sortir le monstre de sa boîte à malice? C'est bien beau mais si on doit en venir là, aussi bien se préparer à l'idée de quitter le parti libéral. L'avocat ne pourrait même pas dire si René Lévesque, dont il est pourtant proche, jongle ou non avec l'idée. Où s'en va-t-il? Il aimerait bien le savoir.

Son collègue Réginald Savoie, indépendantiste depuis le début des années 60, est convaincu de la conversion du député de Laurier même si celui-ci ne se confie pas beaucoup. Quant à Bourassa, il écoute. L'hypothèse indépendantiste a-t-elle un jour effleuré son esprit? Bien malin qui pourrait le dire car il s'exprime peu durant les débats. En revanche, il est d'une cordialité débordante, d'une prévenance à faire rougir un chef de protocole. Il met à la disposition de la coterie souverainiste sa maison, sa table et même sa machine à écrire, qui voit affleurer le manifeste en phrases détachées. Vers la mi-août, tous sentent plus ou moins clairement que Lévesque s'engage dans une option qui risque de jeter le fédéralisme canadien cul par-dessus tête. Va-t-il finir par ouvrir son sac? Le nouveau parti, dont certains évoquent l'hypothèse, on le fonde, oui ou non[3]?

Un soir où il fait chaud, l'appel des côtes balnéaires de la Nouvelle-Angleterre monte de façon irrépressible en Lévesque, qui annonce à ses fidèles, en tirant sur sa énième cigarette de la journée:

— Le congrès approche, il nous faut un texte plus précis... Je m'en vais en vacances, je vous promets de revenir avec un papier...

Ce n'est pas l'éclat de rire général mais tout proche; les promesses du sieur Lévesque, on les connaît... Surtout qu'au bord de la mer, ce Gaspésien oublie tout, à commencer par le travail. Qui lui en voudrait? Quinze jours plus tard, il se présente penaud devant les amis avec quelques notes incomplètes:

— Je n'ai pas eu le temps de préparer un exposé, mais je vous promets que je l'aurai à la prochaine réunion...

À la fin de l'été, chez Bourassa toujours, Lévesque tient enfin son chef-d'œuvre, qu'il a fini de taper sur la machine à écrire de l'accueillant Robert.

— Si vous me permettez, dit-il, je vais vous le lire[4].

Plus la lecture avance, plus la physionomie de certains parmi les apôtres se renfrogne. C'est un manifeste indépendantiste qu'on leur sert! Un plaidoyer dramatique qui se termine par le mot de souveraineté. Plus étonnante encore est cette idée, centrale et nouvelle, que le rédacteur du manifeste tient maintenant pour irréfutable et qu'il a baptisée du nom composé de «souveraineté-association»: il faut être souverain d'abord et négocier ensuite une association avec le reste du Canada. La voilà, la «solution».

Plutôt que le mot piégé d'indépendance, Lévesque utilise l'expression moins décriée, plus positive, de souverainisme, qui a encore le mérite de ne pas créer l'illusion de l'indépendance absolue, qui n'existe nulle part dans le monde. Devenir souverain, ce n'est pas se couper des autres. Au contraire. C'est comme si on ne se séparait pas vraiment. Comme si on accroissait même la nécessité de la dépendance envers les autres, mais dans un rapport radicalement nouveau de dignité et d'égalité.

— Je ne sais pas si je pourrai aller aussi loin, observe André Brossard, qui n'a aucun doute sur la nature véritable du manifeste: du séparatisme en bonne et due forme.

Lorsque Lévesque a lâché le mot souveraineté, Jean-Roch Boivin a sursauté. Ce fils de laitier n'a rien d'un indépendantiste, sinon un nationalisme intransigeant de «bleuet du Lac Saint-Jean», qu'il a toujours pu contenir à l'intérieur des paramètres du fédéralisme. Mais plus le député de Laurier développe sa pensée, plus il enfonce de clous dans le cercueil canadien, plus Boivin se persuade: «Il n'y a peut-être pas d'autres voies...» Marc Brière est tout aussi déchiré: il se sent entraîné beaucoup plus loin qu'il ne voudrait aller, comme si le monsieur en avant abusait de ses bonnes dispositions[5].

Bourassa est d'un calme olympien, qui tranche avec la réaction de surprise plus ou moins retenue des autres. Faut-il le dire: bien avant que Lévesque n'arrive au bout de ses atermoiements néo-fédéralistes ou confédéralistes et ne rallie le camp indépendantiste, l'économiste a fait son nid. Jamais il n'irait jusqu'à la séparation, interdite à ses yeux par l'intimité des rapports commerciaux, fiscaux et financiers entre le Québec, le reste du Canada et l'Amérique du Nord. Une chimère impraticable, l'indépendance.

Profitant d'un tête-à-tête avec Lévesque, au salon, pendant que les autres placotent au sous-sol, Bourassa dévoile son jeu:

— René, j'ai réfléchi... Je ne peux pas accepter ça. Les inconvénients l'emportent sur les avantages.

— Je vous comprends, fait l'autre en se raidissant un peu mais sans insister pour qu'il s'explique davantage, comme si sa décision allait de soi.

Lévesque, dit-on, n'est pas plus optimiste qu'il ne le faut au sujet de la nature humaine. S'attendant toujours au pire, il ne tombe pas des nues quand il le rencontre.

242

— Si vous voulez une monnaie québécoise, ce n'est pas réaliste, objecte encore Bourassa.

— Maudite monnaie! Ça ne joue pas dans le destin d'un peuple, c'est de la plomberie, réplique Lévesque avant d'aller rejoindre les autres en bas avec le compagnon d'armes qui vient de lui annoncer en moins de deux que leurs routes se séparent pour toujours[6].

Le chef souverainiste est plus ébranlé qu'il n'y paraît. La défection subite du député de Mercier arrive comme un cheveu sur la soupe, à la toute dernière minute, une fois ses cartes jouées. Étrange, troublant même. Il comprend mal l'attitude de Bourassa, qui a accompagné sans faiblir la démarche du groupe et qui invoque maintenant une raison somme toute technique, la monnaie, pour le lâcher sans préavis à un moment crucial[7]. Il est terriblement déçu aussi car il comptait beaucoup sur la crédibilité d'économiste de ce jeune protégé, qu'il s'est appliqué à mettre en valeur au début de sa carrière politique. Conquis par le jeune économiste d'Oxford qui surgissait dans le paysage au moment où les maîtres mots du dialogue politique tournaient de plus en plus à l'économie, Lévesque répétait à ses proches intrigués de son attachement à Bourassa:

— Il est à peu près temps qu'on ait quelqu'un qui parle de chiffres et qui soit capable de dépasser la gestion comptable et de voir les grands enjeux de la macro-économique.

Son appui le rassurait et donnait du poids à son option. En réalité, Bourassa fait très mal à Lévesque. Il le blesse assez profondément pour qu'il devienne carrément méchant quand il se mettra à rappeler publiquement le contexte de leur rupture. En 1971, l'ex-maître à penser du «renégat» révélera au journaliste de Radio-Canada, Pierre de Bellefeuille:

— Il a été très utile et nous donnait un coup de main jusqu'à la veille de la décision, où il nous a laissés tomber comme une vieille patate. Mais je suis convaincu que, tout compris, sa décision était prise depuis le début. Mais ça lui permettait de voir ce qui se passait et en même temps d'éliminer quelques gars gênants[8].

Deux ans plus tard, même procès d'intention pour le bénéfice de l'historien Jean Provencher: «Ça a été une assez grosse surprise, que j'aime mieux ne pas qualifier, de le voir lâcher à la dernière minute[9].» Bourassa? Un calculateur, un opportuniste, un espion. Une part de cette agressivité doit être mise sur le compte de l'amertume d'un homme qui estime avoir été trahi en plein combat par un ami. En revanche, la dureté de l'accusateur n'est pas totalement gratuite. Dans cette haute période de romantisme politique, l'œil de manoeuvrier de Bourassa lui montre clairement la voie à suivre pour gouverner sa province un jour. Celui qui ambitionne de devenir Prince doit savoir se montrer parfois aussi machiavélique que le Prince lui-même. Mais à ce sujet, la bête politique appelée René Lévesque pourrait sûrement lui en apprendre.

Le gendre de la dynastie des Simard de Sorel n'a jamais fait mystère des deux préoccupations majeures qui justifiaient sa présence dans la galère de la réforme: empêcher son idole de quitter le parti libéral et trouver une formule constitutionnelle mitoyenne qui éviterait une scission irréparable. Quand a débuté la réflexion collective, Lévesque jonglait avec une sorte de néo-fédéralisme, discutable peut-être mais du moins acceptable à un libéral comme lui. Il commença à retraiter le jour où il réalisa qu'il filait droit vers la séparation. Sublime tentation, l'indépendance! Certes! Mais une petite voix en lui — celle de l'économiste morne et terre-à-terre — soufflait: «La séparation est contraire aux objectifs fondamentaux du Québec[10].»

Si le rationnel Bourassa ne succomba pas, comme d'autres, aux charmes envoûtants de la souveraineté-association, ce fut surtout à cause de son travail d'écrivain de l'été 1967. En effet, s'il ne péchait pas par excès de verbo-motricité durant les débats de la chapelle souverainiste, par contre il lisait, réfléchissait, consultait et surtout écrivait. L'écriture allait le libérer du joug intellectuel exercé jusqu'ici par Lévesque sur sa vie de politicien tout en consolidant son option fédéraliste et en lui dévoilant la faille maîtresse de la thèse souverainiste.

Son premier texte, qu'il rédige pour le numéro de septembre de la revue *Maintenant*, porte le titre particulièrement suggestif de «Instruments de libération». Mais attention, braves gens, de mal interpréter. Le jeune économiste est assurément en faveur de la libération des Québécois, de leur émancipation, mais il la voit comme une reconquête économique plutôt que sous la forme d'un projet d'indépendance politique.

«Nous n'avons rien», proclame-t-il d'abord en reprenant à son compte le mot de Victor Barbeau, en 1936. Si la taille économique du peuple québécois est si réduite, il ne faut s'en prendre ni aux Anglais, ni aux autres, ni à la Conquête. Mais aux élites traditionnelles qui, plutôt que d'aménager notre économie, ont trouvé refuge dans l'agriculturisme, le culte des valeurs humaines, l'acceptation de l'autorité des maîtres étrangers. Résultat: les apparences de la prospérité, un sous-emploi chronique, le taux de chômage le plus élevé au Canada, un système d'enseignement anachronique. Surtout: l'économie dualiste des zones sous-développées du monde. Un secteur industriel fort et développé, contrôlé à l'étranger, domine un secteur mou, de type artisanal et familial, qui nous appartient.

Heureusement, depuis le début de la décennie, l'État du Québec a posé des jalons: nationalisation de l'électricité, création de la Caisse de dépôt, de la Société générale de financement, de la Société québécoise d'exploration minière... Est-ce suffisant pour casser la mainmise des étrangers sur notre économie? Non, répond Bourassa. Notre défi n'est pas de nous inféoder aux autres comme des serviteurs ou des mendiants, ni de les chasser, mais de nous associer avec eux en articulant mieux secteur étranger et secteur autochtone de façon à insérer ce dernier dans les grands courants de l'économie moderne et de la croissance soutenue. Comment réaliser ce miracle? En recourant aux «instruments de libération» dont nous disposons.

D'abord, il faut mettre l'accent sur le développement du secteur primaire de notre économie par une politique d'exploitation accrue de l'hydro-électricité, du pétrole, du gaz et de la forêt. Dans le secteur de l'industrie de transformation, Bourassa invite l'État québécois à sortir de sa passivité et à intervenir «jusqu'au bout dans les domaines les plus dynamiques et de pointe». Toutefois, tous ces efforts resteront lettre morte si le Québec ne se taille pas une place de choix dans la recherche, indispensable pour hisser son économie au palier de la production moderne. À ce sujet, l'économiste morigène Ottawa qui, en 1966, n'a octroyé aux universités francophones qu'un maigre 9 p. 100 des 17 millions versés aux universités du pays.

Qu'on ne s'illusionne pas, avertit encore Bourassa. Toutes ces interventions ne remédieront en aucune façon au sous-développement des régions éloignées du Québec comme le Bas Saint-Laurent, l'Abitibi ou le Lac Saint-Jean. Il faut donc aménager le territoire, il faut donc planifier. Mais, encore là, on n'arrivera à rien si on ne rapatrie pas les principaux pouvoirs économiques. Si surtout, et c'est là le dernier instrument de notre libération, on ne garde pas ici nos capitaux. La «fuite des capitaux», des centaines de millions qui passent chaque année dans le circuit de l'économie étrangère par le biais des banques, fiducies et compagnies d'assurances, doit cesser. Ces sociétés devront donc réinvestir au Québec une partie de leurs actifs.

Voilà les fondements du nationalisme de l'ancien allié de René Lévesque. L'indépendance politique n'a rien à y faire. Le schéma bourassiste du Québec de demain, essentiellement économique, interventionniste à faire grincer des dents les «sages» de la privatisation néo-libérale des années 80, se passe fort bien de l'État souverain. La libération à la Robert Bourassa, c'est: rapatrier les sources fiscales, rassembler capitaux et épargnes québécoises, associer notre État aux institutions financières et aux investisseurs d'ici et d'ailleurs, coaliser toutes les énergies solidaires.

Autrement, «on peut craindre que nos beaux discours sur la culture et la langue françaises ne passent à l'histoire comme de brillants mais futiles exercices de rhétorique». Bref: soyons forts économiquement — et nous avons tout pour y arriver —, allons chercher notre autonomie politique par la voie du pouvoir économique, basons notre force sur la reconquête économique plutôt que sur un concept abstrait comme celui de l'indépendance. Une fois maîtres chez nous, nous ferons ce qui nous plaira[11].

Son nationalisme, Bourassa l'inscrit donc au cœur d'une démarche économique parfaitement conciliable avec le fédéralisme canadien: personne ni rien n'empêchent les Québécois de maîtriser leur économie, sinon eux-mêmes. Et alors, je vous le demande: pourquoi s'embourber dans une indépendance qui ne sera toujours qu'une belle coquille vide si les capitaux continuent d'appartenir aux autres? Et la brillante thèse de René, alors? S'il pouvait donc lui démontrer que ça n'a pas d'allure, son affaire, que c'est de l'aventurisme!... Les gais lurons du Club Kiwanis de Saint-Laurent volent sans le savoir au secours de Bourassa en le priant de venir causer avec eux, fin septembre, des aspects économiques d'un Québec indépendant.

L'économiste se rassoit devant sa machine à écrire. Au moment même où René Lévesque se creuse la cervelle pour arriver à la formulation définitive du décalogue souverainiste, Robert Bourassa rédige un deuxième texte qui résume son credo anti-indépendantiste. Il le donnera également à *Maintenant* pour son numéro d'octobre. On s'en souviendra, octobre, c'est le mois du fameux congrès libéral où sera scellé le sort de Lévesque. Ce Boubou ne laisse jamais rien au hasard — un fin stratège qui ira loin. À moins que ce ne soit le hasard qui le serve malgré lui...

Que contient son message? Il s'attaque d'abord au vice rédhibitoire de la thèse de la souveraineté: la monnaie. Si le Québec garde la monnaie canadienne, il faudra forcément créer une sorte de Parlement canadien. Et alors c'est du néo-fédéralisme. Ça ne vaut pas la peine de se séparer. Si on opte pour une monnaie québécoise, c'est Wall Street qui mènera[12]!

Sans compter que cette nouvelle monnaie québécoise se portera très mal merci, la déclaration d'indépendance suscitant presque immédiatement un problème de confiance. Mouvement de capitaux et de titres hors du Québec, pressions sur les réserves de change, dévaluation, détérioration du climat financier, mesures d'austérité... La peste ne ferait pas plus mal à la population québécoise.

Qu'arrivera-t-il aussi à notre import-export? Il serait bon de le savoir puisque le Québec exporte la moitié de sa production: aluminium, pâtes et papier, minerais... Le soleil continuera de luire à ce chapitre car les Américains, qui achètent nos produits, ne fermeront par leurs frontières devant un Québec devenu indépendant. Mais les emprunts publics qu'il faudra faire aux États-Unis ou au Canada anglais coûteront-ils plus cher? C'est à craindre si l'État souverain crée une nouvelle monnaie, qui aura besoin de temps pour s'affermir. Donc: insécurité des prêteurs compensée par des taux d'intérêt plus élevés. Dans le cas d'une entente sur une monnaie unique avec le reste du Canada, ce dernier fléau pourrait être évité.

Les capitalistes étrangers investissent à chaque année au Québec près de 600 millions de dollars — c'est beaucoup d'argent. Vont-ils continuer à le faire dans un Québec séparé du Canada? Oui, mais à la condition que la sécurité et le rendement des capitaux soient aussi forts qu'avant. Ce qui sera problématique durant la période nécessaire au raffermissement de la nouvelle monnaie et de la stabilité politique. Enfin, le Québec indépendant n'aura pas le choix: il devra assumer sa part de la dette canadienne, soit environ cinq milliards. De ce côté, il faut redouter des effets sérieux sur nos réserves de change et une hausse énorme des coûts du service de la dette[13].

La dernière Cène

Rue Britanny, le climat s'est fait un peu plus morose, quoique toujours aussi amical. Même vis-à-vis de ceux qui vont s'esquiver tôt ou tard, comme André Brossard et Robert Bourassa, les deux inséparables. Les autres, les hésitants comme Jean-Roch Boivin et Marc Brière ou encore les acquis, comme Réginald Savoie, évaluent le prix à payer pour demeurer solidaires de cet homme à risques dont la route bifurque ce soir vers l'inconnu et l'inaccessible, peut-être. Heureusement, les spaghetti d'Andrée Bourassa, tomatés et épicés à point, sont succulents. Touchante, la dernière Cène réformiste. Pleine de sous-entendus, aussi.

Mais il y a un mot que tout le monde a en tête et qui convient parfaitement bien pour décrire ce qui arrive à Bourassa et Lévesque: c'est celui de «rupture» — *split* en anglais. Le moins estomaqué est sans doute l'avocat Pothier Ferland, l'aîné du groupe. Il n'a jamais pu se débarrasser totalement de l'idée un peu venimeuse que Bourassa n'appartenait à la famille réformiste que pour informer le chef du parti.

— Les gars, n'allez pas trop loin et je vais vous arranger cela avec Lesage! était sa phrase favorite, qu'il leur assenait comme un slogan.

À qui allait sa loyauté première? Difficile de lire dans les yeux de cet homme qui paraît être au-dessus de tout soupçon à cause de ses airs d'enfant de chœur et de ses familiarités de vieux *chum* qui vous tapote l'épaule en vous invitant à prendre un verre. Sa phrase la plus célèbre, aux yeux de Pothier Ferland du moins, est celle qu'il a lancée chez lui un jour où Lévesque grimpait dans les rideaux:

— René, ne t'en va pas car je ne pourrai pas rester dans le parti libéral. Je suis entré là-dedans rien qu'à cause de toi!

Avant, il y avait les lapalissades; depuis, pour ce saint Thomas de Ferland, il y a les bourassades! Il y a aussi, durant les jours qui suivent le dernier meeting secret de la rue Britanny, les glissades parallèles dans les abîmes du doute d'au moins trois fidèles de Lévesque. Le premier, Jean-Roch Boivin, s'écorche le moi à force d'introspection. Se déclarer séparatiste du jour au lendemain, c'est un pas difficile à franchir. Il a trente-sept ans, trois enfants et pratique le droit tant bien que mal pour gagner sa vie. Il n'arrête pas de se dire: «Si on va défendre cette thèse-là devant les libéraux, on va se faire battre comme des rats!» Néanmoins, et même s'il ne croit pas aux miracles, il se calme en pensant au prochain congrès. Si l'impensable allait se produire...

Le député de Gouin, Yves Michaud, crève d'envie d'imiter Bourassa. Envoyé en mission en France, comme critique de l'opposition en matière de tourisme, il n'a pas assisté au divorce du couple René-Robert. À son retour, tout était joué. Le scénario souverainiste ne l'enchante pas: trop radical. On ne pourrait pas aménager un peu plus douillettement la sortie? La perspective de rompre avec un parti, dont il est député depuis à peine un an, le torture encore plus que tout le reste. René Lévesque n'a pas le droit d'exiger de lui une telle abnégation. Le plus cocasse: c'est lui qui l'a recruté quelques mois avant les élections de 1966 en lui avouant:

— La Révolution tranquille tourne un peu sur ses gonds... Ce serait une bonne idée si tu embarquais, on aura besoin de renfort à Québec.

Aujourd'hui, attablé chez Butch Bouchard avec Marc Brière, Lévesque sonde les intentions de Michaud, qui finit par admettre que son programme constitutionnel ne prévoit pas la souveraineté-association mais plutôt une véritable confédération.

Le député de Laurier s'échauffe devant pareil énoncé:

— Aller expliquer au peuple que la Confédération actuelle n'est pas une véritable confédération et que ce qu'on veut, c'est une véritable confédération alors que le Canada actuel s'appelle une Confédération, on n'en sortira jamais...

Si la tirade coule sur la peau de Michaud comme sur celle d'un canard, elle va droit au cerveau de Marc Brière, le troisième à se sentir tiraillé par l'envie de prendre ses jambes à son cou. Plus tôt, il a avoué sa faiblesse à Lévesque, qui a rétorqué avec sa brutalité habituelle:

— Écoute, tu te décides. C'est aujourd'hui: tu restes ou tu t'en vas.

Malgré sa rigidité apparente de Saint-Just de la procédure d'assemblée, Brière a fondu en larmes, comme un petit garçon. Lui, il s'accommoderait bien d'un statut particulier à la Gérin-Lajoie, son vieil allié de Vaudreuil. Mais depuis que Pierre Trudeau, le jeune Turc de la politique fédérale, a tourné la formule en ridicule en la traitant de «connerie», au dernier congrès du Barreau canadien, il ne sait plus à quelle bouée constitutionnelle s'accrocher. Lévesque le soulage à demi en faisant voir à Michaud que ce serait comme discuter de la nature du sexe des anges, ou tomber dans le juridisme le plus stérile, que de se lancer dans une définition savante de la vraie confédération. La souveraineté, doublée d'une association économique avec le Canada, possède au moins le mérite de la clarté, sinon de la modération[14].

Un jour, je serai premier ministre

On ne peut expliquer la décision de Bourassa de s'incruster dans le parti libéral par la seule objection monétaire. Nouveau député, comme Michaud, il lui répugne de tout recommencer à zéro. À ceux tentés par l'aventure d'un nouveau parti, il rabâche la même évidence:

— La machine est là. C'est plus facile de s'emparer d'une institution qui existe déjà que de bâtir un autre parti.

Sa conviction, il a pu la vérifier durant les vacances de Pâques, en Floride, au cours d'un lunch improvisé avec Jean-

Jacques Bertrand, ministre bleu et parlable de l'Éducation.

— Il est question de fonder un nouveau parti avec Lévesque, lui révéla Bourassa dans le but de connaître sa réaction.

— Ça divise les forces, objecta Bertrand, qui avait pourtant failli le faire lui-même à l'époque où ses relations avec Johnson sentaient la poudre. Quand on a des idées à faire valoir, une cause à gagner, aussi bien le faire à l'intérieur des structures existantes[15].

S'emparer du parti aussitôt que Lesage se démettra — fatalité à prévoir non sans déplaisir, mais c'est la vie...—, voilà l'objectif du député de Mercier. Opération facile à mener à cause du grand vide idéologique créé par le départ de François Aquin et par celui — envisageable aussi, quelle avanie, mais c'est la vie...— du géniteur de la souveraineté-association. Alors que de fonder un parti avec un gars comme Lévesque, qui en deviendra forcément le chef, c'est s'assurer de jouer le second violon. Or Bourassa ne fait pas de la politique pour les beaux yeux de la reine, ni pour ceux de René, mais pour conquérir la première place. Cet homme, qu'on dirait sans passion tellement il rationalise tout, est dévoré vivant par la soif du pouvoir. Du genre à dire, comme Napoléon: «Ma maîtresse, c'est le pouvoir...»

Depuis un certain incident de l'automne 1966, Lévesque le soupçonne de n'avoir même à l'esprit que sa carrière. La scène se passe après la déconfiture électorale de Lesage, qui a miné son autorité. La succession paraît ouverte. Qui prendra la relève? Claude Wagner? Pierre Laporte? Paul Gérin-Lajoie? Un jour où on discute ferme des candidats probables, le regard de Lévesque croise les gros yeux ronds de Bourassa, qui écoute le papotage sans dire un mot, comme sidéré.

— On lance des noms, ironise le député de Laurier en le déshabillant du regard, mais il y en a un ici qui a ça écrit dans la face!

Tous se tournent vers le jeune collègue de trente-trois ans qui, pudeur ou candeur, devient écarlate comme un adolescent pris en faute.

— Voyons, bafouille-t-il, vous ne pensez pas ça[16]...

Oh oui qu'il y pensait, au leadership, Robert Bourassa! L'ambition d'être chef le domine depuis aussi loin que 1945. Âgé de douze ans à peine, il promettait à son camarade de classe de

Brébeuf, Jacques Godbout, dont l'oncle, Adélard Godbout, avait été premier ministre du Québec durant la guerre: «Un jour, je serai premier ministre.» Voilà son «rêve intérieur», qu'il poursuivra sans jamais faillir jusqu'à sa réalisation.

Du reste, c'est au cours de l'élection de 1944, où Duplessis écrase Godbout, que l'adolescent reçoit son baptême du feu. Il court les assemblées du Bloc populaire, buvant les paroles d'André Laurendeau et de Jean Drapeau, ses animateurs les plus en vue. Curieusement, cette précocité politique ne provient pas de sa famille car ni son père, Aubert Bourassa, fonctionnaire fédéral du port de Montréal, ni Adrienne Curville, sa mère, n'affichent une attirance particulière pour la politique. On dit des personnes nées sous le signe du Cancer qu'elles sont destinées à devenir poètes ou hommes politiques. Là est peut-être l'explication de sa politisation hâtive...

De la prime jeunesse du gringalet Robert, il y a peu à dire, sinon qu'il était sage comme une image. Pourtant, il est né un 14 juillet — un jour de grande fureur populaire que symbolise la prise de la Bastille. Le 14 juillet 1933, c'est également la Crise. Loin de nager dans l'opulence, la famille Bourassa doit se montrer économe pour joindre les deux bouts. Elle occupe le rez-de-chaussée d'une maison de pierre grise de trois étages à l'angle de la rue Parthenais et du boulevard Saint-Joseph, dans la paroisse Saint-Pierre-Claver. Milieu social modeste, comme le quartier tout autour habité par une petite classe moyenne. Bien des années plus tard, c'est comme député que Robert reviendra dans son quartier.

L'ambiance familiale? Un monde de femmes — le matriarcat. Adrienne, la mère, élève dans la ouate l'unique fils de la maisonnée. Les deux filles, l'aînée Marcelle et Suzanne, qui a deux ans de moins que lui, surprotègent d'abord l'adolescent, exempté des corvées domestiques, puis le jeune adulte, entouré de mille soins. Un creuset exemplaire pour la construction d'une personnalité introvertie d'où émanent des impressions de douceur et de faiblesse, que domine paradoxalement ce sens inné de la débrouillardise et de l'initiative qui fait les hommes déterminés. Un vrai Cancer avec sa psyché partagée entre le monde délicat et réceptif de la féminité et celui de l'action.

Que cet enfant de souche humble se retrouve, à l'automne 1945, au collège Jean-de-Brébeuf, qui accueille surtout les fils de nantis comme Pierre Trudeau, peut surprendre. Mais il paraît si sérieux, le petit Robert, si studieux aussi. Prêt même à faire toutes les «jobines» — comme livrer l'épicerie dans le quartier — pour se procurer l'argent de poche dont il aura besoin chez les bons pères jésuites de la Côte Sainte-Catherine. Aussi, les Bourassa n'hésitent pas à puiser dans leurs économies les quelques centaines de dollars annuels nécessaires pour que leur fils échappe au destin des enfants de son milieu.

Se frotter quotidiennement aux «petits messieurs» issus de la bourgeoisie d'Outremont inhibe quelque peu cet enfant solitaire du Plateau Mont-Royal qui, une fois les cours terminés, n'a plus qu'une obsession: se sauver dans l'Est. Du passage de Bourassa à Jean-de-Brébeuf, il ne reste guère de traces indélébiles. Il est l'antithèse vivante de la tête forte, du leader. Les deux oreilles de son professeur d'histoire, Raymond David, battraient comme celles d'un jeune éléphant si on lui disait que cet élève appliqué, effacé et sans grande personnalité est un futur chef de parti, un futur monarque même.

Tellement docile aussi que le préfet de discipline, le père Paul Larramée, se retrouverait chômeur si les étudiants de Brébeuf étaient tous des Robert Bourassa. Et pas contestataire comme ce Richard Drouin, l'une des *stars* de la classe de rhétorique, toujours prêt à courir aux barricades pour exprimer son opposition. Si une affirmation du professeur titulaire, Roger Citerne, indispose Bourassa, il attend la fin du cours pour aller éclaircir les choses nez à nez avec lui, au lieu de tourner la classe à l'envers comme le mutin Drouin. Bref, un élève modèle, qui se signale par sa grande curiosité et son esprit méticuleux sinon par une passion dévorante[17].

Ce style feutré et sans éclat n'est sûrement pas étranger au climat un peu patte de velours du foyer Bourassa et préfigure le politicien plat, sans arête vive, qui ne dit jamais un mot plus haut que l'autre. Tonner comme Jupiter en pointant du doigt n'est tout bonnement pas dans sa nature. Quand il bombe le torse ou force la voix, ses camarades de classe ne le prennent pas au sérieux. Et lui non plus. Mais il a du caractère, à sa façon. Si un règlement l'embête, il ne tempêtera pas devant les autres mais frappera plutôt à la porte du préfet de discipline pour obtenir une dispense... personnelle. Les autres? Qu'ils fassent comme lui.

Le Bourassa de Brébeuf: un individualiste qui règle ses petites affaires directement avec qui de droit. Tactique qui rate parfois. Ainsi, le père Larramée a refusé de l'exempter du règlement, stupide évidemment, qui l'oblige à demeurer au collège jusqu'à dix-huit heures, pour faire du sport ou des activités de groupe, même si les cours se terminent à seize heures. Le sport, ce n'est pas son fort mais le préfet n'a rien voulu entendre.

— Il te reste toujours la bibliothèque, lui a-t-il conseillé.

C'était fort bien trouvé car Bourassa, c'est aussi l'élève studieux et renfermé qui ne dit que ce qui est utile et qui a toujours le nez dans ses livres. Sa devise, empruntée à l'un de ses professeurs: «Celui qui étudie chaque jour met deux fois moins de temps que celui qui attend aux examens pour étudier.» Futé, le collégien. Durant les récréations, il se retire seul dans un coin de la cour pour faire ses devoirs ou lire. Son ami Jacques Godbout, que l'écriture chatouille déjà, lui dédie un conte qui paraît dans le journal du collège et qui commence par ces mots: «Il était une fois un prince solitaire et triste qui vivait entouré de livres...» Auteurs préférés: Montaigne, Mauriac, Pierre Daninos.

S'il savait s'amuser au moins, ce rat de bibliothèque. Mais non, il se mêle peu aux autres et lève le nez sur le sport. Ce dédain, il le paiera cher d'ailleurs. En effet, il loupe la fameuse bourse Rhodes décernée aux étudiants brillants mais qui se soucient autant de leur corps que de leur esprit. *«Mens sana in corpore sano»*, lui répètent pourtant les jésuites. Ce régime d'études monastique vaut toutefois à celui qui le pratique des bénéfices réels. Au cours des deux dernières années du cours classique, Bourassa commence à se détacher du peloton. Le fort en thème, c'est lui maintenant. Aucune matière faible et surtout une «bol» en mathématiques. Au point de s'improviser «prof de maths» pour les «cruches» de la promotion, qui n'ont pas accès comme lui à la douce musique des mathématiques, comme le futur journaliste Pierre Nadeau, les Fernand Simard ou les Yves Sylvestre.

Il est un autre terrain où Bourassa excelle. C'est la politique, qu'il a découverte grâce à son intérêt pour les médias. Il lit les journaux et écoute la radio depuis belle lurette. À Brébeuf, il est le seul de son groupe à lire *La Presse* tous les jours. Aussi, rien de surprenant si, aux élections de 1948, on le retrouve, à quinze ans, à la grande assemblée de Montréal où les deux idoles des Québécois, Maurice Duplessis et Camillien Houde, jaloux l'un de l'autre, mesurent leur popularité. Duplessis hypnotise l'adolescent même s'il le trouve politicien plutôt canaille. Comme lui, il cultive sa mémoire, qui s'intéresse à tout. Cet antisportif peut vous donner par cœur la moyenne au bâton des joueurs étoiles de la Ligue américaine de baseball et nommer de mémoire le nom de tous les présidents de France[18].

29 mai 1950. Une date que n'oubliera jamais le collégien de seize ans. À deux heures de la nuit, sa mère le réveille sans ménagement:

— Viens, ton père n'est pas bien...

Aubert Bourassa se meurt d'une crise cardiaque, à l'âge de cinquante-sept ans. Toute la famille le veille jusqu'au petit matin, alors que le modeste fonctionnaire de la rue Parthenais rend le dernier souffle. Robert est atterré. Ce père un peu pantouflard, toujours à la maison avec lui, creuse un énorme trou dans sa vie en disparaissant aussi brutalement. C'est un choc terrible qui va inciter l'adolescent à se replier encore plus sur lui-même, à cultiver son atonie. La photographie du rhétoricien de 1951 en témoigne. Certes, il est plus charnu que l'adulte ne le sera. Mais la mélancolie du regard est si profonde qu'on a l'impression qu'il va se mettre tout à coup à pousser des gémissements. Son air pensif frappe également l'observateur. On le sent prisonnier de sa coquille de Cancer qui se réfugie sur ses rivages intérieurs quand l'infortune l'assaille[19].

Entre 1953 et 1956, étudiant en droit, il a surmonté les inhibitions de l'enfance et de l'adolescence. À l'Université de Montréal, il éclate. C'est un premier de classe que l'un de ses professeurs, le notaire Roger Comptois, décrira quelques années plus tard comme un étudiant «rangé, intelligent, remarquable, poli et déterminé». Contrairement à ses années à Brébeuf, Bourassa se mêle de tout et de rien. Tantôt, il est président de sa classe, tantôt il est délégué à l'Association générale des étudiants de l'université ou à l'Association France-Canada, tantôt il écrit pour *Quartier latin* des plaidoyers en faveur du présalaire.

Revendication réformiste pour l'époque et qui traduit également sa pitoyable condition d'étudiant non fortuné, toujours au bout de ses sous. Un été, on le retrouve commis de banque. L'année d'ensuite, il travaille dans un restaurant chinois ou dans une usine textile ou comme percepteur au pont Jacques-Cartier. En un mot: l'étudiant «cassé» mais hyperactif, organisé, studieux... qui ne court pas les filles. En 1956, il remporte la médaille du Gouverneur général. C'est aussi durant ses années de droit que le futur politicien fait surface. S'il a choisi le droit, ce n'est pas par hasard: le caractère général de cette discipline ouvre la porte à tout. À la politique, surtout.

Bourassa devient un membre plus qu'actif des Jeunes libéraux du Québec. Aux élections provinciales de 1956, on le retrouve à l'assemblée contradictoire de Saint-André-d'Argenteuil. Ses adversaires sont de taille: Paul Sauvé, le numéro deux du gouvernement unioniste, qui succédera à Duplessis, et nul autre que le «socialiste» Pierre Trudeau. Chez ses camarades autant que chez ses professeurs, on commence à prédire:

— Bourassa? Il finira en politique[20].

Et puis, après le droit, ce sont les études à l'université d'Oxford. C'est durant son séjour à Londres que se produit un événement capital non étranger à son ascension politique fulgurante de la fin des années 60. En août 1958, il rentre brièvement au Québec pour épouser Andrée Simard, héritière du plus puissant empire industriel érigé par des Canadiens français: le chantier naval de Marine Industrie, à Sorel, où plus de 7 000 travailleurs trouvaient de l'emploi durant les meilleures années.

Andrée Simard est la fille d'Édouard, l'un des quatre frères devenus fabuleusement riches durant la Deuxième Guerre mondiale en construisant des navires d'acier et des canons pour le gouvernement canadien. Bourassa l'a connue durant sa deuxième année de droit mais n'en a fait sa «blonde *steady*» que l'année suivante. Une histoire d'amour comme toutes les autres avec en plus la perspective d'une alliance avec la ploutocratie. Véritable marquis de Carabas, Édouard Simard possède au moins une chose en commun avec ce roturier d'allure rachitique et sans le sou, mais si brillant et si ambitieux: il raffole comme lui de politique. En 1948, lors du choix du chef du parti libéral québécois, il a fait jouer son influence en faveur de Georges-Émile Lapalme[21].

Pour le mariage de sa fille aînée, ce mondain qui adore le faste a fait les choses en grand. Le 23 août 1958, plusieurs centaines d'invités élégants, représentant l'aristocratie canadienne, emplissent l'immense pelouse d'un vert vif de sa propriété cossue de Sorel. Une armée de serviteurs s'affaire autour des convives particulièrement bien pomponnés pendant qu'un peu plus loin, les hélicoptères déposent leurs passagers et passagères riches ou célèbres. C'est donc au milieu de cette foire de gros bonnets que le jeune étudiant de vingt-cinq ans Robert Bourassa fait son entrée officielle dans le monde, qui sera dorénavant le sien, du pouvoir et de l'argent[22].

Avec de telles accointances, il ne faut pas se surprendre si, aujourd'hui, sa brisure avec René Lévesque donne lieu à une kyrielle de potins sur ses mobiles réels. S'il a lâché la clique souverainiste au dernier moment, insinuent les uns, c'est parce que les Simard l'ont mis en demeure, pas de doute possible. Un beau mythe. Des «Simard de Sorel», comme écrit la presse pour suggérer l'idée d'un club puissant qui a droit de vie ou de mort sur tout un chacun, combien sont morts? Le beau-père Édouard est décédé et les autres fondateurs de la dynastie ont eux aussi passé l'arme à gauche ou se sont retirés des affaires.

En 1967, les Simard, ce ne sont plus que des cousin(e)s dont aucun(e) n'est de taille à lui dicter sa conduite. Plus cocasse encore: sa femme Andrée ne jure que par René Lévesque. Elle a suivi de près les discussions qui ont abouti au manifeste et l'a même encouragé à prendre position publiquement en faveur de la souveraineté du Québec.

Il faut dire aussi que Bourassa lui-même n'est pas étranger à la rumeur. Sa manie de sonder les replis même les plus minces de l'âme journalistique en s'épanchant auprès du premier reporter rencontré, allant parfois jusqu'à se mettre à nu, est de nature à susciter le quiproquo. Les «Bourassa m'a dit» foisonnent par la suite dans les conversations de salle de presse. À l'un, il aura donné à entendre en sollicitant sa compréhension: «Moi, je les connais, les financiers: ils vont briser ma carrière...» À l'autre, il aura confié avec des yeux penauds: «Si je suis Lévesque, je suis fichu... et je commence à peine à faire de la politique.» Ce calculateur de grande race sait sans doute déjà que simuler la faiblesse est l'une des armes du Prince.

Notes — Chapitre 10

1. Paul Gérin-Lajoie, Marc Brière et Réginald Savoie.
2. Marc Brière; René Lévesque, in *La Révolution tranquille*, série diffusée à Radio-Canada, *op. cit.*, documentaire du 11 septembre 1971; et Aubin, François: *René Lévesque tel quel*, *op. cit.*, p. 170.
3. Jean-Roch Boivin, Réginald Savoie; et Murray, Don et Vera: *De Bourassa à Lévesque*, *op. cit.*, p. 38.
4. Jean-Roch Boivin et Marc Brière.
5. *Ibid.*
6. Robert Bourassa.
7. René Lévesque.
8. *La Révolution tranquille, op. cit.*; et Yves Michaud.
9. Provencher, Jean: *op. cit.*, p. 237.
10. Robert Bourassa, in *La Révolution tranquille, op. cit.*
11. Bourassa, Robert: «Instruments de libération», *Maintenant*, n°s 68-69, septembre 1967, p. 262-266; et Charles Denis.
12. Robert Bourassa.
13. Bourassa, Robert: «Aspect économique d'un Québec indépendant», *Maintenant*, n° 70, octobre 1967, p. 309-313; et *Le Devoir*, le 28 septembre 1967.
14. Marc Brière, Jean-Roch Boivin, Yves Michaud et Pothier Ferland.
15. Gabrielle Bertrand.
16. René Lévesque, in *«La Révolution tranquille», op. cit.*
17. *Avis de Recherche*, diffusé à Radio-Canada durant la semaine du 27 février 1984; *The Gazette*, le premier octobre 1983; *Maclean's*, août 1975; et Robert Bourassa.
18. *Ibid.*
19. *Ibid.*
20. *Avis de recherche, op. cit.;* Macdonald, L. Ian: *De Bourassa à Bourassa, op. cit.*, p. 239; et Robert Bourassa.
21. Murray, Don et Vera: *De Bourassa à Lévesque, op. cit.*, p. 102.
22. *Ibid.*, p. 103.

11

Le bourreau de Hampstead

Pendant que Robert Bourassa ressasse les raisons qui l'incitent à tourner le dos à René Lévesque (son avancement personnel, le vacuum libéral, la vulnérabilité économique de l'option souverainiste), le député de Laurier passe à l'action. Lundi soir, 18 septembre. Une date historique — s'il faut en citer encore une dans ce Québec de fin de décennie gagné de toute évidence à «la révolution de l'impatience».

Durant trois heures, Lévesque livre aux militants de son comté un «Point de mire» éminemment émotif qui veut toucher autant le cœur que la raison. Fruit ultime des cogitations collectives de l'été, le manifeste porte l'unique signature de René Lévesque et est daté du 15 septembre 1967. Un texte de 35 pages, résonnant comme une peau de tambour, qui tient dans environ 6 000 mots. Une résolution l'accompagne qui en résume l'idée essentielle: *un Québec souverain au sein d'une union économique canadienne.* Voilà! Le masque est tombé. On pourra prendre Lévesque pour ce qu'il est maintenant officiellement: un indépendantiste.

Les premiers mots du plaidoyer vont au cœur du dilemme existentiel du peuple francophone d'Amérique: *l'identité.* Qui sommes-nous donc? «Nous sommes des Québécois, répond Lévesque. Ce que cela veut dire d'abord et avant tout, et au besoin exclusivement, c'est que nous sommes attachés à ce seul coin du monde où nous puissions être pleinement nous-mêmes, ce Québec qui, nous le sentons bien, est le seul endroit où il nous soit possible d'être vraiment chez nous. Être nous-mêmes, c'est essentiellement maintenir et développer une personnalité qui dure depuis trois siècles et demi. Au cœur de cette personnalité se trouve le fait que nous parlons français. Tout le reste est accroché à cet élément essentiel[1].»

«Nous autres» (le titre du premier chapitre de manifeste), c'est ça! Certes, continue Lévesque, nous n'en menons plus très large dans cette Amérique qui a d'abord eu un visage français: Champlain, La Salle, Jeanne Mance, Lambert Closse, Frontenac, Maisonneuve... Il y a eu la Conquête. Nous avons été vaincus. Mais nous n'avons jamais abdiqué. La liste de nos résistants est longue: Étienne Parent, Lafontaine, les Patriotes, Papineau, Louis Riel, Honoré Mercier, Henri Bourassa, Philippe Hamel, Lionel Groulx...

Continuer, se battre, espérer, survivre... Nous sommes les fils de cette société. Tout cela se trouve au fond de cette personnalité qui est la nôtre. Quiconque ne le ressent pas, au moins à l'occasion, n'est pas ou n'est plus l'un d'entre nous. Mais nous, nous savons et nous sentons que c'est bien là ce qui fait ce que nous sommes. C'est ce qui nous permet de nous reconnaître instantanément où que nous soyons. C'est par là que nous nous distinguons des autres hommes. Cette différence vitale, nous ne pouvons y renoncer. Cela dépasse le simple niveau des certitudes intellectuelles. C'est quelque chose de physique. De cela, seuls les déracinés parviennent à ne pas se rendre compte.

Mais pendant que nous luttions pour exister, le monde a changé. L'histoire a accéléré prodigieusement du côté des sciences, de la technologie, de l'activité économique. Nos vieilles sécurités s'écroulent l'une après l'autre. Ce rythme affolant (de changement perpétuel) nous force à percevoir nos faiblesses, nos retards, notre terrible fragilité collective. Nous avons dédaigné l'éducation. Nous manquons de savants, d'administrateurs, de techniciens qualifiés. Nous sommes économiquement des colonisés. Notre société a des maladies graves qu'il faut guérir, sinon elle en viendra à ne plus s'accepter elle-même, à succomber tôt ou tard à la tentation permanente de la noyade confortable dans le grand tout anglo-saxon. Nous comptons assez de déprimés et de démissionnaires pour savoir que le danger existe.

Heureusement: il y a eu la Révolution tranquille, avec ses grands travaux, qui a amorcé la guérison. Nous avons démocratisé l'éducation et nos politiques sociales — santé, rentes, allocations familiales — ont fait plus de progrès en quelques années que dans tout le siècle précédent. Nous avons nationalisé l'électricité, créé la Société générale de financement, la Caisse de dépôt, la Société québécoise d'exploration minière. Nous avons assaini nos méthodes électorales, modernisé les structures administratives de notre État, équipé le territoire d'un réseau routier indispensable à son développement.

Tout cela n'est pas complet mais, ce faisant, nous avons appris des choses à la fois simples et révolutionnaires. Nous savons maintenant que nous avons en nous la capacité de faire notre ouvrage nous-mêmes. Nous nous découvrons efficaces et capables de réussir aussi bien que les autres. Nous savons aussi que personne ne le fera pour nous. Nous avons enfin et surtout découvert que l'appétit vient en mangeant. Dès qu'on se décide à bouger, on veut aller plus loin.

C'est alors que nous butons contre le mur du régime politique dans lequel nous vivons depuis un siècle. Nous sommes une nation dans un pays où il y en a deux. Deux nations — cela veut dire deux majorités, deux sociétés complètes, et bien distinctes — tâchant de faire bon ménage dans un cadre centenaire qui ne fait que compliquer leur entente, leur respect mutuel et les changements et progrès désirés par l'une et l'autre. Il est devenu urgent de sortir de cette maison de fous en modifiant profondément le régime centenaire ou en en bâtissant un autre.

Là est toute la question. Car pour assurer la sécurité de sa personnalité collective, le Québec a besoin d'un certain nombre de pouvoirs, qui sont à ses yeux un minimum vital. Il doit entre autres détenir le pouvoir d'agir sans entraves dans les domaines suivants: citoyenneté, immigration, main-d'oeuvre, radio, cinéma, télévision, relations internationales, sécurité sociale. Il faudrait aussi régler des questions primordiales comme celles de la Cour suprême, de l'intégrité du territoire, des droits sous-marins. Mettre un terme aux chevauchements administratifs et législatifs et aux fouillis nombreux dans les compétences en matière d'entreprises , d'institutions bancaires et fiduciaires, d'assurances, et dans d'autres secteurs économiques. Que dire enfin du transfert massif de ressources fiscales exigées par toutes ces tâches?

Il ne faut pas rêver. Ce «minimum» est pour le reste du pays un maximum ahurissant et tout à fait inacceptable. De là le cul-de-sac actuel. De là le système de double paralysie. Celle d'un Québec qui ne peut avancer à son gré et celle d'un Canada anglais frustré, à bout de patience, qui aimerait lui aussi se développer comme il l'entend, enfin libéré des contraintes imposées par les exigences québécoises.

Le chemin de l'avenir est clair. Pour éviter ce cul-de-sac conjoint, il faut avoir le courage tranquille de reconnaître que le problème ne se dénouera ni dans le maintien du statu quo ni dans son réaménagement. Certes, l'idée de quitter une demeure sacralisée par le temps peut faire peur. Il est des moments-clés dans la vie d'un peuple où le courage et l'audace deviennent la seule forme de prudence convenable. Mais s'il faut s'extraire au plus vite de ce régime fédéral dépassé, par quoi faut-il le remplacer?

La réponse est inscrite dans les deux courants dominants de l'époque: celui de la liberté des peuples et celui des groupements économiques et politiques librement consentis. Il faut que nous osions saisir pour nous l'entière liberté du Québec, son droit à tout le contenu essentiel de l'indépendance, c'est-à-dire la pleine maîtrise de toutes et chacune de ses principales décisions collectives. Cela signifie que le Québec doit devenir au plus tôt un État souverain. Cette souveraineté québécoise n'interdira nullement aux «deux majorités» de s'associer dans une nouvelle union canadienne ramenée aux domaines suivants; monnaie, douanes, postes, défense, dette nationale, statut des minorités[2].

Il est près de minuit quand René Lévesque s'arrête de parler. Après un tel déluge de mots, comparable à un discours de Fidel Castro, les militants respectueux du comté de Laurier n'ont plus qu'à entériner, en silence et sans débat aucun, la résolution qui sera déposée au congrès du 13 octobre. Une cinquantaine de membres ont droit de vote: trente-sept l'approuvent, sept la répudient. Faut-il déjà le laisser entendre: l'assemblée bien obéissante de Laurier a peu à voir avec le congrès-traquenard que sont à fricoter les sbires de Jean Lesage.

Les premières réactions se font prudentes. Comme si on n'osait croire encore que René Lévesque a bel et bien rejoint le camp saugrenu et fugace des séparatistes. Loin de désavouer le manifeste souverainiste, qui «ne constitue pas nécessairement un appui au séparatisme», Lesage entonne plutôt une sérénade à la liberté d'opinion:

— Monsieur Lévesque est libre de soumettre au congrès les résolutions de son choix. Sa proposition sera débattue comme les autres...

Pierre Laporte, le nationaliste ultra des années 50, tente pour sa part de réaliser l'impossible. Il rêve à voix haute: à coup d'honnêtes compromis, on parviendra sûrement à classer au rayon du «statut particulier» les exigences minimales de son collègue. Même le ministre fédéral Jean Marchand paraît perplexe. Pourtant, depuis qu'il a pris le train pour Ottawa, il n'hésite jamais à brandir son marteau carré d'ancien chef syndical pour enfoncer le plus de clous possible dans le cercueil séparatiste.

— Je ne sais pas si monsieur Lévesque propose un État associé ou un État séparé, se demande-t-il devant les journalistes.

Bon prince, Pierre Bourgault applaudit à la décision du député de Laurier avec l'air de dire «je vous l'avais bien dit» et l'invite à rallier son parti. Curieusement, celui qui paraît le plus outragé est le ministre unioniste des Affaires culturelles, Jean-Noël Tremblay:

— Monsieur Lévesque pratique le vol à l'étalage... Je parle de souveraineté depuis 1962[3]!

Peut-être bien, mais ça n'a pas tellement paru... Après un peu de flottement, l'opinion se ressaisit par le biais des éditorialistes. La vague de protestation gonfle. La presse de Toronto avertit les naïfs: contrairement aux allégations de l'auteur du manifeste souverainiste, la négociation d'une association économique avec le Canada risque d'être épineuse. Dans *La Presse*, Renaude Lapointe se réfugie derrière le cliché du *mea culpa*: les Canadiens français eux-mêmes sont responsables d'au moins 90 p. 100 de leurs retards. Quant à la *Gazette* de Montréal, elle oppose à Lévesque un bon Québécois francophone, Jean Ostiguy, qui vient de supplier ses compatriotes de ne pas casser de vitres car la Confédération «ne nous a pas si mal servis»[4].

Le pape laïc du *Devoir*, Claude Ryan, réaffirme, lui, la position résolument fédéraliste de son journal depuis Henri Bourassa, mais accueille avec respect la décision de ceux qui préfèrent ou préféreront l'option indépendantiste. La conversion de René Lévesque constitue pour lui un nouveau pas vers la minute de vérité:

> Le député de Laurier évoluait visiblement depuis quelques années dans une sorte de carcan intellectuel. On sentait bouillir au fond de cet être des convictions, des désirs, des intuitions et des rêves qui n'osaient pas s'exprimer dans toute leur nudité. Monsieur Lévesque vient de rompre cette gangue étouffante... (Son) mérite principal, c'est de nous rappeler que les choix se réduiront à deux[5].

À Ottawa, la machine à tollés se met en marche. Aux yeux des colombes francophones de la capitale, le nationalisme est un mal absolu, une abomination historique vouée à la réduction de l'homme — Hitler, Mussolini et Duplessis restent là pour le rappeler à jamais.

— Les Québécois ne voudront jamais mettre tous leurs oeufs dans le même panier! soutient le sénateur Maurice Lamontagne.

Du poulailler, on s'élève, grâce à Jean-Luc Pepin, ministre fédéral de l'Énergie, aux essais politiques du XVIIIe siècle. S'armant de son légendaire sourire, qui décourage les chahuteurs, Pepin compare Lévesque à Rousseau, Saint-Just et Robespierre devant les étudiants de l'Université de Montréal, qui restent bouche bée et bras ballants devant pareille érudition:

— Je ne pars pas en guerre contre le Siècle des lumières ou contre la vie française, finasse le ministre. Je rappelle seulement qu'ils ont conduit à la Terreur, à la dictature de Napoléon, au triomphe de la bourgeoisie et surtout à la Restauration[6]...

De Pierre Trudeau, ministre fédéral de la Justice, le correspondant du *Devoir* à Ottawa écrit qu'il étudie de près l'option Lévesque, suit sans panique l'évolution de la situation au Québec et refuse, pour l'instant du moins, de pratiquer la surenchère. L'explication de cette réaction impavide? Contrairement à Marchand, qui connaît la profondeur des racines nationalistes des Québécois pour avoir côtoyé longtemps les milieux nationalistes, Trudeau prend toute l'affaire avec un grain de sel. La souveraineté en association, et son géniteur inclus: un phénomène sans importance, une ombre chinoise qui s'évanouira dans la nature canadienne dès que les médias retireront leurs spots[7].

Le ministre de la Main-d'oeuvre et de l'Immigration Marchand poursuit l'exégèse du manifeste de l'ami René. Il le lit et le relit. Cette histoire place dans ses plus petits souliers cet ancien nationaliste québécois passé en 1965 dans le clan des durs de l'antinationalisme, ralliés autour de Trudeau. La bougeotte verbale le saisit enfin — comme pour exorciser le manifeste, il cherche à atténuer la charge de dynamite qu'il contient. Au sujet de l'«union canadienne» proposée par Lévesque, l'ancien chef syndical ratiocine alors qu'il se trouve dans les Maritimes:

— Ce n'est ni neuf, ni bouleversant. Le marché commun existe déjà. Il n'y a pas de frontières entre les provinces[8]...

Dans moins d'un mois, une fois Lévesque bouté hors du parti libéral, Jean Marchand durcira le ton, allant jusqu'à le traiter d'usurpateur.

Histoire pathétique — et très canadienne-française — que celle de la rupture de l'amitié qui les liait au temps noir du duplessisme périclitant. En 1960, si ce courtaud à la mine bagarreuse barrée d'une épaisse moustache n'embrasse pas la déesse de la politique, ce n'est pas la star de *Point de mire* qui doit se le reprocher. Les deux amis ont passé de nombreuses heures à démolir verbalement le régime Duplessis. L'un a dit à l'autre un jour:

— Pourquoi ne pas aller donner un coup de main aux libéraux au lieu de placoter?

Une sorte de pacte de la solidarité a suivi, qui revenait à dire: «Si tu embarques, j'embarque.» Au printemps 1960, Jean Lesage fait la chasse aux candidats prestigieux. Marchand ne lui dit ni oui ni non mais lui suggère les noms de Lévesque et de Trudeau. Un soir, à l'hôtel Mont-Royal, Lévesque, Marchand et Trudeau délibèrent pendant que Lesage attend au Windsor. Marchand passe son tour — la présidence de la future Confédération des syndicats nationaux est à sa portée. Il dit à Lévesque:

— Il y aura d'autres occasions...

Pierre Trudeau lorgne du côté de l'enseignement universitaire. En outre, Lesage, qui paraît avoir de la difficulté à cerner les intérêts véritables des Québécois, ne l'emballe pas outre mesure. À minuit, Lévesque se retrouve seul avec la vague impression d'avoir été lâché, par Marchand surtout. Tant pis! Il plongera seul dans la fournaise. Il se présente devant Lesage en disant:

— Il n'y en a qu'un de disponible. Me v'là! Trouvez-moi un comté[9].

Jean Marchand a raté le premier express de la Révolution tranquille et le regrette un peu. Lévesque n'arrête pas de le presser:

— Quand embarques-tu? Je suis tanné d'être seul là-dedans!

En 1962, le ministre des Richesses naturelles aurait besoin de renfort pour convaincre Lesage du bon sens de son projet de nationaliser les compagnies privées d'électricité. Le premier ministre a dit: «*Over my dead body!*» Le père de la Révolution tranquille dit toujours non d'abord aux grandes idées réformistes — ça ternit un peu son auréole. Le leader syndical brûle d'envie d'entrer au Salon de la Race mais s'interroge sur les convictions de Lesage depuis le jour, très récent, où il l'a fait venir au Club de la Garnison, à Québec, pour lui demander sans avertissement:

— Jean, tu es l'ami de René. Essaie donc de le convaincre que sa nationalisation, c'est de la maudite folie. On va avoir les compagnies sur le dos...

— J'appuie René depuis le début, a rétorqué Marchand piqué au vif. Je ne travaille pas à Pigalle pour changer de trottoir aussi facilement!

Néanmoins, peu avant le déclenchement des élections de l'électricité, en novembre, le président de la C.S.N. s'avise enfin de sauter avec Lévesque. Trop tard. Il s'est brûlé les ailes. Voulant donner un petit coup de pouce à ses amis fédéraux Maurice Lamontagne et René Tremblay, il s'est lancé comme un fou dans une virulente croisade contre le créditiste Réal Caouette. Sa base syndicale, qui vote pour «Réal», lui dit: «Occupe-toi de syndicat, pas de politique.» Quand Marchand va s'offrir à Lesage, après avoir avisé l'exécutif de sa centrale de sa démission, celui-ci prend un air embarrassé:

— Il y a de l'opposition contre toi, à cause des créditistes...

Si Marchand vient avec nous, a soufflé à Lesage l'organisateur en chef du parti, Alcide Courcy, on va avoir les créditistes contre nous. Le premier ministre a eu peur. Il a retraité.

— Vous auriez pu me le dire plus tôt, j'ai l'air d'un beau con maintenant! s'écrie Marchand obligé de réunir de nouveau son exécutif pour lui dire... qu'il ne part plus.

Il s'est battu pendant quinze ans contre Duplessis et une fois que c'est fini, que le bal de la Révolution tranquille est commencé, on refuse de l'inviter. Mais le meilleur reste à venir... C'est Lévesque lui-même, convaincu par Courcy du danger créditiste, qui s'est mis d'accord avec Lesage pour l'écarter, apprend-il de la bouche de Claude Morin au cours d'une réception intime chez Maurice Tremblay, sociologue de l'Université Laval. «Le couillon!» lâche Marchand avec amertume. La solidarité, ça n'existe pas? Chacun son tour: en 1960, il a laissé tomber Lévesque. En 1962, c'est l'inverse[10].

Une année plus tard, le fossé entre le Nisus et l'Euryale de L'«Énéide» canadienne s'élargit encore. Un Marchand de plus en plus sous la coupe de Pierre Trudeau commence à voir le Canada d'un oeil nouveau, alors que Lévesque réussit de moins en moins à cacher le vampire séparatiste qui s'est emparé de son âme de Canadien de plus en plus exsangue.

Il faut signaler que Trudeau impressionne Marchand depuis belle lurette. Durant le débat sur la nationalisation, ses arguments, sa logique et sa force de persuasion l'ont envoûté. Quand le diable a pris un jour entre lui et Lévesque, à son appartement de la rue Saint-Hubert, l'objection de Trudeau l'a frappé:

— Pourquoi engloutir 300 millions dans des compagnies qui marchent bien quand on est tellement en retard en éducation?

— Ça s'est fait partout au Canada, pourquoi pas nous autres? riposta Lévesque, rongé par l'envie de lui faire un mauvais parti.

Jusque-là silencieux, André Laurendeau, qui aimait participer à ces réunions du «cabinet parallèle» de la Révolution tranquille, comme disait la presse, lui demanda avec une pointe d'ironie:

— Monsieur Lévesque, est-ce l'homme politique qui parle en vous ou la vedette?

— Ce n'est pas un argument[11]!

Le temps allait donner raison à René Lévesque mais pour le moment, l'argument de l'éducation séduisait à la fois Marchand et Laurendeau. En cette année 1963, une autre brisure. C'est une année électorale pour les fédéraux. Enjôlé par Trudeau, le président de la C.S.N. négocie son entrée en politique fédérale avec Maurice Lamontagne, l'intermédiaire de Pearson. Trudeau fait la belle pour se faire remarquer par Lamontagne, qui ne veut voir que Marchand, son ex-collègue des sciences sociales de Laval, qui a l'étoffe nécessaire selon lui pour devenir un grand chef politique canadien.

Trudeau? Un fils à papa qui flirte avec les socialistes. Un gars intéressant, assurément, mais qui n'apportera pas de votes au parti. Un habitué des chapelles intellectuelles. Marchand pose deux conditions: son ami Trudeau vient avec lui et Pearson débarrassera le pays des armes nucléaires s'il est élu. Le chef libéral fédéral dit non à la seconde condition. La question est réglée. Au fond, Marchand est soulagé car c'est à Québec qu'il voudrait bien aller.

En août 1965, rue des Braves, à Québec, nouvelles approches de Lamontagne chez l'écrivain Roger Lemelin, un ami de Marchand. Ce dernier est mûr pour l'action politique. À la C.S.N., ses parts sont basses. On l'accuse de coucher avec les puissants du jour, de pratiquer le «syndicalisme en smoking». Mais comme il n'y a pas d'élections en vue, il répond au sénateur:

— Je ne veux pas être assis entre deux chaises. Il faut que je gagne ma vie. On se reverra quand vous ferez des élections.

Un mois plus tard, l'instabilité politique et un tas de scandales ont convaincu Pearson d'aller aux urnes pour faire un maître. Trudeau se met après Marchand pour le convaincre de faire le saut:

— Regarde à Québec, il y a un tas de gars forts: Gérin-Lajoie, Kierans, René. Tandis qu'à Ottawa, on en a besoin. Si on a un job à faire pour les Canadiens français, c'est à Ottawa qu'il faut aller.

«Faire un job pour les Canadiens français», cela veut dire essentiellement pour Trudeau: stopper la montée séparatiste qui risque de désintégrer le Canada si on reste les bras croisés. En septembre, à l'hôtel Windsor, à Montréal, nouvelles négociations avec Lamontagne. Marchand n'exige plus, comme en 1963, l'abandon des armes atomiques mais plutôt que ses deux copains, Pierre Trudeau et Gérard Pelletier, viennent avec lui. Pelletier est disponible lui aussi car *La Presse* l'a privé de son poste prestigieux de rédacteur en chef à la suite d'un conflit syndical acrimonieux.

— Aucune objection, fait Lamontagne en dévisageant les deux raseurs. Mais vous allez être obligés de ravaler certaines choses et de siéger avec des gars qui ont adopté les armements nucléaires...

Gestes d'acceptation mitigée des deux demandeurs. Ce n'est plus l'holocauste nucléaire qui les fascine mais l'incendie séparatiste.

— Quand tu seras élu député, Pierre, que feras-tu? ajoute, narquois, le sénateur à l'intention de Trudeau.

— Il y a des livres à la bibliothèque... rétorque celui-ci sur le même ton.

— Tu ne pourras plus faire de voyages autour du monde...

— Y a-t-il moyen de discuter dans ce parti-là? riposte Trudeau en faisant dévier la balle dans une autre direction[12].

Il serait prêt à tout, même à vendre son âme au diable pour siéger aux Communes. Il faut rendre le Canada attirant aux Canadiens français, tentés une fois de plus de se replier sur la citadelle Québec plutôt que de jouer à fond la carte du fédéralisme canadien. Ottawa doit faire sa Révolution tranquille. «Maîtres chez nous au Québec, c'est beau, mais maîtres chez nous au Canada, c'est encore plus beau», lancera Trudeau durant sa campagne au leadership de 1968.

Ce nouveau messianisme pancanadien ne heurte plus la sensibilité du nationaliste Marchand. Cela l'éloigne à jamais de Lévesque, qui file dans la direction contraire. Obligé naguère de négocier ses conventions de travail en anglais à Dolbeau et à Asbestos, P.Q., Marchand en était venu à se forger une image simpliste du Canada où il y avait d'un côté le Québec, la victime, avec sa différence culturelle, et de l'autre, un bloc monolithique de provinces anglaises aux intérêts convergents qui mangeaient du *«pea soup»* à longueur d'année. Faux. Depuis deux ans, il a sillonné le Canada anglais avec la commission Laurendeau-Dunton sur le bilinguisme. Il a découvert que le Canada n'est pas un seul pays mais plusieurs: le Québec, l'Ontario, l'Ouest, les Maritimes. Chacun a ses intérêts particuliers et les Canadiens français ne sont pas les seuls à faire les frais des chauvinismes régionaux.

Qu'est-ce que cela a changé dans la vie d'un ancien nationaliste comme lui? Il en est venu à se dire, avec Trudeau, qu'on pouvait unir tout ça dans la diversité, que le Québec n'était pas seul contre dix, comme le radotaient les nationalistes de la branche séparatisante, que l'indépendance serait une pure folie. Bref, l'ancien chef de la centrale la plus patriotique du Québec a revu et corrigé son nationalisme au moment où la Révolution tranquille tournait au souverainisme. Il a choisi son pays: le Canada.

Et depuis que Marchand est ministre de Sa Majesté fédérale, il n'hésite pas à sortir la trique chaque fois qu'on attente à la pudeur de la Confédération. Aussi, quand Lévesque est venu dernièrement rôder sur la falaise de Cap-Rouge, où il a sa maison de campagne, pour lui vendre entre deux verres l'idée de fonder avec lui un parti à saveur souverainiste, il a mal réagi. Pas question de marcher là-dedans! Il se veut encore nationaliste mais pas séparatiste. Et puis Trudeau ne l'aurait jamais laissé partir si, par une sorte de réaction de la tripe, il lui avait plu de monter dans la galère de l'ami René[13].

La poudre de perlimpinpin

Ah! la fragilité des amitiés politiques. Que Jean Marchand ou d'autres semblables à lui, encore accrochés émotivement au Canada, tancent publiquement Lévesque, cela se comprend et s'accepte. Mais François Aquin...

La veille du lancement du manifeste souverainiste, Aquin se rend au restaurant Prince-Charles, dans le nord de la ville de Montréal, pour révéler aux militants de la Société nationale populaire qu'il opte pour l'indépendance. Tout pétri encore de rhétorique gaullienne, il s'exclame:

— Québécois, Québécoises, il ne reste plus qu'une seule voie vers la liberté: la voie de l'indépendance, l'indépendance complète et immédiate assumée par tout un peuple. Le moment est venu pour tous les Québécois de s'unir au-delà des frontières partisanes...

Cette belle éloquence enveloppe de frissons une manière de gentil croc-en-jambe. En effet, aux yeux de l'histoire, le premier député indépendantiste s'appellera François Aquin, député de Dorion. Non René Lévesque. C'est du reste ce que la presse retient du dernier numéro oratoire d'Aquin. Mais il y a pis encore. Deux semaines plus tard, voilà que le député va chez les étudiants de l'Université de Sherbrooke pour leur parler de la future république du Québec.

— Comment penser sérieusement faire deux États dans un seul et obtenir en plus le consentement de la majorité canadienne? susurre Aquin en visant sans la nommer la thèse de la souveraineté-association. Comment ignorer que les compétences mises en commun seront des instruments d'intervention qui permettront à la majorité canadienne de confisquer une pâle souveraineté?

Pour Aquin, l'association, la mise en commun contredit le projet d'indépendance, en est la négation même:

— Un peuple qui veut exister ne peut laisser son sort économique, politique ou social dans les mains d'une majorité étrangère, si bien intentionnée soit-elle[14].

On le voit: le débat est bel et bien engagé, même au sein du camp indépendantiste. Chez les libéraux, les lions courent déjà après la victime, qui en est, à deux semaines du cirque d'octobre, à jongler avec la stratégie. Aller ou non au congrès? Voilà le point d'interrogation. Inféodé depuis la Confédération aux rouges du pays tout entier, glaive politique de la minorité anglophone du Québec, le Parti libéral du Québec n'adhérera jamais au credo souverainiste. L'imaginer, c'est croire aux vertus de la poudre de perlimpinpin.

Que se passe-t-il vraiment sous la calotte crânienne de René Lévesque? Ses fidèles se le demandent. Il est tellement secret, cet homme. Et retors comme pas un. Ce n'est pas lui qui irait montrer ses as. Dès les premiers moments où il a commencé à élaborer son manifeste, Lévesque s'est persuadé d'une chose: c'est aux libéraux, ses frères d'armes depuis sept années, qu'il le soumettra d'abord. Par loyauté, mais par fidélité aussi à ce noyau de sympathisants à l'intérieur du parti et de la machine gouvernementale prêts à le suivre encore mais réfractaires à tout aventurisme. Avant de crier à l'impossible, il faut faire le test. Et garder à l'esprit, même si on ne croit pas au miracle, que le nationalisme des libéraux de Lesage s'est considérablement radicalisé depuis 1960, depuis le «maîtres chez nous» de 1962[15].

Autour de Lévesque, on les évalue au quart du *membership*, ces libéraux nationalistes susceptibles de se ranger sous la bannière souverainiste advenant un scrutin secret. Mais, pour la faire monter à la surface, cette opinion souverainiste plus ou moins informe, il faut du temps. Accompagné de l'avocat Pothier Ferland, Lévesque a négocié avec Pierre Laporte, apeuré par l'idée d'une scission, une entente acceptable: un congrès spécial, qui trancherait définitivement, suivrait de six mois le congrès d'octobre, où les tenants des différentes options possibles se borneraient à exposer leurs thèses. En somme, le clan Lévesque disait mine de rien à la direction du parti représentée par Pierre Laporte: donnez-nous six mois et on enverra René faire le tour des comtés pour vendre sa salade. L'anguille était trop visible: Laporte dut baisser pavillon devant le *«over my dead body»* commun de Lesage et Kierans[16].

Même si on lui a claqué la porte au nez, le député de Laurier persiste à affronter le congrès. C'est cette obstination viscérale qui incite les plus machiavéliques de son groupe à conclure à des visées tactiques de sa part. Depuis 1960, Lévesque se sert du parti libéral tout autant que la formation se sert de lui. Il n'a jamais juré de mourir libéral. Et les libéraux n'ont jamais promis de le garder à vie. Dernièrement encore, il a vaticiné comme Jérémie: si les partis établis ne trouvent pas de solution à la crise constitutionnelle, ils éclateront!

La portée sous-jacente de la résolution du comté de Laurier, dont le congrès sera saisie, saute aux yeux: l'habile homme est à monter un gros ballon génial pour obliger les libéraux à lui fournir une tribune exceptionnelle — le congrès du 13 — pour lancer son mouvement. Autrement dit: Jean Lesage en personne lui donnera malgré lui un fier coup de main pour ouvrir les colonnes de la presse à sa thèse. Mais cela, le déjà-presque-chef de la souveraineté-association le nierait jusqu'à en avaler l'éternel mégot qui pare sa bouche[17].

Fin septembre, seconde étape stratégique de la marche du condamné volontaire vers le bûcher libéral: le congrès des Jeunes libéraux au lac Delage, près de la capitale. Ces «souverainistes libéraux» plus ou moins identifiés, dont on espère l'appui au congrès, se trouvent peut-être chez les moins de trente ans? Allons voir cela d'un peu plus près. Le député de Laurier a beau subjuguer son auditoire comme aux plus beaux jours de la campagne de l'électricité de 1962 et faire déferler sa batterie verbale d'arguments les plus convaincants, le débat qui suit son numéro est farci de «oui, mais...»

La fleur de l'âge lui oppose tantôt le réalisme politique, tantôt les inconnues d'ordre économique. C'est plutôt la peur, leur répliquent ceux qui veulent le suivre. Petit échantillonnage d'opinions majoritaires relevées par le reporter du *Devoir*: les Anglais sont trop nombreux; le séparatisme causera une crise économique très grave dont le Québec ne se relèvera pas; nous allons être seulement six millions de francophones contre deux cents millions d'anglophones en Amérique du Nord; le nationalisme trop poussé des séparatistes dégage des relents de racisme... Le vote est néanmoins serré: 71 apprentis politiciens repoussent l'option Lévesque quand 55 l'endossent. Le roi est mat. La presse lui demande s'il compte s'incruster encore bien longtemps dans le parti libéral.

— Je ne sais pas... avoue Lévesque. Il faudra que j'aie la certitude qu'il y aura une discussion loyale, que la question ne sera pas escamotée au prochain congrès[18].

Rien de moins assuré, mon cher René. Le 10 octobre, à trois jours du fatidique congrès, un Jean Lesage flanqué d'un Eric Kierans aux aguets impose la ligne officielle — le nouveau «corridor idéologique» de la banalisation constitutionnelle en marche dont ne devra pas s'écarter l'honnête militant libéral désireux d'éviter l'expulsion. La conférence de presse est particulièrement courue et le chef libéral exceptionnellement ferme:

— Le parti libéral rejette le séparatisme sous toutes ses formes et croit qu'une nouvelle constitution canadienne comportant un statut particulier peut le mieux servir les intérêts des Canadiens français[19].

Aux côtés de Lesage et Kierans se tient, impassible comme toujours, l'ancien coalisé réformiste féru de droit constitutionnel,

Paul Gérin-Lajoie. Le père du contre-manifeste du statut particulier, c'est lui. Lévesque n'est pas l'unique stratège diabolique des manoeuvres en cours. Pour s'assurer de sa capitulation, que trouver de mieux que de placer sur sa route un soldat de la trempe et de la stature de Gérin-Lajoie, nationaliste tout aussi articulé que lui?

Opposer le nationaliste au nationaliste pour mieux fractionner la muraille — bon vieux principe qui a subi l'épreuve du temps et d'application opportune ici: les deux hommes, tout alliés objectifs qu'ils soient, ont été des rivaux et se sont jalousés au temps des grands chambardements de la Révolution tranquille. Gérin-Lajoie s'irritait de constater que la diva de «l'équipe du tonnerre» n'aimait que ses réformes d'ordre économique à elle, levant le nez sur les siennes. De son côté, Lévesque trouvait l'ami ministériel trop gourmand en crédits, surtout trop pressé d'en finir avec une démocratisation de l'éducation qui soulevait des tempêtes d'opposition.

Au printemps 1963, l'adoption laborieuse et différée du bill 60, qui dotait enfin le Québec d'un vrai ministère de l'Éducation, les a vus sinon s'enguirlander publiquement, du moins se porter des coups sournois réservés normalement aux pendards. Quand Gérin-Lajoie a présenté son projet de loi, l'Église a froncé les sourcils, comme en 1897, lorsque le gouvernement de Félix-Gabriel Marchand a voulu instituer un ministère de l'Instruction publique pour délivrer les Québécois de l'analphabétisme. L'histoire se répéterait-elle?

Rentrant du concile, le cardinal Léger a téléphoné à Lesage de l'aéroport pour le mettre en garde:

— Monsieur le Premier ministre, quelle précipitation! Les évêques arrivent de Rome, donnez-nous le temps d'étudier le projet de loi.

Quelque temps plus tard, c'est Gérin-Lajoie qui prenait le téléphone, pour appeler Jean Marchand, dont la centrale syndicale appuyait à fond de train la réforme:

— Je n'arrive pas à faire passer mon bill au cabinet.

— C'est Lesage qui le bloque?

— Non, c'est René Lévesque! avoue Gérin-Lajoie ulcéré.

Sidéré, Marchand s'amena tambour battant chez l'ami Lévesque, qui devint blanc comme drap devant sa mine belliqueuse:

— Ça n'a pas de bon sens, on se bat pour ça depuis des années!

— Écoute, le cardinal m'a dit: «Je vous ai fait venir parce que vous avez de l'influence. Je suis sympathique à la réforme mais donnez-moi une chance de convaincre les évêques.»

Aux yeux de Marchand, pour qui retirer une loi, surtout à la demande de l'Église, équivalait à son enterrement, Lévesque était tombé dans le panneau même s'il n'avait rien d'une punaise de sacristie. Le jour du retrait du bill 60, pour délai de réflexion, Lévesque s'approcha d'Arthur Tremblay, cogéniteur de la loi avec Gérin-Lajoie, pour lui avouer candidement qu'il était plus sage de ne pas bousculer l'opinion publique.

— Monsieur le Ministre, gronda le technocrate, l'histoire dira comment tout cela va tourner, mais ne me demandez pas de me réjouir...

Quinze jours plus tard, Tremblay rageait encore contre Lévesque qui, le croisant chez Jean Marchand, ricana:

— Regardez-le, lui! Si ses yeux étaient des pistolets, je serais déjà mort!

En réalité, le gouvernement maintenait sa décision de créer un ministère de l'Éducation mais en reportait l'adoption à la session suivante afin de permettre à l'opinion d'évoluer. Entretemps, Gérin-Lajoie allait devoir, comme Lévesque pour la nationalisation, traverser le Québec d'est en ouest pour expliquer sa réforme. Après la séance du cabinet, le député de Laurier s'approcha de Gérin-Lajoie:

— Paul, je m'en vais à Cape Cod en juillet, pour mes vacances. Je vais penser à un scénario en vue d'une émission de télévision[20].

Sa bataille de l'éducation, Gérin-Lajoie dut la gagner tout fin seul. Le scénario promis ne réussit jamais à s'échapper de la tête du baigneur de Cape Cod. En dépit de ce genre de procédés — usuels chez monsieur Machiavel —, ces deux grandes stars de la Révolution tranquille adhèrent à une vision quasi identique du destin québécois.

Du manifeste souverainiste, le député de Vaudreuil-Soulanges a dit: «Je suis frappé par le ton serein et objectif de ce document». Devant ce commentaire plaisant à entendre, qui déroge aux condamnations libérales ex cathedra, Lévesque lui donne rendez-vous au Hilton pour tenter de le dissuader de se prêter au jeu des libéraux qui pourraient le mettre brutalement au rancart une fois la menace souverainiste dissipée. Il lui propose même une alliance, écartée prestement par Gérin-Lajoie incapable de se rendre jusqu'à la souveraineté. Ce dernier ne jure en effet que par le statut particulier, qui n'est pour Lévesque qu'un bouchon carré dans un trou rond, qu'un enfoncement dans un cul-de-sac sans fin[21].

C'est à titre de président de la commission constitutionnelle du parti que Gérin-Lajoie s'est mis à l'oeuvre durant l'été pour fabriquer sa thèse du statut particulier. Il a travaillé seul — certains au parti le lui reprocheront d'ailleurs —, se bornant à consulter Jacques-Yvan Morin, l'expert en droit constitutionnel à la barbiche de bouc qui a fait reculer le gouvernement Lesage à lui tout seul, en 1965, lors du débat sur la formule Fulton-Favreau. À la fin, il s'est fait aider par Jean-Claude Rivest, nouveau venu au cabinet du premier ministre, pour rassembler paragraphes, notes et arguments en un tout harmonieux et cohérent dont on pourrait dire avec assurance: voilà la position du Parti libéral du Québec!

Justement, comment le décrire, ce statut particulier que la machine bien huilée de Paul Desrochers se fait fort de faire passer comme une lettre à la poste le jour J? Chose certaine, cette thèse est en effet très très particulière, comme son nom l'indique. Si jamais le Canada anglais devait la prendre au sérieux, il ne resterait plus à Ottawa qu'un moignon de gouvernement. Ce «statut particulier dans un fédéralisme renouvelé» confie aux provinces tous les pouvoirs qui comptent dans le gouvernement d'une société. Les institutions fédérales sont maintenues, mais comme une grosse coquille vidée de sa substance. En somme, Gérin-Lajoie veut en arriver à une véritable confédération, où ce sont les parties constituantes qui prédominent.

S'il n'en tenait qu'à lui, le Québec disposerait d'une compétence exclusive dans les domaines suivants: culture (y compris le cinéma, la radio et la télévision), sécurité sociale, main-d'oeuvre, mariage et divorce. Sa compétence serait fortement accrue en matière d'immigration, de commerce, de finance, de transport, de pêcheries, et il pourrait participer directement aux politiques monétaires et tarifaires. Sur le plan international, pleins pouvoirs dans les champs de sa souveraineté, dont le droit de négocier et de conclure en son nom des ententes avec les pays étrangers, et de siéger aux organismes internationaux. Enfin, la nouvelle constitution canadienne devra reconnaître l'existence de deux nations. Et, pour que ce «Québec particularisé» dispose des moyens de sa politique, il faudra un nouveau partage des impôts[22].

On le voit: le statut particulier de Gérin-Lajoie est le frère jumeau de l'union canadienne de Lévesque. «Aujourd'hui, affirme même le premier, l'interdépendance vient équilibrer la souveraineté. Le problème consiste en fait à choisir la forme d'association qui nous convient.» On ne saurait embrasser plus subtilement la cause du camarade. Gérin-Lajoie est aussi d'avis, avec lui, qu'il faudra modifier en profondeur la composition de la Cour suprême et du Sénat, et adopter une déclaration des droits des minorités. Par ailleurs, il serait tout à fait indiqué que le «résidu» du beau et grand Canada d'avant le statut particulier se transforme en république[23].

Comment expliquer que Jean Lesage avalise pareille casuistique dont l'esprit, sinon toute la lettre, courtise aussi immoralement le souverainisme? Depuis le début du charivari nationaliste, il en perd son latin, le pauvre. Le père de la Révolution tranquille réagit aux événements plus qu'il ne les façonne. L'heure de la sortie approche. Toutefois, il ne sera pas dit qu'on passera un tel «Québec» à Eric Kierans!

Dès qu'il s'est amené au parti avec son cahier de doléances, Gérin-Lajoie s'est frotté à Kierans, qui a cherché à le mettre en pièces avec l'amabilité féroce d'un bouledogue. La victime doit adoucir certains angles de son texte, qu'elle risque de voir jeté à l'égout. Combien de fois aussi le commis voyageur de la bonne entente libérale, Robert Bourassa, ne doit-il pas s'interposer entre le rédacteur et son principal critique appuyé par Lesage?

Comme l'heure est au compromis, à cause de l'épée de Lévesque suspendue au-dessus de la tête des frères rouges, Kierans temporise lui aussi, tout en se démarquant publiquement du rapport Gérin-Lajoie, ravalé devant la presse au bas échelon d'un «working document». Dès qu'elle aperçoit l'abominable écrit, la presse anglophone du pays use d'ironie pour le démolir. Pour le *Globe and Mail* de Toronto, le séparatisme sera toujours du séparatisme, peu importe son nom de baptême: «Monsieur Gérin-Lajoie suggère-t-il que son parti rejette le séparatisme en l'adoptant sous le couvert d'une étiquette moins discutable?»

Le *Ottawa Citizen* est encore plus explicite: «*No matter how thin you slice it, that's separatism*». Maxwell Cohen, un doyen de McGill, télégraphie à Gérin-Lajoie: «Votre conception républicaine et semi-séparatiste du fédéralisme canadien amènerait la destruction du Canada actuel.» D'après un Claude Ryan exceptionnellement narquois, l'obsession de certains anglophones, c'est que les Québécois abjurent tous l'hérésie séparatiste. Le reste? Ils s'en fichent. C'est du grec pour eux[24].

I'm sorry, René

Les sornettes particularistes de Gérin-Lajoie, on y verra en temps et lieu. L'homme à mettre K.-O., maintenant, s'appelle René Lévesque. Il faut un Thiers pour réprimer la commune souverainiste en formation. Ce sera Eric Kierans, le partenaire de tennis du Quebec Winter Club. Leur amitié doit être sacrifiée à la quiétude centenaire de l'ordre politique canadien. Puisque le Canada a ses francophones de service, pour faire les «sales jobs», comme on dit, pourquoi le Québec n'aurait-il pas son anglophone de service? Mais tout cela est la faute de René. En ralliant l'indépendance, il a abusé de l'amitié dont un proverbe dit qu'elle est comme une corde de violon, qui casse si on la tend trop.

Aussi, au lendemain même de la publication du tract séparatiste, Kierans rugit:

— Je puis vous assurer que le parti libéral n'est pas séparatiste. La thèse de monsieur Lévesque sera battue par une majorité écrasante...

Trois jours plus tard, devant le Men's and Women's Canadian Club de Hamilton, il ne réclame pas encore ouvertement le sacrifice de la brebis égarée mais le suggère à mots couverts:

— Si l'option qu'il appuie est jugée inacceptable, alors il se trouvera à oeuvrer contre le programme du parti en y demeurant...

Le surlendemain, à Toronto cette fois, Kierans avertit:

— Je quitterai le parti si les libéraux adoptent la thèse de monsieur Lévesque...

Le même jour, à Verdun, P.Q., l'ex-ministre antimafia Claude Wagner jure de suivre l'exemple de Kierans:

— Je n'ai pas l'intention d'être le complice de ceux qui désirent la destruction du Canada[25].

Des mots, des mots... Le justicier de l'ancienne équipe de révolutionnaires tranquilles n'a nulle envie de lever le camp. C'en est un autre qui caresse l'espoir secret de diriger un jour ce parti aux entrailles ouvertes. Ah! si Jean Lesage pouvait donc décoller...

Dans le studio de Radio-Canada, avant de se dépecer gentiment en petits morceaux pour le compte des téléspectateurs canadiens, Kierans et Lévesque échangent des «*I'm sorry, René*» et des «*I'm sorry, Eric*» un peu empesés. Durant ce débat sur l'option souverainiste, le premier avoue qu'il savait que René aboutirait là un jour et qu'il devrait alors le combattre. Le second observe le gouffre qui les sépare: Eric est Canadien d'abord, lui est Québécois d'abord. C'est comme ça[26].

Devant les caméras, Kierans joue les grands princes. Il est tout onction. Mais au parti, il se montre hargneux, soupe au lait dès que le mot séparatisme flotte dans le paysage. Il s'est braqué, comme si l'ami René l'avait frappé au-dessous de la ceinture, quelque part dans les viscères. Pour le groupe de Lévesque, Kierans exagère. Il feint la surprise, pose à l'homme dupé, comme s'il n'avait pas été, du début à la fin, de l'aventure réformiste. Comme s'il n'avait pas assisté aux irrévérencieuses autopsies du Club Saint-Denis et de Mont-Tremblant. Curieux comme il a changé, Kierans, en cours de route. L'*English Canadian* a fini par prendre le dessus sur le ministre de jadis, qui pestait contre les *bastards* de gestionnaires d'hôpitaux anglophones à la mentalité d'Afrikanders. Aujourd'hui, il a encore la dent sortie mais contre René. Aucune faiblesse ne l'émouvra. On l'a surnommé le bourreau de Hampstead, du nom du quartier montréalais de richards où il habite.

À l'Université de Sherbrooke, Kierans déroule son scénario eschatologique. Un auditoire de libéraux masochistes l'ovationnent à tout rompre quand il prédit à leur belle province une série de catastrophes:

— La séparation plongera le Québec dans la misère, la pauvreté, le chômage et coûtera à la population plus de 2,3 milliards durant les cinq premières années...

Le coût de l'indépendance? Prohibitif pour les Québécois, qui touchent plus d'argent du fédéral — donc du Canada anglais — qu'ils n'en versent en impôts. Kierans ne dit pas à ces libéraux québécois qui l'adulent qu'ils ne sont qu'une bande d'entretenus, trop pauvres pour se gouverner eux-mêmes, mais c'est tout comme. 35 p.100 de toutes les sommes octroyées aux provinces atterrissent au Québec qui n'en retourne que 25 p.100. S'il n'y avait encore que les cennes et les piastres. Il y a plus. Si le Québec se sépare, prédit Kierans, ce sera l'exode des capitaux, des cerveaux, des usines et des sièges sociaux des grandes sociétés comme la Sun Life, la Banque Royale, Dupont, Bell Téléphone, le Canadien Pacifique, et autres[27].

Le fossoyeur de René Lévesque ouvre ainsi, en s'accompagnant à la contrebasse des grands malheurs, le beau dossier du fédéralisme rentable dont Robert Bourassa fera ses choux gras dans moins de deux ans. Mais, bonne sainte Anne, où donc l'économiste Kierans prend-il ses chiffres? Mystère et boule de gomme. En tout cas, sa calculatrice a des ratés car les statistiques publiées par les gouvernements durant les années 70 contredisent ses allégations.

En effet, entre 1961 et 1971, le fédéralisme canadien a coûté aux Québécois plus de 4,8 milliards de dollars. Ottawa a perçu au Québec plus d'argent qu'il n'en a dépensé. Entre 1966 et 1971, le surplus net fédéral réalisé au Québec a atteint les 2,4 milliards. Comme «rentabilité», on peut faire mieux. À vrai dire, la situation se retournera après 1971, avec l'arrivée du *French Power* à Ottawa, la montée du chômage, la radicalisation nationaliste et le déplacement vers l'Ouest du pôle de croissance, qui obligeront le gouvernement central à investir plus dans la province française[28].

— C'est le JAMAIS anglophone le plus catégorique et l'un des plus instinctifs! rétorque Lévesque en accusant son grand allié du congrès réformiste de 1966 de pratiquer le terrorisme des sous.

Dépeignant Kierans comme un *never-man*, Lévesque ironise encore devant les libéraux du comté de son ami Michaud:

— Il veut effrayer les Québécois, cette brave population indigène profondément ignorante des sombres mystères de la finance qui soupirait naguère dans la patience apeurée et la résignation à la moindre mise en garde du roi nègre...

Il n'est d'ailleurs pas le seul, Kierans, à donner dans le chantage économique. En cet octobre des prophètes de malheur, les milieux financiers de Montréal et de Toronto orchestrent une fuite des capitaux imaginaires, dirigée autant contre le gouvernement Johnson que contre la maudite engeance séparatiste. Le premier à sonner le tocsin est Charles Neapole, le successeur de Kierans à la Bourse de Montréal. Début octobre, il avertit que l'argent sort du Québec. Quelques jours plus tard, le *Globe and Mail* et le *Financial Post*, tous deux publiés à Toronto, épiloguent longuement et chacun à leur tour sur le thème, qu'on espère aussi rentable que le fédéralisme, de l'exode des capitaux. Laurent Lauzier, de *La Presse*, ajoute sa pierre: «Le mouvement pourrait devenir fort inquiétant si l'incertitude politique actuelle continue de saper le climat. Il a été impossible au cours de notre rapide enquête d'obtenir des chiffres... mais de l'avis de banquiers, il n'est pas exagéré de parler de dizaines de millions qui ont déjà passé la frontière.»

À Hawaï, où il est allé digérer les éclats gaullistes de juillet, le premier ministre Johnson s'énerve. Prenant son ton le plus rassurant, il promet à la rue Saint-Jacques et à Bay Street de ne pas ériger de muraille de Chine autour du Québec. En avril 1968, quand Ottawa publiera les prévisions d'investissement recueillies à la fin de 1967, on verra la supercherie. S'il y a vraiment eu une fuite des capitaux, c'est plutôt en Colombie britannique qu'elle s'est produite[29]!

En sifflant le refrain du chantage économique, Kierans touche une corde très sensible de l'âme québécoise. Il joue avec un traumatisme qu'il risque d'aggraver en voulant sauver le patient d'un danger plus grand, le séparatisme. Le Canadien français souffre d'une insécurité chronique, tenant à la fois à sa condition de minoritaire et à l'état de dépendance de son économie. Il a peur de voir les capitaux fuir un Québec trop exigeant, trop rebelle. D'où la très grande efficacité du chantage économique: restez tranquilles, gentilles brebis, sinon vous perdrez les avantages acquis.

Au XIXe siècle, le clergé a brandi l'argument pour enrayer la tentation de l'annexion aux U.S.A. Durant la première moitié du XXe siècle, l'élite politique et religieuse l'a ressorti comme un épouvantail pour freiner l'avènement d'un syndicalisme trop radical. Aujourd'hui, on le sert de nouveau aux Québécois, contre leur affranchissement national. Une bonne vieille tradition bien de chez nous à la portée du plus fort et apprêtable à toutes les sauces[30].

À quelques jours du congrès, Kierans et Lévesque continuent à se tirer dessus à boulets rouges. S'ils devaient se buter l'un à l'autre par hasard, on peut être sûr qu'ils échangeraient poliment des «*hello, René!*» et «comment ça va, Eric?» Mais le coeur n'y serait pas. En effet, c'en est bel et bien fini de leur légendaire amitié à la canadienne, qu'on citait en modèle à tous ceux que désespérait l'inimitié proverbiale entre anglophones et francophones.

Pourtant, comme elle était dure, solide, cette amitié aussi féconde que tapageuse qui s'effrite aujourd'hui contre le roc de l'aspiration des peuples à disposer d'eux-mêmes. Elle avait commencé à l'époque de la nationalisation des compagnies d'électricité, avant même l'entrée de Kierans au cabinet de Jean Lesage. Le président de la Bourse avait fermé les yeux et s'était mis du coton ouaté dans les oreilles quand l'équipe d'économistes du ministre Lévesque était venue mettre le nez dans ses classeurs, où étaient rangés des renseignements confidentiels concernant les compagnies visées par le gouvernement.

La fameuse complicité Kierans-Lévesque, c'est alors qu'elle était née. En juin dernier, le journaliste torontois Walter Stewart observait maladroitement devant Kierans:

— Ne pensez-vous pas que si Lévesque quittait le parti libéral, ça réglerait la question?

— Qu'est-ce que cela veut dire au juste? a coupé brutalement le chatouilleux Kierans.

— Chaque fois que René vous fait des compliments, c'est

comme s'il donnait en même temps un oeil au beurre noir à une moitié du Canada...

— Écoutez: René est mon ami! Pas seulement un allié politique, pas seulement un collègue... un *ami!* Qui attaque René Lévesque attaque aussi Eric Kierans. C'est comme ça[31]!

L'amitié de Castor et Pollux n'avait rien à envier à la leur. Quel couple, en effet! Deux originaux, deux individualistes, deux monstres sacrés nullement jaloux de la popularité de l'autre. Le capitaliste anglophone rouge et le ministre francophone mangé par les vers du nationalisme. Tellement différents qu'ils auraient pu tout aussi bien se détester cordialement. Mais ils se complétaient admirablement bien.

Kierans démêlait pour son ami l'écheveau complexe des pratiques financières de la rue Saint-Jacques et de Bay Street. En échange, Lévesque lui apprenait à découvrir le peuple québécois, qu'en bon Anglo-Saxon habitué à ne pas franchir les limites du ghetto anglophone de l'Ouest de Montréal il connaissait mal. Il fallait aussi les voir s'aiguiser l'un l'autre le matin, vers huit heures, en prenant le café au Parlement.

— *Charles, you'll join us. We'll have a coffee with René...*

Charles Denis, le secrétaire de Kierans, trouvait ces séances bien matinales. Médusé, il les écoutait. Le premier apportait un argument que le second complétait, enrichissait ou corrigeait, si besoin était. Ils s'alimentaient comme des vases communicants. Rarement divergeaient-ils d'opinion sérieusement. Au bout d'une heure, les deux hommes paraissaient au comble de l'excitation, Lévesque allumant cigarette sur cigarette, Kierans oubliant de bredouiller son français rigolo. Ils avaient un mal fou à se quitter tellement l'un et l'autre avaient l'impression d'avoir à peine effleuré le sujet. Ils auraient pu poursuivre la discussion toute la matinée...

Un jour, la question nationale se glissa sournoisement entre eux. C'était fatal. Alors Kierans commença à pressentir que la trajectoire de son ami René allait tôt ou tard se heurter à la sienne. Paradoxalement, le financier n'était pas étranger à la radicalisation nationaliste de Lévesque. En effet, en l'initiant, au hasard de leurs amicales prises de bec, à certains arcanes plus ou moins

285

avouables du monde de l'argent, il dessillait ses yeux de souverainiste latent.

Rompu aux us et coutumes de la rue Saint-Jacques, Kierans n'éprouvait aucun mal à révéler à son ami qui détenait la réalité du pouvoir au pays du Québec. Qui étaient les maîtres. Il les connaissait, ces gens, ces bonzes, ces grosses légumes du Canadien Pacifique, de la Banque Royale, de la Sun Life, de la Domtar. Il les avait longtemps côtoyés, s'était parfois querellé avec eux comme président de la Bourse.

Car lui, l'Irlandais né à Pointe-Saint-Charles, quartier populaire de l'arrondissement montréalais, tolérait mal les privilèges impertinents qu'osaient s'arroger certains financiers. Quand il se mettait à tempêter contre l'influence et le pouvoir démesurés de ces intouchables, compte tenu de leur apport réel à la société, l'ami René se régalait. C'était comme du chocolat pour lui. Aussi, rien de surprenant à ce qu'au cours du printemps dernier, l'histoire s'accélérant, Lévesque se mette à harceler Kierans pour qu'il se branche:

— Où est-ce qu'on s'en va...? L'autonomie dont vous nous parlez toujours, qu'est-ce qu'on en fait?

La déchirure était inéluctable; jamais le millionnaire radical de Hampstead n'irait jusqu'à la séparation, même présentée sous la couverture de la souveraineté-association ou de l'union canadienne. Kierans était prêt à aller très loin du côté d'un Canada décentralisé, mais jamais il ne cautionnerait une thèse qui fractionnerait le Canada en deux morceaux. Son option à lui, c'était une alliance entre provinces pour obliger Ottawa à revenir aux sources: c'est-à-dire à renoncer une fois pour toutes à son ambition centralisatrice et se comporter comme un véritable gouvernement fédéral[32].

Un jour de juillet, juste avant que le général de Gaulle n'allume la mèche, Kierans et Lévesque ont tenté, une dernière fois, de se mettre d'accord. Ils ont à peine touché à leurs plats tellement la discussion les tendait.

— Je ne peux plus vous suivre, a fini par avouer Kierans.

— C'est votre droit, répondit laconiquement Lévesque.

Ils quittèrent ensemble le Café du Parlement avec le sentiment indicible que leurs routes venaient de bifurquer pour toujours. Avant de franchir le pas de la porte du restaurant, Kierans se retourna et laissa tomber, ému:

— Écoutez, René, peu importe comment les choses vont tourner, rien ne doit briser notre amitié...

— Ne vous en faites pas, rien ne le pourra, promit Lévesque en lui donnant la main[33].

C'était là un voeu sinon pieux, du moins chimérique. Tout cela appartient maintenant au passé. On y repensera dans quelques années, quand viendra le temps de la nostalgie. Aujourd'hui, on en est à l'heure de la solution finale. «La tête à Lévesque», voilà ce que le bourreau de Hampstead s'apprête à offrir à la meute libérale sur le plateau d'un congrès réglé à l'avance comme une mécanique d'horloge. Ce qui s'annonce n'a rien à voir avec la démocratie souriante et débonnaire du temps des porteurs d'idées réformistes. Le parti libéral du Québec revient au «crois ou meurs», à la démocratie infantile des organisateurs de la belle époque du duplessisme.

Notes — Chapitre 11

1. Lévesque, René: *Option Québec*, Montréal, Les Éditions de l'Homme, 1968, p. 19.
2. *Ibid.*, p. 20-42; et le *Devoir*, le 19 septembre 1967.
3. *Le Devoir*, les 20 et 21 septembre 1967.
4. *La Presse*, le 19 novembre 1967; le *Toronto Star*, le 20 septembre 1967; et Desbarats, Peter: *René Lévesque ou le Projet inachevé, op. cit.*, p. 155.
5. *Le Devoir*, le 20 septembre 1967.
6. *Ibid.*, le 13 octobre 1967.
7. Jean Marchand; et *Le Devoir*, le 21 septembre 1967.
8. *Le Devoir*, le 21 septembre 1967.
9. René Lévesque et Jean Marchand.
10. *Ibid.*; et Claude Morin.
11. Jean Marchand.
12. Maurice Lamontagne et Jean Marchand.
13. Jean Marchand.
14. Aquin, François: «L'indépendance», discours du 17 septembre 1967 devant la Société nationale populaire; et *Le Devoir*, les 18 septembre et 3 octobre 1967.
15. René Lévesque.
16. Pothier Ferland; Guay, Jacques; «Comment René Lévesque est devenu indépendantiste», *op. cit.*; et Lévesque, René, *in La Révolution tranquille*, série de documentaires diffusés à Radio-Canada, *op. cit.*
17. Duern, Normand: «La culture politique du Parti libéral du Québec», *op. cit.*, p. 181-182; Desbarats, Peter: *op. cit.*, p. 159; et Pierre O'Neill.
18. *Le Devoir*, le 25 septembre 1967.
19. *Ibid.*, le 11 octobre 1967.
20. Paul Gérin-Lajoie, Jean Marchand et Arthur Tremblay.
21. René Lévesque; *Le Devoir*, le 20 septembre 1967; *La Presse Plus*, le 19 janvier 1985.

22. Paul Gérin-Lajoie; *La Presse*, le 12 octobre 1967; *La Presse Plus*, le 19 janvier 1985; et Saywell, John Tupper: *The Rise of the Parti Québécois, op. cit.*, p. 17.

23. *La Presse*, le 12 octobre 1967; *La Presse Plus*, le 19 janvier 1985; *Le Devoir*, le 11 octobre 1967.

24. Cités par Saywell, John Tupper: *op. cit.*, p. 17; et *Le Devoir*, le 13 octobre 1967.

25. *Le Devoir*, les 21, 26 et 27 septembre 1967.

26. Desbarats, Peter: *op. cit.*, p. 159.

27. *Le Devoir*, le 2 octobre 1967.

28. *Les Comptes économiques des revenus et dépenses — Québec 1961-1975*; et aussi pour les années *1961-1981* — tels que cités dans *Le Devoir*, les 26 mars 1977 et le 7 septembre 1983; et les *Comptes économiques provinciaux — 1966-1981*, publiés par Statistique Canada, catalogue 13-213.

29. Parizeau, Jacques: «Les dessous de l'histoire — De certaines manoeuvres d'un syndicat financier en vue de conserver son empire au Québec», *Le Devoir*, le 2 février 1970; et *La Presse*, les 5 et 14 octobre 1967.

30. Rocher, Guy: *Le Québec en mutation*, Montréal, Hurtubise HMH, 1973, p. 44.

31. Stewart, Walter, «A Private Anguish — The Widening Public Abyss», *The Star Weekly Magazine*, Toronto, le 2 janvier 1968.

32. Charles Denis; et Eric Kierans, cité par Aubin, François: *René Lévesque tel quel, op. cit.*, p. 172.

33. Eric Kierans, in *La Révolution tranquille, op. cit.;* et Stewart, Walter: *op. cit.*

12

Lève-toi, Robert

Les murs lambrissés à l'ancienne du célèbre Château Frontenac auront certainement été témoins d'assises politiques moins féroces, plus amènes, plus rieuses, et plus arrosées aussi, que celles du 13 octobre 1967. Laissons tomber la circonspection d'usage: l'hôtel aux tourelles vert pomme est aux mains des coupe-gorge. L'hostilité générale, la haine même qui enveloppe la personne de René Lévesque est si triviale que des reporters anglophones s'en scandalisent. Ils sont accourus de partout au pays pour assister à la mort d'une idée — le séparatisme —, non à l'humiliation brutale d'un homme dont Eric Kierans a déjà dit qu'il était l'événement le plus important à survenir au Québec depuis des générations.

La seule opposition au séparatisme n'explique pas pareille explosion de ressentiment. Le Che Guevara du Québec, comme dit Bona Arsenault, a suscité dans ce parti aux abois tant d'animosités personnelles qu'il doit être exterminé en même temps que son hérésie souverainiste. Ce vendredi 13 — quel mauvais augure! — on parie fort dans le hall enfiévré du Château, où un nuage d'hôtesses tout de rouge vêtues promènent leurs sourires engageants au milieu des agents du service d'ordre. L'enjeu n'est plus de savoir si la petite vermine quittera ou non le parti, mais si elle déguerpira avant que l'assemblée ne l'écrase.

La veille même, Jean Lesage et Henri Dutil, organisateur des comtés de la capitale qui a l'oreille du chef, ont envoyé les signaux appropriés aux militants non encore fixés — si tant est qu'il s'en trouve encore.

— Si l'option de monsieur Lévesque est rejetée par le congrès, a prévenu Lesage, il devra se soumettre ou se démettre...

— Son départ constituerait-il une rude perte pour votre parti? a demandé le journaliste de Radio-Canada.

— Ce serait une perte qui s'avère de moins en moins importante[1].

Henri Dutil s'est rendu à la tribune de presse du Parlement pour s'y livrer à une violente diatribe contre Lévesque «qui, loin de s'arrêter au séparatisme, vise l'établissement au Québec d'un régime d'extrême gauche». Accusant le pendard de comploter «le soir au restaurant Saint-Tropez au milieu d'une cour de gauchistes barbus», l'ex-secrétaire de la fédération libérale a braillé encore:

— François Aquin a jeté bas le masque. On sait maintenant où il loge. René Lévesque a fait lui aussi son nid: aura-t-il le courage d'aller l'habiter ou devra-t-on l'y forcer? S'il ne quitte pas de lui-même, il sera expulsé[2].

Avec ses larges épaules de sportif peu friand des séances où l'on coupe les cheveux en quatre, Dutil est le symbole et la voix de la légion de libéraux conservateurs éreintés par le rythme époustouflant infligé à la Révolution tranquille par le clan Lévesque. Avant même qu'il ne sorte sa nouvelle lubie séparatiste de son chapeau de magicien à la manque (la perte du pouvoir, c'est à lui qu'on la doit), Dutil et ses pairs en avaient ras le bol du personnage.

L'ami de Lesage n'est pas du genre à attendre que l'orme perde toutes ses feuilles. Quand son idée est faite, il attaque, avec l'agressivité d'un champion de tennis menacé de perdre sa couronne. Pour lui, René Lévesque, qui est son cousin par alliance, fait figure de faux pur. Son père, Henri Dutil, le journaliste rouge du *Soleil*, lui a appris à se méfier de ces gens qui n'arrêtent pas de prêcher la vertu aux autres. Pourtant, en 1960, quand il fut question de la candidature de Lévesque, il l'a défendue contre ceux du parti qui insinuaient, comme l'avocat Roger Létourneau, le trésorier de Lesage: «Avec lui, on s'achète du trouble[3].»

Leurs relations se sont détériorées peu à peu, après 1963, quand le cousin éloigné a commencé à faire flèche de tout bois, bafouant à la fois, et chacune à son tour, l'entreprise privée, l'Église et la Confédération, les trois piliers du Québec tranquille.

René Lévesque ne peut gagner. Téléguidée par Alcide Courcy, Paul Desrochers et René Gagnon, le secrétaire général du parti, proche de Pierre Laporte, la machine a pris les petits et grands moyens pour nettoyer l'écurie libérale des factieux. L'heure du choix constitutionnel est venue. Le Canada entier se tourne vers Québec; on est Canadien ou Québécois, fédéraliste ou indépendantiste, bon ou méchant. Le grand parti des Laurier, Saint-Laurent et Lesage ne peut adorer Dieu et le diable à la fois.

Pour éviter les ratés, le grand maître Desrochers a interdit le parquet du congrès aux photographes, mais surtout à l'oreille et à l'oeil trop indiscrets de la radio et de la télévision. Il faut atténuer au maximum l'impact publicitaire que Lévesque pourrait donner à son option. Empêcher aussi que des images dévastatrices comme celles du duel verbal entre lui et le docteur Irénée Lapierre, au congrès de 1966, ne défilent ensuite jusqu'à l'indécence au petit écran. Seule l'inoffensive presse écrite, dont il est facile de démolir les insinuations à coups de communiqués ou de conférences de presse, aura accès aux délibérations. Canaille la directive. Celui qui voudra réfuter les critiques ou les démentis de ces libéraux au-dessus de tout soupçon ne disposera d'aucune preuve matérielle sur laquelle appuyer ses dires.

De plus, si le droit à la victoire coûte que coûte l'exige, l'assemblée pourra se transporter au manège militaire de la Grande-Allée. Là, dans cette salle immense, ce sera un jeu d'enfant de provoquer quelque mouvement de foule hostile aux lévesquistes et d'y masser le nombre de délégués nécessaires au triomphe de la «démocratie». Avant le congrès, pour parer justement à de telles manoeuvres, familières aux «coulissiers» des partis politiques, le clan Lévesque a tenté en vain d'obtenir la liste des délégués.

Si toutes ces mesures devaient échouer, alors la bonne vieille procédure viendra assurer un dénouement heureux. Tout a été prévu pour l'éradication de la chienlit séparatiste. En d'autres mots: les dés sont pipés[4].

Nul mieux que Kierans ne le sait. René n'a aucune chance de s'en sortir. Sa stratégie à lui n'est pas compliquée. S'il a fait alliance avec les conservateurs, pourfendus un an plus tôt aux côtés de Lévesque, c'est pour battre l'option souverainiste, expulser ses défenseurs du parti et court-circuiter la thèse de Gérin-Lajoie, dont il fera reporter l'étude aux calendes grecques. Mais il a une autre bonne raison, tenue secrète, d'accepter avec autant de bonne grâce le rôle odieux d'exécuteur des hautes oeuvres.

En effet, Kierans ne se fait pas d'illusion: sa carrière politique au Québec est fichue. Il subira le même sort que Dalton Camp, l'homme qui a abattu Diefenbaker. La foule est ainsi faite qu'elle remercie rarement le régicide. Brutus sortira du week-end aussi perdant que sa victime. Heureusement, l'arène fédérale n'est pas fermée. Au Canada anglais, Eric Kierans fait maintenant figure d'un saint Georges écrasant le dragon séparatiste. Il s'est érigé en rempart de l'unité nationale et cela lui a valu d'être consacré héros canadien par la presse du pays.

Atout magistral pour qui aspire à succéder à Lester B. Pearson. Ne nous étonnons donc pas si, dix jours à peine après avoir occis son ami René, le futur rival de Pierre Trudeau au congrès d'avril 1968 lance un livre intitulé *Kierans on Canada*: sa bible du fédéralisme décentralisé qu'il allait prêcher en vain tout au long de son infructueuse campagne[5].

Dans la salle de bal du Château Frontenac, devenue pour deux jours l'agora du peuple libéral, une volée de huées copieuses enterre la voix de Marc Brière. On en est à fixer les règles du jeu qui prévaudront durant les délibérations. Mais, diantre, quel affreux péché ce raseur procédurier a-t-il encore commis? Il a tout bonnement demandé que l'assemblée plénière puisse apporter des amendements aux deux thèses constitutionnelles en présence. Trop tard. Les organisateurs ont pris de vitesse le clan Lévesque et fait adopter par les militants dociles les accrocs à la procédure démocratique qui seront de règle: 1) aucun amendement; 2) vote à main levée plutôt que secret. Pour tout dire: une sorte de simulacre de la démocratie digne d'une assemblée du Kremlin.

Jusque-là, René Lévesque attendait un miracle. Quatre jours avant les assises, il a transmis à Pierre Laporte, l'un de leurs animateurs, deux demandes précises: des garanties pour que sa résolution «soit loyalement discutée» et un vote secret pour permettre aux délégués «de bien peser la valeur des arguments soumis». Le mouton noir était prêt à accepter l'idée d'une défaite mais à la condition que le combat soit honnête et juste[6]. L'évidence lui crève maintenant les yeux: l'honorable député de Chambly ne s'est pas désâmé à faire entériner sa requête par la direction du parti. Pauvre Pierre — toute cette affaire le déchire. Dernièrement, il s'est même mis au vert en Floride pour ne pas être mêlé aux escarmouches entre ses alliés naturels, les nationalistes, et les faucons du fédéralisme. Mais l'ambition personnelle l'emportera toujours chez lui. Aussi, même si ce n'est pas de gaîté de coeur, il s'est résigné comme Kierans à son rôle de boucher, tout aussi obnubilé que lui par le mirage d'une succession qui n'est pas plus à sa portée que celle qui fait courir le premier.

Le refus du vote secret jette à terre la stratégie des souverainistes. Il leur fallait à tout prix faire sortir le vote nationaliste, évalué à environ 20 p. 100 de la masse des 1 500 délégués. Un appui aussi substantiel aurait pu convaincre Lévesque de rester au parti — éventualité qui fait maintenant horreur à Lesage et Kierans. De là le vote ouvert. De là, également, le refus catégorique de permettre tout amendement: les habiles manoeuvriers du camp séparatiste, les Marc Brière et André Brossard, ne pourront pas à la toute dernière minute embrouiller les militants et annuler l'opération expulsion.

Tout cela, pour Lévesque, confine à la rapine électorale. On voudrait fausser le sens du vote qu'on ne s'y prendrait pas autrement. Quel nigaud osera lever sa petite main tremblotante en faveur d'une option combattue à outrance par la brochette de dirigeants qui ornera l'estrade au moment de la votation? Plus grave encore: ce parti, jadis grand, sombre dans cet infantilisme pitoyable au moment de prendre une décision capitale pour le peuple québécois[7].

Mais il n'est plus temps de pleurer. La foule des délégués fait soudain silence. Devant le lutrin, planté droit au milieu de la tribune dominant l'assemblée, Jean Lesage ouvre le feu sur l'enfant terrible de son ancien cabinet. Il semble un peu tendu dans son élégant costume marine, mais il n'en fulmine pas moins, sur l'air de «c'est lui ou moi».

— Quand la majorité aura décidé, ceux qui ne voudront pas se rallier sans réserve n'auront d'autre choix que de se retirer du parti... Et moi aussi, je suivrai les voies démocratiques et je démissionnerai si des idées autres que celles que je préconise sont acceptées[8].

C'est le délire. Les trois cents délégués éventuellement souverainistes — s'ils existent — cachent bien leur jeu; c'est la salle entière qui explose de satisfaction. Le noyau de fidèles rabougris qui entoure Lévesque — les Marc Brière, Pothier Ferland, Réginald Savoie, Rosaire Beaulé, Jean-Roch Boivin, Maurice Jobin — laisse passer l'orage sur lequel l'organisateur d'Abitibi, Alcide Courcy, souffle comme Vulcain sur le feu de ses forges.

Le chef s'épanouit. C'est toujours comme cela avec lui: avant de monter au podium, il est raide comme une barre. Mais une fois l'offensive bien lancée, il reprend ses sens et retrouve rapidement sa volubilité exceptionnelle. Et ce soir, il a la forme conquérante, le chef. Dramatique à souhait — pour ne pas dire franchement démagogue. Comme Kierans, avec qui il est entré dans la salle de bal bras dessus bras dessous, affichant comme lui l'air du complice qui sait que le combat est truqué. Lesage n'hésite pas à dresser les épouvantails d'un antiséparatisme simpliste qui soulève son auditoire:

— Faut-il, pour devenir maîtres chez nous, nous isoler absolument sur une île déserte, coupée du monde, sans communications avec la terre ferme? Qui d'ailleurs sur la terre ferme voudrait continuer à visiter cette île inhospitalière dont les habitants refuseraient tout dialogue [9]?

Le chef libéral tire de gros boulets afin d'en finir avec cette «jacquerie» séparatiste qui inquiète les fédéralistes du parti et du pays. Jamais sa formation ne parviendra à reconquérir le pouvoir avec une direction et une organisation fédéralistes à 80 p. 100 et une base manipulée par 20 p. 100 d'indépendantistes plus ou moins avoués. Il faut faire maison nette sinon ces hâbleurs finiront par emporter le morceau.

Lesage a «jonglé» un bon bout de temps avant de laisser tomber le couperet. Certes, il n'a jamais été l'ami de René. A leur première rencontre, en 1960, avait-on laissé entendre à l'époque, il avait dit à la star du petit écran: «Je sais que vous ne m'aimez pas beaucoup, mais je pense que nous pouvons travailler ensemble...» En vérité, Lesage a toujours respecté, admiré même, ce ministre exceptionnellement intelligent même s'il lui a donné du fil à retordre du temps des grandes manoeuvres de la Révolution tranquille. Durant la campagne de la nationalisation, en 1962, il le défendait contre ceux qui le clouaient au pilori pour un oui ou pour un non. Dans la limousine qui le transportait d'un coin à l'autre de son royaume, en compagnie de son rédacteur de discours, Claude Morin, et de son médecin personnel, Maurice Jobin, il lui était même arrivé de rabrouer affectueusement sa Corinne, agacée par ce petit homme qui en menait trop large et qui n'était pas fiable pour deux sous.

Avant le congrès, Lesage a cherché à raisonner Lévesque, à le faire renoncer à son erreur en lui faisant valoir les mérites de la souveraineté provinciale assortie d'une constitution canadienne repensée du tout au tout. Ils ont parlementé longuement, en gentilshommes: sans prendre la mouche, sans claquer la porte, même si tous deux ont le sang chaud. Ils n'ont pu s'entendre que sur la profondeur de leur désaccord. «*We agreed to disagree*», avouera quelques années plus tard Lesage au journaliste Jean Larin de Radio-Canada. De guerre lasse, il a mis un terme à leurs entretiens par une proposition dûment acceptée par le contestataire:

— Si vous voulez, René, nous allons purement et simplement soumettre les deux options à un congrès plénier[10].

C'était un piège. «René» mesure à quel point ce soir, au Château Frontenac. Il n'en est que plus dépité. Et furieux aussi. Le chef a déjà fait preuve de plus d'élégance! Il pose au maître chanteur jetant sur la table une démission bidon en plus de sombrer dans une partialité flagrante quand il prend position en faveur de la résolution Gérin-Lajoie au détriment de la sienne. Lévesque en a suffisamment entendu: il se lève de son siège sans attendre la fin du discours de Lesage. A sa sortie de la salle, les reporters se jettent sur lui.

— On a nettement bulldozé le congrès, accuse-t-il. C'est un climat de «crois ou meurs». Ce sera le vote d'une salle nettement recrutée et sélectionnée... la question constitutionnelle transformée en question de personnalités[11]!

L'organisation a poussé la mesquinerie jusqu'à refuser à son groupe les chambres et suites retenues pour les congressistes. Lévesque veut prendre les journalistes à témoin, puis il hausse les épaules: «Ça n'a pas d'importance. C'est une idiotie de plus[12].»

C'est peu dire. Des semeurs d'apocalypse s'immiscent parmi les militants — et les journalistes — et s'appliquent à gonfler la vague des cancans accréditant une fuite des capitaux. L'un, qui a la panique contagieuse, jure sur la feuille d'érable que «le Québec est techniquement en faillite». L'autre affirme que «la province ne peut plus emprunter une seule piastre» à cause de ces fous de séparatistes qui sont en train de ruiner son crédit. Un courtier alarmiste confie au reporter du *Star*, Brian Upton: «Hier encore, un groupe d'investisseurs étrangers a liquidé à 70 $ chacune des actions de la Shawinigan Water and Power qui en valaient 100...» À ce terrorisme des sous, se mêlent encore les fanfaronnades de membres en vue du parti, comme Pierre Maltais, député du comté de Saguenay, qui s'impatiente devant la presse anglaise: «*Watch us kick out Lévesque*[13]!»

La sortie intempestive du député de Laurier le sauve au moins de la diatribe d'Eric Kierans qui hurle dans le microphone une promesse qui ne rime à rien mais n'en déclenche pas moins, comme celle de Lesage un peu plus tôt, une tempête de sifflets et de huées hostiles aux souverainistes:

— La route vers l'égalité des Canadiens français ne se tracera pas dans le séparatisme mais, si tel était votre choix, je suis prêt à démissionner immédiatement[14]...

Si cela continue, ce parti n'aura plus de chefs! En fait, Kierans peut bien pratiquer lui aussi son petit chantage qui ne tire pas à conséquence — de toute manière, il s'en va au fédéral —, la bande à Lévesque ne l'entend plus. Elle s'est cloîtrée dans son Q.G. de l'hôtel Clarendon, à deux pas du Château, pour panser ses plaies et aviser de la tactique du lendemain. Mais y aura-t-il seulement un lendemain? Peu avant minuit, la presse s'agite. La rumeur court que l'iconoclaste a assez fait rire de lui et qu'il s'apprête à poser enfin le geste attendu par tout un parti: démissionner.

Le bruit n'est pas tout à fait faux. Le groupe du député de Laurier se sait battu. Toute l'affaire s'en va en eau de boudin. Il ne reste plus à René Lévesque que son charisme pour tenter d'influencer des délégués au cerveau visiblement ratatiné par le rouleau compresseur d'un antiséparatisme primaire. Et même là, face à la triple alliance formée de Lesage, Kierans et Laporte, ses arguments les plus convaincants risquent de tomber à plat durant le débat crucial du samedi après-midi.

Faut-il mettre fin au massacre dès ce soir, premier jour des assises? Les tacticiens du clan Lévesque délibèrent. Avant de capituler, on tente encore deux démarches. Un émissaire se rend chez Kierans pour tenter de négocier un dernier compromis qui éviterait l'éclatement. Peine perdue. Ni celui-ci, ni les deux députés qui se trouvent avec lui, Bernard Pinard et Gérard-D. Lévesque, n'ont envie d'entendre l'alpha ou l'oméga de son message[15].

De son côté, Marc Brière cherche à ébranler son vieil ami Gérin-Lajoie:

— Paul… ton statut particulier, ils vont l'adopter puis le mettre sur une tablette. Kierans et Lesage se servent de toi pour nous couillonner! Si tu viens avec nous, on peut trouver un terrain d'entente. Si tu ne viens pas, ce sera le grand *split*[16]…

Gérin-Lajoie fait lui aussi la sourde oreille. Il lui oppose la crédibilité et le réalisme de sa thèse qui, quoi qu'en disent ses collègues souverainistes, sera considérée après-demain comme la position constitutionnelle officielle du Parti libéral du Québec. Son avenir, fait-il encore comprendre à Brière, se situe chez les libéraux. Il ne lui dit pas carrément: je serai le prochain chef de ce parti. Mais Brière ne le connaît que trop: son ami de Vaudreuil ne vit que pour venger son humiliante défaite de 1958 aux mains de Lesage. L'heure approche car ce chef, subi plutôt qu'aimé, ressemble de plus en plus à un condamné.

Comme il paraît déçu, le candide Brière, aux premières heures d'une nuit où personne n'a vraiment à sortir les longs couteaux pour modifier le cours des choses, puisque tout est déjà joué. Il rêve depuis quelque temps d'un nouveau parti qui serait dirigé par Gérin-Lajoie et Lévesque. Une nouvelle équipe du tonnerre, capable de relancer la Révolution tranquille. Il affabule au point de penser que René laisserait même la première place à Paul pourvu que ses objectifs politiques triomphent. Mais l'ancien ministre de l'Éducation fait preuve, lui, du même réalisme que Bourassa. Il préfère mener seul sa barque; avec René dans les parages, il est assuré de se retrouver matelot.

La nuit a porté conseil aux lévesquistes. Samedi matin, au Clarendon toujours, ultime réunion de stratégie. Il ne s'agit plus d'établir si René Lévesque s'en va ou non. Cela est acquis: il part et aujourd'hui même. S'il a temporisé, hier soir, c'est parce que le clan n'arrivait pas à déterminer le moment le plus propice pour rendre sa démission publique. Avant de monter se coucher, il leur a dit:

— On va se réunir avant l'assemblée et c'est là que la décision finale va se prendre. Chacun de vous dira le fond de sa pensée. Ce n'est pas à moi de dire ce que je pense mais à vous; il me faut votre accord avant d'agir[17]...

Dans la chambre des joueurs, les Bleus du Québec ne sont pas encore tout à fait décidés à sauter sur la glace pour affronter les Rouges du Canada. La question est posée: sortons-nous de ce guêpier avant la reprise de la partie ou après? Les gros marqueurs de l'équipe — les Boivin, Brière, Brossard, Beaulé, Ferland, Savoie, Pelletier — ont la face longue à la pensée de quitter le parti. Ils mettent de côté le tiraillement intérieur pour expliquer à la quarantaine de partisans dégoûtés par la tournure des événements pourquoi ce serait plus futé de ne décamper qu'en fin de journée.

Aussi bien tirer tous les marrons du feu. La plénière, quelle tribune idéale pour propager une nouvelle idée politique! Comme il faudra la vendre, cette option, pourquoi ne pas commencer tout de suite? Des témoins de partout, des journalistes avides de sensations fortes, des délégués dont une bonne partie ne demande qu'à se laisser convaincre. On aura ainsi donné sa journée à une option à laquelle on croit et qui représente pour plusieurs pas mal de sueur.

Seul traquenard à éviter: le vote. Il faut quitter la patinoire avant de se faire lancer des «claques»! Car après la défaite de la résolution Lévesque, ce sera l'enfer rouge. Il faut que les maudits séparatistes y goûtent! La «machine» de Paul Desrochers y verra: une chaîne des humiliations (motion de loyauté, motion d'expulsion, huées à profusion) dans une tension épouvantable.

Impossible de survivre à cette terreur à la Robespierre dont s'inquiétait plus tôt le ministre fédéral Jean-Luc Pepin, en donnant à entendre qu'elle surgirait des antres séparatistes. Mieux vaut donc déguerpir avant le «bain de sang». Vers dix-huit heures, ce serait parfait. C'est tranché: l'histoire du Québec fera un bond ce samedi, 14 octobre 1967, à l'heure de l'apéro. Mais d'ici là, camarades, bouche cousue[18].

Un rebelle de génie

À quatorze heures précises, l'arbitre, le notaire Jean Tétreault, siffle la reprise du match. Comme la veille, les spectateurs trépignent d'hostilité envers les Bleus. Le capitaine a récolté du «Lévesque, dehors!» en sautant sur la patinoire du Château. Aux premières loges, l'oeil pétri d'ironie, triomphe l'establishment des Rouges: Lesage, Kierans et Laporte en tête. L'initiative du jeu appartient à leur joueur étoile, Paul Gérin-Lajoie, qui monte au podium pour défendre sa résolution sur le statut particulier.

Elle n'a pas l'air de s'amuser, la vedette, mais elle travaille bien. Surtout, son intervention posée et conciliante tranche avec la démagogie de faubourg qui prévaut depuis le début des assises. Plutôt que d'exposer en long et en large le fond de sa thèse, qui rejette la pure séparation mais revendique une révision radicale de la constitution canadienne selon le principe des deux nations, Gérin-Lajoie sermonne son parti:

— Certains ont jugé mon rapport antiséparatiste, d'autres proséparatiste. C'est la preuve qu'en définissant nos grandes options, nous les libéraux avons intérêt à réfléchir davantage... La vie d'un peuple ne se décide pas par un oui ou par un non, il ne faudrait pas donner l'impression à la population que nous voulons trancher ces choses-là au couteau[19].

Cause toujours, mon lapin. Aujourd'hui, ce n'est pas ce genre de discours qui intéresse l'assemblée. Le député de Vaudreuil a beau lui dire encore, dans son style poli d'intellectuel d'Outremont, qu'elle se leurre si elle croit enterrer aujourd'hui la question constitutionnelle, qui n'en est qu'à ses prémisses car les Canadiens français s'inquiètent à juste titre de leur survie, il ne réussit guère à la faire bouger. Il faudra que le petit homme au crâne à demi nu se lève et coure nerveusement avec sa liasse de papier dans les mains vers le micro principal pour qu'un murmure secoue enfin les délégués.

René Lévesque dispose d'une demi-heure pour exposer son

corps de doctrine. Juste avant qu'il n'affronte la salle, ses aides l'ont enfermé pour une dizaine de minutes en lui conseillant de mettre sur papier le schéma de son laïus. Il n'est jamais aussi éloquent que lorsqu'il parle sans texte pourvu qu'il ait sous les yeux un aide-mémoire constitué de quelques idées-chocs jetées rapidement sur une feuille au moment de tenir le crachoir.

Lévesque déballe ses arguments les plus solides mais les papillons qui battent des ailes dans son estomac et la pensée écorchante de sa démission imminente qui lui barre l'esprit font que son *show* n'est pas plus réussi que celui de Gérin-Lajoie. Conscient toutefois du caractère historique du moment, l'auditoire demeure sur le qui-vive, l'écoutant finalement avec respect. Si le Canada est en crise, rappelle le député à ces libéraux obsédés de son intégrité, c'est à cause des Québécois qui se demandent s'il vaut la peine de vivre comme groupe distinct.

— Ce mouvement de contestation est irréversible, proclame l'orateur. Si nous voulons vivre, il nous faut alors vivre en peuple adulte et responsable...

Mais il y a ce danger de noyade collective à plus ou moins brève échéance. Pour le contrer, le Québec doit obtenir des pouvoirs accrus. Et c'est là que commence le drame canadien. Habile, Lévesque puise abondamment dans le document de Gérin-Lajoie pour faire la preuve que même si la constitution est une source constante de frustrations, le reste du Canada ne veut pas bouger. Il s'est même levé en bloc contre le statut particulier prôné par le député de Vaudreuil. Du reste, négocier ce schéma avec le Canada anglais relèverait du supplice chinois:

— La Confédération, c'est comme une maison *split-level* et le statut particulier, un étage semi-détaché de ce *split-level*. Vouloir unir tout ça, ce serait comme tenter de réaliser la quadrature du cercle. Mais il est possible de reprendre les matériaux et de bâtir deux maisons semi-détachées...

L'analogie trop séparatiste agace vivement les délégués, qui en oublient leurs belles manières: la voix de Lévesque disparaît un bon moment sous un concert de protestations nourries. Nullement intimidé, plus provocant encore, le député conclut:

— Notre option, qu'on a voulu écarter par des arguments d'autorité, propose des étapes claires pour une indépendance politique et une interdépendance économique dans le cadre d'un risque calculé[20].

Un débat de quatre heures, mouvementé et acrimonieux, suit cette finale. Ce n'est pas un match mais une partie de chasse. C'est dès le départ la charge des sangliers du parti.

— Le séparatisme est un signe de faiblesse, clame Lesage du ton suffisant de celui assuré de la victoire. Ce serait renier les luttes épiques des gens de ma langue. Quant à moi, je refuse de détruire le Québec en détruisant le Canada!

— Notre parti veut se ranger résolument du côté des petits, susurre de son côté le millionnaire Kierans. Il ne sera pas celui d'une élite séparatiste... Il ne veut pas d'un Québec séparé qui ne profitera qu'à une petite élite.

— Au nom des cent années passées, déclame à son tour Pierre Laporte, je n'ai pas le droit de faire courir à cette nation le risque irréparable du séparatisme, ni d'oublier nos frères qui vivent dans le reste du Canada. Moi, je veux travailler pour un Québec fort dans un Canada uni. Et je peux le faire par le statut particulier[21]...

Il y a dans cette salle qui exulte sous les cris de ralliement fédéralistes un député qui contient le mieux possible ses réactions. C'est Robert Bourassa, à cheval sur les deux camps braqués l'un contre l'autre. À la veille des assises, il fut le seul libéral en vue à souhaiter publiquement que le député de Laurier ne quittât pas le parti. Il est affalé dans son fauteuil, l'air profondément morose. Il ne dira pas un seul mot du débat, se bornant à écouter le pour et le contre. De toute façon, l'organisation du congrès ne l'a pas invité à défendre l'option Gérin-Lajoie. Lesage ne lui a pas retiré sa confiance mais il le tient à l'écart de l'opération. Plus tôt, Bourassa a tenté encore de concilier les points de vue de ses deux idoles; il a abandonné devant l'attitude butée de Lesage[22].

Quand Lévesque a fait son boniment, les délégués ne l'ont chahuté qu'une fois, l'applaudissant poliment à la fin. Mais quel charivari quand ses fidèles se mêlent de prendre sa défense! De quoi s'enfuir en criant maman. Marc Brière peine dur pour faire entendre sa voix accusatrice: les dirigeants du parti ont escamoté le débat de fond, et puis ne rêvez pas, ex-amis libéraux, le fédéralisme version Gérin-Lajoie est aussi risqué que l'indépendance. Rosaire Beaulé ne s'en tire pas mieux quand il s'étonne de voir les libéraux brandir le spectre de difficultés économiques pour combattre le séparatisme alors que le Québec est déjà dans la mélasse. Quant à Jean-Roch Boivin, il vide son chargeur en se fichant des huées d'usage:

— Nous ne parlons pas ici d'un budget familial mais de l'avenir d'un peuple. Dans dix ans, quand nous aurons enfin défini ce qu'est le statut particulier, il sera trop tard[23]...

Un peu avant dix-huit heures — moment fatidique connu des seuls lévesquistes —, l'enfant terrible du parti de Jean Lesage fait savoir au président de l'assemblée, le notaire Tétreault, qu'il veut user de son droit de réplique. À quoi bon continuer ce vaudeville? Il faut voir Lesage et Kierans, le micro à la portée de la main, qui l'attendent la dent sortie avec l'air de dire «en redemandes-tu, René?» Quel dialogue de sourds aussi! L'option souverainiste est logique, cohérente, ce qui ne veut pas dire facile. L'autre ne se tient pas debout — une pure incohérence. L'heure de se démettre est arrivée.

Le coeur de cette immense salle enfumée et fiévreuse s'arrête un instant de battre. Le député de Laurier s'apprête à parler. Quelques instants plus tôt, Bourassa s'est assis près de lui pour le supplier de ne pas abandonner la partie. Trop tard. Cet homme qui en a tant fait baver durant sept ans à ces libéraux qui le dévorent des yeux paraît d'un calme et d'une assurance absolus. Il remercie presque machinalement le congrès de lui avoir permis d'exprimer son point de vue. Puis, sans se départir totalement de sa modération, mais comme si un déclic intérieur le poussait à élever d'un cran le registre de son plaidoyer, il durcit peu à peu le ton:

— Personne durant le débat n'a démontré l'invalidité de notre option ni la validité du statut particulier. On a invoqué contre nous la peur de l'inconnu, comme si cette option conduisait nécessairement à l'anarchie... C'est la responsabilité des dirigeants du parti, qui ont prôné le «crois ou meurs», d'avoir voulu que ce congrès soit un endosseur parfaitement docile...

Assis au centre de la première rangée, Jean Lesage ne bronche pas. Aucun délégué non plus n'a envie de conspuer le député de Laurier. Il peut bien les chicaner encore — une dernière fois et du moment qu'il plie bagage après. Mais le plus dur reste à dire. Les journalistes qui observent le visage crispé de l'orateur le sentent au bord des larmes.

— Il n'est pas facile de quitter un parti quand on y a milité pendant sept ans[24]...

D'une voix devenue hésitante, il annonce qu'il retire sa résolution; il s'efforcera désormais de la faire valoir ailleurs. C'est la démission. Il est dix-huit heures pile. L'effet de surprise est total. Le temps semble s'arrêter durant quelques secondes dans la salle plongée dans un silence profond. Les délégués perplexes réalisent tout à coup que le damné Lévesque les possède une fois de plus. Il leur brûle la politesse. Il les prive du plaisir ultime et sadique de le voir se décomposer devant eux quand sa résolution séparatiste sera écrasée, battue à plate couture... Il se sauve, l'animal!

Soudain, comme poussés par les grands vents de l'histoire, les fidèles du démissionnaire se lèvent d'un bond et l'entourent en ponctuant leurs bruyantes ovations de bravos répétés. Debout à côté de Lévesque, Pothier Ferland dévisage Lesage, assis tout près. Ces deux-là ont souvent eu maille à partir depuis le parachutage de «l'homme d'Ottawa» à la direction du Parti libéral du Québec. Il faut dire que l'avocat s'était battu pour Gérin-Lajoie au fameux congrès de 1958. Il en est resté comme une séquelle entre eux. Ferland cherche en vain les yeux du chef. Il semble livide, décontenancé lui aussi par la stratégie de Lévesque. Mais Lesage réagit rapidement, et le reporter du *Devoir*, Michel Roy, voit sur son visage, immobile et grave jusque-là, «éclater l'un des sourires les plus triomphants de toute l'histoire politique du Québec[25]».

L'un jubile, l'autre pas. En effet, René Lévesque a le coeur plutôt serré alors qu'accompagné de ses partisans, une soixantaine tout au plus, il s'engage dans l'allée centrale pour gagner la sortie. Des sentiments contradictoires l'assaillent. Il n'est pas facile de s'arracher pour toujours à un groupe d'hommes et de femmes qui ont été durant des années, pour le meilleur comme pour le pire, vos frères et soeurs de combat. Mais il y a un bout à tout! On a beau avoir tous les goûts de loyauté et de solidarité qu'on voudra, vient un moment où il faut rompre ou se soumettre à quelque chose d'inacceptable, d'incohérent...

Il faudrait une lunette astronomique pour détecter quelque embrun dans les yeux de ces délégués chauffés à blanc par la machine du parti qui observent maintenant avec intensité ce petit homme dérangeant qui menaçait la tranquillité de trop de gens. Le sentiment général: soulagement. On l'a eue, enfin, la tête à Léves-que! Bona Arsenault dira tantôt à la presse: «Le suicide est toujours une chose triste mais nous n'aurions jamais gagné le pouvoir avec lui. C'était un idéaliste[26].»

Pierre Laporte trouve la scène pénible. C'est un ami, quand même, René Lévesque, avec qui il a travaillé de près aux heures les plus actives du gouvernement Lesage. Mais l'échéance était inéluc-table: René ne pouvait plus défendre ses idées dans ce parti. Il avait déjà décidé son départ; il s'est servi du congrès pour le dramatiser.

Plus tôt, durant le dernier discours du député de Laurier, Claude Wagner laissait tomber des «c'est donc de valeur» à son voisin, le comédien Doris Lussier, qui répliquait: «Ce n'est pas possi-ble de faire ça autrement... c'est inévitable.» Maintenant, Wagner lèverait son chapeau s'il en portait un, car il admire le courage. Cela dit, le départ de Lévesque unifiera le parti. Jérôme Choquette a le sentiment d'assister à une tragédie grecque. Tous connaissaient le dénouement: Lesage, Kierans et René aussi. Mais chacun a joué son rôle jusqu'à la fin. La nostalgie, déjà, s'empare du député d'Outre-mont: René Levesque, c'était un rebelle de génie[27].

Optimiste impénitent, Paul Gérin-Lajoie s'est imaginé jusqu'à la dernière minute que la scission serait évitée. Les miracles — il le constate — n'existent pas. À ses yeux, le député de Laurier a comme envenimé les choses exprès en adoptant une attitude inflexible. Au moment où celui-ci va le croiser, leurs yeux se rencontrent. Gérin-Lajoie se dresse sur ses pieds.

— Salut, Paul! fait Lévesque, dont le ton ému est celui de l'adieu.

— Bonne chance, René! répond le député de Vaudreuil en s'emparant chaleureusement de sa main tendue.

Le geste touche profondément Lévesque — il ne l'oubliera jamais. Malgré leur désaccord de fond et la rivalité qui a pu dans le passé les opposer, Gérin-Lajoie est le seul de ses anciens compagnons d'armes à lui manifester ouvertement une quelconque sympathie, à lui dire au revoir. Les autres restent cloués sur leur chaise, l'air penaud, n'osant faire un geste, comme pétrifiés par l'intensité dramatique du moment[28].

Faut-il le signaler? Le député de Vaudreuil s'est fait avoir par l'organisation du parti, comme le lui avaient prédit Lévesque et

Brière. Cet après-midi, il n'avait pas l'air dans son assiette. Et pour cause. Bien avant le congrès, on lui avait promis que son rapport, et non seulement la résolution rédigée par l'exécutif du parti, allait être soumis pour discussion aux délégués. Mais aussitôt qu'il a eu expliqué les tenants et aboutissants du statut particulier, Pierre Laporte s'est empressé d'en faire reporter l'étude au comité constitutionnel du parti.

Si Gérin-Lajoie n'a pas tenté d'endiguer la manoeuvre — un enterrement de première classe aux yeux du camp Lévesque —, c'est que Kierans l'avait prié de rester sage comme une image au nom de la direction du parti. L'homme qui s'est amusé à la veille du congrès à dévaluer son «oeuvre» en répétant à la presse qu'il ne s'agissait que d'un rapport de plus, beaucoup trop radical du reste, l'avait mis au fait de la stratégie envisagée. Le congrès adopterait sa résolution, qui n'était rien de plus qu'un appui de principe au statut particulier, mais reporterait pour étude son rapport de quatre-vingt-douze articles, qui en précisait le contenu. Il devait plier. Le lendemain, la presse, unanime, notera: le second perdant du match libéral du week-end est Paul Gérin-Lajoie. Plutôt troublant quand on ambitionne secrètement la succession du chef[29].

Robert Bourassa n'est pas plus fier de lui. Sa mine piteuse le proclame. Quelqu'un dans le groupe qui accompagne la sortie de Lévesque le défie au passage de quitter la salle avec les démissionnaires:

— Lève-toi, Robert! Viens-t'en!

— Non, je reste...

Ayant déjà fait son lit en dépit de ses tiraillements, le député de Mercier ne remue même pas le petit doigt. Ses adieux à René, il les a faits plus tôt, en tentant une dernière fois de l'empêcher de commettre l'irréparable. Ces ci-devant libéraux qui défilent sous son nez en le lorgnant sont déjà des adversaires politiques.

Quel octobre! Une époque de grands réalignements politiques. Des Rubicon, il s'en traverse Dieu sait combien. Lévesque a franchi le sien à la fin de l'été en se jetant dans le fleuve de l'indépendance. Bourassa, deux jours seulement avant le congrès, lorsqu'il a enfin dissipé l'équivoque qui l'enveloppait en endossant publiquement la formule du statut particulier, préférable à la souveraineté, belle sur papier mais inapplicable dans la réalité. Reprenant à son compte le scénario de la catastrophe imaginé par Eric Kierans, il déclarait à ses auditeurs de la Fraternité des policiers: «La sécession du Québec entraînera des problèmes économiques graves dont les petits salariés feront les frais.»

C'était la deuxième fois depuis les agapes aux spaghetti de la rue Britanny, qui avaient ponctué leur rupture officieuse, que Bourassa dénonçait l'ex-ami René. Mais le 27 septembre précédent, il avait mis tellement de nuances et de restrictions de toutes sortes, adopté tellement de précautions oratoires, que les amis du Club Kiwanis de Saint-Laurent n'avaient pas pu décider si ce serpent à lunettes était oui ou non «séparatiste». Tout aussi médusé, *Le Devoir* avait résumé sa position louvoyante par un titre à l'avenant:

«Robert Bourassa n'écarte pas l'option Lévesque — L'indépendance dans l'association économique éviterait les effets fâcheux de la séparation».

En fait, Bourassa s'était borné à adresser à Lévesque une série de questions se rapportant à sa marotte: la monnaie. Les mêmes d'ailleurs qu'il avait évoquées dans son article à la revue *Maintenant*, écrit durant l'été, et que tout congressiste libéral non rebuté par le style académique de l'auteur pouvait trouver dans les kiosques de la ville[30].

Toutefois, depuis qu'il avait corrigé le tir, on ne pouvait plus se méprendre à son sujet. Le titre du *Devoir* du 12 octobre, qui défaisait le premier, en faisait foi:

«La thèse de Lévesque est inapplicable — Robert Bourassa».

Il manquait à son divorce avec René la sanction de l'opinion publique. C'est maintenant chose faite. Désormais, on le trouvera dans le camp des frères ennemis d'un Québec totalement libre de lui-même. Il sera un adversaire qui saura à l'occasion verser une ou deux larmes sur le passé et l'ami René («C'est une grande perte pour le parti et ce sera un homme difficile à remplacer», gémit-il à la sortie du congrès) mais qui évitera toujours l'acrimonie ou la basse mesquinerie dans ses duels avec le futur chef souverainiste[31].

De tous ceux qui assistent, le coeur un peu pincé, à la sortie bouleversante du député de Laurier, Yves Michaud est celui qui se sent le plus orphelin. Mais il reste sur son siège, comme Bourassa. Il n'a pu se résigner à sauter malgré tous les «branche-toi, Michaud» des amis réformistes. En fait, il se sent lié par le mandat qu'il est allé quêter il y a un peu plus d'un an dans le comté de Gouin. Il disait alors aux électeurs: «Votez libéral, votez pour moi!» Il serait saugrenu, méprisable même, de leur dire aujourd'hui: «Je change d'étiquette!»

On pourra lui décerner les plus vils surnoms — opportuniste! poltron! lâche! —, il n'en a cure. Ça va trop vite pour lui. On le bouscule. Vingt années de journalisme d'opposition lui ont appris à résister à la pression du groupe, à opposer la liberté personnelle au conformisme abrutissant de la majorité. En cela, il s'accorde avec Lévesque, qui lui répète souvent pour justifier sa marginalité: «Les majorités sont tyranniques — ce sont les minoritaires qui ont raison...» Constitutionnellement parlant, l'ami Michaud ne peut pas être justement plus minoritaire, la double polarisation statut particulier/souveraineté-association Gérin-Lajoie/Lévesque le rebute. Il ne se veut d'aucun camp.

Avant le congrès, pour se situer ou dénouer ses contradictions, le député de Gouin s'est mis devant sa machine à écrire et s'est interrogé: «Comment est-ce que je vois l'avenir du Québec?» Un document de quarante pages, qu'il a publié dans le magazine *Sept Jours*, en est résulté. L'option Michaud, ce n'est rien d'autre que l'idée (décriée par le copain Lévesque lors de leurs discussions de l'été) d'une vraie confédération. Une mouture constitutionnelle proche à la fois du statut particulier et de la souveraineté-association: les États associés.

S'il n'en tient qu'à lui, le Canada de demain se composera de deux États souverains dans tous les domaines, mais acceptant de déférer à un conseil proprement confédéral une partie de leurs attributions, en matière de défense et de monnaie notamment. Le député de Gouin y croit tellement, à sa thèse, qu'il néglige la lenteur de l'histoire, ou prend ses vessies pour des lanternes. Fin septembre, il a déclaré à l'hebdomadaire parisien *Carrefour*: «D'ici peu nous serons une véritable confédération, c'est l'affaire de quelques années[32].»

Plus tôt, au moment où partisans du statut particulier et partisans de la souveraineté rompaient leurs lances, l'ami le plus intime de René Lévesque a tenté sans succès d'intéresser le congrès à sa vision intermédiaire de l'avenir du Québec. Comme il ne disposait d'aucune base au sein du parti et comme il faisait vraiment très «minorité», les sangliers de la majorité l'ont fait déguerpir rapidement dès après le premier coup de feu. Ne voulant pas être exclu du parti, Michaud s'est finalement rallié, mais non sans minauder quelque peu, comme il sait si bien le faire:

— J'attache ma fortune politique à la thèse de Paul Gérin-Lajoie parce qu'elle est conciliable avec les intérêts du Québec et qu'elle revient dans les faits à prôner les États associés...

Le rondelet député n'est pas totalement dupe. S'il se tient un peu dans la marge du grand spectacle libéral, c'est aussi parce qu'au-delà de la guerre des options constitutionnelles, il en détecte une autre: celle de la succession. Lesage a beau poser au leader incontestable, il est cuit. Les rouges ne pardonnent pas au chef qui n'a pas su les garder au paradis du pouvoir. Bien des acteurs de cette fin de semaine cruciale, et pourquoi pas le bon ami Robert, jouent leurs cartes en pensant à la succession. En obligeant Lévesque à faire ses paquets, les tireurs de ficelles du parti éliminent non seulement une idée inacceptable mais un concurrent dangereux. Pour Michaud, il ne fait aucun doute que si son ami était resté dans le parti, il aurait eu de fortes chances de succéder à Lesage tant ses appuis étaient importants[33].

Business as usual

La sortie dramatique de René Lévesque s'achève au pas de course. À peine le trouble-fête s'est-il engouffré dans la porte que la tension tombe d'un trait. L'assemblée se remet à respirer. Hier, on tremblait à la pensée qu'il claquât la porte; aujourd'hui, quel soulagement! Ce petit homme historique est devenu avec le temps un trop lourd boulet pour ce parti qui entre dans l'ère des organisateurs après avoir connu celle des réformateurs.

Dans le hall, toutefois, c'est la bousculade. L'un cherche à attraper sa main, l'autre veut le féliciter, ou lui adresser un mot d'encouragement. Une vieille dame émotive lui saute au cou et l'embrasse avec effusion. Ma chère madame, reprenez vos sens. L'heure est venue pour ce héros fatigué de regagner ses quartiers. Le schisme souverainiste est terminé.

Mais les libéraux ne seront pas vraiment tranquilles aussi longtemps que le fantôme du député de Laurier n'aura pas été exorcisé. Comment y arriver? En soumettant au vote... à main levée sa saudite résolution.

L'embêtant, c'est que Lévesque l'a retirée avant de mettre les voiles. On aura l'air de voter dans le vide ou de faire la guerre sans ennemi. Un peu bidon comme rituel démocratique, non? C'est vrai, mais lorsque l'avenir du Canada est en jeu, le ridicule ne peut pas tuer. Il faut à tout prix chasser le démon séparatiste du corps québécois. Et quand la presse du pays tout entier proclamera demain que le Parti libéral du Québec a balayé comme fétu de paille «le séparatisme sous toutes ses formes» en écrasant la motion Lévesque, on sera en bonne voie de guérison.

Aussi, après réflexion, le président de l'assemblée statue-t-il que la résolution souverainiste appartient au congrès, qui peut seul en disposer à son gré. On vote donc, même si le proposeur a fichu le camp avec sa soixantaine de supporters. Quatre rarissimes mains osent se lever quand le notaire Tétreault demande s'il se trouverait encore des possédés du diable séparatiste dans la foule libérale. En revanche, 1 217 mains saluent le fédéralisme retrouvé quand le président fait l'appel des contre.

La farce n'est pas tout à fait terminée. Il faut maintenant adopter la résolution controversée de Gérin-Lajoie. Le «statut particulier», ce contenant sans contenu, bien des militants seraient en peine de dire ce que c'est au juste; mais comme le chef en fait la promotion, aussi bien l'adopter sans trop se poser de questions. Un congressiste anglophone a beau prétendre, en se faisant applaudir, que le Québec n'a nul besoin de statut spécial, qu'il saura bien se tirer d'affaire sans béquilles, comme les autres provinces, l'assemblée sanctionne la thèse de Gérin-Lajoie. Pas plus de sept têtes chaudes résistent à la marée de l'unanimité. Vibrant d'émotion, un dévot demande alors qu'on place l'unifolié rouge à côté du fleurdelisé bleu et qu'on couronne ces charmantes retrouvailles par le *Ô Canada*.

Comme allait l'écrire le lendemain Peter Cowan, reporter un peu cynique du *Montreal Star: «Everyone sang O Canada and went to bed. The job had been done*[34]*»*.

L'après-Lévesque des rouges québécois commence aussitôt le vote terminé. Un Jean Lesage jubilant indique à la presse la tonalité nouvelle:

— Le départ de monsieur Lévesque laisse le parti libéral plus fort et plus uni que jamais car les nouvelles adhésions compenseront largement les quelques défections...

Le chef pavoise. Il fait même le jars en s'efforçant de convaincre la galerie de reporters incrédules que «l'événement majeur du congrès n'est pas le départ du député de Laurier, dont l'influence à travers la province a diminué grandement, mais bien l'adoption de la thèse de Gérin-Lajoie[35]». Lesage joue bien son rôle mais au fond de lui-même, il éprouve des sentiments mêlés.

En allant planter sa tente sous d'autres cieux, Lévesque le soulage de la longue épine qui faisait souffrir son pied gauche. Une véritable délivrance. En outre, il n'aura plus à partager avec lui son autorité sur le parti. Depuis sept ans, le chef officiel, c'était Jean Lesage, mais le prince couronné s'appelait René Lévesque. Son charisme et son dynamisme en faisaient le véritable animateur, le moteur du parti libéral. À l'avenir, le leader incontesté, ce sera lui. Son ombrageuse Corinne n'aura plus à déblatérer contre l'ancien allié. Et lui n'aura plus à la faire taire gentiment: «Arrête donc, maman! René est un bon gars. Il a une vision du Québec.» De même, ses conseillers de Québec, d'Henri Dutil à Paul Desrochers, cesseront de le dépecer en petits morceaux devant lui.

Mais le triomphalisme de commande de Lesage masque une forte dose d'inquiétude. Son sens politique lui dit que la défection de Lévesque portera un dur coup à son parti. L'élément nationaliste, les jeunes et les groupes entiers de la nouvelle classe moyenne reliée au secteur public en formation le suivront dans son hérésie séparatiste si jamais il en vient à fonder un parti.

Une certaine tristesse se mêle aussi à sa crânerie. C'est toute une époque qui prend fin. On a eu beau dire et écrire: ce fut toujours ou presque l'entente cordiale entre René et lui. Malgré les tempêtes épisodiques, ils avaient fini par apprendre à se respecter mutuellement. Plus encore: René n'était pas un rival occupé à manoeuvrer par en dessous pour le déloger de son poste, se satisfaisant pleinement de voir ses idées avalisées par le parti puis devenir législations. Il avait certes son franc et dur parler mais, au moins, il était d'une loyauté à toute épreuve. Tout le contraire de Gérin-Lajoie, opportuniste impénitent qui convoite sa place depuis toujours.

Si le chef libéral a le spleen en bourrant les journalistes de ses fausses certitudes, c'est encore parce que de tous ses anciens coéquipiers du cabinet de la Révolution tranquille, Lévesque était celui qu'il admirait le plus. Les conservateurs insinuaient plutôt que le chef avait une peur bleue de son ministre, une sorte de crainte intellectuelle vis-à-vis de la profondeur de son intelligence. Dans les différentes instances du parti, ils en venaient rarement aux mots. Au Conseil des ministres, quand Lévesque avait parlé, Lesage n'entendait plus les autres. Il paraissait subjugué. D'une fois à l'autre, ce diable d'homme le renversait. Il puait le talent.

En 1965, un peu avant la conférence fédérale-provinciale sur la pauvreté, Lévesque demande à Claude Morin, responsable du mémoire du Québec:

— J'aimerais bien lire votre mémoire... si c'est possible.

Morin s'exécute mais l'avertit:

— Rapportez-le-moi sans faute demain matin!

Il acquiesce mais le lendemain matin, comme de raison, pas de René Lévesque! Il finit par surgir dans le bureau du sous-ministre Morin, mais à la tombée du jour.

— J'ai travaillé le texte un peu... avoue-t-il, l'air coupable.

À vrai dire, il a réécrit le mémoire en entier. Un texte en anglais et en français, mille fois meilleur que le premier, et d'une limpidité à rendre jaloux le plus apte des rédacteurs de documents gouvernementaux. Les sous-ministre et ministre des Affaires fédérales-provinciales, c'est-à-dire Claude Morin et Jean Lesage, en sont tout simplement époustouflés!

Avant les élections de juin 1966, on est à rédiger le programme du parti dans une suite du Reine Elizabeth. Tour de table après tour de table, Lesage prête une oreille plus ou moins distraite à l'un et à l'autre pour devenir tout ouïe quand vient le tour de Lévesque, à qui il ordonne infailliblement: «René, allez donc nous rédiger tout cela!»

Le ministre s'isole et revient quelques instants plus tard avec un texte pénétrant qui laisse chaque fois Lesage en pâmoison.

Cette fichue Révolution tranquille, idolâtrée de tous bords et de tous côtés, il faudrait dire enfin qu'elle fut d'abord et avant tout l'oeuvre du «p'tit gars de New Carlisle». Plus précisément: la sienne et celle de Gérin-Lajoie et de Kierans en accord avec les idées des précurseurs libéraux, comme Georges-Émile Lapalme et Jean-Marie Nadeau, et avec le soutien idéologique et technique d'une brochette de technocrates: Arthur Tremblay, Michel Bélanger, Claude Morin, Jacques Parizeau, et les autres.

Lesage, lui? Un chef, un très grand chef même. Mais ce n'est pas lui qui aurait inventé la Révolution tranquille. La vision d'ensemble la plus exigeante et la plus cohérente de l'avenir du Québec, Lévesque la possédait, mais non Lesage. Aussi était-il écrit que le premier finirait par aboutir à la souveraineté, couronnement logique de l'échafaudage de la Révolution tranquille, selon lui, mais non le second.

Néanmoins, une idée centrale animait Lesage. Homme intelligent et travailleur, mais sans grande densité et sans pensée politique clairement structurée, il voulait édifier un État québécois moderne et dynamique suivant le modèle de l'État fédéral, où il avait appris la politique. Sa vision du Québec ne s'arrêtait pas là, bien sûr, quoique ses collaborateurs les plus proches ne fussent pas sans remarquer qu'il avait parfois du mal à cerner les problèmes ou à définir clairement où se trouvait le «bien commun» des Québécois. Pour tout dire, son approche de l'avenir consistait surtout à poser que le Québec devait s'épanouir comme société politique dans tous les domaines possibles, mais sans jamais casser le lien canadien.

Pour le «comment», le chef libéral s'en remettait à ses ministres les plus inventifs, dont il conciliait et orchestrait les politiques avec un doigté sans pareil. Lesage ne fut pas le grand timonier de la Révolution tranquille, mais plutôt son chef d'orchestre émérite, le grand catalyseur des choses d'autrui. Les idées nouvelles ne provenaient pas de lui, mais il savait tantôt les provoquer, tantôt s'en emparer et les appuyer avec brio comme si elles avaient été les siennes. Les plus lettrés parmi ses conseillers, un André Patry par exemple, le comparaient à Jean Cocteau, catalyseur brillant et exceptionnel de la musique et de la littérature de son temps mais piètre créateur lui-même. Comme Cocteau, Lesage excellait à susciter chez les autres les grandes oeuvres plus qu'à produire des oeuvres. Pour tout dire, il n'a pas fait la Révolution tranquille; il l'a laissée se faire.

Au début, le chef libéral a marché à fond dans les grands coups de René Lévesque. Jusqu'à l'emballement même. Quand il lançait par exemple le tonitruant «maîtres chez nous», il avait l'air d'y croire, tout fédéraliste notoire qu'il fût. Lévesque parvenait toujours à entraîner le premier ministre avec lui, comme en 1962, alors qu'il fit le pont entre ceux qui finançaient la campagne de la nationalisation de l'électricité et ceux qui la faisaient. Lesage, ce fut aussi celui qui a convaincu les bailleurs de fonds, les argentiers, la rue Saint-Jacques de la beauté céleste de la Révolution tranquille manigancée par son ministre «socialiste» Lévesque. En un mot, celui-ci happait littéralement son chef, qui resta pendant longtemps mentalement accroché à lui en dépit de la réaction qui commençait à se gonfler comme une lame de fond tout autour de lui.

Après 1964, le charme se rompit. Les éléments conservateurs, qui s'étaient peu à peu groupés autour de Lesage, parvinrent à force de ouï-dire à saper graduellement l'influence du député de Laurier: le chef du parti ne devait plus se laisser mener par le bout du nez par «le gang de Montréal»! Corinne, sa famille et ses proches de Québec entreprirent eux aussi de soustraire leur Jean à l'emprise maléfique du «gauchiste» Lévesque, qui se comportait comme s'il avait été le chef du gouvernement. Après la défaite de 1966, quand la Grande-Allée vit le millionnaire Kierans pactiser avec la bande de réformistes agglutinés autour de Lévesque, Lesage fut bombardé de mises en garde. Ça crevait les yeux: la mafia intellectuelle de Montréal complotait pour s'emparer du parti et lui faire son affaire. Mais le bouquet, ce fut quand le «visage à deux faces» passa l'uniforme séparatiste.

Jusque-là, Lesage avait réussi vaille que vaille à faire la part de l'exagération dans les critiques et gardé à son mouton noir respect et admiration. Cette fois, il avait dépassé les bornes. Que le Québec devînt l'État le plus moderne et le plus autonome au monde, soit! Mais souverain? Indépendant? Non. Chez lui, le bien du Québec passerait toujours par celui — supérieur — du Canada. Ce que René Lévesque exigeait maintenant de lui, c'était de sortir le parti libéral de la Confédération. Jamais! Sa thèse de la souveraineté-association — du séparatisme fardé — allait mener directement le Québec à un désengagement politique vis-à-vis du Canada. Aussi, sous le choc du nationalisme québécois dernier cri, leur difficile mais combien exaltante alliance, qui avait tenu bon jusqu'à ce jour, se brisa d'un seul coup, comme tant d'autres en cet automne fertile en divorces politiques[36].

Le président du parti, Eric Kierans, a lui aussi le dedans tout à l'envers en dépit de ses simagrées de gladiateur qui vient de terrasser le lion:

— Je me réjouis que nous soyons sortis de l'ornière nationaliste. Notre parti refuse qu'une petite élite entraîne malgré elle la population du Québec dans une aventure séparatiste!

Un reporter lui demande brutalement:

— Vous sentez-vous comme Brutus venant de poignarder César?

Pour toute réponse, Kierans se lance dans une attaque en règle contre les maudits séparatistes. L'humour irlandais... Un autre journaliste lui rappelle ses paroles maintes fois citées à propos de l'ex-ami René — «l'événement le plus important advenu au Québec depuis des années» — puis demande malicieusement:

— Le pensez-vous toujours?

— Oui... laisse tomber laconiquement le politicien.

Encore quelques pénibles moments à passer puis après, au-delà de cette Saint-Barthélemy libérale, la promesse d'une nouvelle carrière canadienne. Au banquet couronnant le carnage antiséparatiste du week-end, Kierans profite du moment où l'oeil de la télévision du Canada anglais le regarde pour livrer le premier discours de sa campagne au leadership fédéral. Le futur rival de Pierre Trudeau rassure ses compatriotes anglophones:

— Investir au Québec et dans ses millions de merveilleux citoyens vous procurera non seulement des rendements élevés mais démontrera aussi que vous avez en l'avenir du Canada une foi égale à celle qui s'est exprimée dans le vote des libéraux du Québec...[37]

Maintenant qu'a été tuée dans l'oeuf la tentative de coup d'État souverainiste, Kierans peut sonner la fin du terrorisme des sous. Quand ils sont sur les rotules, les Québécois ne font plus fuir les capitaux. Dorénavant, ce sera *business as usual*. Stabilité politique garantie aux investisseurs. En effet, à travers les libéraux, ce sont tous ces «merveilleux» Canadiens français qui ont répudié le séparatisme sous tous ses hideux visages. Du moins Kierans le proclame-t-il dans son adresse du Château Frontenac.

Se croirait-il déjà en mai 1980?

Notes — Chapitre 12

1. *Le Devoir*, le 13 octobre 1967.
2. *Ibid.*, le 12 octobre 1967.
3. Henri Dutil.
4. René Gagnon; et *Le Devoir*, les 14 et 16 octobre 1967.
5. Yves Michaud, Jérôme Choquette; *The Gazette*, le 14 octobre 1967; *La Presse*, le 25 octobre 1967; Eric Kierans, in *La Révolution tranquille*, série de documentaires diffusés à Radio-Canada, *op. cit.*; et Duern, Normand: «La culture politique du Parti libéral du Québec», *op. cit.*, p. 177.
6. René Lévesque; et *La Presse Plus*, le 19 janvier 1985.
7. René Lévesque, René Gagnon; *Le Devoir*, les 14 et 16 octobre 1967; et Desbarats, Peter: *René Lévesque ou le Projet inachevé, op. cit.*, p. 160.
8. *La Presse*, le 14 octobre 1967.
9. *Ibid.*; et *The Montreal Star*, le 14 octobre 1967.
10. Jean Lesage, in *À suivre*, documentaire diffusé à Radio-Canada, janvier 1980.
11. *La Presse Plus*, le 19 janvier 1985.
12. *The Montreal Star*, le 14 octobre 1967.
13. *Ibid.* (Traduction: «Regardez bien comment nous allons nous en débarrasser!»)
14. *La Presse*, le 14 octobre 1967.
15. Eric Kierans, cité par Duern, Normand: *op. cit.*, p. 179; et *Le Devoir*, le 16 octobre 1967.
16. Marc Brière.
17. Pothier Ferland; et Murray, Vera et Don: *De Bourassa à Lévesque, op. cit.*, p. 43.
18. Pothier Ferland; René Lévesque, in *La Révolution tranquille, op. cit.*, et *Le Devoir*, le 16 octobre 1967.
19. *La Presse*, le 16 octobre 1967.
20. *Ibid.*
21. *Ibid.*; et *Le Devoir*, le 16 octobre 1967.
22. Robert Bourassa.
23. *La Presse*, le 16 octobre 1967.

24. *Ibid.*
25. Pothier Ferland; et *Le Devoir*, le 16 octobre 1967.
26. *La Presse*, le 16 octobre 1967.
27. *Ibid.*; et Doris Lussier.
28. *The Montreal Star*, le 16 octobre 1967.
29. Eric Kierans, cité par Duern, Normand: *op. cit.*, p. 179; *La Presse* et *Le Devoir*, le 16 octobre 1967; *The Montreal Star*, le 14 octobre 1967; Murray, Vera et Don: *op. cit.*, p. 43; et Desbarats, Peter: *op. cit.*, p. 161. Paul Gérin-Lajoie n'est pas d'accord avec ceux qui ont dit ou écrit à l'époque qu'Eric Kierans l'avait brutalement mis en demeure de choisir entre la soumission à ses vues ou l'expulsion du parti. S'il a accepté qu'on reporte l'étude de son rapport à plus tard, c'est parce qu'il croyait que René Lévesque se montrerait plus souple et qu'on parviendrait à un compromis qui dénouerait l'impasse. De plus, il considérait son rapport comme le premier effort au Québec pour définir la formule du statut particulier. Que les dirigeants du parti aient voulu y regarder de plus près avant de se prononcer définitivement en sa faveur lui paraissait dans l'ordre des choses. Lors de ses interventions au congrès, il a du reste souligné ce point.
30. Pour le résumé de l'article de la revue *Maintenant*, voir le chapitre 10.
31. *La Presse*, les 12 et 16 octobre 1967, et *Le Devoir*, le 28 septembre 1967.
32. Yves Michaud; et *Le Devoir*, le 21 septembre 1967.
33. Yves Michaud; et *Le Devoir*, le 16 octobre 1967.
34. *The Montreal Star* et *Le Devoir*, le 16 octobre 1967. Traduction: «On chanta l'*Ô Canada* puis chacun alla se coucher. La sale job était faite.»
35. *Ibid.*
36. René Gagnon, Maurice Jobin, Marc Brière, Jean-Claude Rivest, Claude Morin, Maurice Sauvé et André Patry.
37. *Le Devoir, La Presse* et *The Montreal Star*, le 16 octobre 1967; et O'Neill, Pierre et Benjamin, Jacques: *Les Mandarins du pouvoir, op. cit.*, p. 101.

13

Les frères divorcés

Alors qu'au Château Frontenac, Lesage, Kierans et Bourassa enterrent, chacun à sa manière, le cadavre encore tout chaud de l'ancien compagnon d'armes René Lévesque, consacré pour toujours frère ennemi, celui-ci passe à l'action. Cet homme de quarante-cinq ans, en bonne santé et nullement aigri par les derniers événements, qu'il a après tout provoqués, est diablement pressé. L'histoire vient de lui confier une nouvelle mission: rassembler sous sa houlette cette moitié du peuple québécois qui veut édifier sa maison principale sur les rives du Saint-Laurent.

Premier geste: une superconférence de presse pour raconter aux gens d'ici et d'ailleurs les dessous pas toujours catholiques de la petite histoire du congrès de l'adieu aux libéraux. Le lutteur Johnny Rougeau, ami de toujours, a déniché à la dernière minute une salle à l'hôtel Victoria. Et c'est en fiduciaire des aspirations d'une partie des Québécois que le clan Lévesque a emprunté la porte principale du Château pour se rendre à pied jusqu'à l'hôtel de la rue Saint-Jean, tout en bas.

La longue marche de la souveraineté-association commençait. Chemin faisant, le noyau de sympathisants a profité. Lorsque les journalistes prennent d'assaut le local exigu, les «soixante» du par-

319

quet du congrès sont devenus plus de deux cents. Société plutôt bigarrée que celle qui écoute non sans enthousiasme les premiers mots d'ordre du chef souverainiste. Au premier rang, la meute des reporters, famille naturelle du héros de ce meeting politique improvisé. Ils sont venus en force, fuyant les libéraux, qui ne sont plus drôles maintenant qu'ils ont bouté dehors l'enfant terrible qui leur donnait tout leur piquant.

— Je dois avouer que cette montée soudaine du nationalisme m'a pris complètement par surprise, glisse Claude Ryan à l'oreille de Jean-Roch Boivin.

Arrivé trop tardivement à l'hôtel pour grimper avec les autres sur l'estrade, Boivin s'est assis à l'arrière de la salle avec le directeur du *Devoir*, dont les yeux de faucon fortement enfoncés vont et viennent, de Lévesque au premier cercle des adeptes qui l'entourent. Loin de partager l'optimisme brouillon de Kierans quant à l'étranglement définitif du sentiment séparatiste, Ryan imagine déjà le «rendez-vous décisif et final où les participants ne seront plus les simples membres d'un seul parti mais le peuple du Québec lui-même[1]».

Ce rendez-vous de la liberté, ce sera aussi celui des vingt ans. Impossible de ne pas le constater dans cette partie de l'assistance où grouillent des gars et des filles subjugués qui ne demandent qu'à engouffrer jeunesse, rêves et énergie dans cette cause naissante. Deux futurs ministres du premier gouvernement indépendantiste de l'histoire du Québec, Jean-François Bertrand et Claude Charron, boivent jusqu'à l'ivresse les paroles écorchantes du nouveau leader indépendantiste. Ils ont tous les deux vingt et un ans, étudient les sciences politiques — le premier à l'Université Laval, le second, à l'Université de Montréal —, sont marqués par la Révolution tranquille et bouillonnent en dedans. Militants, déjà.

Bertrand ne vient pas du ruisseau. C'est le fils de Jean-Jacques Bertrand, le ministre unioniste de l'Éducation qui deviendra dans quelques mois premier ministre du Québec. (On voit poindre ici le clivage des générations qui se superposera aux autres pour fractionner encore plus la famille québécoise au moment des échéances.) Nationaliste traditionnel, autonomiste à la Lesage, J.J.B. n'est pas hostile au courant indépendantiste. Son sens poussé de la démocratie lui dicte sinon de s'y engager du moins de l'accepter.

Réformiste comme Lévesque, il aurait pu, en d'autres lieux ou en d'autres circonstances, faire bon ménage avec lui. Quelques années plus tôt, on l'a du reste surnommé «le René Lévesque des bleus» parce qu'il s'acharnait à vouloir arracher son parti à l'influence de la vieille garde duplessiste, qui imposait encore sa loi au nouveau chef, Daniel Johnson.

Convaincu que le congrès libéral allait être le théâtre d'événements auxquels il ne saurait demeurer étranger longtemps, Bertrand fils, qui a hérité du père la tête bouclée et la petite taille, s'est débrouillé pour obtenir une fausse carte de journaliste au *Carabin*, le canard irrévérencieux des étudiants de l'Université Laval. De la loge de la presse, il n'a pas manqué une seule péripétie du drame de l'après-midi, entendant même, et le gravant dans sa mémoire, le refus de Bourassa de se joindre à la troupe de Lévesque au moment où elle serrerait les rangs pour battre en retraite.

Après, il a couru à l'hôtel Victoria. Comme Claude Charron. Un petit homme lui aussi, avec une tête fortement chevelue, très *flower child*. Charron fait plus monde-ordinaire que Bertrand. Particularité: il fait des flammèches dès qu'il se mêle de quelque chose. C'est un leader de la contestation étudiante qui gronde sur les campus. Du charisme à revendre, un discours joualisant que l'Académie française ne couronnerait certainement pas mais qui, comme celui de Lévesque, fait vibrer la tripe avant d'atteindre la raison. Bref, il a tout pour devenir un grand politicien populiste si telle est l'ambition de sa vie.

Comme le fils de Jean-Jacques, Charron a assisté au congrès avec une fausse carte de reporter étudiant. À dix-huit heures, quand le rideau est finalement tombé sur l'orgie libérale, il s'est précipité d'un geste impulsif sur les talons des fans de Lévesque qui marchaient à grands pas vers l'hôtel Victoria. Grimpé sur une chaise, exubérant jusqu'à l'outrance, il a pu enfin voir de près, en chair et en os, l'homme fulgurant qui allait brusquer le cours de sa vie. Il était embrigadé jusqu'au cou, avant même qu'il n'existât, dans le mouvement de la souveraineté-association[2].

Cette jeunesse euphorique, à laquelle s'est mêlé un contingent de rinistes, contraste presque violemment avec la retenue des inconditionnels de la première heure, du premier cercle des réformistes que l'option souverainiste n'a pas fait fuir. Les avocats libéraux

Ferland, Brière, Boivin, Beaulé, Brossard et Savoie. Les Monique Marchand, Doris Lussier et Gérard Bélanger. L'ingénieur Guy Pelletier, le journaliste Pierre O'Neill, le toubib Maurice Jobin. Tous démissionnaires, tous serrés contre le chef, mais pas tous égayés par la pensée des lendemains politiques.

Qui trouve-t-on encore parmi cette petite foule émue? Des admirateurs et des amis qui, sans aller jusqu'à endosser le radicalisme constitutionnel de Lévesque, n'auraient pas voulu rater pour tout l'or du monde ses premiers gestes de député libre. C'est le cas de ses collègues de Fabre et de Saint-Laurent, Gilles Houde et Léo Pearson. Et celui évidemment d'Yves Michaud.

— Qu'est-ce que tu fais, Yves? Viens-tu avec nous? lui demande l'un ou l'autre.

— Laissez-moi réfléchir, laissons retomber la poussière, je vais voir...

Il y a aussi les voyeurs ou, pour dire les choses plus gentiment, les observateurs. Comme l'écrivain Roger Lemelin, fédéraliste jusqu'à la couenne et ami personnel de Jean Marchand. L'auteur de la célèbre *Famille Plouffe* s'est amené avec le comédien Doris Lussier, qu'il a immortalisé dans le personnage savoureux du Père Gédéon.

À seize ans, ce Beauceron qui n'est pas «né natif» de la Beauce, comme disent les gens de ce pays, ayant plutôt pouffé de rire pour la première fois à Fontainebleau... P.Q., dans les Cantons de l'Est, était déjà nationaliste à plein temps. À vingt ans, au séminaire de Québec, il s'injectait du poison séparatiste plein les veines en dévorant les pages de *La Nation*. La souveraineté du Québec? C'est la panacée pour Doris Lussier. Mais, «peau de chien!» il n'ira pas se suicider parce que ses compatriotes lui préfèrent la «maison de fous» canadienne. Il est tout le contraire du nationaliste déprimé.

Avant de devenir amuseur public, cet homme efflanqué aux oreilles largement décollées et à la bouche qui a toujours envie de pousser une farce a été professeur à la faculté des sciences sociales de l'Université Laval, Église des catacombes où s'est organisée la contestation du régime duplessiste. Il a conservé de cette époque un dada d'ordre pédagogique. De temps à autre, il affûte ses crayons et écrit aux hommes politiques québécois pour les rappeler à leurs devoirs de patriotes.

En juin 1966, quand le nouveau gouvernement Johnson a annoncé son intention de récupérer 100 p. 100 de l'impôt fédéral, Lussier a laissé couler sa satisfaction dans la lettre qu'il a adressée à Jean-Jacques Bertrand:

> Je crois que je paierais mes impôts avec un enthousiasme heureux si je les payais en entier au Québec. Car tu sais, que nous le disions publiquement ou non, le désir de l'indépendance nationale est une constante psychologique qui dort au fond de tout Québécois. Moi, je pense que l'indépendance du Québec est inscrite dans la ligne de son destin, et que le devoir de ses gouvernants est d'en préparer l'avènement sans jamais céder aux tentations de la violence... Mais ceci dit, mon cher Jean-Jacques, ne nous racontons pas d'histoire: l'indépendance, elle va se faire. Sinon par nous (que la cohabitation avec les réalités anglaises a rendus peut-être trop prudents), par tes enfants et les miens. Je crois que notre devoir est de poser les jalons et d'assurer les étapes de telle sorte qu'un jour elle arrive comme un fruit mûr. Un fruit dont tu goûteras la saveur comme moi, avec d'autant plus de joie que tu en auras été un des artisans éclairés[3].

Lussier porte à René Lévesque une vieille amitié mâtinée d'une vive admiration qui date du temps où ce dernier courtisait, tout en étudiant le droit, la fille du journaliste bien connu de Québec, Eugène L'Heureux. Plus tard, quand Lévesque brillait à *Point de mire*, lui en faisait autant chez *Les Plouffe* avec ses pitreries de Beauceron impayable. La grève de Radio-Canada puis le compagnonnage de la commission politique du parti libéral achevèrent de les lier d'amitié. Un peu plus tôt, avant de sortir du Château, Lussier a déchiré avec un brin de tristesse sa carte de délégué libéral, coupant ainsi le lien qui le reliait depuis plus de dix ans au parti de la Révolution tranquille, maintenant décadent et pourri à ses yeux[4].

Au sein du groupe des jeunes, qui trépignent d'enthousiasme chaque fois que Lévesque lâche un gros mot sur le dos des libéraux, se trouvent deux autres fans appelés à jouer un rôle majeur au futur Parti québécois. Le premier est un jeune chargé de cours en science politique aux allures de Tintin. Nom: André Larocque. C'est un radical de la démocratie, un archipur, un typique emmerdeur professionnel que tout parti se doit de tolérer dans ses rangs de peur de perdre de vue la rigueur des principes.

Le second s'appelle Michel Carpentier. C'est le futur Paul Desrochers du Parti québécois, l'organisateur discret qui manigancera le triomphe électoral du 15 novembre 1976. Pour l'heure, Carpentier étudie la science politique. Il est lié à Larocque. Ils sont venus au congrès sous une couverture de faux libéraux, après s'être convaincus mutuellement de la nécessité de leur présence:

— Il faut être là pour faire nombre autour de Lévesque, pour qu'il ne soit pas seul quand les libéraux vont le mettre dehors...

André Larocque est destiné à devenir le contestataire de l'équipe de René Lévesque, pour ne pas dire sa bête noire, son censeur idéologique. C'est un drôle de moineau. À l'Université de Montréal, ce Franco-Ontarien de taille réduite né d'un père anglicisé — il en arrache avec le français qu'il n'a commencé de parler vraiment qu'à l'âge de treize ans — adore jouer les mentors auprès d'une brochette de jeunes étudiants, comme Claude Charron et Richard Desrosiers, qu'il initie à la chose politique. C'est un activiste élevé dans la tradition libérale de l'Ontario, dans le culte des Laurier et Saint-Laurent.

Au début des années 60, à l'époque où il enseigne à McGill, Larocque s'inscrit au Parti libéral du Québec, inspiré par le souffle charismatique qui anime Lévesque. En 1963, à la suite de l'acceptation de l'armement nucléaire par les libéraux de Pearson, il déchire sa carte. Rouge à Ottawa, rouge à Québec, il y croit, lui. Ensuite, il adresse à son idole une lettre mordante dans laquelle, après avoir placé sur un même pied prostitution et appartenance au parti libéral, il demande: «Comment pouvez-vous demeurer encore dans ce parti?» Piqué, Lévesque ne met pas deux jours à lui répondre: «Avant longtemps, il va se passer quelque chose dans notre parti. Ce n'est pas le temps de lâcher. Il faut continuer. Même chose pour votre enseignement de la science politique. Vous avez trop investi là-dedans pour abandonner...»

Larocque a beau chercher des raisons de se cramponner aux libéraux, comme le lui conseille Lévesque, il n'y arrive pas. Au niveau fédéral, il se tourne vers le Nouveau Parti démocratique alors qu'au provincial, le voilà qui flirte avec les rinistes de Bourgault. Impossible cependant de les prendre au sérieux: ces gens-là haranguent le peuple du haut de leurs estrades puis ils vont s'empiffrer au Bouvillon! Pourtant, c'est un séparatiste naturel, cet ancien Ontarien à demi assimilé.

En observant à la loupe la mutation nationaliste qui radicalise

Lévesque après 1964, il apprend à raisonner et à approfondir le sentiment indépendantiste dont il est imprégné de façon beaucoup plus viscérale que rationnelle. Aujourd'hui, au milieu de cette mini-foule délirante, Larocque brûle du désir de se commettre aux côtés de Lévesque, à qui il offrira tantôt le dévouement de sa petite chapelle d'étudiants de science politique. Il a fini par conclure, comme lui, que ce sont les Canadiens français eux-mêmes, non les anglophones, qui résoudront leurs difficultés. Mais pour cela — il ne faut plus se raconter d'histoire — ils doivent d'abord devenir maîtres de leurs décisions, de toutes leurs décisions.

Cette conférence de presse (un passionnant marathon verbal de deux heures), Lévesque l'a voulue autant pour régler ses comptes avec Kierans, son fossoyeur principal de la fin de semaine, qu'avec un parti tout entier qui l'a subi plus qu'accepté depuis 1960. C'est le temps ou jamais de se vider le cœur.

— Je n'ai jamais voulu faire du parti une religion et ils ne m'ont jamais pardonné ce péché, attaque ce *lone ranger* indécrottable, cet autocrate rompu à l'exercice du pouvoir solitaire qui arrivait aux réunions du cabinet à onze heures quand elles débutaient à neuf heures — s'il y venait; style qui allait lui valoir bien des avanies le jour où serait finie la lune de miel entre lui et les libéraux.

Mais avant de tonner encore plus contre ses anciens alliés, ce n'est pas l'envie qui lui manque, René Lévesque sent le besoin de retracer à l'intention des journalistes qui l'écoutent, ravis, les étapes les plus instructives du mariage de raison qui vient d'éclater.

Au début, quand même, c'est la belle et glorieuse époque des trois «L», Lapalme, Lesage, Lévesque, qui valaient bien les trois «Grands» de la campagne unioniste de juin 1960: Duplessis, Sauvé, Barrette. Au début, c'est l'époque industrieuse des grands travaux, la fourmilière de la Révolution tranquille. On a un pays à construire — dans le Canada, bien sûr. Non, mais qu'est-ce qu'on s'en fiche alors, de la question nationale? L'accent est ailleurs, sur le socio-économique.

Il a trente-six ans, non vingt-cinq, ce jeune ministre tout feu tout flamme qui fait bondir de rage les fossiles de l'ancien régime chaque fois qu'il ouvre la bouche. Il sait déjà que la pureté absolue, c'est pour les poires. Il faut faire des concessions quand on est dans l'action, beaucoup de concessions. Toutefois, Lévesque se réserve toujours le privilège de filer à l'anglaise si jamais les libéraux lui font trop de misères.

Jusqu'en 1962, l'horizon devant soi est large. Soudain: une première fermeture — momentanée mais fermeture tout de même — quand il soulève la question de l'étatisation des compagnies privées d'électricité. La moitié du parti, Lesage en tête, vire de bord. Il faut dire — mais cela, Lévesque le tait pudiquement — qu'il a oublié de consulter le cabinet avant de lancer l'idée dans la population. Indélicatesse qui gâte la sauce, bien qu'à vrai dire la résistance soit avant tout idéologique. Nationaliser, Duplessis l'a assez rabâché en son temps, confine au socialisme voire au communisme.

La diva libérale lâchera-t-elle déjà ses pairs? La presse en suppute le risque pendant qu'à la commission politique du parti, les réformistes craignent le pire. Pothier Ferland et Roland Chauvin, deux de ses animateurs, convoquent le ministre à dîner, chez Pierre, à Montréal, pour le raisonner. C'est la saison des bigorneaux et le Gaspésien en avale tout un seau en écoutant les appels à la prudence et à la patience. Ni les minuscules mollusques ni les amis ne parviennent à le calmer et, au dessert, il s'exclame: «Je n'attends plus! Si Lesage veut coucher avec Bona, qu'il couche, moi je casse tout...»

Les choses finiront par se tasser. Il l'aura, la peau des compagnies privées d'électricité. Après 1964, toutefois, la volonté réformiste du gouvernement s'effrite irrésistiblement. Sur le front des réformes économiques, plus moyen d'avancer. Côté constitution, le débat sur la formule Fulton-Favreau oppose publiquement René Lévesque à son chef. Pour la première fois, il éprouve l'impression très nette de défendre une cause dont il n'est pas vraiment convaincu.

Serait-il en passe de devenir un politicien comme les autres? Une caution? Il s'accroche, même s'il n'est plus d'accord. En octobre 1965, plutôt que de tout «casser», il accepte de se jeter avec Kierans dans le domaine de la sécurité sociale, où il y a tant à faire. Une fuite en avant? Difficile à dire. En tout cas, il temporise jusqu'aux élections de 1966, en comprimant le mieux possible son envie de tirer sa révérence et en portant un intérêt croissant à l'effervescence indépendantiste. Sa dissidence dépasse cependant les bornes du tolérable durant la campagne électorale de juin, où Lesage gaspille un gouvernement sûr d'être réélu en imposant le silence aux gros canons de «l'équipe du tonnerre» qui ont fait sa fortune.

Après, tout concourt à la brisure définitive: la campagne plus ou moins avortée des réformistes pour démocratiser la caisse du parti; le congrès orageux de l'automne 1966, où on jure à haute voix d'avoir sa tête; la polarisation nationaliste de l'été gaullien, qui l'oblige à jeter avant l'heure son as de la souveraineté sur la table canadienne; finalement, l'invraisemblable congrès du Château avec son «crois ou meurs», sa douteuse procédure de vote digne des pires moments de l'unanimité duplessiste et le chantage économique éhonté de l'ancien professeur d'économie Kierans, qui implorait il n'y a pas si longtemps encore ses étudiants anglophones de ne jamais recourir à une tactique aussi vilaine[5].

— C'est par l'incohérence qu'on a réfuté la thèse d'un Québec souverain, avec un Kierans qui a fait du matraquage économique du haut de sa réputation sur le dos de la population! accuse Lévesque en réponse à une question de la presse.

C'en est bien fini (f-i-fi n-i-ni) de l'amitié mythique entre le millionnaire de Hampstead et le «p'tit gars de New Carlisle». Ce dernier se déchaîne littéralement quand l'un de ces messieurs de la presse ose émettre l'idée que la fuite des capitaux pourrait ne pas être une invention du Saint-Esprit:

— Ce n'est pas l'homme de la rue qui crée la panique mais les milieux anglais dominants du Québec! Ce sont nos gros personnages. Trois ou quatre douzaines de ces gens-là, de la même race qui endurait très bien Duplessis en tripotant en coulisse notre économie!

— Mais, monsieur Lévesque, pourquoi n'avez-vous pas attendu de connaître les résultats du vote pour démissionner? coupe un autre reporter.

La réplique fuse immédiatement:

— Un vote secret s'imposait pour ce genre de décision et de plus, nous n'aurions pas survécu à la procédure. Il fallait que les infâmes y goûtent! De toute façon, c'était carabiné. Avant même que les délégués n'étudient notre option, messieurs Lesage et Kierans avaient menacé de démissionner. C'était le crois ou meurs! Je n'accuse pas la direction du parti d'avoir sciemment tripoté les listes mais une vérification démocratique des inscriptions s'imposait pour éviter que le congrès ne soit paqueté au départ...

— Allez-vous fonder un parti? interroge à l'improviste un autre scribe en quête de sa primeur.

— Je ne sais pas... On verra.

— Avez-vous l'intention de vous joindre à un parti indépendantiste existant? insiste le questionneur.

— Dans un avenir prévisible, non. Il n'y a aucune négociation en cours avec le R.I.N. Mais d'ici quatre ans au plus, ce que nous représentons sera au moins l'opposition officielle au Québec, et peut-être la majorité...[6]

Un éclat de rire général accueille la prophétie. Cette réaction spontanée de la presse ramène Jean-Roch Boivin sur le plancher des vaches, là où il aime se tenir normalement. Une bonne douche froide! Ce sera dur de suivre Lévesque. Jusqu'ici, l'avocat a fait de l'action politique dans un cadre connu et sûr, dans un parti solidement établi avec des hommes et des femmes au visage familier. Il faut dire adieu à cette famille amie, plonger dans l'inconnu, repartir à zéro, brûler le passé politique. Ça lui pèse, tout à coup, ce qui s'en vient. Et il n'est pas le seul, ce monsieur rude d'écorce mais dont on dit qu'il a le cœur comme de la guimauve, à ressentir ce soir une sorte de mal de bloc doublé d'une vive nostalgie.

Au Old Homestead, restaurant voisin du Château Frontenac où se donnent rendez-vous les échotiers de la colline parlementaire assoiffés de cancans, c'est la tristesse qui prévaut chez les fidèles de Lévesque, attablés tous ensemble. Cette coterie de libéraux en rupture de ban n'a pas l'âme à la fête. Chacun vit ce souper collectif comme une cassure douloureuse avec le passé. L'avenir? On ne sait trop comment le considérer. Pothier Ferland, le vieux rouge enjoué qui, à l'époque la plus abyssale de l'Union nationale, pouvait se réveiller en pleine nuit pour haïr Duplessis, offre ce soir un faciès aussi grave que celui de René Lévesque.

L'avocat observe un instant ce petit homme usé par la tension de la journée qui dévore sa Gitane — il en fume bien quarante par jour. Il l'a adopté en bloc un jour épique de juin 1960 où celui-ci lui avait lancé un S.O.S. Élu par la peau des dents — avec 137 voix de majorité — contre la machine à voter du bon bord de l'Union nationale, qui avait juré de lui faire mordre la poussière, Lévesque redoutait le recomptage judiciaire exigé par son adversaire l'unioniste Arsène Gagné. En plus, il avait le feu au derrière car Lesage était à former son cabinet et ne pouvait officialiser sa nomination aussi longtemps que son élection ne serait pas confirmée.

— Je vous envoie mes deux meilleurs avocats, lui avait dit Ferland, de qui relevait le comité juridique du parti.

Mais les choses n'allaient pas assez rondement au gré de Lévesque, qui le supplia de nouveau:

— Je vous demande de venir personnellement, monsieur Ferland.

— Mon cher monsieur, répliqua l'avocat, j'ai treize recomptages sur les bras, je ne peux pas les lâcher pour le vôtre seulement!

Comme Lévesque l'épatait depuis *Point de mire*, il fit un «spécial». Au bureau de recomptage, le climat était aussi épouvantable que celui de la campagne dans le comté de Laurier, marquée par la piraterie et le banditisme. Les avocats des deux partis se lorgnaient pendant qu'un Lévesque enragé faisait les cent pas en s'arrêtant de temps à autre devant son adversaire pour le traiter, l'œil mauvais, de «christ de bandit»!

Traitement de choc qui eut raison des nerfs de l'unioniste qui, n'en pouvant plus, finit par se désister! Il faut dire aussi que le dépouillement commençait à mettre à jour des irrégularités flagrantes... Ce jour-là s'est nouée entre Pothier Ferland et Lévesque une alliance qui n'a jamais failli. Et ce soir, en dépit de sa morosité, l'avocat se sent dans le courant de l'histoire. Comme Jean-Roch Boivin et le juriste Réginald Savoie, il trouve sa situation à la fois inquiétante et exaltante. Lourde de conséquences assurément pour la carrière, la famille, les amis. Car suivre le «séparatiste» Lévesque signifie pour plusieurs la liste noire assurée. Il y aura un prix à payer.

À un moment donné (au café probablement), Jean-Roch Boivin a un sursaut — l'espoir? Il s'empare de son napperon en annonçant aux autres: «Je vais vous faire signer; si tout à coup cette soirée devenait historique?...»

Avant de faire circuler la feuille, ce fils de laitier de Bagotville écrit dessus, en guise d'introduction: «*Old Homestead Restaurant* (Canada). En la ville de Champlain, le 14 octobre 1967.»

Suivent les noms des convives qui formeront dans à peine un mois le premier noyau du Parti québécois: René Lévesque, Rosaire Beaulé, Marc Brière, Jean-Roch Boivin, Reynald Brisson, Monique Marchand, Gilles Marchand, Yvon Racine, Philippe Drolet, Gérard Bélanger, Pothier Ferland, René Beaulac, Louise Beaulac, Jean Depocas, Andrée Brière, André Brossard, Guy Pelletier, madame Guy Pelletier, J.-Pierre Paul-Hus, Maurice Jobin, Réginald Savoie, Paul Hamel, Micheline Beaulé, Michel Saint-Aubin, Michel Lacroix, Jacqueline Derouin, Roger Derouin, Gérard Lafrance, Lucien Richard, Lucille Richard, André Charbonneau, madame André Charbonneau, Lucille Cyr, et quatre autres signatures illisibles.

Une fois terminées ces sombres libations, Boivin retourne au Château Frontenac, où il se bute à Gérin-Lajoie, Bourassa et Laporte, qui dressent le bilan de cette mémorable journée. Leur accueil est du genre: «Mon pauvre Jean-Roch, dans quelle galère t'es-tu embarqué!» Laporte, le nationaliste réaliste qui se bat depuis cet après-midi pour «un Québec fort dans un Canada uni», tourne en ridicule la volonté maintes fois affirmée de Lévesque de se passer d'une caisse électorale:

— Moi, Jean-Roch, je serais d'accord avec vous si ce n'était pas chimérique. Fonder un parti sans caisse électorale, c'est une folie! Six mois après, vous allez venir à genoux nous demander de l'argent[7].

Le Lac-à-l'Épaule des souverainistes

Mais qui parle de fonder un parti? L'idée même, exprimée en présence de René Lévesque, ferait tout aussitôt naître sur son visage un air de vive contrariété. Il pourrait même s'offusquer vraiment si on insistait trop. Ne mettons pas la charrue devant les bœufs, je vous en prie, messieurs! Un peu de stratégie, s.v.p.

Le 19 octobre, cinq jours après l'holocauste séparatiste de Québec, premier conciliabule chez Rosaire Beaulé, à Ahuntsic, pour aviser à la suite. Cinq ou six membres seulement du noyau ont l'honneur d'y participer, dont les Savoie, Boivin, Brière, Ferland. Le chef pose la question: où allons-nous maintenant? Y a-t-il moyen d'organiser un groupe autour de notre idée?

S'ensuit aussitôt une altercation non dénuée de virilité sur le thème: parti ou mouvement d'opinion? Les partisans de la seconde option, plus nombreux, l'emportent. Lévesque est contre un parti, Pothier Ferland aussi, et Réginald Savoie, le professeur de droit de l'Université de Montréal, encore plus.

Avant le meeting, ce dernier a griffonné quelques notes sur la stratégie à suivre sous la formule: PAS DE PARTI DANS L'IMMÉDIAT. Savoie, c'est l'homme des idées. Le côté accessoire de la politique (les intrigues ou le grenouillage par exemple) n'arrivera jamais à le prendre dans ses filets. Il a un plan, une vision — c'est un idéaliste dans toute la force du mot. Ses réflexions le montrent:

> Sortie remarquée et remarquable à cause en particulier du ton adopté, de la dignité manifestée. Continuer ainsi — pas de personnalité, pas de personne visée. Croiser le fer sur l'essentiel, *id est*: sur le manifeste. Profiter des tribunes ouvertes pour le défendre. Laisser aux autres les querelles racistes — c'est commencé — les attaques personnelles. Éviter les déclarations fracassantes, se tenir éloigné des cénacles indépendantistes et de certains de leurs apôtres *pour le moment*. Commencer par aligner nos hommes, définir notre action, préparer notre stratégie, former nos ateliers les plus importants sur l'aspect 1) stratégie 2) politique 3) économie[8].

Va donc pour le mouvement d'opinion. Tous s'entendent avec le chef: testons l'idée souverainiste avant d'en venir aux grandes manœuvres comme la fondation d'un parti politique. Par où commencer? Mais par l'intendance, cette affaire! Il faut un local, des outils de travail, quelques tâcherons dévoués et bons apôtres, de l'espèce à se pâmer pour la cause. Des militants. La permanence est vite trouvée. Ce sera le bureau du député indépendant de Laurier, au 7491 de la rue Saint-Denis. Il a beau être séparatiste, ce représentant du peuple a droit à ses allocations. Aussi bien que ça serve.

Ce n'est pas le Quirinal, disons-le tout de suite, ce premier quartier général d'un mouvement qui n'existe pas encore. À l'image même de son occupant: allure de campement sommaire, très bric-à-brac. Des murs gris et ternes — tout le contraire quant à eux de la personnalité du nouveau chef, avec qui le public peut s'entretenir les mardis soir si le cœur lui en dit, et pour autant que ce personnage brouillon n'oublie pas l'heure.

Comme il est déjà question de lancer Lévesque sur la route pour vendre la salade souverainiste, un attaché de presse s'impose. Il y aurait bien Pierre O'Neill, le frère de l'abbé qui a outragé l'Union nationale en 1956 avec son tract vitriolique sur les pratiques électorales duplessistes. Il se trouve à Québec, à bout de souffle, chômeur en règle.

— Nous sommes en réunion avec monsieur Lévesque et il te demande si tu veux devenir son secrétaire de presse, fait la voix de Rosaire Beaulé à l'autre bout du fil.

— Je peux y réfléchir une heure?

L'envie de lâcher le journalisme partisan pour un journalisme plus objectif et plus neutre démange O'Neill depuis quelque temps. L'ancien directeur de *La Réforme*, mis à pied par Kierans à l'époque du corridor idéologique, a mesuré déjà les limites de l'embrigadement. Il aimerait bien se retrouver dans un grand journal. Il en a soupé aussi des salaires de famine du patronat de la sainte cause. Réflexion faite, il accepte pourtant la proposition, au salaire — minable évidemment — de cent dollars par semaine. Impossible de résister à l'appel de René Lévesque. Impossible de rester à l'écart du grand mouvement de libération nationale qui s'organise. La vie rêvée, ce sera pour plus tard. Quand le Québec sera enfin un vrai pays.

L'argent? Il commence à entrer sous forme de deux dollars, de cinq dollars et de dix dollars disséminés dans le courrier de plus en plus volumineux qui atterrit chaque jour au secrétariat de la rue Saint-Denis. Bientôt, près de six cents lettres dûment épluchées et allégées de leurs espèces sonnantes, quand il s'en trouve, prennent le chemin des classeurs. Formidable! Il en vient de tous les coins du Québec. D'Abitibi, de Montréal, du Lac Saint-Jean, de la lointaine Gaspésie. Et plutôt représentatives avec ça, pour ce qui est de l'origine sociale, de l'âge ou du sexe.

Les saints Thomas doivent admettre que quelque chose, encore informe mais bien réel, a commencé de se mettre en marche. Découverte qui procure de l'audace au quarteron d'avocats composant l'exécutif provisoire, les Brière, Boivin, Beaulé et Ferland. Et bientôt, un permanent s'installe au secrétariat. C'est un étudiant de la confrérie Larocque dont on a fixé en tremblant la rétribution à cinquante dollars par semaine. Le premier novembre, le fourreur Gérard Bélanger, le bras droit de Lévesque dans Laurier, amorce un mouvement destiné à structurer, dans chacun des comtés du Québec, la bonne volonté et les appuis qui s'y multiplient. Fondée sur les débris de l'ancienne association libérale de Laurier, émerge en effet l'Association Laurier-Lévesque, avec ses cinquante-quatre militants en règle. C'est un début, et un signal aux autres démissionnaires libéraux éparpillés à travers la province: faites-en autant, camarades[9].

La contagion souverainiste serait-elle en voie d'essaimer hors des cercles strictement libéraux? On le dirait tant pullulent soudain les ralliements de personnes ou de groupes n'ayant rien à voir ni de près ni de loin avec le parti libéral. Exemple: le clan des intellectuels d'Outremont, qui sévit à *Maintenant*, fait connaître son adhésion au concept de la souveraineté-association en dépit du fait qu'il ouvre les pages de cette revue dominicaine à son critique le plus percutant, Robert Bourassa. Ce ne sont pas des bornés, ces amants de l'idée pure. À l'université, dans les syndicats et dans les milieux nationalistes, le courant souverainiste commence également à faire le compte de ses amis... et ennemis.

L'adhésion la plus tapageuse, qui jette dans l'eau bouillante le directeur du *Devoir*, Claude Ryan, reste celle de l'éditorialiste Jean-Marc Léger. À la fin des années 50, ce grand ami de la France qui se passionne, comme René Lévesque un temps, pour les problèmes de la planète, se faisait fort d'initier ses lecteurs aux idées laurentiennes de Raymond Barbeau, autant par conviction personnelle que par souci professionnel.

Ensuite, quand le Rassemblement pour l'indépendance nationale s'est mis à bouger, il s'en est rapproché, discrètement d'abord puis laissant bientôt tomber les cachotteries. Aujourd'hui, continuer de jouer la comédie du fédéralisme alors que tout autour la terre tremble, ce serait faire le tartufe. Le moment est venu pour lui aussi de traverser le gué qui l'empêche encore d'afficher ouvertement, à la face même de son patron Ryan, un souverainisme profond et ardent. Confession publique qui ne serait en somme que la consécration d'une longue évolution appelant tôt ou tard ce geste.

Déjà, bien avant que la province de Maurice Duplessis n'emprunte les yeux fermés le virage des années 60, Léger tente de concilier vaille que vaille son double et vif intérêt pour *L'Action nationale* et *Cité libre*, deux revues d'opinion ennemies. La première est animée par l'économiste François-Albert Angers. Elle est aussi nationaliste que réactionnaire. La seconde, qu'inspire Pierre Trudeau, est aussi fédéraliste que progressiste. Déchiré, mais souverainiste avant tout, Léger opte finalement pour l'équipe d'Angers, ne réservant à *Cité libre* qu'une collaboration épisodique.

Même écartèlement aux octobres de l'Institut canadien des affaires publiques, creuset par excellence des idées nouvelles qui rassemble, tous les automnes, beaux parleurs et grands penseurs de l'université, de la presse, des syndicats et du monde politique. Jean-Marc Léger y devine déjà en filigrane les deux sociétés divorcées, les deux courants antagonistes, les deux camps irréconciliables dont l'un jouera dix ans plus tard la carte canadienne (le Québec doit s'épanouir et s'ouvrir au monde, c'est entendu, mais dans le cadre canadien) et l'autre, la carte québécoise (l'avenir du Québec, c'est le Québec même, c'est ici qu'il faut faire la révolution nationale et sociale).

À l'université, l'Ordre de Jacques-Cartier, l'influente et mystérieuse société secrète communément appelée la Patente, avait rapidement repéré cet étudiant ultranationaliste à la langue châtiée. Léger avait adhéré mais, trouvant pour le moins bizarres toutes ces cérémonies clandestines, ces initiations infantiles et ce climat de faux secret dont aimaient s'entourer les *patentards*, il s'en sépara au bout de quelques réunions. En 1963, toutefois, l'Ordre fait sa révolution tranquille. Ses animateurs principaux au Québec, Rosaire Morin, François-Albert Angers et Gérard Turcotte, tentent d'y faire passer non sans mal un grand courant d'air frais: démystification du rituel secret, démocratisation des structures, admission des femmes, radicalisation nationaliste. Mais ce n'est pas suffisant: l'Ordre manque encore d'une doctrine unifiante adaptée aux temps nouveaux. Pressenti en sourdine, Jean-Marc Léger accepte d'élaborer le nouveau programme d'action de la Patente.

Le «Manifeste canadien-français» (c'est le nom du document secret dont accouche, en février 1964, le journaliste du *Devoir*) conduit directement à l'éclatement de la maçonnerie canadienne-

334

française. «Chanceliers», grands et petits, et «frères» de tous rangs des provinces anglaises l'accueillent comme une véritable déclaration de guerre séparatiste. Ce qu'il n'est pas à proprement parler puisque son auteur propose une sorte de «Canada des patries», de Canada nouveau où deux nations égales s'associent librement dans un régime de type confédéral. Mais il ne faut pas être très sagace pour en venir à penser que le papier de Léger pourrait passer facilement pour la première version de l'option Lévesque. Autant par son esprit souverainiste sous-jacent, son discours («Québec, nation réelle mais anormale, nation de locataires, de minoritaires et de prolétaires dominés et asservis dans leur propre pays»), que par sa politique des moyens: droit à l'autodétermination, souveraineté interne totale, exclusivité en matière d'impôt, unilinguisme, récupération des pouvoirs économiques et fiscaux, étatisme vigoureux, planification...

Entre les deux Canadas associés de Jean-Marc Léger subsisterait bien un «lien organique», mais si ténu (souveraineté extérieure, télécommunications, postes et autres broutilles du genre) qu'à la première taloche confédérale, l'association canadienne, qui tient lieu d'alibi antiséparatiste, se briserait comme une belle potiche vide au contact du sol. C'est dire à quel point ce «programme d'émancipation globale», taillé sur mesure pour les Québécois, puisque le seul État majoritairement francophone à en bénéficier serait le leur, déplaît *souverainement* aux chanceliers de l'Ontario et de l'Acadie principalement. La guerre qui éclate bientôt entre les Québécois et les frères minoritaires des autres chancelleries du pays se termine, le 27 février 1965, par la belle mort de la Patente — que Dieu ait son âme[10]!

Est-elle bien enterrée? Rien de moins sûr. Car les États généraux du Canada français, qui commencent à siéger en 1966 dans le but de sonder le cœur et les reins des élites de toute la nation, en prennent ni plus ni moins la relève. Les différentes instances du rejeton démocratisé de la défunte sont en effet farcies de chanceliers et de frères, à commencer par Rosaire Morin et Gérard Turcotte, deux des organisateurs les plus en vue et ex-grands manitous des maçons québécois. L'éditorialiste du *Devoir* voit lui aussi à la bonne orientation de ce forum qui, d'abord cacophonie la plus réussie et champ clos d'affrontements les plus inusités, file

335

tout doucement en cet automne mouvementé de 1967 vers le consensus souverainiste.

Tout invite donc Jean-Marc Léger à s'afficher. Durant l'été, la gifle du général de Gaulle aux fédéralistes canadiens l'a vu exalter et célébrer l'événement pendant que Claude Ryan, lui, dénonçait l'inadmissible intrusion dans les affaires du Canada. La démission spectaculaire de René Lévesque l'aiguillonne encore plus que tout le reste peut-être. Depuis quelque temps, il mûrit en lui une série d'articles sur l'indépendance du Québec qu'il présente, fin octobre, à Ryan. Après les avoir parcourus, celui-ci le convoque pour lui annoncer placidement:

— Il n'est pas question que *Le Devoir* soutienne la cause de l'indépendance en page éditoriale. Sur une question aussi fondamentale que celle-là, il n'est pas possible non plus que l'éditorial exprime des sons de cloche aussi différents que le tien et le mien...

Le grand patron du journal d'Henri Bourassa, qui était la personnification même du canadianisme, s'arrête un instant de parler, comme s'il faisait appel à la compréhension de son journaliste. En fait, Léger ne se faisait guère d'illusions. Jusqu'ici, il ne s'est pas privé de son droit de parole à l'extérieur du journal, allant même jusqu'à monter sur les *hustings* du parti de Pierre Bourgault. Ryan n'en était pas enchanté outre mesure mais, respectueux de la liberté d'expression de ses journalistes, il ne le lui aurait jamais interdit. Mais l'autoriser à publier en éditorial son plaidoyer pour la souveraineté, c'est une autre paire de manches.

L'option du patron, Léger la connaît fort bien: *Le Devoir* n'est pas souverainiste; c'est un journal qui soutient pour l'instant l'idée d'une fédération repensée et rajeunie avec un Québec le plus autonome possible.

— Voilà, reprend Ryan d'un ton nullement autoritaire bien qu'il lui serve un ultimatum. Ou je publie tes trois articles — ce que je suis prêt à faire — et tu subis les conséquences. Ou alors, tu renonces à les publier et tu demeures éditorialiste avec la marge de manoeuvre que tu possèdes déjà.

— Je préfère les publier, fait Léger d'un ton déterminé en acceptant implicitement sa rétrogradation au rang de simple journaliste.

Claude Ryan tient parole: il publie les articles et limoge en même temps son auteur. Le 23 octobre, une mise en garde signée de lui accompagne le premier cri souverainiste officiel de Léger: «La position de monsieur Léger, on pourra le constater, est très voisine de celle de monsieur René Lévesque et, en conséquence, assez fortement contraire à celle du *Devoir*. Comme il est essentiel que l'équipe éditoriale du journal partage et exprime les mêmes convictions générales, monsieur Léger cessera, à compter de maintenant, de faire partie de l'équipe éditoriale du *Devoir* à titre régulier[11].»

Thème général des articles-fleuves de la mauvaise tête: «La souveraineté, condition de salut». Dans le premier, sous-titré «Une impasse nommée fédération», Léger fait un procès en règle à la fédération canadienne, futur et fatal tombeau des francophones d'Amérique. L'avenir? C'est celui que vient de prédire le sénateur canadien Maurice Lamontagne, pourchasseur attitré des crypto-séparatistes: une centralisation fédérale massive à laquelle le plus que problématique statut particulier de Jean Lesage et de Paul Gérin-Lajoie ne saurait résister plus que le temps d'un congrès. Il y aura le mot peut-être, voire l'ombre de la chose, mais jamais la chose.

Le deuxième discours dénonce les Cassandres qui sont à créer une psychose antiséparatiste en manipulant avec cynisme la vulnérabilité des Québécois en matière économique: personne ne peut prédire ce qui adviendra de l'économie du Québec si nous accédons à la souveraineté. Enfin, l'éditorialiste puni du prestigieux *Devoir* conclut dans son dernier article qu'au-delà de tout le reste, l'indépendance est la voie de la dignité pour les Québécois[12].

Le cocasse dans cette «affaire Léger», comme on dit bientôt, c'est que les vagues mugissantes de l'opinion ne procèdent pas tant du contenu des longs prêches du nouveau converti que de la succincte «note de la rédaction» de Claude Ryan. En effet, la sanction imposée à Léger soulève la colère des lecteurs nationalistes du *Devoir* — et ils sont nombreux. Un déluge de lettres de protestation s'abat sur la tête du directeur: «*Le Devoir* verse-t-il à son tour dans le crois ou meurs?» — «La voix de Jean-Marc Léger doit continuer de se faire entendre» — «Le directeur n'a pas le droit d'imposer d'option» — «Un sacrifice qui ne sera pas vain». S'ajoutent aux réprimandes épistolaires une bonne «manif» comme les activistes du R.I.N. savent en monter à quelques heures d'avis, et une campagne orchestrée de désabonnements.

Dans son réduit modeste de la rue Saint-Sacrement, le directeur Ryan monte à son tour sur ses ergots. Il n'a pas bâillonné le journaliste, qui demeure au journal où il assumera d'autres fonctions. Mais ce qui commence à chatouiller dangereusement la pointe de son nez aquilin, c'est la campagne de ceux qui veulent l'intimider. Il reprend à son compte le mot fameux de son prédécesseur, Gérard Filion, menacé de représailles par les duplessistes: «Plutôt que de laisser *Le Devoir* tomber sous la griffe de ceux qui veulent s'en emparer, je le tuerai de ma main!»

Avis donc aux troupiers souverainistes fascinés par *Le Devoir*: sous Claude Ryan, ce journal ne sera ni une tour de Babel, ni une tribune libre, ni la chose d'aucune clique, d'aucun chef, d'aucun parti. (Mais pour ce dernier engagement, laissons couler un peu les années avant de conclure...) De plus, comme invite à le penser le titre de son éditorial («Unité et liberté au *Devoir*»), unanimité de pensée est chez lui synonyme de liberté de pensée. Car si, à toutes les époques de son histoire, le journal d'Henri Bourassa a su assurer sa liberté, c'est parce qu'il a tiré sa force de l'unité de pensée de l'équipe éditoriale autour des questions essentielles. Et cela ne changera pas, foi de Claude Ryan[13]!

Pendant que le «pape» de la rue Saint-Sacrement se convainc de sa vérité, sa victime souverainiste prend immédiatement contact avec le groupe de René Lévesque, dont elle deviendra le conseiller pour les affaires culturelles. Mais en ces jours de forte polarisation politique où la grande faux du statu quo constitutionnel commence à couper des têtes, le journaliste Léger n'est pas l'unique décapité.

Avant de partir pour le congrès de Québec, l'avocat Marc Brière dirigeait avec ses quatre associés une prospère étude légale de la rue Saint-Jacques qui portait surtout le rouge. À son retour, il ne dirige plus rien du tout, ses collègues, des orthodoxes, exigeant la dissolution de la société. Brière a beau plaider que les causes continueront d'affluer et que, de toute manière, avec les libéraux dans l'opposition, il n'y a pas grand-chose à escompter de ce côté-là pour un bon bout de temps, rien n'y fait.

Un matin, il trouve les classeurs vides et les associés envolés. Police, syndic, procès et tout le bataclan! Un bel esclandre, rue Saint-Jacques. Autant dire que, durant cette fin d'automne décapante, l'intransigeant Brière est plutôt dans les pommes et ne dérange pas l'entourage de Lévesque avec ses chinoiseries habituelles de pince-sans-rire. La liquidation de son étude légale se complique d'un problème d'argent, d'un *burn-out* et, le comble, de sérieuses difficultés matrimoniales qui feront éclater bientôt ses liens avec sa femme Andrée. Suivre René Lévesque, cela coûte cher. Il le mesure.

Le député de Laurier s'en doute bien mais comme le destin le somme de rassembler sous sa bannière, encore à venir, les nationalistes de toutes moutures, au lendemain de l'hallali du Château Frontenac, il prend la route avec son baluchon plein de raisonnements frappants en faveur de l'indépendance de sa patrie. Le 2 novembre, ses auditeurs de l'Université Laval font chorus.

— Monsieur Lévesque, interroge l'étudiant en science politique Jean-François Bertrand, qui va abattre la barrière de la peur qui empêche les gens d'appuyer la souveraineté?

— Ce sont les jeunes comme vous et les leaders intellectuels du milieu, s'ils se décident enfin à se comporter en citoyens responsables, réplique l'orateur qui s'envole deux jours plus tard pour Vancouver et Ottawa — le Canada anglais aussi veut entendre René, même si sa conversion au séparatisme l'atterre[14].

Le 10, à Trois-Rivières, Lévesque affronte une autre fois Kierans devant une salle d'ouvriers. On se sert du René et de l'Eric pour la galerie mais le duel n'en est pas moins féroce. La presse est unanime: le souverainiste a terrassé le fédéraliste. Mais l'article du reporter du *Devoir*, Michel Roy, laisse passer son scepticisme: «Les syndiqués ont-ils applaudi René Lévesque ou son option?» Fernand Daoust et Jean Gérin-Lajoie, deux des organisateurs syndicaux, nuancent eux aussi:

— Il y a eu une grande part d'émotion car Lévesque incarne aux yeux des ouvriers un espoir de justice, mais on ne pourra plus dire que les syndiqués sont massivement opposés à l'indépendance. C'est nouveau[15].

Six jours plus tard, après avoir défendu entre-temps son option au Collège français et devant des hommes d'affaires, à qui il a fait miroiter les avantages de l'association économique avec le Canada plutôt que ceux de la souveraineté... Lévesque anime un *teach-in* dans un lointain pavillon de Pont-Viau, à demi enseveli dans les neiges de la première bourrasque de l'hiver. Quatre cents personnes suspendues à ses lèvres l'écoutent invoquer contre la peur le proverbe chinois: «Si tu as un très long voyage à faire, la moitié du voyage, c'est la décision de l'entreprendre.» Au bout de trois heures, quand le petit homme se rassoit, exténué, la salle se lève d'un bond et l'ovationne[16].

S'il arrive qu'on lui demande: «Allez-vous fonder un parti?» il grimace automatiquement, joue à la vierge offensée si on insiste trop, refuse obstinément de se mouiller à ce sujet. Il parlera plutôt de structure d'accueil, de mouvement ou de front, mettant en garde ceux qui se veulent déjà ses partisans contre les «improvisations artificielles». Au fait, cette modération toute mâtinée de prudence stratégique cache une décision bel et bien arrêtée depuis la réunion d'exploration du 28 octobre, à Sainte-Marguerite-du-Lac-Masson. Les 18 et 19 novembre, aura lieu le Lac-à-l'Épaule de la souveraineté (rappel de la fameuse réunion de septembre 1962 où fut prise la décision de nationaliser l'électricité) au monastère des pères dominicains de la Côte Sainte-Catherine, à Outremont-ma-chère. Ce n'est pas qu'on soit snobinard ou d'essence petite-bourgeoise mais cette salle, madame, ne coûte pas un rond — gracieuseté de la maison du père Henri Bradet, le moine radical et rigolo qui dirige *Maintenant*.

Ne nous le cachons pas: rien n'est vraiment joué pour René Lévesque et ses fidèles. Ces premières assises auront valeur de test. Ce pari sur l'avenir est bourré de «si». Avant de se casser la margoulette devant le camp fédéraliste qui épie, il vaut mieux mesurer l'ampleur du courant de sympathie qu'on sent circuler dans la population depuis les événements de Québec. Si le Lac-à-l'Épaule du monastère Saint-Albert-le-Grand se révèle un flop, eh bien! on ne passera pas le reste de sa vie à faire semblant que ça suit, les Québécois. On rentrera chez soi[17].

Qui voudra venir chez les dominicains? Se compromettre? Payer de sa personne, de son argent et de son temps si on en venait à organiser une première structure d'accueil? Des gens valables ou les gueulards professionnels, les anglophobes morbides, les «chroniques»? Pour le savoir, on lance des invitations à tous ceux qui se sont donné la peine d'envoyer un mot ou des sous après le congrès libéral. C'était déjà un premier signe de motivation.

Le jour J, au-delà de quatre cents personnes se présentent Côte Sainte-Catherine. Qui sont-ils, ces premiers combattants de la souveraineté-association? Ils se répartissent en deux catégories principales. Les libéraux déçus, qui parlent brutalement d'«organisation électorale», côtoient une faune politique nouvelle issue de la classe moyenne agglutinée autour du secteur public. Ils sont enseignants, fonctionnaires, syndicalistes, techniciens ou étudiants, et ils ont en commun un vocabulaire politique plus sophistiqué que les ex-libéraux. Ils aiment émailler leur discours d'expressions exquises comme «animation sociale» pour cabale électorale ou lessivage du cerveau, comme «participation» pour militantisme et embrigadement. Plus jeunes que les rouges défroqués, ils sont un peu plus âgés que les rinistes de Pierre Bourgault, plus *cool* et plus articulés aussi. C'est la nouvelle classe politique qui pénètre le futur Parti québécois.

Les invités de René Lévesque sont venus de partout à travers la province mais surtout de la ville. Quatre cents futurs militants, ce n'est quand même pas rien pour un coup d'envoi. Autour de Lévesque, les Pierre O'Neill ou Pothier Ferland triomphent. Mais le chef a une première réaction négative: «Oui, mais il faudrait aller chercher autre chose que des intellectuels...»

Sans doute mais alors, comme le suggère la gent journalistique, il faudrait peut-être se rassembler à l'extérieur des murs embourgeoisés d'Outremont. René Lévesque a néanmoins raison: l'assemblée fait très citadin, très jeune et surtout très intellectuel. Le ton des débats est à l'avenant. Comme on est loin des meetings débridés des vieux partis où la norme est la démagogie facile, la claque patentée et les affrontements d'intérêts! Ici, c'est le choc des idées. On discutaille, ma chère! Avec sérieux, sérénité, sans hostilité aucune. L'amabilité d'un salon de thé anglais...

Quand vient le moment de choisir le nom, un lunatique ou un égaré qui n'a pas encore saisi le caractère fondamentalement nouveau du substrat du mouvement naissant suggère étourdiment «Mouvement Lévesque». La réaction est immédiate et unanime: on ne doit pas pour tout l'or du monde personnaliser le nouveau front. Pas de culte à la Mao chez nous. La dépersonnalisation s'impose d'autant plus que le personnage qui risque d'être consacré grand timonier possède une personnalité électrique déjà fort encombrante.

— C'est notre patente à tous, pas la mienne, je ne suis moi qu'un instrument! s'écrie d'ailleurs Lévesque, vigoureusement réfractaire lui aussi à l'idée qu'on accole son nom à l'option souverainiste.

Le bon peuple s'en fiche un peu de ce byzantinisme outremontais. Pour lui, maintenant, le séparatisme, c'est Lévesque. Mais il n'est pas encore de la fête. Des appellations, personnalisées ou non, il en pleut tout un gros nuage durant le débat: le Mouvement populaire, le Mouvement du Québec, Option Lévesque, Partisans de l'indépendance du Québec, Mouvement souverain populaire, Mouvement en faveur d'un Québec libre et souverain, Parti québécois, Mouvement québécois souverainiste, Thèse Lévesque, Parti national du Québec, et autres. Près d'une vingtaine en tout et partout. On se rabat finalement sur le nom transitoire, mal tourné mais plus précis de Mouvement souveraineté-association (M.S.A.). On peaufinera plus tard[18].

Un mouvement, c'est bien mais un parti, ce serait mieux. C'est ce que défend une partie de l'assistance, même si le chef se contracte devant l'idée. Aux pressés qui réclament sa fondation immédiate, l'habile politicien, qui aime mieux avoir l'air de se laisser pousser dans le dos que de dire lui-même «je fonde mon parti», réplique:

— Un parti, ça ne se fait pas tout seul, mais c'est clair qu'il faudra tôt ou tard en créer un...

Dans l'esprit de Lévesque, s'il faut en venir là, le printemps serait tout indiqué. Toutefois, la prudence la plus élémentaire l'invite à attendre la moisson des mois de travail à venir. Son programme est chargé. Il devra parcourir le Québec, le labourer en profondeur afin d'aller chercher du vrai monde. Quant au noyau de fondateurs, il s'occupera à susciter la création de comités locaux et régionaux, et à amorcer l'élaboration d'un programme. Bref, beaucoup de pain sur la planche. «Nous sommes débordés», soupire le chef durant la conférence de presse qui clôt l'assemblée. Contrairement aux anticipations pessimistes, le Lac-à-l'Épaule de la souveraineté connaît un «franc succès», comme disent les scribes. Personne n'aura donc à rentrer chez soi. On se faisait du mauvais sang pour rien[19].

Le retour de l'enfant prodigue

Malgré ses quarante-cinq ans bien comptés, René Lévesque paraît au zénith de sa forme. Petit Poucet increvable de la souveraineté, il chausse ses bottes de sept lieues au sortir du monastère dominicain. L'attaché de presse O'Neill l'emmène en tournée dans sa vieille Barracuda. L'avion, c'est pour les riches. Durant les jours qui suivent la fondation du M.S.A., on le voit partout: à Sherbrooke, à Toronto, à Jean-de-Brébeuf, au centre Paul-Sauvé.

À la Place des Arts, où sont assemblés les mille cinq cents délégués aux États généraux, le leader souverainiste reçoit un accueil digne d'un héros dès qu'il se montre le nez, en première loge à l'avant-scène. On applaudit, on siffle, on crie des bravos. Le petit homme grimace avec sa modestie légendaire en faisant des gestes d'apaisement.

Pour impressionnante qu'elle soit, la claque n'en est pas moins, en partie, de la manigance. C'est le sympathique et bedonnant Gérard Turcotte, l'homme à tout faire de la Société Saint-Jean-Baptiste de Montréal et de la défunte Patente, qui l'a orchestrée avec la connivence de délégués pro-Lévesque. L'apercevant à son balcon, les Roméos se sont aussitôt levés, déclenchant les applaudissements. Et pour que l'incident ne passe pas inaperçu, Turcotte a prévenu les journaux et organisé une conférence de presse avec le glorieux après la claque. Celle-ci est si intempestive, si cousue de fil blanc, que Rosaire Morin, le président des délibérations, se fâche: «À l'ordre, messieurs les délégués, à l'ordre... Je vous rappelle que le centre de l'assemblée est ici[20].» Comme des enfants pris en faute par le frère directeur, les délégués de la nation reviennent à leurs moutons en s'esclaffant.

Au cours de cette même session des États généraux, qui doit concevoir en quatre jours le Québec de l'an 2000, Claude Ryan crée lui aussi tout un émoi. À la veille des assises, il a accouché d'un éditorial critique qui met en doute la représentativité des États généraux («une gageure presque inhumaine») et s'en prend à l'orientation antifédéraliste des documents de travail soumis aux délégués.

Quand le directeur du *Devoir* se pointe dans le hall de la Place des Arts, Rosaire Morin l'accueille de travers. Durant les travaux préparatoires, il l'a consulté régulièrement car Ryan agit comme conseiller de l'organisme.

— Vous avez utilisé des documents confidentiels pour écrire votre éditorial! lui reproche-t-il.

La longue table sur laquelle les deux hommes se sont assis pour se faire, amicalement quand même, leur procès mutuel s'écroule tout à coup sans qu'on le lui demande. Quel méli-mélo! Claude se retrouve les quatre fers en l'air sur Rosaire gisant par terre. On rigole à qui mieux mieux, mais des délégués à l'allure de garde-chiourme s'imaginent que les deux hommes en sont au corps à corps. L'un lève même le poing sur l'éditorialiste, mais le ministre fédéral des Postes, Jean-Pierre Côté, témoin de l'incident, l'arrête au bon moment. Être fédéraliste aux États généraux, quelle misère! René Lévesque, lui, se sent dans sa salle[21].

Le triomphe de la Place des Arts, c'était du gâteau. Dans les régions éloignées, comme le Lac Saint-Jean et surtout l'Abitibi, la dure réalité d'un mouvement qui commence à peine à respirer rejoint le leader souverainiste. Là, il doit conquérir ses lauriers. Car si les gens le connaissent, son M.S.A., c'est du vague pour ne pas dire du louche. Certains soirs, Pierre O'Neill est tout bonnement sidéré par l'emprise de son patron sur la foule. Pareil charisme, pareille force de persuasion, ça tient du diable!

D'une fois à l'autre, le scénario se répète. Au début, l'animosité de la salle à l'endroit de Lévesque frôle parfois le désir homicide. Plus on cause, plus il boucane, avançant un à un ses arguments les plus convaincants ou émouvants, plus les chahuteurs deviennent perplexes, confus. À la fin, ils sont conquis, et c'est l'ovation debout.

À Ville-Marie, bled perdu du Témiscamingue, deux cents personnes nettement hostiles l'attendent de pied ferme. Quand il était le ministre libéral de l'Hydro, des gens ont perdu leur job dans ce coin de pays où on a la mémoire longue. L'un des congédiés passe son temps à lui couper la parole, mais bientôt la magie opère. Après l'assemblée, les organisateurs font signer des cartes et collectent de l'argent pour la cagnotte souverainiste[22].

Début décembre, un ralliement spectaculaire, mais lourd d'imprévus pour l'avenir, se dessine. Roch Banville, l'ami de François Aquin, l'intransigeant député de Dorion disparu du cercle de Lévesque après sa démission solo de l'été, est à mijoter une grande assemblée à Sept-Îles. Le chef souverainiste y viendra en compagnie d'«une grande personnalité», a promis Banville à la presse en lui apprenant qu'il mettait sur pied une association pro-Lévesque pour le Nouveau-Québec. L'«éminence», on se doute bien qui c'est.

Le syndicaliste Banville n'a pas tort de prévoir le retour de l'enfant prodigue, qui s'ennuie et s'analyse tout seul dans son coin. Aquin n'est pas resté inactif, tout de même. Bouleversé par l'appel à la liberté du général de Gaulle, le député a réuni chez lui trois amis journalistes, Pierre O'Neill, Roger Nantel et Yvon Turcot, à qui il a annoncé tout de go:

— C'est la reprise de la session à Québec et je veux faire un grand discours pour expliquer le sens de ma démission.

Les conseillers d'un soir se sont mis à planifier avec lui le contenu de son discours. Des journalistes, ça s'arrête aux petits détails, ça ne voit que les arbres qui cachent la forêt, mais ça a des éclairs aussi. Au beau milieu du feu croisé des suggestions, quelqu'un a lancé, l'oeil brillant:

— François, tu devrais passer par-dessus tous les petits détails, tu devrais laisser de côté l'événementiel et aller au fond des choses, comme de Gaulle.

Le député gaulliste adopte le conseil. Cette nuit-là, inspiré par sa muse généreuse, il écrit, écrit jusqu'aux petites heures.

Mots justes, phrases bien ficelées, images saisissantes, formules sublimes s'alignent miraculeusement sous sa plume. Un «texte d'une grande élévation de pensée», conclut le reporter tout chaviré du *Devoir*, Paul Cliche, en l'écoutant dans le silence quasi religieux de la Chambre.

L'astucieux Aquin s'est assuré de la froideur muette des libéraux et de la complicité souriante des unionistes, ravis de sa défection, en soumettant d'abord son texte à Pierre Laporte et à Maurice Bellemare, les leaders des deux formations à la Chambre. En revanche, le député de Matane, Jean Bienvenue, n'a pu s'empêcher de lui faire sentir son nouveau statut de pestiféré officiel en refusant ostensiblement d'aller occuper sa banquette, voisine de la sienne.

Dans les galeries bondées, Andrée LeRoy, la femme d'Aquin, voisine avec Pierre Bourgault, qui est à la tête d'une délégation riniste. La première paraît aussi remuée que son mari, tandis que les longs cils décolorés du second battent d'excitation. Heure intense pour ceux qui ont la tripe nationaliste. «C'est un grand moment historique», commentera d'ailleurs Bourgault après la levée de la séance. Même s'il n'a pas prisé du tout la sortie solitaire d'Aquin, Lévesque est venu lui aussi. Visiblement aux oiseaux, le premier ministre Johnson occupe sa banquette, mais celle du chef de l'opposition est vide. Jean Lesage, paraît-il, s'est évanoui dans le brouillard de la Gaspésie. C'est du moins ce qu'a dit Laporte pour excuser son chef.

— Après avoir connu l'occupation du conquérant, la tutelle de l'étranger et les trahisons de l'intérieur, clame le député de Dorion en se faisant l'apologiste du cri gaulliste de décolonisation, les Québécois n'ont pas craint les remous. Ils se sont tenus debout. Le général n'est pas venu pour nous dire quoi penser ni quoi faire mais pour offrir l'appui de la France. Pourquoi refuser la main tendue? Pourquoi s'effrayer de la réaction des forces qui veulent garder le Québec en servitude? Je suis de ceux qui ont accepté la main tendue...

Dans les rangs unionistes, il y a bien un ou deux jeunes loups qui auraient bien envie de s'écrier: hip, hip, hip; hourra! L'un, Jérôme Proulx, le député de Saint-Jean, croit entendre une réplique comparable à la fameuse adresse de Gettysburg d'Abraham

Lincoln contre l'esclavage. L'autre, c'est Denis Bousquet, le nationaliste enragé de Saint-Hyacinthe. Il se retient depuis le début pour ne pas laisser fuser ses acclamations.

L'orateur lui fournit bientôt l'occasion de se défouler quand il se met à asperger d'eau bénite le premier ministre Johnson, «qui a agi comme un véritable chef d'État» contrairement aux libéraux et à leur chef, qui sont restés prisonniers de leur frontière partisane même si la situation commandait la solidarité de tous les Québécois. Ici, ce n'est pas le seul député Bousquet qui l'applaudit, mais toute la députation gouvernementale. Les libéraux, eux, ne bronchent pas, à l'exception du bouillant député du Saguenay, Pierre Maltais, qui marmonne quelques phrases aigres-douces plus ou moins audibles.

S'il siège maintenant seul, sans parti, libre, dit encore Aquin, c'est que l'heure n'est plus aux faux-fuyants. La liberté du peuple québécois suppose que l'État du Québec s'empare de la totalité des pouvoirs. Sa péroraison arrache à Jérôme Proulx des gloussements de satisfaction:

— J'ai pensé au passé et au présent, mais surtout à l'avenir, car la vérité est dans l'avenir. Dans vingt ans, dans cinquante ans, quand le Québec sera devenu une patrie libre et qu'il aura tendu la main aux autres territoires libres d'Amérique, d'Asie, d'Afrique et d'Europe, et qu'il fera le poids de la mégalopolis française sur le sol d'Amérique, des hommes et des femmes viendront dans cette enceinte et se poseront une seule question à notre sujet: est-ce que c'étaient des hommes libres[23]?

Cette tirade de grande portée n'est que la première d'une série qu'il déballe durant tout l'automne, en se radicalisant un peu plus de l'une à l'autre. François Aquin fait lui aussi sa tournée du Québec, mais la popularité démentielle de René Lévesque l'écrase. Aussitôt qu'il ouvre la bouche ou jette son mégot dans le canal, c'est la une assurée; lui, il retrouve ses déclamations à la page des chiens écrasés. Ça rend un peu amer.

Le député gaulliste s'éloigne du cercle des amis de René Lévesque. Il s'isole, devient de moins en moins parlable, lève le nez sur les souverainistes. Il ne voit Lévesque qu'une fois, au cours d'un lunch où celui-ci cherche à lui vendre sa bébelle de la souveraineté-association, qui ne lui dit rien qui vaille. Rencontre pénible, comme tous ses tête-à-tête avec Lévesque. Plutôt faible en temps normal, le courant ne passe vraiment plus entre eux.

De discours en discours, on dirait qu'une sorte d'effet boomerang entraîne Aquin vers le parti de Pierre Bourgault. Le 11 octobre, il trouve le moyen de ridiculiser «l'arithmétique de nos élites effrayées» et de démolir du même souffle la campagne anti-peur de Lévesque sur les effets économiques de l'indépendance.

— Il y aura des sacrifices, dit-il aux notables du Club Richelieu qui l'ont fait venir à Chicoutimi. Craignez ceux qui vous promettent une joyeuse balade sans conséquence. Pour un homme comme pour un peuple, la liberté n'est pas facile. Tous les jours, dans le monde, il y a des hommes qui vont jusqu'à mourir pour elle[24]...

Vers la mi-novembre, toutefois, le doute s'installe en lui. Son superbe isolement de sphinx, qui le porte à dénigrer ses alliés naturels, ses frères souverainistes, ne fait-il pas le jeu des ennemis? Début décembre 1967, les deux amis qui tournent autour du député indépendant et libre de Dorion, pour le faire sortir de sa «non-solidarité», n'ont donc pas tout à fait tort de penser qu'on peut le fléchir.

— C'est absolument ridicule, plaide d'abord le conciliant Rosaire Beaulé, qui a fait son droit avec lui naguère et qu'il aime bien. Vous êtes deux députés indépendantistes, vous siégez dans le même Parlement mais sur des banquettes différentes...

François Aquin est à jongler avec cette évidence lorsque, quelques jours avant l'assemblée souverainiste de la Côte Nord, son autre bon ami Roch Banville lui glisse insidieusement à l'oreille:

— Viens donc avec nous à Sept-Îles, François, en dehors de la grande ville... On va tous s'asseoir, vous allez vous parler...

Le 9 décembre, à Sept-Îles, c'est le plein hiver. Une ville portuaire de rudes travailleurs et de syndicats puissants où, a juré Banville à Lévesque, le M.S.A. s'implantera sans mal. Du tout cuit — les vieux partis à la solde des capitalistes, on crache là-dessus par là. Lévesque est arrivé au motel de la réconciliation en début d'après-midi, accompagné de son petit orchestre habituel: les Pothier Ferland, Jean-Roch Boivin, Réginald Savoie, et l'attaché de presse O'Neill, plus proche politiquement d'Aquin que de lui.

La brebis égarée se présente bientôt en compagnie de Rosaire Beaulé, qui attaque le vif du sujet: «François voudrait adhérer au M.S.A...» Pothier Ferland est cinglant: «C'est vrai, ça, Aquin?»

Quand Beaulé a émis l'hypothèse du retour d'Aquin, l'avocat l'a averti: «Attention! Je le connais mieux que vous tous, moi, Aquin. Il a un immense talent, mais c'est un instable qui change continuellement d'idée...» C'est à peu près ce que pense également René Lévesque, qui s'en est ouvert à ses proches, comme le docteur Maurice Jobin.

— Qu'est-ce que tu penses d'Aquin? a-t-il demandé dernièrement au médecin, qu'il aime bien sonder de temps à autre sur tout et sur rien.

— Je le trouve un peu opportuniste.

Le médecin garde de cet interrogatoire l'impression que le leader souverainiste n'a pas digéré la démission du député de Dorion, qui déboîtait l'engrenage de sa stratégie. En outre, le geste d'Aquin lui tirait en quelque sorte le tapis sous les pieds car, c'était un secret de polichinelle, sa démission à lui n'était plus qu'une question de temps.

Pour la «cause», Lévesque est prêt à passer l'éponge. On parle donc. Aquin ne veut renier aucune de ses positions. Il exige des garanties, au sujet notamment de la création d'un front commun avec le Rassemblement pour l'indépendance nationale.

— Aucun problème! fait l'un ou l'autre de ses interlocuteurs.

L'enfant prodige n'est pas sans noter toutefois l'extrême prudence, pour ne pas dire la réticence de Lévesque, là-dessus comme sur le reste. Il a une dernière hésitation, car son chef éventuel ne semble pas désireux de se mouiller plus haut que la ceinture.

— Bon, je vais réfléchir encore. On se reparlera plus tard, conclut Aquin en passant son lourd manteau d'hiver avant de quitter le motel.

Dehors, la presse le prend d'assaut. Se rallie-t-il ou non?

— Ma présence à Sept-Îles n'est pas un indice de mon adhésion... éventuelle. Pour l'instant, je vais collaborer avec tous les mouvements qui préconisent l'indépendance...

Le reporter Guy Lamarche n'est pas convaincu. Flairant le scoop, Lamarche le bombarde de questions un peu croches, le pousse dans ses derniers retranchements. Son heure de tombée approche... Aquin noie le poisson le mieux possible, mais plus il discute avec le journaliste, plus la nécessité et le bon sens de son ralliement avec ou sans condition s'imposent à son esprit. Son Rubicon à lui, ce sera de revenir sur la rive souverainiste, qu'il a un peu étourdiment quittée pour faire cavalier seul après l'affaire de Gaulle.

Le premier député séparatiste de l'histoire du Québec pénètre d'un pas décidé dans l'aréna municipal et monte directement sur le podium, au nez de Lévesque et des autres, un peu éberlués. L'individualiste Aquin se serait-il ravisé?

— Je suis venu vous dire que j'adhère au M.S.A. sans condition, s'exclame-t-il effectivement quelques instants plus tard devant la foule de trois cents personnes, qui en roucoulent de contentement. Il n'y a qu'un homme qui peut prendre la direction du grand parti qui, demain, bâtira un Québec indépendant, un Québec fraternel, un Québec nouveau. Cet homme, c'est René Lévesque!

L'homme ainsi louangé esquisse un de ces sourires tordus dont il a le secret — mais sourire tout de même. L'évidence est là, toute ronde: le frère divorcé François Aquin revient dans la famille. Il reforme avec elle l'alliance un moment brisée. La parenthèse de la désunion s'est refermée.

Pour combien de temps? Là est toute la question. Au beau milieu de la harangue qu'il sert à son tour à ses troupes fraîches du Nouveau-Québec, le chef présente déjà à son lieutenant à peine retrouvé la pomme de discorde qui les fera de nouveau se lever l'un contre l'autre dans quelques mois à peine.

— Je me battrai aussi fort pour les droits des anglophones du Québec que pour la souveraineté! jure en effet un René Lévesque qui, en cette matière, paraît intraitable. Dans un Québec indépendant, ils conserveront leurs droits. Autrement, on ne serait pas civilisés. Je le dis encore: la minorité anglophone n'a rien à craindre du mouvement souverainiste...[25]

Holà! ma soeur la solidarité, quel coup bas porté si tôt à votre jeune beauté. En effet, au chapitre des droits de la minorité anglaise du Québec, question brûlante qui hantera le paysage souverainiste des années durant, François Aquin est du même bord que Pierre Bourgault, la bête noire de René Lévesque: les «droits des Anglais» ne sont pas des droits, mais des privilèges arrachés par les armes qu'il convient d'abolir sans fausse pudeur démocratique.

Et pendant ce temps-là...

Et pendant ce temps-là, Robert Bourassa, l'autre frère divorcé (pour de bon, lui) consolide sa position au sein de son parti en durcissant le ton de ses attaques contre ceux qui ne seront plus bientôt à ses yeux que des «séparatistes». Le mot plus rassurant de souverainiste, il le chasse de son vocabulaire politique. Avant la brisure avec René, et même les premiers temps qui l'ont suivie, il mettait des gants blancs pour aborder la question. Il les retire peu à peu. Cherche-t-il à gommer dans l'esprit du bon peuple tout rappel de leur complicité de jadis? Ne prépare-t-il pas déjà le terrain en vue de la guerre de succession prévisible en ce tournant de l'année 1967? S'ériger en champion tous azimuts de l'antiséparatisme, c'est sans doute une bonne carte...

Au fond, peut-être a-t-il seulement besoin de supprimer le père — qu'il aime et admire encore — pour donner de la cohérence affective à sa démarche, ou tout bonnement pour verser des gages au camp fédéraliste, qui a douté plus tôt de la fermeté de sa vertu canadienne. Il n'y parviendra jamais tout à fait du reste. Aux yeux des libéraux d'Ottawa, Bourassa passera toujours pour un fieffé nationaliste québécois, jamais au-dessus de tout soupçon, en dépit de ses professions de foi fédéralistes sur la tête d'Élisabeth II.

En engageant avec le leader du M.S.A. un long duel autour de la question jamais résolue du destin québécois, Robert Bourassa dresse la table des affrontements et des chicanes de la famille québécoise pour les vingt prochaines années. Attirés également par le Pouvoir, car ils savent tous deux que c'est l'instrument le plus puissant pour façonner l'avenir d'une société qu'ils voient différemment de façon intense, ces deux hommes s'aiment et se détestent à la fois.

Analyser la relation affective entre Lévesque et Bourassa, c'est plonger un périscope dans la québécité la plus totale, dans l'ambivalence, dans l'équivoque d'un peuple minoritaire au destin à deux faces qu'ils personnifient tous deux avec une égale sincérité. (Le soir du 29 avril 1970, la première personne à qui un Bourassa enivré de sa victoire voudra téléphoner, ce sera René, son malheureux adversaire qui n'aura même pas su se faire élire dans son comté. Six ans plus tard, le 15 novembre 1976, un Lévesque victorieux en fera autant après avoir imploré les milliers de péquistes en transe, massés au Centre Paul-Sauvé, d'arrêter de huer le nom de Robert Bourassa, défait lui aussi dans son comté, et dont il venait de célébrer le courage politique.)

1967 s'achève donc au moment où les principaux acteurs de la pièce *Québec* ont choisi leur rôle pour les années mouvementées qui se dessinent. Chacun est prêt à entrer en scène.

René Lévesque file droit vers la fondation du Parti québécois, le premier parti indépendantiste assez crédible pour rallier le quart de l'électorat quand il ira aux urnes pour la première fois, en avril 1970. Précédent historique lourd de signification pour l'intégrité du Canada. Robert Bourassa se dirige méthodiquement, en faisant le moins de vagues possible, vers la réalisation du grand rêve qui l'anime depuis qu'il fait de la politique active: devenir chef du parti libéral puis, si les choses tournent bien, premier ministre.

L'intransigeant François Aquin s'est rallié. Avec Pierre Bourgault, en quête lui aussi d'un premier rôle au sein de l'alliance indépendantiste en formation, il est le ver dans la pomme. Sa participation au nouveau scénario du futur québécois (celle de Bourgault également) tient un peu du pathétique. À Ottawa, il y a Pierre Trudeau qui attend le lever du rideau pour occuper le devant de la scène. Pour les uns, ce sera le héros de la pièce, pour les autres, le vilain.

Enfin, en ce début de l'année 1968, la vie du premier ministre Johnson ne tient plus qu'à un fil. Le successeur probable, Jean-Jacques Bertrand, le plus tragique de tous les figurants — la presse l'a baptisé le «Hamlet de la politique québécoise» à cause de ses crises existentielles — est le seul peut-être à ne pas avoir choisi l'emploi que le destin lui réserve en le jetant en plein coeur de la poudrière linguistique qui embrasera bientôt le ciel de l'unique province française du Canada.

Notes — Chapitre 13

1. Jean-Roch Boivin, René Lévesque; et *Le Devoir*, le 16 octobre 1967.
2. Jean-François Bertrand; et Charron, Claude: *Désobéir*, Montréal, VLB, 1983, p. 274.
3. Fonds Jean-Jacques Bertrand, Archives nationales du Québec, annexe Sherbrooke.
4. Yves Michaud et Doris Lussier.
5. Pothier Ferland; *Le Devoir*, le 16 octobre 1967; *La Presse*, le 2 novembre 1967; et Murray, Vera: *Le Parti québécois, op. cit.*, p. 216-220.
6. *Le Devoir* et *La Presse*, le 16 octobre 1967.
7. Jean-Roch Boivin, Pothier Ferland et Réginald Savoie.
8. Réginald Savoie.
9. Pierre O'Neill, Jean-Roch Boivin; et *Le Devoir*, les 1er et 2 novembre 1967.
10. Jean-Marc Léger; et Laliberté, Raymond: *L'Ordre de Jacques-Cartier ou l'Utopie d'un césarisme laurentien, op. cit.*, p. 139-154 et 459-473.
11. Jean-Marc Léger; et *Le Devoir*, le 23 octobre 1967.
12. *Le Devoir*, les 23, 24 et 25 octobre 1967.
13. *Ibid.*, le 28 octobre 1967.
14. *Ibid.*, le 2 novembre 1967.
15. *Ibid.*, le 13 novembre 1967.
16. *Ibid.*, le 16 novembre 1967.
17. René Lévesque, Pothier Ferland et Réginald Savoie.
18. *Le Devoir*, le 20 novembre 1967; Réginald Savoie et Jean-Roch Boivin.
19. *Ibid.*
20. Gérard Turcotte, Rosaire Morin; et *Le Devoir*, les 23, 24 et 27 novembre 1967.
21. Rosaire Morin; et *Le Devoir*, les 22 et 27 novembre 1967.
22. Pierre O'Neill.
23. François Aquin; et *Le Devoir*, le 4 août 1967.
24. François Aquin; et *Le Devoir*, les 10 septembre et 12 octobre 1967.
25. Pothier Ferland, Maurice Jobin, François Aquin; et *Le Devoir*, le 11 décembre 1967.

Index

Achevé   Imprimerie
d'imprimer Gagné Ltée
au Canada   Louiseville

Ouvrages parus chez les éditeurs du groupe Sogides

* Pour l'Amérique du Nord seulement   ** Pour l'Europe seulement
Sans * pour l'Europe et l'Amérique du Nord

LES EDITIONS DE L'HOMME

ANIMAUX

* **Art du dressage, L'**, Chartier Gilles
Bien nourrir son chat, D'Orangeville Christian
Cheval, Le, Leblanc Michel
Chien dans votre vie, Le, Margolis Matthew et Swan Marguerite
* **Éducation du chien de 0 à 6 mois, L'**, DeBuyser Dr Colette et Dr Dehasse Joël
Encyclopédie des oiseaux, Godfrey W. Earl
Mammifères de mon pays, Duchesnay St-Denis J. et Dumais Rolland
* **Mon chat, le soigner, le guérir**, D'Orangeville Christian
Observations sur les mammifères, Provencher Paul
Papillons du Québec, Veilleux Christian et Prévost Bernard
Petite ferme, T. 1, Les animaux, Trait Jean-Claude

Vous et votre berger allemand, Eylat Martin
Vous et votre boxer, Herriot Sylvain
Vous et votre caniche, Shira Sav
Vous et votre chat de gouttière, Gadi Sol
Vous et votre chow-chow, Pierre Boistel
Vous et votre doberman, Denis Paula
Vous et votre husky, Eylat Martin
Vous et votre labrador, Van Der Heyden Pierre
Vous et vos oiseaux de compagnie, Huard-Viau Jacqueline
Vous et votre persan, Gadi Sol
Vous et votre setter anglais, Eylat Martin
Vous et vos poissons d'aquarium, Ganiel Sonia
Vous et votre siamois, Eylat Odette

ARTISANAT/ARTS MÉNAGERS

Appareils électro-ménagers, Prentice-Hall of Canada
* **Art du pliage du papier**, Harbin Robert
Artisanat québécois, T. 1, Simard Cyril
Artisanat québécois, T. 2, Simard Cyril
Artisanat québécois, T. 3, Simard Cyril
Artisanat québécois, T.4, Simard Cyril, Bouchard Jean-Louis
Bon Fignolage, Le, Arvisais Dolorès A.
Coffret artisanat, Simard Cyril
Comment aménager une salle
Comment utiliser l'espace
Construire sa maison en bois rustique, Mann D. et Skinulis R.

Crochet Jacquard, Le, Thérien Brigitte
Cuir, Le, Saint-Hilaire Louis et Vogt Walter
Décapage-rembourrage
Décoration intérieure, La,
Dentelle, T. 1, La, De Seve Andrée-Anne
Dentelle, T. 2, La, De Seve Andrée-Anne
Dessiner et aménager son terrain, Prentice-Hall of Canada
Encyclopédie de la maison québécoise, Lessard Michel

Encyclopédie des antiquités, Lessard Michel

Entretenir et embellir sa maison, Prentice-Hall of Canada

Entretien et réparation de la maison, Prentice-Hall of Canada

Guide du chauffage au bois, Flager Gordon

J'apprends à dessiner, Nash Joanna

Je décore avec des fleurs, Bassili Mimi

J'isole mieux, Eakes Jon

Mécanique de mon auto, La, Time-Life Book

Menuiserie, La, Prentice-Hall of Canada

* Noeuds, Les, Shaw George Russell

Outils manuels, Les, Prentice-Hall of Canada

Petits appareils électriques, Prentice-Hall of Canada

Piscines, barbecues et patio

Terre cuite, Fortier Robert

Tissage, Le, Grisé-Allard Jeanne et Galarneau Germaine

Tout sur le macramé, Harvey Virginia L.

Trucs ménagers, Godin Lucille

Vitrail, Le, Bettinger Claude

ART CULINAIRE

À table avec soeur Angèle, Soeur Angèle

Art d'apprêter les restes, L', Lapointe Suzanne

Art de la cuisine chinoise, L', Chan Stella

Art de la table, L', Du Coffre Marguerite

Barbecue, Le, Dard Patrice

Bien manger à bon compte, Gauvin Jocelyne

Boîte à lunch, La, Lambert-Lagacé Louise

Brunches & petits déjeuners en fête, Bergeron Yolande

Cheddar, Le, Clubb Angela

Cocktails & punchs au vin, Poister John

Cocktails de Jacques Normand, Normand Jacques

Coffret la cuisine

Confitures, Les, Godard Misette

Congélation de A à Z, La, Hood Joan

Congélation des aliments, Lapointe Suzanne

Conserves, Les, Sansregret Berthe

Cornichons, Ketchups et Marinades, Chesman Andrea

Cuisine au wok, Solomon Charmaine

Cuisine chinoise, La, Gervais Lizette

Cuisine de Pol Martin, Martin Pol

Cuisine facile aux micro-ondes, Saint-Amour Pauline

Cuisine joyeuse de soeur Angèle, La, Soeur Angèle

Cuisine micro-ondes, La, Benoit Jehane

Cuisine santé pour les aînés, Hunter Denyse

Cuisiner avec le four à convection, Benoit Jehane

Cuisinez selon le régime Scarsdale, Corlin Judith

Faire son pain soi-même, Murray Gill Janice

Faire son vin soi-même, Beaucage André

Fondues & flambées de maman Lapointe, Lapointe Suzanne

Fondues, Les, Dard Patrice

Guide canadien des viandes, Le, App. & Services Canada

Muffins, Les, Clubb Angela

Nouvelle cuisine micro-ondes, La, Marchand Marie-Paul et Grenier Nicole

Nouvelle cuisine micro-ondes II, La, Marchand Marie-Paul, Grenier Nicole

Pâtes à toutes les sauces, Les, Lapointe Lucette

Pâtés et galantines, Dard Patrice

Pâtisserie, La, Bellot Maurice-Marie

Pizza, La, Dard Patrice

Poissons et fruits de mer, Sansregret Berthe

Recettes au blender, Huot Juliette

Recettes canadiennes de Laura Secord, Canadian Home Economics Association

Recettes de gibier, Lapointe Suzanne

Recettes de maman Lapointe, Les, Lapointe Suzanne

Recettes Molson, Beaulieu Marcel

Robot culinaire, Le, Martin Pol

Salades, sandwichs, hors-d'oeuvre, Martin Pol

BIOGRAPHIES POPULAIRES

Boy George, Ginsberg Merle
Daniel Johnson, T. 1, Godin Pierre
Daniel Johnson, T. 2, Godin Pierre
Daniel Johnson — Coffret, Godin Pierre
Dans la fosse aux lions, Chrétien Jean
Duplessis, T. 1 — L'ascension, Black Conrad
Duplessis, T. 2 — Le pouvoir, Black Conrad
Duplessis — Coffret, Black Conrad
Dynastie des Bronfman, La, Newman Peter C.

Establishment canadien, L', Newman Peter C.
Frère André, Le, Lachance Micheline
Mastantuono, Mastantuono Michel
Maurice Richard, Pellerin Jean
Mulroney, Macdonald L.I.
Nouveaux Riches, Les, Newman Peter C.
Prince de l'Église, Le, Lachance Micheline
Saga des Molson, La, Woods Shirley

DIÉTÉTIQUE

Contrôlez votre poids, Ostiguy Dr Jean-Paul
* **Cuisine sage,** Lambert-Lagacé Louise
Diététique dans la vie quotidienne, Lambert-Lagacé Louise
* **Maigrir en santé,** Hunter Denyse
* **Menu de santé,** Lambert-Lagacé Louise
Nouvelle cuisine santé, Hunter Denyse
Oubliez vos allergies et... bon appétit, Association de l'information sur les allergies
Petite & grande cuisine végétarienne, Bédard Manon

Plan d'attaque Weight Watchers, Le, Nidetch Jean
Recettes pour aider à maigrir, Ostiguy Dr Jean-Paul
* **Régimes pour maigrir,** Beaudoin Marie-Josée
Sage Bouffe de 2 à 6 ans, La, Lambert-Lagacé Louise
Weight Watchers — cuisine rapide et savoureuse, Weight Watchers
Weight Watchers-Agenda 85 — Français, Weight Watchers
Weight Watchers-Agenda 85 — Anglais, Weight Watchers

DIVERS

* **Acheter ou vendre sa maison,** Brisebois Lucille
* **Acheter et vendre sa maison ou son condominium,** Brisebois Lucille
* **Bourse, La,** Brown Mark
Chaînes stéréophoniques, Les, Poirier Gilles
* **Choix de carrières, T. 1,** Milot Guy
* **Choix de carrières, T. 2,** Milot Guy
* **Choix de carrières, T. 3,** Milot Guy
* **Comment rédiger son curriculum vitae,** Brazeau Julie
Conseils aux inventeurs, Robic Raymond
* **Dictionnaire économique et financier,** Lafond Eugène
* **Faire son testament soi-même,** Me Poirier Gérald, Lescault Nadeau Martine (notaire)
* **Faites fructifier votre argent,** Zimmer Henri B.
* **Guide de la haute-fidélité, Le,** Prin Michel
* **Je cherche un emploi,** Brazeau Julie

* **Loi et vos droits, La,** Marchand Paul-Émile
* **Règles d'or de la vente, Les,** Kahn George N.
* **Roulez sans vous faire rouler, T. 3,** Edmonston Philippe
Savoir vivre aujourd'hui, Fortin Jacques Marcelle
Séjour dans les auberges du Québec, Cazelais Normand, Coulon Jacques
Stratégies de placements, Nadeau Nicole
Temps des fêtes au Québec, Le, Montpetit Raymond
Tenir maison, Gaudet-Smet Françoise
* **Tout ce que vous devez savoir sur le condominium,** Dubois Robert
Univers de l'astronomie, L', Tocquet Robert
Vente, La, Hopkins Tom
Votre système vidéo, Boisvert Michel, Lafrance André A.
* **Week-end à New York,** Tavernier-Cartier Lise

ENFANCE

ÉSOTÉRISME

HISTOIRE

INFORMATIQUE

JARDINAGE

Arbres, haies et arbustes, Pouliot Paul
Culture des fleurs, des fruits, Prentice-Hall of Canada
Encyclopédie du jardinier, Perron W.H.
Guide complet du jardinage, Wilson Charles

Petite ferme, T. 2 — Jardin potager, Trait Jean-Claude
Plantes d'intérieur, Les, Pouliot Paul
Techniques du jardinage, Les, Pouliot Paul
* **Terrariums, Les,** Kayatta Ken

JEUX/DIVERTISSEMENTS

Améliorons notre bridge, Durand Charles
* **Bridge, Le,** Beaulieu Viviane
Clés du scrabble, Les, Sigal Pierre A.
Collectionner les timbres, Taschereau Yves
* **Dictionnaire des mots croisés, noms communs,** Lasnier Paul
* **Dictionnaire des mots croisés, noms propres,** Piquette Robert
* **Dictionnaire raisonné des mots croisés,** Charron Jacqueline

Finales aux échecs, Les, Santoy Claude
Jeux de société, Stanké Louis
* **Jouons ensemble,** Provost Pierre
* **Ouverture aux échecs,** Coudari Camille
Scrabble, Le, Gallez Daniel
Techniques du billard, Morin Pierre
* **Voir clair aux échecs,** Tranquille Henri

LINGUISTIQUE

Améliorez votre français, Laurin Jacques
* **Anglais par la méthode choc, L',** Morgan Jean-Louis
Corrigeons nos anglicismes, Laurin Jacques
* **J'apprends l'anglais,** Silicani Gino

Notre français et ses pièges, Laurin Jacques
Petit dictionnaire du joual, Turenne Auguste
Secrétaire bilingue, La, Lebel Wilfrid
Verbes, Les, Laurin Jacques

LIVRES PRATIQUES

Bonnes idées de maman Lapointe, Les, Lapointe Lucette

Temps c'est de l'argent, Le, Davenport Rita

MUSIQUE ET CINÉMA

* **Belles danses, Les,** Dow Allen
* **Guitare, La,** Collins Peter

Wolfgang Amadeus Mozart raconté en 50 chefs-d'oeuvre, Roussel Paul

NOTRE TRADITION

Coffret notre tradition
Écoles de rang au Québec, Les, Dorion Jacques
Encyclopédie du Québec, T. 1, Landry Louis
Encyclopédie du Québec, T. 2, Landry Louis
Histoire de la chanson québécoise, L'Herbier Benoît

Maison traditionnelle, La, Lessard Micheline
Moulins à eau de la vallée du Saint-Laurent, Adam Villeneuve
Objets familiers de nos ancêtres, Genet Nicole
Vive la compagnie, Daigneault Pierre

PHOTOGRAPHIE (ÉQUIPEMENT ET TECHNIQUE)

* **Apprenez la photographie avec Antoine Desilets,** Desilets Antoine
Chasse photographique, La, Coiteux Louis
8/Super 8/16, Lafrance André
Initiation à la Photographie, London Barbara
Initiation à la Photographie-Canon, London Barbara
Initiation à la Photographie-Minolta, London Barbara
Initiation à la Photographie-Nikon, London Barbara
Initiation à la Photographie-Olympus, London Barbara
Initiation à la Photographie-Pentax, London Barbara
* **Je développe mes photos,** Desilets Antoine
* **Je prends des photos,** Desilets Antoine
* **Photo à la portée de tous,** Desilets Antoine
Photo guide, Desilets Antoine
* **Technique de la photo, La,** Desilets Antoine

PSYCHOLOGIE

Âge démasqué, L', De Ravinel Hubert
* **Aider mon patron à m'aider,** Houde Eugène
* **Amour de l'exigence à la préférence,** Auger Lucien
Au-delà de l'intelligence humaine, Pouliot Élise
Auto-développement, L', Garneau Jean
Bonheur au travail, Le, Houde Eugène
Bonheur possible, Le, Blondin Robert
Chimie de l'amour, La, Liebowitz Michael
* **Coeur à l'ouvrage, Le,** Lefebvre Gérald
Coffret psychologie moderne
Colère, La, Tavris Carol
* **Comment animer un groupe,** Office Catéchèse
* **Comment avoir des enfants heureux,** Azerrad Jacob
* **Comment déborder d'énergie,** Simard Jean-Paul
Comment vaincre la gêne, Catta Rene-Salvator
* **Communication dans le couple, La,** Granger Luc
* **Communication et épanouissement personnel,** Auger Lucien
Comprendre la névrose et aider les névrosés, Ellis Albert
* **Contact,** Zunin Nathalie
* **Courage de vivre, Le,** Kiev Docteur A.
Courage et discipline au travail, Houde Eugène
Dynamique des groupes, Aubry J.-M. et Saint-Arnaud Y.
Élever des enfants sans perdre la boule, Auger Lucien
* **Émotivité et efficacité au travail,** Houde Eugène
Enfants de l'autre, Les, Paris Erna
* **Être soi-même,** Corkille Briggs, D.
* **Facteur chance, Le,** Gunther Max
* **Fantasmes créateurs, Les,** Singer Jérôme
* **J'aime,** Saint-Arnaud Yves
Journal intime intensif, Progoff Ira
Miracle de l'amour, Un, Kaufman Barry Neil
* **Mise en forme psychologique,** Corrière Richard
* **Parle-moi... J'ai des choses à te dire,** Salome Jacques
Penser heureux, Auger Lucien
* **Personne humaine, La,** Saint-Arnaud Yves
* **Première impression, La,** Kleinke Chris, L.
Prévenir et surmonter la déprime, Auger Lucien
* **Psychologie dans la vie quotidienne,** Blank Dr Léonard
* **Psychologie de l'amour romantique,** Braden Docteur N.
* **Qui es-tu grand-mère? Et toi grand-père?,** Eylat Odette
* **S'affirmer et communiquer,** Beaudry Madeleine
* **S'aider soi-même,** Auger Lucien
* **S'aider soi-même davantage,** Auger Lucien
* **S'aimer pour la vie,** Wanderer Dr Zev
* **Savoir organiser, savoir décider,** Lefebvre Gérald
* **Savoir relaxer et combattre le stress,** Jacobson Dr Edmund
* **Se changer,** Mahoney Michael
* **Se comprendre soi-même par des tests,** Collectif
* **Se concentrer pour être heureux,** Simard Jean-Paul

Se connaître soi-même, Artaud Gérard
* Se contrôler par biofeedback, Ligonde Paultre
* Se créer par la Gestalt, Zinker Joseph
* S'entraider, Limoges Jacques
* Se guérir de la sottise, Auger Lucien
Séparation du couple, La, Weiss Robert S.
Sexualité au bureau, La, Horn Patrice

Tendresse, La, Wölfl Norbert
* Vaincre ses peurs, Auger Lucien
Vivre à deux: plaisir ou cauchemar, Duval Jean-Marie
* Vivre avec sa tête ou avec son coeur, Auger Lucien
Vivre c'est vendre, Chaput Jean-Marc
* Vivre jeune, Waldo Myra
* Vouloir c'est pouvoir, Hull Raymond

ROMANS/ESSAIS

Adieu Québec, Bruneau André
Baie d'Hudson, La, Newman Peter C.
Bien-pensants, Les, Berton Pierre
Bousille et les justes, Gélinas Gratien
Coffret Establishment canadien, Newman Peter C.
Coffret Joey
C.P., Susan Goldenberg
Commettants de Caridad, Les, Thériault Yves
Deux innocents en Chine Rouge, Hébert Jacques
Dome, Jim Lyon
Emprise, L', Brulotte Gaétan
IBM, Sobel Robert
Insolences du Frère Untel, Les, Untel Frère

ITT, Sobel Robert
J'parle tout seul, Coderre Émile
Lamia, Thyraud de Vosjoli P.L.
Mensonge amoureux, Le, Blondin Robert
Nadia, Aubin Benoît
Oui, Lévesque René
Premiers sur la Lune, Armstrong Neil
Telle est ma position, Mulroney Brian
Terrorisme québécois, Le, Morf Gustave
Un doux équilibre, King Annabelle
Vrai visage de Duplessis, Le, Laporte Pierre

SANTÉ ET ESTHÉTIQUE

Allergies, Les, Delorme Dr Pierre
Art de se maquiller, L', Moizé Alain
* Bien vivre sa ménopause, Gendron Dr Lionel
Bronzer sans danger, Doka Bernadette
* Cellulite, La, Ostiguy Dr Jean-Paul
Cellulite, La, Léonard Dr Gérard J.
Exercices pour les aînés, Godfrey Dr Charles, Feldman Michael
Face lifting par l'exercice, Le, Runge Senta Maria
Grandir en 100 exercices, Berthelet Pierre
* Guérir ses maux de dos, Hall Dr Hamilton
Médecine esthétique, La, Lanctot Guylaine
Obésité et cellulite, enfin la solution, Léonard Dr Gérard J.
Santé, un capital à préserver, Peeters E.G.
Travailler devant un écran, Feeley, Dr Helen
Coffret 30 jours
30 jours pour avoir de beaux cheveux, Davis Julie

30 jours pour avoir de beaux ongles, Bozic Patricia
30 jours pour avoir de beaux seins, Larkin Régina
30 jours pour avoir de belles cuisses, Stehling Wendy
30 jours pour avoir de belles fesses, Cox Déborah
30 jours pour avoir un beau teint, Zizmor Dr Jonathan
30 jours pour cesser de fumer, Holland Gary, Weiss Herman
30 jours pour mieux organiser, Holland Gary
30 jours pour perdre son ventre, Burstein Nancy
30 jours pour perdre son ventre (homme), Matthews Roy, Burnstein Nancy
30 jours pour redevenir un couple amoureux, Nida Patricia K., Cooney Kevin
30 jours pour un plus grand épanouissement sexuel, Schneider Alan, Laiken Deidre

SEXOLOGIE

Adolescente veut savoir, L', Gendron Lionel

Fais voir, Fleischhaner H.

Guide illustré du plaisir sexuel, Corey Dr Robert E.

Helga, Bender Erich F.

Plaisir partagé, Le, Gary-Bishop Hélène

* **Première expérience sexuelle, La,** Gendron Lionel

* **Sexe au féminin, Le,** Kerr Carmen

* **Sexualité du jeune adolescent,** Gendron Lionel

* **Sexualité dynamique, La,** Lefort Dr Paul

* **Shiatsu et sensualité,** Rioux Yuki

SPORTS

Collection sport: dirigée par **LOUIS ARPIN**

100 trucs de billard, Morin Pierre

5BX Le programme pour être en forme

Apprenez à patiner, Marcotte Gaston

Arc et la Chasse, L', Guardo Greg

* **Armes de chasse, Les,** Petit Martinon Charles

* **Badminton, Le,** Corbeil Jean

* **Canoe-kayak, Le,** Ruck Wolf

* **Carte et boussole,** Kjellstrom Bjorn

* **Chasse au petit gibier, La,** Paquet Yvon-Louis

Chasse et gibier du Québec, Bergeron Raymond

Chasseurs sachez chasser, Lapierre Lucie

* **Comment se sortir du trou au golf,** Brien Luc

* **Comment vivre dans la nature,** Rivière Bill

* **Corrigez vos défauts au golf,** Bergeron Yves

Curling, Le, Lukowich Ed.

Devenir gardien de but au hockey, Allaire François

Encyclopédie de la chasse au Québec, Leiffet Bernard

Entraînement, poids-haltères, L', Ryan Frank

Exercices à deux, Gregor Carol

Golf au féminin, Le, Bergeron Yves

Grand livre des sports, Le, Le groupe Diagram

Guide complet du judo, Arpin Louis

* **Guide complet du self-defense,** Arpin Louis

Guide d'achat de l'équipement de tennis, Chevalier Richard, Gilbert Yvon

* **Guide de survie de l'armée américaine**

Guide des jeux scouts, Association des scouts

Guide du judo au sol, Arpin Louis

Guide du self-defense, Arpin Louis

Guide du trappeur, Le, Provencher Paul

Hatha yoga, Piuze Suzanne

* **J'apprends à nager,** Lacoursière Réjean

* **Jogging, Le,** Chevalier Richard

Jouez gagnant au golf, Brien Luc

Larry Robinson, le jeu défensif, Robinson Larry

Lutte olympique, La, Sauvé Marcel

* **Manuel de pilotage,** Transports Canada

* **Marathon pour tous,** Anctil Pierre

* **Médecine sportive,** Mirkin Dr Gabe

Mon coup de patin, Wild John

* **Musculation pour tous,** Laferrière Serge

Natation de compétition, La, Lacoursière Réjean

Partons en camping, Satterfield Archie, Bauer Eddie

Partons sac au dos, Satterfield Archie, Bauer Eddie

Passes au hockey, Les, Champleau Claude

Pêche à la mouche, La, Marleau Serge

Pêche à la mouche, Vincent Serge-J.

Pêche au Québec, La, Chamberland Michel

* **Planche à voile, La,** Maillefer Gérald

* **Programme XBX,** Aviation Royale du Canada

Provencher, le dernier coureur des bois, Provencher Paul

Racquetball, Corbeil Jean

Racquetball plus, Corbeil Jean

Raquette, La, Osgoode William

* **Règles du golf, Les,** Bergeron Yves

Rivières et lacs canotables, Fédération québécoise du canot-camping

* **S'améliorer au tennis,** Chevalier Richard

Secrets du baseball, Les, Raymond Claude

Ski de fond, Le, Caldwell John
Ski de fond, Le, Roy Benoît
* Ski de randonnée, Le, Corbeil Jean
Soccer, Le, Schwartz Georges
* Sport, santé et nutrition, Ostiguy Dr Jean
Stratégie au hockey, Meagher John W.
Surhommes du sport, Les, Desjardins Maurice
* Taxidermie, La, Labrie Jean
Techniques du billard, Morin Pierre

* Technique du golf, Brien Luc
Techniques du hockey en URSS, Dyotte Guy
* Techniques du tennis, Ellwanger
* Tennis, Le, Roch Denis
Tous les secrets de la chasse, Chamberland Michel
Vivre en forêt, Provencher Paul
Voie du guerrier, La, Di Villadorata
Yoga des sphères, Le, Leclerq Bruno

le jour,
éditeur

ANIMAUX

Guide du chat et de son maître, Laliberté Robert
Guide du chien et de son maître, Laliberté Robert

Poissons de nos eaux, Melançon Claude

ART CULINAIRE ET DIÉTÉTIQUE

Armoire aux herbes, L', Mary Jean
Breuvages pour diabétiques, Binet Suzanne
Cuisine du jour, La, Pauly Robert
Cuisine sans cholestérol, Boudreau-Pagé
Desserts pour diabétiques, Binet Suzanne
Jus de santé, Les, Brunet Jean-Marc
Mangez ce qui vous chante, Pearson Dr Leo

Mangez, réfléchissez et devenez svelte, Kothkin Leonid
Nutrition de l'athlète, Brunet Jean-Marc
Recettes Soeur Berthe — été, Sansregret soeur Berthe
Recettes Soeur Berthe — printemps, Sansregret soeur Berthe

ARTISANAT/ARTS MÉNAGERS

Décoration, La, Carrier Diane
Diagrammes de courtepointes, Faucher Lucille
Douze cents nouveaux trucs, Grisé-Allard Jeanne

Encore des trucs, Grisé-Allard Jeanne
Mille trucs madame, Grisé-Allard Jeanne
Toujours des trucs, Grisé-Allard Jeanne

DIVERS

Administrateur de la prise de décision, L', Filiatreault P., Perreault, Y.G.
Administration, développement, Laflamme Marcel
Assemblées délibérantes, Béland Claude
Assoiffés du crédit, Les, Féd. des A.C.E.F.
Baie James, La, Bourassa Robert

Bien s'assurer, Boudreault Carole
Cent ans d'injustice, Hertel François
Ces mains qui vous racontent, Boucher André-Pierre
550 métiers et professions, Charneux Helmy
Coopératives d'habitation, Les, Leduc Murielle

Dangers de l'énergie nucléaire, Les, Brunet Jean-Marc
Dis papa c'est encore loin, Corpatnauy Francis
Dossier pollution, Chaput Marcel
Énergie aujourd'hui et demain, De Martigny François
Entreprise, le marketing et, L', Brousseau
Forts de l'Outaouais, Les, Dunn Guillaume
Grève de l'amiante, La, Trudeau Pierre
Hiérarchie ethnique dans la grande entreprise, Rainville Jean
Impossible Québec, Brillant Jacques
Initiation au coopératisme, Béland Claude

Julius Caesar, Roux Jean-Louis
Lapokalipso, Duguay Raoul
Lune de trop, Une, Gagnon Alphonse
Manifeste de l'infonie, Duguay Raoul
Mouvement coopératif québécois, Deschêne Gaston
Obscénité et liberté, Hébert Jacques
Philosophie du pouvoir, Blais Martin
Pourquoi le bill 60, Gérin-Lajoie P.
Stratégie et organisation, Desforges Jean, Vianney C.
Trois jours en prison, Hébert Jacques
Vers un monde coopératif, Davidovic Georges
Vivre sur la terre, St-Pierre Hélène
Voyage à Terre-Neuve, De Gébineau comte

ENFANCE

Aidez votre enfant à choisir, Simon Dr Sydney B.
Deux caresses par jour, Minden Harold
* Enseignants efficaces, Gordon Thomas
Être mère, Bombeck Erma

Parents efficaces, Gordon Thomas
Parents gagnants, Nicholson Luree
Psychologie de l'adolescent, Pérusse-Cholette Françoise
1500 prénoms et significations, Grisé Allard J.

ÉSOTÉRISME

* Astrologie et la sexualité, L', Justason Barbara
Astrologie et vous, L', Boucher André-Pierre
* Astrologie pratique, L', Reinicke Wolfgang
Faire sa carte du ciel, Filbey John
* Géomancie, La, Hamaker Karen
Grand livre de la cartomancie, Le, Von Lentner G.
* Grand livre des horoscopes chinois, Le, Lau Theodora
Graphologie, La, Cobbert Anne

* Horoscope et énergie psychique, Hamaker-Zondag
Horoscope chinois, Del Sol Paula
Lu dans les cartes, Jones Marthy
* Pendule et baguette, Kirchner Georg
* Pratique du tarot, La, Thierens E.
Preuves de l'astrologie, Comiré André
Qui êtes-vous? L'astrologie répond, Tiphaine
Synastrie, La, Thornton Penny
Traité d'astrologie, Hirsig Huguette
Votre destin par les cartes, Dee Nerys

HISTOIRE

Administration en Nouvelle-France, L', Lanctot Gustave
Crise de la conscription, La, Laurendeau André
Histoire de Rougemont, Bédard Suzanne
Lutte pour l'information, La, Godin Pierre

Mémoires politiques, Chaloult René
Rébellion de 1837, Saint-Eustache, Globensky Maximilien
Relations des Jésuites T. 2
Relations des Jésuites T. 3
Relations des Jésuites T. 4
Relations des Jésuites T. 5

JEUX/DIVERTISSEMENTS

Backgammon, Lesage Denis

LINGUISTIQUE

Des mots et des phrases, T. 1, Dage-
nais Gérard
Des mots et des phrases, T. 2, Dage-
nais Gérard

Joual de Troie, Marcel Jean

NOTRE TRADITION

Ah mes aïeux, Hébert Jacques

**Lettre à un Français qui veut émigrer
au Québec,** Dubuc Carl

OUVRAGES DE RÉFÉRENCE

Règles d'or de la vente, Les, Kahn
George N.

PSYCHOLOGIE

* **Adieu,** Halpern Dr Howard
* **Agressivité créatrice,** Bach Dr George
* **Aimer son prochain comme soi-même,**
  Murphy Joseph
* **Anti-stress, L',** Eylat Odette
  Arrête! tu m'exaspères, Bach Dr
  George
  **Art d'engager la conversation et de se
  faire des amis, L',** Gabor Don
* **Art de convaincre, L',** Ryborz Heinz
* **Art d'être égoïste, L',** Kirschner Josef
* **Au centre de soi,** Gendlin Dr Eugène
* **Auto-hypnose, L',** Le Cron M. Leslie
  Autre femme, L', Sevigny Hélène
  Bains Flottants, Les, Hutchison Mi-
  chael
* **Bien dans sa peau grâce à la tech-
  nique Alexander,** Stransky Judith
  Ces vérités vont changer votre vie,
  Murphy Joseph
  Chemin infaillible du succès, Le,
  Stone W. Clément
  Clefs de la confiance, Les, Gibb Dr
  Jack
  Comment aimer vivre seul, Shanon
  Lynn
* **Comment devenir des parents doués,**
  Lewis David
* **Comment dominer et influencer les
  autres,** Gabriel H.W.
  Comment s'arrêter de fumer, Mc Far-
  land J. Wayne
* **Comment vaincre la timidité en
  amour,** Weber Éric
  Contacts en or avec votre clientèle,
  Sapin Gold Carol
* **Contrôle de soi par la relaxation,** Mar-
  cotte Claude
  Couple homosexuel, Le, McWhirter
  David P., Mattison Andrew M.

  **Découvrez l'inconscient par la para-
  psychologie,** Ryzl Milan
* **Devenir autonome,** St-Armand Yves
* **Dire oui à l'amour,** Buscaglia Léo
  Enfants du divorce se racontent, Les,
  Robson Bonnie
* **Ennemis intimes,** Bach Dr George
  Espaces intérieurs, Les, Eisenberg Dr
  Howard
  États d'esprit, Glasser Dr William
* **Être efficace,** Hanot Marc
  Être homme, Goldberg Dr Herb
* **Fabriquer sa chance,** Gittenson Ber-
  nard
  Famille moderne et son avenir, La,
  Richards Lyn
  Gagner le match, Gallwey Timothy
  Gestalt, La, Polster Erving
  Guide de l'urgence-stress, Reuben Dr
  David
  Guide du succès, Le, Hopkins Tom
  L'Harmonie, une poursuite du succès,
  Vincent Raymond
* **Homme au dessert, Un,** Friedman
  Sonya
  Homme en devenir, L', Houston Jean
* **Homme nouveau, L', Bodymind,**
  Dychtwald Ken
* **Jouer le tout pour le tout,** Frederick
  Carl
  Maigrir sans obsession, Orbach Susie
  Maîtriser la douleur, Bogin Meg
  Maîtriser son destin, Kirschner Josef
  Manifester son affection, Bach Dr
  George
* **Mémoire, La,** Loftus Elizabeth
* **Mémoire à tout âge, La,** Dereskey La-
  dislaus
* **Mère et fille,** Horwick Kathleen
* **Miracle de votre esprit,** Murphy Joseph

ROMANS/ESSAIS

Jean-Paul ou les hasards de la vie, Bellier Marcel
Johnny Bungalow, Villeneuve Paul
Jolis Deuils, Carrier Roch
Lettres d'amour, Champagne Maurice
Louis Riel patriote, Bowsfield Hartwell
Louis Riel un homme à pendre, Osler E.B.
Ma chienne de vie, Labrosse Jean-Guy
Marche du bonheur, La, Gilbert Normand
Mémoires d'un Esquimau, Metayer Maurice

Mon cheval pour un royaume, Poulin J.
Neige et le feu, La, Baillargeon Pierre
N'Tsuk, Thériault Yves
Opération Orchidée, Villon Christiane
Orphelin esclave de notre monde, Labrosse Jean
Oslovik fait la bombe, Oslovik
Parlez-moi d'humour, Hudon Normand
Scandale est nécessaire, Le, Baillargeon Pierre
Vivre en amour, Delisle Lapierre

SANTÉ

Alcool et la nutrition, L', Brunet Jean-Marc
Bruit et la santé, Le, Brunet Jean-Marc
Chaleur peut vous guérir, La, Brunet Jean-Marc
Échec au vieillissement prématuré, Blais J.
Greffe des cheveux vivants, Guy Dr
Guérir votre foie, Brunet Jean-Marc
Information santé, Brunet Jean-Marc
Magie en médecine, Silva Raymond
Maigrir naturellement, Lauzon Jean-Luc

Mort lente par le sucre, Duruisseau Jean-Paul
40 ans, âge d'or, Taylor Eric
Recettes naturistes pour arthritiques et rhumatisants, Cuillerier Luc
Santé de l'arthritique et du rhumatisant, Labelle Yvan
* Tao de longue vie, Le, Soo Chee
Vaincre l'insomnie, Filion Michel, Boisvert Jean-Marie, Melanson Danielle
Vos aliments sont empoisonnés, Leduc Paul

SEXOLOGIE

* Aimer les hommes pour toutes sortes de bonnes raisons, Nir Dr Yehuda
* Apprentissage sexuel au féminin, L', Kassorla Irene
* Comment faire l'amour à un homme, Penney Alexandra
* Comment faire l'amour à une femme, Morgenstern Michael
* Comment faire l'amour ensemble, Penney Alexandra
* Comment séduire les filles, Weber Éric
Dépression nerveuse et le corps, La, Lowen Dr Alexander
Drogues, Les, Boutot Bruno
* Femme célibataire et la sexualité, La, Robert M.

* Jeux de nuit, Bruchez Chantal
* Massage en profondeur, Le, Bélair Michel
Massage pour tous, Le, Morand Gilles
* Orgasme au féminin, L', L'heureux Christine
* Orgasme au masculin, L', Boutot Bruno
* Orgasme au pluriel, L', Boudreau Yves
Première fois, La, L'Heureux Christine
Rapport sur l'amour et la sexualité, Brecher Edward
Sexualité expliquée aux adolescents, La, Boudreau Yves
Sexualité expliquée aux enfants, La, Cholette Pérusse F.

SPORTS

Baseball-Montréal, Leblanc Bertrand
Chasse au Québec, Deyglun Serge
Chasse et gibier du Québec, Guardo Greg
Exercice physique pour tous, Bohemier Guy
Grande forme, Baer Brigitte
Guide des pistes cyclables, Guy Côté

Guide des rivières du Québec, Fédération canot-kayac
Lecture des cartes, Godin Serge
Offensive rouge, L', Boulonne Gérard
Pêche et coopération au Québec, Larocque Paul
Pêche sportive au Québec, Deyglun Serge

PSYCHOLOGIE

* **Esprit libre, L'**, Powell Robert

ROMANS/ESSAIS

* **Aaron**, Thériault Yves
* **Aaron, 10/10**, Thériault Yves
* **Agaguk**, Thériault Yves
* **Agaguk, 10/10**, Thériault Yves
* **Agénor, Agénor, Agénor et Agénor**, Barcelo François
* **Ah l'amour, l'amour**, Audet Noël
* **Amantes**, Brossard Nicole
* **Après guerre de l'amour, L'**, Lafrenière J.
* **Aube**, Hogue Jacqueline
* **Aube de Suse, L'**, Forest Jean
* **Aventure de Blanche Morti, L'**, Beaudin Beaupré Aline
* **Beauté tragique**, Robertson Heat
* **Belle épouvante, La**, Lalonde Robert
* **Black Magic**, Fontaine Rachel
* **Blocs erratiques**, Aquin Hubert
* **Blocs erratiques, 10/10**, Aquin Hubert
* **Bourru mouillé**, Poupart Jean-Marie
* **Bousille et les justes**, Gélinas Gratien
* **Bousille et les justes, 10/10**, Gélinas Gratien
* **Carolie printemps**, Lafrenière Joseph
* **Charles Levy M.D.**, Bosco Monique
* **Chère voisine**, Brouillet Chrystine
* **Chère voisine, 10/10**, Brouillet Chrystine
* **Chroniques du Nouvel-Ontario**, Brodeur Hélène
* **Confessions d'un enfant**, Lamarche Jacques
* **Corps vêtu de mots, Le**, Dussault Jean
* **Coup de foudre**, Brouillet Chrystine
* **Couvade, La**, Baillie Robert
* **Cul-de-sac, 10/10**, Thériault Yves
* **De mémoire de femme**, Andersen Marguerite
* **Demi-Civilisés, Les, 10/10**, Harvey Jean-Charles
* **Dernier havre, Le, 10/10**, Thériault Yves
* **Dernière chaîne, La**, Latour Chrystine
* **Des filles de beauté**, Baillie Robert
* **Difficiles lettres d'amour**, Garneau Jacques
* **Dix contes et nouvelles fantastiques**, Collectif
* **Dix nouvelles de science-fiction québécoise**, Collectif
* **Dix nouvelles humoristiques**, Collectif
* **Dompteurs d'ours, Le**, Thériault Yves

* **Double suspect, Le**, Monette Madeleine
* **En eaux troubles**, Bowering George
* **Entre l'aube et le jour**, Brodeur Hélène
* **Entre temps**, Marteau Robert
* **Entretiens avec O. Létourneau**, Huot Cécile
* **Esclave bien payée, Une**, Paquin Carole
* **Essai sur l'Hindouisme**, Dussault Jean-Claude
* **Été de Jessica, Un**, Bergeron Alain
* **Et puis tout est silence**, Jasmin Claude
* **Été sans retour, L'**, Gevry Gérard
* **Faillite du Canada anglais, La**, Genuist Paul
* **Faire sa mort comme faire l'amour**, Turgeon Pierre
* **Faire sa mort comme faire l'amour, 10/10**, Turgeon Pierre
* **Femme comestible, La**, Atwood Margaret
* **Fille laide, La**, Thériault Yves
* **Fille laide, La, 10/10**, Thériault Yves
* **Fleur aux dents, La**, Archambault Gilles
* **Fragiles lumières de la terre**, Roy Gabrielle
* **French Kiss**, Brossard Nicole
* **Fridolinades, T. 1 (45-46)**, Gélinas Gratien
* **Fridolinades, T. 2 (43-44)**, Gélinas Gratien
* **Fridolinades, T. 3 (41-42)**, Gélinas Gratien
* **Fuites & poursuites**, Collectif
* **Gants jetés, Les**, Martel Émile
* **Grand branle-bas, Le**, Hébert Jacques
* **Grand Elixir, Le**, De Lamirande Claire
* **Grand rêve de madame Wagner, Le**, Lavigne Nicole
* **Histoire des femmes au Québec**, Collectif Clio
* **Holyoke**, Hébert François
* **Homme sous vos pieds, L'**, Gevry Gérard
* **Hubert Aquin**, Lapierre René
* **Improbable autopsie, L'**, Paré Paul
* **Indépendance oui mais**, Bergeron Gérard
* **IXE-13**, Saurel Pierre
* **Jazzy**, Doerkson Margaret
* **Je me veux**, Lamarche Claude

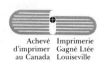

Achevé   Imprimerie
d'imprimer Gagné Ltée
au Canada Louiseville